学前教育专业系列教材

学前比较教育

第2版

曹能秀 著

华东师范大学出版社

图书在版编目(CIP)数据

学前比较教育/曹能秀著.—2版.—上海:华东师范大学出版社,2015.4
学前教育专业系列教材
ISBN 978-7-5675-3401-8

Ⅰ.①学… Ⅱ.①曹… Ⅲ.①学前教育-比较教育-高等学校-教材 Ⅳ.①G610

中国版本图书馆CIP数据核字(2015)第077045号

学前比较教育(第二版)

著　　者　曹能秀
项目编辑　蒋　将
审读编辑　何巧涓
责任校对　梁宁莹
装帧设计　高　山

出版发行　华东师范大学出版社
社　　址　上海市中山北路3663号　邮编200062
网　　址　www.ecnupress.com.cn
电　　话　021-60821666　行政传真021-62572105
客服电话　021-62865537　门市(邮购)电话021-62869887
地　　址　上海市中山北路3663号华东师范大学校内先锋路口
网　　店　http://hdsdcbs.tmall.com

印 刷 者　常熟高专印刷有限公司
开　　本　787×1092　16开
印　　张　14.5
字　　数　347千字
版　　次　2015年8月第2版
印　　次　2019年6月第5次
书　　号　ISBN 978-7-5675-3401-8/G·8194
定　　价　30.00元

出 版 人　王　焰

(如发现本版图书有印订质量问题,请寄回本社客服中心调换或电话021-62865537联系)

目 录

第一章

绪　论

■ 学习目标

1. 基本掌握学前比较教育的概念和意义；
2. 了解学前比较教育研究的方法论基础、研究类型和研究方法。

学前比较教育是学前教育研究中一个理论与应用并重的研究领域，是比较教育的分支学科。本章主要介绍学前比较教育的基本理论问题。其中，第一节介绍学前比较教育的概念和意义，第二节介绍学前比较教育的研究方法。

第一节　学前比较教育的概念和意义

一、学前比较教育的概念

（一）比较教育的概念

学前比较教育是比较教育的一个分支学科。要了解学前比较教育的概念，首先必须了解比较教育的概念。许多中外学者都曾对比较教育的定义作过界定，但迄今为止尚未得出一致的结论。

最早提出“比较教育”这个概念的，是被誉为“比较教育之父”的朱利安（Jullien，MarcAntoine）。但由于历史的局限，他并没有为比较教育留下一个明确而科学的定义。

美国著名比较教育学家康德尔（Kandel，I. L.）认为：“比较教育的研究继续教育史的研究，把教育史延伸到现在，阐明教育和多种文化形式之间必然存在的密切联系”；“比较法要求首先判明决定教育制度无形的、难以捉摸的精神力量和文化力量，判明比校内力量和因素更为重要的校外力量和因素”；“比较教育的目的在于发现导致教育制度差别的那些力量和因素的差异性。”①

日本著名比较教育学者冲原丰认为：“比较教育学是以教育的整个领域为对象，对两国以上的现行教育制度进行比较，并把外国教育学包括在内的科学。”②

苏联比较教育学者索科洛娃（Соколова，M. A.）指出：“比较教育学研究当前世界范围内教学

① 吴文侃、杨汉清主编：《比较教育学》，人民教育出版社 1999 年版，第 2—3 页。
② 冲原丰著：《比较教育学》，刘树范等译，吉林人民出版社 1984 年版，第 4 页。

教育的理论和实践中共同和个别的特点以及发展趋势,揭示它们的经济、社会政治和哲学基础以及民族的特点。”①

我国著名的比较教育学家王承绪、顾明远指出:“比较教育是对当代世界不同国家或不同地区的教育进行比较分析,找出教育发展的一般规律和特殊规律,为本国或本地区的教育改革作借鉴。”②吴文侃、杨汉清认为:“比较教育学是以比较法为主要方法,研究当代世界各国教育的一般规律和特殊规律,揭示教育发展的主要因素及其相互关系,探索未来教育发展趋势的一门教育科学。”③冯增俊指出:“比较教育学是一门对不同国家或地区的教育进行跨文化比较研究,探讨教育发展规律及特定表现形式,借鉴有益经验,推动本国本地区以及世界的教育改革和教育研究的科学。”④陈时见认为:“比较教育是以比较法为基本方法,研究当代世界各国、各区域、各民族的教育理论与教育实践,揭示影响教育的政治、经济、文化、历史、社会等各种因素,探索教育发展的一般规律及趋势,以促进教育的交流与合作、改进现实教育的一门教育科学。”⑤

综上所述,到目前为止,有关比较教育的定义仍众说纷纭,其原因主要有两个方面:一方面,由于比较教育学科的广泛性,学者们从不同的研究视野进行界定,有的注重学科的研究方法,有的注重学科的研究对象及目的,有的注重学科的研究框架,还有的注重学科的性质和功能等;另一方面,因为比较教育是一门年轻的学科,目前还未形成确切和成熟的定义。我们认为,王承绪、顾明远的定义较好地反映了比较教育的基本对象、研究特征和研究目的;吴文侃、杨汉清拓展了比较教育的研究对象——比较教育不仅要研究当代世界各国教育的一般规律和特殊规律,还要揭示教育发展的主要因素及其相互关系,探索未来教育的发展趋势;冯增俊对比较教育的研究方法有独到的见解——比较教育研究在本质上是比较研究,并且是跨文化比较研究,倡导多种方法的运用和组合;陈时见扩展了比较教育的研究目的——比较教育不仅能改进现实教育,也能促进国际交流与合作。

本书在借鉴上述定义的基础上,对比较教育作如下定义:比较教育是对当代世界各国、各区域、各民族的教育进行跨文化比较研究,揭示影响教育发展的主要因素及其相互关系,找出教育发展的一般规律和发展趋势,以促进教育的交流与合作,改进本国、本地区或本民族教育的一门教育科学。

(二)学前比较教育的概念

1995年,我国著名的学前比较教育学者霍力岩首次提出了学前比较教育的概念:“学前比较教育学是以比较法为主要方法,研究当代各国学前教育的一般规律和特殊规律,揭示影响和决定学前教育发展的主要因素及其相互关系,探索学前教育的发展趋势,以改进本国学前教育的一门

---

① 索科洛娃等著:《比较教育学》,顾明远译,文化教育出版社1981年版,第15页。
② 王承绪、顾明远主编:《比较教育》(第四版),人民教育出版社2012年版,第20页。
③ 吴文侃、杨汉清主编:《比较教育学》(修订本),人民教育出版社1999年版,第7页。
④ 冯增俊著:《比较教育学》,江苏教育出版社1996年版,第125页。
⑤ 陈时见、徐辉主编:《比较教育的学科发展与研究方法》,商务印书馆2006年版,第86—87页。

教育科学。”[①]这一定义对学前比较教育的主要方法、研究对象和研究目的进行了清晰的界定。2002年，史静寰、周采在《学前比较教育》一书中也对学前比较教育作了定义：“学前比较教育是比较教育学的一个分支学科，是以比较分析的方法，研究当代世界各国学前教育的理论和实践，揭示学前教育发展的共同规律和发展趋势，以改进本国学前教育的一门教育学科。”[②]这一定义更加明确学前比较教育是比较教育的一个分支学科这一学科性质。

本书认为，学前比较教育是比较教育的分支学科，与比较教育这一母学科相比，主要是在研究对象上有所差异。因此，可以借鉴比较教育的定义对学前比较教育进行界定。鉴于这一思考，本书对学前比较教育作如下定义：学前比较教育是对当代世界各国、各区域、各民族的学前教育进行跨文化比较研究，揭示影响学前教育发展的主要因素及其相互关系，找出学前教育发展的一般规律和发展趋势，以促进学前教育的交流与合作，改进本国、本地区或本民族学前教育的一门教育科学。这一定义对学前比较教育的研究目的、研究对象和研究方法进行了初步的界定。

1. 研究目的

学前比较教育最初的研究目的在于借鉴其他国家、地区和民族的幼儿教育经验，以改进本国、本地区或本民族的幼儿教育。20世纪80年代以来，随着国际文化交流的增加，各国各地的幼儿教育界开始注重对外推广本地幼儿教育的成就和经验。因此，学前比较教育的研究目的有所拓展。除了借鉴和改进以外，也注重促进学前教育的交流和合作，推进世界学前教育的发展。

2. 研究对象

学前比较教育的研究对象主要有以下几个方面：一是当代世界各国、各区域、各民族的学前教育；二是影响学前教育发展的主要因素及其相互关系；三是学前教育发展的一般规律和发展趋势。其中，第一点是基础，后两点是对基础的拓展。此外，我们还可以从学前比较教育的研究时间、研究范围、研究领域和研究深度等方面对学前比较教育的研究对象作具体的分析。

从研究时间来看，学前比较教育的研究以当代学前教育为中心。这是由学前比较教育的目的所决定的。学前比较教育主要是为本国、本地区或本民族学前教育当前的变革与发展服务的，并促进当代世界学前教育的交流和合作。因此，学前比较教育总是关注当代学前教育的最新发展和变化，着眼于国际学前教育的新情况、新问题和新进展。当然，学前比较教育也会追溯学前教育的历史根源，但追溯的目的是为了更好地说明现在。学前比较教育与学前教育史的主要区别在于：学前教育史是从时间上纵向考察学前教育的变化与发展；而学前比较教育是从空间上横向考察当代学前教育的变革与发展。

从研究范围来看，学前比较教育既包括对世界各国、各区域、各民族学前教育的研究，包括国家与国家、区域与区域、民族与民族之间学前教育的比较研究，包括对世界学前教育的整体研究，也包括对国际组织关于世界幼儿教育的评论和影响的研究。其中，对其他国家、地区或民族学前教育的研究，主要是指对单个国家、地区或民族学前教育进行整体的或局部的研究；国家与国家、地区与地区、民族与民族之间学前教育的比较研究，主要是指对两个或两个以上的国家、地区或

① 霍力岩著：《学前比较教育学》，北京师范大学出版社1995年版，第1页。
② 史静寰、周采主编：《学前比较教育》，辽宁师范大学出版社2002年版，第13页。

民族的学前教育进行的比较;对世界学前教育的整体研究,主要是指对世界幼儿教育发展遇到的一些共同问题(如幼儿教育与国家发展、幼儿环境教育、幼儿国际教育、少数民族幼儿教育等问题)进行的整体研究;对国际组织关于世界幼儿教育的评论和影响的研究,主要是指对国际组织(如联合国教科文组织、世界银行、经合组织、儿童基金会等)发表的有关幼儿教育的报告,以及这些报告对世界幼儿教育变革与发展影响的研究。

从研究领域来看,学前比较教育涉及学前教育的所有领域。学前教育学所研究的问题,如学前教育制度、学前教育行政、学前教育目的、学前教育课程、学前教育方法、幼儿园与小学的衔接及与社区的合作等,都可以作为学前比较教育的研究对象。总的来说,学前比较教育研究的重点是各国的学前教育制度和基本的学前教育问题(包括宏观问题和微观问题、理论问题和实践问题)。这是因为,研究学前教育制度和基本的学前教育问题,对本国学前教育的改进有十分重要的意义。

从研究深度来看,学前比较教育既包括描述性研究,也包括原理归纳研究和问题解决研究。描述性研究主要是系统地介绍不同国家、民族和区域当今的学前教育事实,为进一步分析和比较作好充分的资料准备。原理归纳研究主要是利用比较教育研究方法的多样性和多角度优势,利用丰富的资料,分析探索学前教育发展的一般规律和特殊规律。问题解决研究是以问题为中心,通过不同国家、地区或民族的经验研究,以获得解决问题的新思路和新方法。

3. 研究方法

学前比较教育研究在本质上是比较研究,而且是跨文化比较研究。跨文化比较研究"是一种较深层次、包含面较广的比较研究"①,这意味着比较教育的方法多种多样,并不限于"比较"这一具体的方法。关于比较教育的研究方法,我们将在下一节进行较为详尽的介绍。

二、学前比较教育的意义

(一) 学前比较教育作为一门科学的意义

学前比较教育作为一门科学,是学前教育科学不可缺少的一个组成部分。它对学前教育工作者来说,具有重大的理论意义和实践意义。

1. 增长见识,扩大视野,加深对学前教育的认识

首先,学前比较教育可以使人增长见识,扩大视野。如前所述,学前比较教育的研究领域很多,研究范围很广。它既包括对世界各国、各区域、各民族学前教育的研究,包括国家与国家、区域与区域、民族与民族之间学前教育的比较研究,包括对世界学前教育的整体研究;也包括对国际组织关于世界幼儿教育的评论和影响的研究。因此,学前比较教育可以向人们提供世界各国或各地区或各民族的学前教育信息,使人们了解和掌握世界学前教育的现状、特点、问题和趋势,增长见识,开阔视野。

其次,学前比较教育可以使人加深对学前教育的认识。学前比较教育主要通过以下三个方面加深人们对学前教育的认识:一是通过对世界各国或各地区或各民族学前教育的跨文化比较

① 冯增俊著:《比较教育学》,江苏教育出版社 1996 年版,第 125 页。

研究，帮助人们打破自身的文化屏障，突破特定的社会和传统局限，加深对学前教育理论和实践的认识，洞察当代世界学前教育的发展趋势；二是通过对不同国家、不同区域或不同民族学前教育的比较分析，帮助人们掌握学前教育发展的普遍规律和特殊规律，并以研究对象为样板，对本国或本地区或本民族的学前教育进行反思、对照和分析，从而更好地理解和认识自身学前教育的发展状况、基本特点、存在问题和发展趋势；三是通过对世界学前教育问题的整体把握，以及对国际组织关于世界幼儿教育的评论和影响的研究，帮助人们广泛地了解世界学前教育的现状，以整体和全局的眼光，俯视全球学前教育发展的情况，从而加深对学前教育的正确认识。

2. 促进学前教育经验的借鉴，推动学前教育的变革与发展

在经济全球化迅速发展、各国教育改革风起云涌的21世纪初，各国的学前教育工作者无不关注着世界学前教育的变革与发展。借鉴其他国家、地区和民族先进的经验，吸取失败的教训，减少盲目性，增强科学性，改进本国或本地区或本民族的学前教育，是学前比较教育的根本目的和重要意义。

在这里，借鉴不仅指借鉴其他国家有用的经验、借鉴失败的教训以改进本国的学前教育，而且指把别国的经验作为一面镜子来对照本国的学前教育，从而更好地认识自己的长处和短处，并设法加以改善。可见，在当今社会，学前比较教育的借鉴作用不仅没有弱化，反而有所加强和扩大。

"借鉴按其性质可分为对实体全盘移植的形式借鉴，分析教育对其某一特征和经验的把握而采取的部分借鉴，以及对发展规律和原理吸收的理性借鉴"。① 学前比较教育在发展的历史进程中，曾经历过全盘移植的形式借鉴阶段，但当代的学前比较教育多采用部分借鉴和理性借鉴的形式。这是因为各国或各地区或各民族的学前教育是根植于自己的文化的，学前比较教育得出的结论只是一种可资参考的行动纲领，不能完全移植。此外，在进行借鉴时，各国或各地区或各民族都应该对自己的历史文化传统有清醒的认识，避免盲目借鉴。

3. 影响和帮助世界各国、各区域和各民族制订学前教育改革政策

在当代社会，随着学前教育的重要性逐渐被各国所认识，学前教育改革已经成为全球学前教育发展的主旋律。世界各国、各区域和各民族在进行学前教育改革、制订学前发展政策时都十分重视学前比较教育研究工作，往往将其作为决策工程的一个重要组成部分。其原因主要有以下两个方面：一是因为学前比较教育"以其不断增长的信息资源和对更好方法的追求，极为适合对计划提供更合理的基础"②；二是因为学前比较教育通过跨文化比较研究，能够揭示影响学前教育发展的主要因素及其相互关系，找出学前教育发展的一般规律和发展趋势，为正确制订学前教育改革政策提供科学依据和可供选择的方向。

事实上，近年来，学前比较教育研究所提出的学前教育民主化、一体化和游戏化、生活化等趋势都已经在世界各国学前教育的改革政策中有所体现。此外，我国20世纪90年代以来《幼儿园工作规程》和《幼儿园教育指导纲要（试行）》的颁布，各地幼儿园普遍进行的学前教育改革实验，

---

① 冯增俊著:《比较教育学》，江苏教育出版社1996年版，第132页。
② 王长纯:《比较教育的若干特征（提纲）》，《外国教育研究》，2004年第7期。

儿童观和学前教育观的转变以及学前教育实践的改进,都反映出学前比较教育研究对当代国外学前教育新思想与新理论的传播,以及对政策制订的影响。

4. 增进国际间学前教育的交流、理解与合作

在当今社会,随着经济全球化和信息社会的发展,世界各国在政治、经济、文化和教育之间的交流与合作日益增多。学前教育的交流与合作已成为其中的一项重要内容。学前比较教育在增进国际学前教育的交流、理解和合作方面起着重要的作用。首先,在学前教育的变革与发展过程中,世界各国都积累了不少宝贵的经验和教训。学前比较教育把这些经验和教训视为人类共同的精神财富加以介绍、宣传和传播,可促进各国学前教育事业的发展,增进国际间的交流、理解和合作。其次,学前比较教育通过比较分析,指明各国或各区域或各民族学前教育的相似性和差异性,有助于加深各国或各地区或各民族在学前教育方面的互相了解,加强往来,保证交流与合作的效益,推动国际间的理解和合作。再次,学前比较教育有助于在学前教育领域架起连接世界各国的桥梁,有助于消除民族中心主义,推行国际主义,减少文化偏见,加深国际间的理解和合作。

(二) 学前比较教育作为一门课程的意义

学前比较教育作为一门课程,对学前教育专业本科生的专业训练来说,具有十分重要的意义。

首先,可以增长知识,开阔眼界,加深对学前教育的认识。通过学前比较教育的学习,我们可以了解世界各国、各区域和各民族学前教育的发展状况、存在问题和发展趋势;在了解其他国家、区域和民族学前教育发展状况、存在问题的基础上,我们可以更好地理解我国学前教育的发展现状和存在问题,探索我国学前教育事业可资借鉴的经验;通过对世界学前教育整体状况的学习和研究,我们可以更好地了解世界学前教育的发展状况,掌握全球学前教育的整体发展趋势,加深对学前教育的认识。

其次,可以培养分析问题和解决问题的能力。学前比较教育是一门知识范围较广的学科。我们在学习过程中,必须运用马克思列宁主义的立场、观点和方法,综合运用哲学、教育学、心理学、统计学等学科的知识和方法,对世界各国或各区域或各民族的学前教育问题作深入的比较分析。这就在一定程度上培养了分析问题和解决问题的能力。

最后,我们还可以选择某国家或某地区或某民族学前教育现状或趋势中的一两个问题进行研究,以进一步提高分析问题、解决问题和综合运用多学科知识的能力,培养初步的科学研究能力,并加深对学前比较教育这门学科的认识。

第二节 学前比较教育的研究方法

一、学前比较教育研究的方法论基础

在学前比较教育中,研究方法是进行学前比较教育研究的途径、手段及方式,学前比较教育

研究方法论则是关于学前比较教育研究方法的理论，是对学前比较教育研究方式的探讨，即学前比较教育研究的基本原则和态度。学前比较教育是比较教育的一个分支学科，其方法论从属于比较教育学科的方法论。

从哲学的角度来说，从19世纪朱利安开创比较教育以来，西方学前比较教育研究主要运用的是实证主义、人文主义和多元文化主义的方法论。每一种方法论都有自己的哲学基础。实证主义和人文主义方法论的哲学基础分别是现代西方哲学中的科学主义和人文主义；多元文化主义方法论的哲学基础则是现代哲学和后现代哲学思潮的混合物。① 我国的学前比较教育研究主要运用比较视野的比较方法论，其方法论基础是马克思主义哲学。

马克思主义哲学是研究自然、社会和人类思维最普遍规律的科学。它为学前比较教育研究提供了科学的世界观和正确的方法论，是学前比较教育研究的方法论基础。根据马克思主义哲学的基本原理，结合学前比较教育研究的内容和特点，学前比较教育在方法论基础上应该坚持以下基本原则。

（一）系统性原则

根据马克思主义的观点，任何事物、现象及其内部诸要素之间都存在普遍联系，它们相互影响、相互作用和相互制约。一方面，学前教育系统是一个有机统一的整体，具有独立的性质和功能；另一方面，学前教育作为教育的一个子系统，又是社会的一部分，它不仅与教育系统及其子系统如初等教育、中等教育等相关，而且与政治、经济、文化等多种社会因素相互联系、相互制约。因此，在进行学前比较教育研究时，既要考虑到学前教育自身的各个方面，如学前教育的目的、机构、师资、课程之间的关系和相互作用，又要兼顾学前教育与教育系统及其子系统之间的相互关系，还要研究学前教育与教育外部的各种因素，如政治、经济、文化的相互关系。只有这样，才能全面地认识学前教育，揭示不同社会学前教育的实质，从客观上寻求学前教育的一般规律和特殊规律，得出科学、正确的结论。

（二）发展性原则

马克思主义认为，物质世界是永恒发展的，发展是量变和质变的统一、渐进性和飞跃性的统一。根据这一观点，在进行学前比较教育的研究时，要注意以下两点：一是要从发展的视角来探讨当代学前教育的问题，在注重研究当代学前教育现状的同时，也要适当追溯历史根源、展望发展趋势，以便认识学前教育发展的来龙去脉，从纵向上考察学前教育发展的特点和规律。二是要注意定性比较分析和定量比较分析的结合。定性比较分析是对各国或各地区或各民族学前教育现象本质属性的分析；定量比较分析是各国或各地区或各民族学前教育发展过程中数量变化的比较分析。把定性比较分析和定量比较分析结合起来，可以更好地了解学前教育的本质和发展规律。

---

① 石隆伟：《哲学视野下的方法论与比较教育研究》，《比较教育研究》，2006年第6期。

(三)实践性原则

根据马克思主义的辩证唯物论,实践是认识的基础,是检验真理的唯一标准,是发展真理的有效途径。因此,在进行学前比较教育研究时,一方面要注重收集真实可靠的资料,进行有科学根据的分析;另一方面要使研究成果接受实践的检验,以证明结论的正确性。对于其他国家或地区或民族的学前教育理论和方法,应该采取慎重的态度,结合其形成的背景、条件以及适用范围进行研究,不能盲目照搬。

二、学前比较教育研究的类型

由于学前教育的内在联系及影响因素的复杂性,比较的角度具有多位性的特点。根据不同的比较角度,可将学前比较教育研究分为以下几种类型。

(一)横向比较研究、纵向比较研究和综合比较研究

从比较的时间来看,可以将学前比较教育研究分为横向比较研究、纵向比较研究和综合比较研究。

横向比较研究是指对同一时期不同国家或地区或民族学前教育的比较研究。具体来说,它是对两个或两个以上国家或地区或民族的某个或某几个学前教育问题,乃至整个学前教育体系所进行的比较研究。这是从相对静止的角度分析事物的相同点和不同点,发现各国或各地区或各民族学前教育的共同规律和特殊规律的研究。例如,通过横向比较,了解当代两个或多个国家学前教育机构的基本状况,从而得出一定的结论。

纵向比较研究是指同一国家或地区或民族不同发展阶段学前教育的比较研究。这需要在事物发展变化过程中研究事物,借以分析事物发展变化的规律。例如,比较一个国家(或多个国家)不同时期的学前教育经费在国民收入中的比例,可以考察经济发展与学前教育经费的关系。

综合比较研究综合了横向比较和纵向比较研究,一般是指对两个或两个以上国家或地区或民族不同发展阶段学前教育的比较研究。例如,要比较英美两国在20世纪70年代和80年代学前教育的师资状况,既可对两国20世纪七八十年代的学前教育师资状况进行横向比较,又可对20世纪七八十年代英美两国学前教育师资的发展变化进行纵向比较。

(二)平行比较研究和影响比较研究

从比较对象相互影响的程度来看,可以把学前比较教育研究分为平行比较研究和影响比较研究。

平行比较研究是指对两个或多个被假设为互无影响的国家、地区或民族的学前教育进行比较的研究。它关注的主要是不同国家、地区或民族学前教育的共同特征和个别差异,而不考虑这些国家、地区或民族间的相互影响。

影响比较研究是指对两个或多个在社会经济文化,尤其是在学前教育方面互相影响较大的国家、地区或民族的学前教育进行的比较研究。它主要关注不同国家、地区或民族之间学前教育的相互影响。

(三) 专题比较研究和总体比较研究

从比较研究的内容来看,可以把学前比较教育研究分为专题比较研究和总体比较研究。

专题比较研究是把各国、各地区、各民族同一类学前教育问题放在一起进行比较分析,从中找出各国、各地区、各民族学前教育特点和共同趋势。例如,比较两国学前教育制度或学前教育课程改革等问题的研究,属于专题比较研究。

总体比较研究是对国际学前教育的现状和趋势进行全面、综合的比较研究。它属于宏观比较的范畴,目的在于揭示各国、各地区、各民族学前教育制度和学前教育实践的总特征和发展趋势,研究学前教育与政治、经济与社会发展的关系等问题。

(四) 定性比较研究和定量比较研究

从比较方法的性质来看,可以把学前比较教育研究分为定性比较研究和定量比较研究。

定性比较研究主要指从各方面揭示和把握学前教育的本质,利用各种技术和手段来阐释学前教育现象、问题的性质和程度的研究。它注重学前教育现象和问题的发生发展及其演变过程,注重对资料的处理,主要采用描述和归纳的方法。

定量比较研究主要指运用量化理论,着重利用统计测量的手段和数据分析方法,对学前教育中的各种数据进行统计处理,以此推断学前教育的发展状况,并进行比较分析的研究。

(五) 宏观比较研究和微观比较研究

从比较对象的整体性和局部性来看,可以把学前比较教育研究分为宏观比较研究和微观比较研究。

宏观比较研究是指对学前教育系统或其与外部关系的整体研究。例如,研究世界各国学前教育课程的改革现状与发展趋势;或者比较日本和中国在学前教育发展战略上的异同等,皆在宏观比较研究范围内。

微观比较研究是指对学前教育系统内部具体的、局部的研究。例如,比较两个地区的学前教育的课程设置;或者比较两国学前教育的方法和途径等,都属于微观比较研究。

(六) 区域比较研究和问题比较研究

从比较的范围来看,可以把学前比较教育研究分为区域比较研究和问题比较研究。

区域比较研究指按地理区域、社会制度、民族传统、政治背景、经济状况、语言习惯等不同标准,把世界不同国家或地区或民族分成不同的国家群、区域群或民族群,然后再对它们之间的学前教育进行总体比较的研究。[①] 例如,日耳曼族与斯拉夫族学前教育的比较研究、东西方学前教育比较研究、发达国家与发展中国家学前教育的比较研究等等,都是区域比较研究。

问题比较研究也称个案比较研究或命题比较研究,主要是把不同国家或地区或民族的学前

---

① 陈时见、徐辉主编:《比较教育的学科发展与研究方法》,商务印书馆 2006 年版,第 256 页。

教育理论或实践按问题分类,进行相应比较分析的研究。就所研究问题的数量来看,问题比较研究既可对单个学前教育的问题进行专门研究,也可对两个或两个以上学前教育的问题同时加以比较。宏观问题、微观问题、历史问题、现实问题、静态问题、动态问题、理论问题、实践问题……均在问题比较研究之列。

以上从不同的角度对学前比较教育研究类型进行了粗略的划分。事实上,上述各种研究类型不仅相互渗透,而且具有内在的联系,难以截然分开。

三、学前比较教育研究的方法

每一门学科都有自己独特的、常用的研究方法。学前比较教育的研究方法主要是比较研究法。比较研究法不是一种具体的方法,而是由一个个具体方法有机结合构成的"方法群"。这里,我们仅介绍其中一些常用的方法。

(一) 描述研究法

描述研究法主要是指对具体研究对象或研究过程作形象详尽的描述的方法。它是一种介绍各国或各地区或各民族学前教育发展状况的基本方法,是学前比较教育的一种基础研究法。

描述研究法一般包括四个研究步骤:首先,应用各种技术和方法广泛收集丰富的学前教育资料;其次,对具体的学前教育研究对象进行考察调查,获得充分的感性认识;第三,阅读资料和调查报告,对资料进行筛选、分类和整理;最后,通过对研究对象的全面感知,作出相应的概括、比较和评价,达到对学前教育对象进行生动描述的目的。

描述研究法注重资料工作和对学前教育现象或过程的系统描述,能提供全面、真实、具体而富有感性的学前教育情况,因此成为学前比较教育研究的重要方法之一。但是,由于描述研究法缺乏对学前教育现象的深刻分析和对本质的揭示,不能获得完整而全面的科学研究结论。

(二) 统计分析法

统计分析法是采用数理统计的方法,对学前比较教育研究对象的各种要素进行量化处理、分类统计,并根据研究主题进行分析比较,推导出相应研究成果的研究方法。在学前比较教育的研究中,统计分析法既是搜集学前教育资料的一种手段,也是对学前比较教育其他研究方法的补充,还是一种专门的研究方法。

一般说来,统计分析法包括描述统计法和推断统计法两种形式。描述统计法主要是在收集各种相关数据的基础上,制成一些表格或图形,并计算其集中量、差异量和相关量,描述研究对象学前教育的基本状况、相互关系和典型性,从而揭示学前教育发展内在规律。推断统计法主要是用数据进行统计检验(如Z检验、T检验等)或统计分析(如方差分析、回归分析、协方差分析、因素分析、聚类分析和一些非参数检验等),推断学前教育发展情况,分析学前教育问题,得出一定的结论。推断统计法的长处是从特殊推断一般,使研究的结论得以应用于更广泛的范围,并达到一定的预测效果。

统计分析法可以通过对研究中的某些数据进行量化处理,提高学前比较教育研究的客观性和有效性。但是,统计分析法也受许多条件的限制,如资料的可信程度、量化标准以及精确化程度等等。

(三) 因素分析法

因素分析法主要探讨影响学前教育发展的各种因素或变量,以及这些因素之间或各种因素与教育之间的关系和作用机制的方法。一般认为,影响学前教育发展的因素既有教育系统内部的因素,也有教育系统外部的因素,还有内外相互作用的综合因素。因素分析法是20世纪上半叶比较教育研究的主要方法。最早提出因素分析法的比较教育学家是英国的萨德勒(Sadler, Michael)。他认为校外的事情比校内的事情更重要,并支配或说明校内的事情。美国的康德尔(Kandel, Issac)继承了萨德勒的观点,并为因素分析法奠定了基础。他认为要了解和评价各国的教育制度,需要对影响教育制度性质和发展的历史传统、国民态度、政治和经济等条件进行分析。他还把民族主义和民族性作为决定各国教育制度性质的因素提出。英国的汉斯(Hans, Nicholas)把影响教育的外部诸因素系统化,认为影响各国教育制度性质的因素有三类:自然的因素(种族、语言、地理和经济)、宗教的因素(罗马天主教、英国国教和清教徒)和世俗的因素(人文主义、社会主义、民族主义和民主主义)。德国的施奈德(Schneider, Friedrich)则提出了教育内在的发展规律这一因素,强调教育的内发因素以及内外因素之间的相互作用。上述这些观点为我们运用因素分析法进行学前比较教育研究提供了理论基础。

因素分析法的优点是可以使研究者拓宽视野,把学前教育系统与外部条件联系起来,还可以找出影响学前教育发展的因素,有利于学前教育改革的决策。然而,影响学前教育发展的因素是多方面的,采用因素分析法进行研究时很难确定各方面因素的主次轻重。

(四) 比较历史法

比较历史法是一种通过对各国、各区域、各民族学前教育发生发展的历史沿革、发展原因及阶段进行比较,揭示不同国家或地区或民族学前教育发展的内在动因、作用因素及发展趋势的研究方法。

比较历史法有这样几个基本步骤:首先是问题的确定和假说的提出。一般来说,对那些在各国、各地区、各民族表现不同,而且除了历史传统或民族习俗等很难用其他因素来揭示的学前教育现象,可以采用比较历史法。例如,对农村学前教育现代化与农村发展的关系在不同经济发展水平国家(例如发展中国家、亚洲"四小龙"和发达国家等)中的表现形态这一研究课题,就可以用比较历史法进行研究。其次是资料的收集。当问题确定和假说提出之后,就要收集有关的资料。在历史研究中,通常根据与学前教育历史事件是否有直接、有形的关联而将资料分为两类,即第一手资料与第二手资料。前者是历史研究的主要依据;后者是辅助性资料或在缺乏第一手资料时使用的资料。这种区分是针对所研究的问题而言的。例如学前教育期刊在一般情况下是第二手资料,但如果研究的问题是各国的学术传统对学前教育研究的影响,它就成为第一手资料。第三步是资料的鉴别。比较历史法涉及的历史年代与研究者所处的时代有一定的时间差,这会在一定程度上影响资料的可靠性。因此,收集到的资料应该进行鉴别。鉴别一般分为外部鉴别与内部鉴别。外部鉴别指的是对资料的真实性进行判断;内部鉴别涉及资料内容的准确性。最后是资料的分析与问题的解释,以及假说的检验。这是最难的一步。

比较历史法的长处是:可以使研究者理解各国或各地区或各民族的学前教育理论、学前教育观念、学前教育制度和学前教育实践的历史发展及其与学前教育现状之间的关系,并对学前教育的未来作出预测。然而,由于注重定性研究,忽视定量研究,比较历史法也受到一些批评。

(五) 质性研究法

质性研究法又称质的研究方法,是"以研究者本人作为研究工具,在自然情境下采用多种资料收集方法对社会现象进行整体性探究,使用归纳法分析资料和形成理论,通过与研究对象互动对其行为和意义建构获得解释性理解的一种活动"①。它以后实证主义、批判理论和建构主义为理论基础,自20世纪70年代以来,在一些社会学科中得到了广泛的运用。

质性研究法的步骤与一般的研究方法类似,包括确定研究对象、陈述研究目的、提出研究问题、了解研究背景、构建研究框架、抽样、收集资料、分析资料、得出结论、建立理论、检验效度、讨论推广度和道德问题、撰写研究报告等方面。但是,质性研究法在具体操作时有其鲜明的特色:一是在研究环境上强调自然环境而非人工环境;二是在研究者的角色上强调研究者本人是研究的工具,要求研究者通过长期深入实地体验生活来从事研究;三是在收集资料的方法上注重采用开放型访谈、参与型和非参与型观察、实物分析等多种方法收集资料,而一般不使用量表或其他测量工具;四是在结论和理论的形成方式上采用归纳法,注重在资料的基础上提炼出分析类别和理论假设;五是在理解的视角上采用主体间性的角度,主张通过研究者与被研究者之间的互动,理解被研究者的行为;六是在研究者和被研究者的关系上强调互动,研究者在研究中要考虑研究者个人及与被研究者的关系对研究的影响,要反思相应的伦理道德问题和权力关系。

质性研究法是连缀民族志、人种学、口述史、会话分析等多种研究策略的方法"网",其中民族志(ethnography)的方法最为常用。这些方法都可以用于学前比较教育研究中。此外,质性研究法比较适合在微观层面对学前教育对象进行较为深入细致的描述和分析,适合对小样本进行个案调查,便于了解事物的复杂性,适合做追踪研究。当代学前比较教育研究者越来越关注微观层面的学前教育现象,如个别幼教机构、社区和少数人群的学前教育问题,而适应这些问题的途径莫过于质性研究法。当然,由于质性研究法所选取的对象往往是某一情境中的特定对象,所以其研究结果能否推广仍然遭到质疑。

除上述介绍的研究方法外,学前比较教育研究的方法还有阶段分析法、假设验证法、问题研究法和教育洞察法等等。在学前比较教育研究的"方法群"中,每一种研究方法既有其优势,也有其劣势。因此,研究者要根据具体的研究背景和研究主题,选择恰当的研究方法,并进行综合运用,以达到研究目的。

---

① 陈向明著:《质的研究方法与社会科学研究》,教育科学出版社2000年版,第12页。

本章小结

本章主要阐述了学前比较教育的基本理论，包括学前比较教育的概念、意义，学前比较教育的方法论基础、研究类型和研究方法等内容，为学习下面几章的内容奠定了理论基础。本章的重点是学前比较教育的定义、方法论基础和研究方法，难点是学前比较教育的定义。学习者可结合实际，谈谈自己对学前比较教育的定义、方法论原则和研究方法的理解，并展开小组讨论。

拓展性阅读

多维度的“比较”认识

一、词源学意义上的“比较”认识

《辞海》对“比较”是这样解释的，认为“比较”是“确定事物间相同点和相异点的方法。根据一定的标准把彼此有某种联系的事物加以对照，从而确定其相同与相异之点，便可以对事物作初步的分类。但只有在对各个事物的内部矛盾的各个方面进行比较后，才能把握事物间的内在联系，认识事物的本质。”①在这个认识中，我们可以找出几个关键信息，即“事物间”、“异同”、“标准”、“联系”、“分类”。这些信息表明：比较一定是在两个或两个以上的事物之间展开的，但条件是依据一定的标准，并且事物间具有联系性，目的是确定事物间的相同点和相异点以及对事物进行分类，最终认识相互联系着的事物的本质。而《现代汉语词典》对“比较”一词有三种解释，其中第一种解释“就两种或两种以上同类的事物辨别异同或高下”与《辞海》对“比较”的认识是一致的。《韦伯斯特英语百科全书缩略语词典》对“比较”(compare)的第一种解释是“对两个或两个以上的事物、思想或民族的考察，目的在于找出相似性和差异性”。

由此可见，在词源学意义上，认识“比较”有几个基本条件：一是两个或两个以上的事物，二是事物间相互联系，三是依据一定标准，四是表明相同性和差异性。这对于比较教育研究具有本源意义。

二、哲学意义上的“比较”认识

在哲学上认为，“比较”是从事物的彼此联系出发，通过考察对象与参照物之间的异同关系而把握对象所特有的质的规定性的一种思维关系。这里把比较与哲学范畴的“联系”、“质”、“思维”联系起来。重要的是，比较作为一种基本的认识方法，存在于人们认识的感性阶段之中，人们感性认识的获得是通过比较实现的，不仅如此，比较被用于理性认识的每一个环节。比较是概念形成的途径，是做出判断的前提，是实行推理的方式。

哲学意义上的“比较”被理解为认识的过程就是比较的过程，认识就是比较的认识，任何认识都离不开比较。“实践——认识——再实践——再认识”的过程就是比较的过程，认识

① 辞海编辑委员会编：《辞海》，上海辞书出版社1999年版，第3840页。

就是比较。比较是以无限发展着的人类的整个认识过程为基础,以人类的认识能力与认识对象之间的对立统一为前提的。显然,哲学意义上的"比较"是一种认识活动,甚至等同于认识,于是比较教育研究无非是教育认识活动,当然它是对有边界的教育的认识。

三、学科意义上的"比较"认识

学科意义上的"比较"认识是构建比较学科体系的主要依据。社会科学中普遍地存在比较研究,通常大多数比较可分为两大类:一类是性别、民族和种族群体之间的比较。另一类是跨文化和跨国家的比较。这为我们把比较教育研究限定在民族—国家教育的边界内提供了思想依据。

从比较解剖学、比较伦理学、比较语言学、比较心理学等比较学科的规定中可以看到不同学科的边界对象的质的规定性,每一种学科都是从自身的本体论立场出发,仅仅是比较构成不了本体论含义,它还需要学科作为规定,这对于本书理解的比较教育研究至关重要,因为这要求我们对比较教育研究做出质的规定性。这里会有两种维度:一是把教育作为质的规定性,就是无边界的比较教育研究;二是把民族—国家的教育作为质的规定性,那么就是有边界的比较教育研究。

四、方法意义上的"比较"认识

通常人们会把比较方法界定为建立一般经验命题的基本方法之一,是基本科学方法之一,是一种在变量之间发现经验关系的方法,而不是一种度量方法。

从方法意义上去认识"比较",通常会把比较方法与实验方法、统计方法和案例研究法联系起来。我们可以对比较方法与这三种方法进行关系界定:统计方法近似于实验方法,实验方法是统计方法的一种特殊形式;比较方法与实验方法在逻辑上是一样的,比较方法类似于统计方法;比较方法和统计方法应该被当作同一方法的两个方面,在统计方法和比较方法之间不存在一条清楚的分界线,差别完全依赖于案例的数量。在给定时间、精力和财务资源稀缺的条件下,最有效的方法是:把比较分析作为研究的第一阶段,在此阶段仔细地阐明假说;把统计分析作为第二阶段,在此阶段用尽可能大的样本来检验假说。案例研究方法能够也应该与比较方法紧密联系,某些类型的案例研究甚至被认为是比较方法的隐含部分。

总之,比较方法可以在于其他的研究方法的共同使用中获得其意义,体现出其价值。事实上,在教育领域比较方法也通常会与其他的方法融合地运用,而对于比较教育研究,比较方法尽管也具有一般性特征,但其学科意义的规定性限定了其比较的边界。

五、比较教育研究

上面已经从多维度上,尤其从学科逻辑上介绍了比较教育学科存在的合理性,因此需要表明比较教育学作为一个学科或领域与比较之间的区别。比较教育学是作为一个具有实际内容的研究领域而存在的,而比较是多维度的认识,尤其是作为一种方法而存在的,因此它们两者不在共同的边界内。一方面比较教育学可以运用其他方法,如定性、定量等方法;另一方面比较方法也可以应用于其他领域和学科,它存在于只要满足或遵循比较逻辑的所有对象研究中。况且,比较教育研究在使用比较方法中并不排除其他方法的使用。

这里有一个重要的观点是：比较教育学在研究内容上是有边界的，这个边界就是民族—国家教育的比较研究。事实上，在把民族—国家教育作为研究边界时会有四种类型：即民族—国家教育作为研究对象，民族—国家教育作为研究背景，民族—国家教育作为分析单位，民族—国家教育处于跨国场景中。

比较教育研究具有自身质的规定性，也就是它的基本属性，这些属性就是它的跨国性、跨民族性①、跨文化性、跨学科性。

（摘自朱旭东主编：《新比较教育》，高等教育出版社 2008 年版，第 2—6 页。）

参考文献

1. 陈时见、徐辉主编：《比较教育的学科发展与研究方法》，商务印书馆 2006 年版。
2. 冯增俊著：《比较教育学》，江苏教育出版社 1996 年版。
3. 霍力岩著：《学前比较教育学》，北京师范大学出版社 1995 年版。
4. 李生兰著：《比较学前教育》，华东师范大学出版社 2000 年版。
5. 史静寰、周采主编：《学前比较教育》，辽宁师范大学出版社 2002 年版。
6. 王承绪、顾明远主编：《比较教育》（第四版），人民教育出版社 2012 年版。
7. 吴文侃、杨汉清主编：《比较教育学》（修订本），人民教育出版社 1999 年版。

问题与讨论

1. 什么是学前比较教育？请谈谈你对这个概念的理解。
2. 结合实际，谈谈学前比较教育课程的意义。
3. 学前比较教育的方法论原则有哪些？请围绕某个方法论原则进行小组讨论。
4. 结合实际，谈谈你对学前比较教育某一研究类型的理解。
5. 结合实际，谈谈你对学前比较教育某一研究方法的理解。

① “跨国的、跨民族的”比较教育研究是由“民族—国家”概念决定的。在比较教育研究中，既要考虑到作为政治意义的“国家”，又要考虑作为文化意义的“民族”。

第二章

学前教育的发展历程

■ **学习目标**

1. 了解初创阶段学前教育的基本状况；
2. 了解发展阶段学前教育的基本状况；
3. 基本掌握普及和提高阶段学前教育的状况。

自从有了人类社会，便有了人类的学前教育活动。在漫长的原始社会，人类的学前教育活动是和整个人类社会的生活结合在一起的。在生产力水平低下的奴隶社会和封建社会，学前教育主要是以家庭学前教育的形式存在的，还没有出现专门的学前公共教育。1816年，英国空想社会主义者欧文(Owen, Robert)在苏格兰纽兰纳克创办的“幼儿学校”，标志着严格意义上的学前公共教育的产生。本章以学前公共教育的产生为起点，将19世纪初迄今的学前教育的发展历程划分为以下三个历史阶段：初创阶段(19世纪初至19世纪末)、发展阶段(20世纪初至二战结束以前)和普及与提高阶段(二战结束以后至今)。下面我们就分别考察这三个历史阶段学前教育的基本状况。

第一节　初创阶段的学前教育

一、学前公共教育的产生和初期发展

(一) 学前公共教育的产生

18世纪中叶工业革命以前，学前教育的主要形式是家庭教育。其间虽然有零星的集中教养幼童的设施，但或者是面向皇亲国戚，或者是收容孤儿弃婴，还算不上真正的学前教育机构。

18世纪60年代，以蒸汽机的诞生为标志，英国率先开始了第一次工业革命。随着生产力迅猛的发展，资产阶级和无产阶级之间的分化加剧。贫民的年幼子女常死于营养不良、缺乏照顾和居住条件恶劣；少数侥幸活下来的幼儿也常常因为无人照管而流落街头，遭遇不测，或受坏人引诱走上堕落、犯罪的道路。出于对穷苦幼儿的同情和对社会问题的关心，一些社会开明人士、慈善家、宗教界人士和自治团体、行会开始兴办孤儿院、育婴堂等收容幼儿的机构，以减轻贫穷父母的负担、缓解社会矛盾。与此同时，一些明智的企业主为使工人安心工作，也开始面向本厂工人

开办日间托儿所。这些在资本主义社会初期作为社会救济设施的孤儿院、育婴堂和日间托儿所,为第一所学前教育机构的诞生奠定了一定的基础。

1816 年,欧文在纽兰纳克他自己的工厂中创办了"幼儿学校",专门招收 2—6 岁的幼儿。欧文创办这所学校,不只是出于对工人子女状况的同情,还出于对早期教育在人的性格形成中重要性的认识。欧文认为,贫穷幼儿成长环境的恶劣是造成其愚昧和利己的主要原因。因此,他十分注重整顿与改良学校环境,在学校周围建立了游戏场和宽阔的户外活动场地,改善儿童的膳食和生活条件,并要求教师和善、慈爱,以朋友的态度对待幼儿。欧文还主张把幼儿培养成智、德、体、美全面发展的人,注重教育内容的全面性和非宗教性,注重培养幼儿的集体主义精神和劳动习惯;强调观察、实物教学,要求教师重视幼儿的兴趣,以游戏和娱乐作为教育手段。

欧文创办的"幼儿学校",标志着世界上第一个对 6 岁以下儿童实施专门的、真正意义上的学前教育机构的诞生,也拉开了世界学前公共教育事业发展的序幕。从此,学前教育开始走出封闭的家庭教育模式,向着开放的社会化形式迈进。

(二) 学前公共教育的初期发展

欧文"幼儿学校"的创立,引发了 19 世纪上半叶欧洲幼儿学校运动的热潮。英国、法国和德国的学前公共教育都得到了迅速的发展。

1. 英国的幼儿学校运动

继欧文的"幼儿学校"成功创办之后,1818 年,兰斯登(Lansdowne)侯爵及布鲁姆(Brougham, H.)勋爵等英国上流社会人士在伦敦威斯敏斯特开办了第二所幼儿学校,并邀请欧文幼儿学校的教师布坎南(Buchanan, James)担任校长。1820 年,曾是欧文助手的怀尔德斯平(Wilderspin, S.)又在斯平脱场开办了第三所幼儿学校。① 他除了在学校从事管理和教学工作外,还用了大约 20 年的时间周游英国,致力于幼儿学校的普及,先后被任命为"中央模范幼儿学校"和"都柏林模范幼儿学校"的校长。他提出了旨在使幼儿掌握思考能力和独立获得知识的"开发教育方法",设计出"学前教育阶梯教室"、"教学柱"、"教学架"、"移动架"、"调换架"等教具和"发展课本"等教材,对英国幼儿学校的发展起了促进作用。

此外,在社会各界的大力支持下,一些有识之士先后成立了"伦敦幼儿学校协会"和"英国及殖民地幼儿学校协会"等组织,以促进幼儿学校的普及和发展。"伦敦幼儿学校协会"成立于 1825 年。该协会确信幼儿学校对维护社会体制、发展人的道德具有极大的帮助,并大力开展幼儿学校的普及活动。这个协会虽然在 1829 年由于种种原因被取消,但其对普及英国幼儿学校的作用是不可磨灭的。"英国及殖民地幼儿学校协会"成立于 1836 年。该协会以裴斯泰洛齐(Pestalozzi, J. H.)的直观教学法为原则,培养高质量的幼儿学校教师,从而振兴幼儿学校事业。据统计,从 1836 年至 1846 年的 10 年间,这个组织共计培养了 1 443 名教师。② 这一时期,在英国有半数左右的幼儿教师是由"英国及殖民地幼儿学校协会"的教师养成所培养出来的。

---

① 杨汉麟、周采著:《外国幼儿教育史》,广西教育出版社 1993 年版,第 207 页。

② 单中惠、刘传德著:《外国幼儿教育史》,上海教育出版社 1997 年版,第 67 页。

1840年,英国政府启用了对幼儿学校的教育补助政策,并确定了受国库补助幼儿学校的34个检查项目,包括学校设备、娱乐和身体练习、劳动、艺术模仿、音标学习、自然常识、阶梯教室的教学和纪律等方面。1853年,英国政府又专门制订了“有资格教师”和“注册教师”的等级和考核制度,以保障幼儿教师的质量。政府的幼儿学校政策在一定程度上保证了幼儿学校的质量,促进了幼儿学校的普及和发展。

总之,19世纪上半叶,幼儿学校运动在英国发展得很快,走在当时几个发达资本主义国家的前列。据统计,1816—1825年,英国大约建立了60所幼儿学校;1825—1827年,至少又增加了200所;至1840年达到了300多所。另据1836年《国民教育》一书所载,当时英国有270所幼儿学校,每所学校平均约有100名幼儿。所以当时总共约有27 000名幼儿在校,约占全国5岁以下幼儿的12.17%。① 英国的幼儿学校运动持续了近30年之久,不仅促进了英国学前教育的发展,而且对欧美各国学前教育的发展也起了积极的推动作用。

2. 法国的托儿所和婴儿托儿所运动

在英国托儿所运动的影响下,1826年,法国著名的妇女社会活动家及慈善家帕斯特莱(Pastoret)侯爵夫人领导妇女会创办了法国最早的托儿所(la salle-d'asile)。此后,法国七月王朝时期的巴黎第12区区长柯夏(Cochin, J.)在考察了欧文的幼儿学校、借鉴了其经验的基础上,于1828年在巴黎开办了与英国幼儿学校性质相似的托儿所。柯夏还积极协助帕斯特莱侯爵夫人领导的妇女会开展托儿所运动,并撰写了《托儿所纲要》一书,阐述托儿所教育的意义、内容和方法,为托儿所运动奠定了理论基础。帕斯特莱侯爵夫人和柯夏创办的托儿所得到了巴黎塞纳县“贫民救济会”的资助。1826年,塞纳县“贫民救济会”支出了3 000法郎补助金资助托儿所教育,第二年又补给5 809法郎,到1836年支出已达到75 408法郎。在帕斯特莱侯爵夫人和柯夏等人的积极努力和强有力的公共财政援助下,巴黎地区的托儿所运动发展迅速。1830年,巴黎地区的托儿所有6所,入托儿童990名;到1836年托儿所数量已增至24所,入托儿童达3 600名。②

在巴黎地区托儿所运动的带动下,法国各县、市也纷纷兴办托儿所。法国教育当局对此给予关注,并承认托儿所既照看幼儿又教育幼儿的事实。1832—1835年,在任的公共教育大臣基佐(Guizot, Guilaliml)提出要把托儿所看作初等教育的基础,指示各市县的公共教育部和托儿所建立密切的关系,给托儿所一定的财政援助。1836年,新任的教育大臣布雷向各行政当局发出“传阅文件”,明确了托儿所是公共教育部领导下的学校,应同其他初等学校一样,接受市镇村教育委员会和郡委员会的领导。1837年,法国政府又发布敕令,要求全国实施《托儿所管理条例》。此条例规定了托儿所的性质、内容、教育方法和管理规章,将托儿所的行政管理纳入1833年颁布的初等教育法的体制之内。至此,法国的托儿所已经从慈善团体调整为受公共教育部管辖的初等学校。在加强对托儿所行政领导的同时,国家和地方也加强了对托儿所的财政资助。据统计:1837年,法国有17个自治县向261所托儿所提供补助金,共计174 639法郎;1840年,接受补助的托儿所增加到550所,补助金额也增加到245 631法郎;1841年,31个县向托儿所提供的补助金达

---

① 冯晓霞主编:《幼儿教育》,吉林教育出版社2000年版,第67—68页。
② 同上书,第21页。

66 432 法郎。在政府和人民的大力支持和帮助下，19 世纪中叶法国托儿所的发展达到了巅峰。据统计：1843 年，托儿所总数已达 1 489 所，托儿数达 96 192 名；1850 年，托儿所猛增到 1 735 所，托儿数达 160 244 名，是当时发展的最高水平。[①]

在托儿所普及的同时，时任巴黎第一区区长助理马尔波(Marbeau, Firman)出于对贫民妇女和婴儿的同情，于 1844 年在巴黎开设了"婴儿托儿所"(crèche)。他还撰写了《关于婴儿托儿所》的著作，呼吁人们关心 3 岁以下婴儿的生命和健康问题。他的主张受到政府行政当局以及有关团体的重视和支持，婴儿托儿所也因此发展起来。1845 年，巴黎地区的婴儿托儿所增加至 5 所；1846 年，又增加至 8 所。此后，婴儿托儿所在法国各地推广开来。法国重视创设和发展婴儿托儿所的举措，表明法国从很早就开始注重婴儿公共教育，使婴儿教育成为其学前公共教育的一个重要组成部分。

3. 德国的幼儿学校和托儿所运动

在英国托儿所运动的影响下，德国的幼儿学校运动和托儿所运动也发展起来。其中的主要代表人物是 T·弗利托娜(Fliedner, Theodor)和 J·G·魏尔特(Wright)。

弗利托娜是阿尔萨斯州威尔特城的新教派牧师。1835 年，她参照英国幼儿学校，在自己的教区设立了以贫苦幼儿为对象的"编织学校"，一年后改名为"幼儿学校"。"幼儿学校"招收从 2 岁至学龄前的赤贫工人子女 40 人，教学内容包括宗教、道德、读、写、算、图画、军事活动、直观练习、手工劳动等。学校设备良好，房屋宽敞，设有游戏场，并以游戏的方式进行教学。为了培养幼儿学校的教师，学校还附设了"看护修女养成所"，教授圣经、唱歌、算术、博物、德语、观察和家务劳动等，培训时间为 3—4 个月。这不仅提高了幼儿学校的教育水平，还扩大了其影响。在她的托儿学校和修女养成所的影响下，德国的托儿学校迅速发展起来。到 1842 年，以莱茵省为中心的地区共设立了 38 所幼儿学校；到 1851 年，她的修女养成所已培养了 400 多名教师。

J·G·魏尔特是福音派教会所办贫民儿童之家的教师兼督学。他于 1832 年受命于阿尔古斯堡市议会，用两年时间调查了德国西南部 11 个城市的学前教育设施，撰写了《关于托儿所的报告》和《关于幼儿学校和流浪儿童救贫设施的报告》。据此，1834 年，阿尔古斯堡市议会成立了该市的第一个托儿所，由魏尔特担任其创办人兼教师。托儿所设施包括 1 间游戏室、2 间保育室和一个大院子；教职工由魏尔特、另一名女教师和一名保姆组成。该托儿所最初招收来自手艺人、佣人和工人的子女 59 名，其中大部分是 4 岁半至 5 岁的幼儿；翌年，托儿所的幼儿猛增到 160 人。由于入托儿童数的增加，1835 年，该市又新设了两个托儿所。1838 年，魏尔特向政府提出了创办保姆学校的提案，获得批准。一年之后，保姆学校建成。魏尔特又担任这所学校的校长。

19 世纪中期以前，德国的经济、文化都比英国和法国落后，学前教育政策亦如此。欧文的幼儿学校传入德国并得到重视是在 1824 年。1827 年，普鲁士教育部颁发文件，推荐怀尔德斯平的学前教育论文，并号召各地迅速建立幼儿学校。从 1838 年开始，普鲁士政府又转而支持托儿所。1838 年，政府承认了为资助柏林托儿所，由私人捐款设立的"中央基金"；1842 年，免除了托儿所关系团体的印刷税；1843 年，免除了托儿所地租。但是，德国各邦对托儿所所采取的政策是"控制

---

① 单中惠、刘传德著：《外国幼儿教育史》，上海教育出版社 1997 年版，第 73 页。

但不援助”,即虽然要求各地必须开办托儿所,但又限制其必须以“足够的资金”为先决条件。这同英、法两国的既严加控制又积极支持的做法形成了极为鲜明的对照。尽管如此,在魏尔特等各界人士和社会团体的共同努力下,德国的托儿所运动得到了较大的发展。据统计,1948 年,德国各邦托儿所的数量为:普鲁士 109 所、符腾堡 73 所、拜恩 56 所,其他各邦 52 所,汉堡、不莱梅和莱比锡等自由城市 13 所,总计为 303 所。①

二、幼儿园教育体系的形成

1837 年,福禄贝尔(Frobel, F. W. A.)创立了世界上第一所幼儿园以后,福禄贝尔主义幼儿园运动首先在德国境内兴起。到 19 世纪 50 年代,福禄贝尔式的幼儿园已先后传到英、法、美、俄、日等国,对世界学前教育的发展产生了极为深远的影响。

(一) 第一所幼儿园的创立

德国学前教育理论家和实践家福禄贝尔受裴斯泰洛齐等人的影响,于 1816 年在他的家乡图林根建立了一所学校,命名为“德国大同教养院”,开始实现自己的教育理想。在这所学校中,他用一套综合课程教育儿童,注重引导儿童的自我活动、自由发展和社会参与。1826 年,他发表了《人的教育》一书,阐述了他的教育哲学、教育分期和各时期的教育任务。1834 年至 1835 年,福禄贝尔在瑞士担任一所孤儿院的院长。他一面任教,教育 4—6 岁的孤儿;一面组织训练教师的工作。这使他积累了解决学前教育问题的经验,并决心把自己的教育思想运用于儿童早年的教育。在这一时期,他认真阅读了夸美纽斯的著作《母育学校》,认识到母亲在早年教育中的重要性和游戏在儿童发展中的作用。

1837 年,福禄贝尔在德国的勃兰根堡设立了一所教育机构,专门招收 3—7 岁的儿童,并在以前研究成果的基础上创制了一套配有使用说明的游戏玩具“恩物”。福禄贝尔曾想把这个机构取名为“婴儿职业所”或“育婴院”,但都觉得不妥而没有确定下来。后来,他和助手等人在树林中散步时,从所看到的花草树木的自然乐趣中获得启发,决定用“幼儿园”(kindergarten)一词来命名自己创办的学前教育机构。他把幼儿活动的场所比作花园,把幼儿比作花草树木,把幼儿教师比作园丁,把幼儿的发展比作培植花草树木的过程。1840 年,福禄贝尔正式将他的学前教育机构命名为“幼儿园”,并拟定了幼儿园游戏和作业的内容与方法。1843 年,他出版了学前教育专著《慈母曲及唱歌游戏集》,还创办了报纸《星期新闻》和杂志《福禄贝尔周刊》,宣传他的学前教育思想。他创办的幼儿园受到了世人的瞩目,前往参观的人们络绎不绝。此外,福禄贝尔还开办了幼儿教师训练所,这些都促进了幼儿园运动在德国的发展。

世界上第一所幼儿园的创立,标志着学前公共教育开始从注重“看管”转向注重“看管”和“教育”的结合,从只注重贫民子女的学前教育转向注重所有儿童的早期教育,从缺乏理论指导转向在理论指导下实践。它推动了欧美幼儿园运动的发展,为世界幼儿园教育体系的形成奠定了一定的基础。

---

① 单中惠、刘传德著:《外国幼儿教育史》,上海教育出版社 1997 年版,第 77 页。

（二）幼儿园运动的开展

福禄贝尔的幼儿园的创立，不仅推动了德国幼儿园运动的开展，而且引发了19世纪下半叶欧美幼儿园运动的热潮，促进了世界学前教育的发展。

1. 德国的幼儿园运动

福禄贝尔幼儿园的创立和福禄贝尔学前教育思想在德国的传播，大大促进了德国幼儿园运动的发展。1844年，德国各地已建立了40所幼儿园。1848年欧洲革命失败后，德国政府趋向保守和反动。在此形势下，德国学前教育一度处于停滞甚至倒退的局面。由于幼儿园曾获进步势力的支持，导致当局不满。1851年8月，普鲁士政府以灌输无神论及政治上有破坏倾向等莫须有的罪名，查封了幼儿园，直到1860年才取消禁令。

幼儿园禁令废除之后，德国各地相继出现了许多幼儿园协会。在这些协会的领导下，德国的福禄贝尔运动全面展开。以柏林为例。1860年，柏林福禄贝尔主义幼儿园妇女促进协会成立。翌年，该协会设立了4所幼儿园和1个幼儿园师资培训机构。1863年，柏林家庭教育和民众教育协会成立。该协会根据福禄贝尔的思想，致力于学前教育的全面改革。其改革内容包括：设立幼儿园和幼儿园师资培训结构；创办以福禄贝尔方法为指导的儿童游戏场，使幼儿园向民众化方面发展，将福禄贝尔方法引入女子学校等。到1870年，该协会已设立了7所幼儿园，培训幼儿园女教师200多人。1874年，上述两个协会合并为柏林福禄贝尔协会。

1871年，以别劳夫人(Buelow, Marenholtz)为核心的教育协会总会成立。该协会主要培养幼儿园女教师，开展女子继续教育工作，设立福禄贝尔学校，与外国教育机构及人士交流经验等，以促进福禄贝尔幼儿园运动的开展。

2. 英国的幼儿园运动

1851年，德国的流亡政治家洛安格夫妇(Ronge, Johannes and Bertha)在英创立了第一所福禄贝尔德语幼儿园，1854年又设立了福禄贝尔英语幼儿园。洛安格夫妇不仅创办幼儿园，还大力宣传福禄贝尔的思想。1855年，洛安格夫妇为解答参观者们提出的问题，编著了《英语幼儿园入门手册》，引起很大反响。该书从19世纪50年代到90年代，再版十余次，可见其影响之大。

1861年，英国政府公布新的教育法规，宣布了以读、写、算的测验成绩决定国库补助的政策。这一政策成为学前教育的指挥棒，各类学校均加强知识教学，以争取政府资助，不注重读、写、算的幼儿园则遭到冷落，所以60年代幼儿园的发展处于停滞状态。1870年，英国颁布了《初等教育法》。此后，学力测验的影响开始淡化。幼儿园也因此重新获得发展的动力。1874年，伦敦福禄贝尔协会宣告成立。翌年，协会开设了幼儿园及教师培训所；1876年，又实行幼儿园教师资格考试。考试分为预备考试和正式考试两部分。预备考试的内容包括读、写、算、英语文法、文学、地理、历史等基础课；正式考试则加考教育学、教育史、博物学、生理学、卫生学、体育、音乐、福禄贝尔著作、幼儿园作业等专业课。教师资格考试提高了幼儿园教师的质量，促进了英国学前教育的发展。19世纪70年代后，福禄贝尔幼儿园运动及福禄贝尔教育方法已全面渗透到英国学前教育之中。

英国的幼儿园主要招收中上阶层子女。但在19世纪末，英国也出现了少量招收工人子女的免费幼儿园。第一所免费幼儿园由马瑟爵士(Mather, William)于1873年在工业城市曼彻斯特开办。

3. 法国的幼儿园运动

1855年,德国的别劳夫人到达法国。在三年的逗留期间,她向法国人系统地介绍了福禄贝尔的教育思想及幼儿园事业,还向法国领导人提出在法国托儿所引进福禄贝尔教育方法的请求。得到批准后,别劳夫人以“国际托儿所保姆培训学校附属托儿所”为试点,通过法国中央集权的教育领导体制,自上而下把福禄贝尔的教育方法引进法国。

在福禄贝尔学前教育思想影响日益扩大的同时,法国还出现了少量幼儿园,并开展了以福禄贝尔思想为指导的幼儿师资培训工作。但法国的幼儿园是上流社会子女的专利品,平民子女则只能进传统的托儿所。这种双轨制的现象与英国类似,但在19世纪80年代后有所改变。1881年的《费里法案》确立了“免费”、“义务”和“世俗化”的国民教育三原则,为打破学前教育的双轨制提供了法律保障。同年8月,法国政府宣布,将托儿所等幼教机构统一改称“母育学校”。母育学校保留了偏重知识教育的特点,但实际上主要采用福禄贝尔幼儿园的教具和教育方法。

4. 俄国的幼儿园运动

19世纪中叶以后,俄国也出现了一批福禄贝尔的信徒。在这些信徒的努力下,俄国于1860年左右在彼得堡、莫斯科等大城市建立了俄国第一批幼儿园。1869年,彼得堡发行了俄国最早的幼教月刊《幼儿园》。地方性的福禄贝尔协会也于1870年前在彼得堡、基辅等地先后成立,开展了普及福禄贝尔学前教育理论和福禄贝尔式幼儿园的运动。1871年,彼得堡福禄贝尔协会率先在彼得堡创立福禄贝尔学院,培养学前教育专业人员。此后各地纷纷仿效,建立了各种类型的福禄贝尔学院。

这一时期俄国的幼儿园多为私人开办,实行收费制,运用福禄贝尔的教育理论和方法对上层家庭的子女进行教育。据统计:1896年俄国有这类幼儿园66所;到1903年发展到84所。除了收费幼儿园外,这一时期也出现了少数面向劳动人民子女的免费幼儿园。1866年,彼得堡的一个名为“廉价住宅协会”的慈善机构开办了一所专门招收劳动妇女子女的福禄贝尔式的免费幼儿园。除了游戏和作业,该园也教儿童宗教知识。但由于经费主要靠个人捐赠,开办几年后该园就因为经费不足而关闭。除彼得堡以外,塞尔普哈夫、里加、基辅等工业城市也开设了一些平民幼儿园。但是,和面向上层子女的收费幼儿园相比,这些幼儿园数量少、条件也差。

5. 美国的幼儿园运动

1855年,德国移民舒尔茨夫人(Schurz, F. K.)在威斯康星州的维特镇创立了美国最早的幼儿园。这所幼儿园主要是为遭到普鲁士政权政治迫害的德国移民而开办的,因此采用德语教学。受舒尔茨夫人的影响,到1870年,美国已开办10所德语幼儿园。

在舒尔茨夫人的影响和帮助下,1860年,美国妇女皮博迪(Peabody, Elizabeth)在波士顿开设了美国的第一所英语幼儿园。办园以后,皮博迪深感自己缺乏学前教育的理论知识,于1867年专程到德国学习福禄贝尔的理论和方法,受到福禄贝尔遗孀霍夫曼斯特(Hoffmeister, Wilhelmine)的亲切接待和热情指导。1868年回国后,皮博迪除了继续办好原有的幼儿园外,还于1868年底开办了美国第一所幼儿园教师培训所。此外,皮博迪还发行定期刊物、撰写文章、讲课和演说,大力宣传福禄贝尔思想。她为美国幼儿园的发展贡献了自己的一生,被称为美国幼儿园的奠基人、美国学前教育事业的先驱者和福禄贝尔幼儿园运动的倡导人。

除了福禄贝尔式幼儿园以外，从 19 世纪 70 年代开始，美国也开始发展面向贫民的各类慈善幼儿园。1870 年，在纽约出现了美国的第一所慈善幼儿园。肖夫人（Shaw, Quincy）于 1878 年至 1889 年在波士顿资助开展了免费幼儿园运动。1879 年，她亲自创建了一所幼儿师范学校。在她的努力下，到 1883 年，美国已建立起包括 30 所免费幼儿园在内的幼儿园网。到了 19 世纪 90 年代，几乎所有的大中城市都办起了免费的慈善幼儿园。

综上所述，19 世纪下半叶，福禄贝尔式幼儿园已经超过幼儿学校而成为欧美资本主义国家主要的学前教育形式。与此同时，这些国家还出现了一些为贫民服务的慈善幼儿园，形成了幼儿园教育的双轨制。这种状况随着学前教育制度的初步建立而有所改善。

三、学前教育制度的初步建立

学前公共教育是适应资本主义社会大工业生产的需要而产生的。但在资本主义社会的初期，各国政府仅仅把开办学前教育机构作为一种安抚民众、缓和矛盾、稳定政权的手段。因此，多数资本主义国家对发展学前教育只是一般性提倡，缺乏实质性支持。19 世纪下半叶，由于福禄贝尔式幼儿园运动的影响，也慑于工人阶级争取受教育权的压力，更出于对学前教育社会功能的认识，各国政府出台了一些有关学前教育的政策，将学前教育纳入国民教育体系。

（一）英国学前教育制度的初步建立

自 19 世纪 50 年代福禄贝尔幼儿园引进英国后，英国的学前教育呈现出两种制度并存的局面：一种是幼儿学校及收容幼儿的小学，主要以贫民和工人的子女为对象；另一种则是幼儿园，以中上层阶级的子女为对象。这到英国颁布《初等教育法》以后才有所改观。

1870 年，英国颁布了《初等教育法》，规定入学儿童的最低年龄为 5 岁。80 年代，英国政府又颁布并落实了义务教育的规定，确立了儿童从 5 岁开始进行初等义务教育的规定。英国的幼儿学校被纳入这一系统。事实上，除了 5 岁以上学龄儿童以外，5 岁以下幼儿也大量进入小学。1870 年的一项学校调查表明，3—6 岁幼儿占小学在校生的三分之一。在拥有众多幼儿的小学里，通常将未满 7 岁的儿童分为两个班级：（1）以 5 岁以下幼儿为对象的班称为“小幼儿班、组”（younger infants' or babies' class or group）；（2）以 5—7 岁幼儿为对象的班称为“大幼儿班、组”（older infants' class or group）。[①] 英国《初等教育法》的颁布和 80 年代关于义务教育的规定，标志着英国学前教育制度的初步建立。

（二）法国学前教育制度的初步建立

在西方资本主义国家中，法国是最早建立学前教育管理制度的国家。它通过教育立法、经费支持和行政干预等举措，大力促进学前教育的普及与发展。

早在 1855 年 3 月，法兰西第二帝国皇帝拿破仑三世就颁布了托儿所敕令，指出：托儿所不论

---

① 杨汉麟、周采著：《外国幼儿教育史》，广西教育出版社 1993 年版，第 222 页。

是公立还是私立,都应当成为照顾2—7岁儿童道德和身体的成长的教育设施。教育的内容包括宗教教育、德育、读写算、常识、手工、体育等。与此同时,政府还对托儿所内部的规章制度进行了具体的规定。

1881年,法国政府通过《费里法案》,宣布国民教育三原则为“免费”、“义务”、“世俗化”。同年8月,政府又颁布教育法令,将托儿所等幼教机构并入了公共教育系统,统一改称为“母育学校”。母育学校以实施“母性养护及早期教育”为宗旨,招收2—6岁儿童,根据年龄、男女混合编班。保教内容包括德育、日常生活知识、语言训练、绘画、书法、唱歌、体操、博物以及初步的读和算等,原来的宗教教育内容被取消。

1886年,法国政府又颁布了《戈勃莱法案》,将初等教育分为两段:母育学校招收2—6岁儿童,小学招收6—11岁儿童。法令还规定幼儿教师和小学教师作为教学人员,均由省级师范学校培养,统称小学教师,以示重视和平等。至此,法国的近代学前教育制度基本确立;“母育学校”作为法国学前教育机构的统一名称也一直沿用至今。

(三) 美国学前教育制度的初步建立

随着经济的繁荣、社会的进步和文化事业的发展,美国的学前教育逐渐从直接引进向本土化方向转变。幼儿园成为与美国的社会生活方式相适应的一种教育设施。为此,必须把幼儿园与公共教育制度挂起钩来,以加强幼儿园的公共教育性质,保证学前教育在整个教育体制中的地位。皮博迪夫人早就提出过这一要求,但却是通过密苏里州圣路易斯市的哈里斯(Harris, W.)博士与布洛(Blow, S.)的共同努力而实现的。

圣路易斯市教育局长哈里斯早就崇尚福禄贝尔的教育思想,对学前教育也十分关心。1873年,他向地方教育董事会递交了一份提案,要求把学前教育作为学校教育制度的组成部分,并为此开展了积极的活动,得到了教育当局的批准。同年夏天,圣路易斯市最先把幼儿园教育列为学校教育系统的组成部分,并在该市开设了美国第一所作为公立学校一部分的幼儿园,招收20名儿童,布洛是第一任教师。到1878年,该市已有公立幼儿园53所,1903年达到125所。

继圣路易斯市的公立幼儿园之后,美国其他各州也纷纷兴办公立幼儿园,许多私立幼儿园也被纳入公立学校教育系统。到1901年,全美公立幼儿园达到2 996所(同期私立幼儿园为2 111所)。这类幼儿园一般附设于地方公立初等学校,作为初等教育的第一阶段。至此,美国的学前教育制度基本确立。

(四) 日本学前教育制度的初步建立

日本是亚洲第一个走上资本主义道路的国家,也是一个在长期封闭后因实行开放政策而迅速走向繁荣富强的国家。1868年,日本开始明治维新,进行了资产阶级改良性质的改革。在实行政治、经济、军事、文化和教育领域改革的同时,日本政府也广泛吸收欧美资本主义国家的学前教育经验,初步建立起学前教育制度。

1871年,日本设立了文部省,主管全国的文化教育事业。1876年,在文部大辅田中不二麿的建议下,日本第一所学前教育机构——东京女子师范学校附属幼儿园正式创办。创立幼儿园是明治政府学习西方，积极引进欧美教育制度的一次尝试。政府试图以点带面，推动日本学前教育的发展。然而，由于生产力低下，人们对学前教育的认识不足，加上幼儿园收费昂贵，幼儿园的发展非常缓慢。到1881年，全国仅建起此类幼儿园7所。为使幼儿园得以普及，1882年，文部省发出建立简易幼儿园的"示谕"，降低了设置幼儿园的标准，促进了幼儿园的发展。到1885年，幼儿园已达30所，入园儿童1 893人。① 1892年，东京女子师范学校附属幼儿园增设了一个分园，以社会低收入阶层的子女为对象，并延长了入园时间。这是日本第一所为贫穷阶层幼儿服务的公立幼儿园。

1899年，文部省制订了第一个幼儿园规程——《幼儿园保育及设备规程》。其主要内容有：(1)规定"幼儿园是为年满3岁至学龄前儿童开设的保育场所"，每天的保育时间为5小时；(2)保育目的在于促进幼儿身心的健全发育，培养幼儿的良好习惯，辅助家庭教育；(3)保育内容包括游戏、唱歌、谈话、手工作业以及纠正幼儿的不良道德、仪表；(4)在保育方法上，要适应幼儿身心发展，难易得当，利用幼儿模仿力极强的特点，让他们多接触嘉言懿行；(5)规定了幼儿园的所需设备，如园舍大小和内部设施等。② 规程对幼儿园的保育目的、时间、内容、方法和设置标准等都作了明文规定，具有一定的合理性和可操作性，它的颁布标志着日本学前教育制度的初步建立。

总之，从19世纪初学前公共教育的产生，经过学前公共教育的初步发展阶段和学前教育体系的形成阶段，到19世纪末，西方一些主要的资本主义国家已经初步确立了学前教育制度，为学前教育的进一步发展奠定了基础。

第二节 发展阶段的学前教育

一、儿童中心主义教育思潮的兴起

1882年，德国生理学家普莱尔(Preyer, W.)出版了《儿童心理》一书；1883年，美国心理学家霍尔(Hall, G. S.)又出版了名为《儿童的内心世界》的专著。这两本以实证研究为依据的学术著作，奠定了19世纪末期开始的儿童研究运动的基石。从19世纪90年代到20世纪30年代，儿童研究运动的热浪波及欧美等地区。美、英、德、法等25个国家先后成立了全国性的儿童研究组织，约20种儿童研究杂志问世，各种儿童研究专著纷纷出版，一些有影响的儿童发展理论流派开始形成。这一场声势浩大的儿童研究运动，生动、真切地揭示了儿童的特质、儿童身心发展的规律、儿童的能力以及童年期的意义，使人们对儿童的看法发生了根本的变化。

19世纪下半期，随着西方资本主义的迅速发展，传统教育与社会新需要之间的矛盾日渐明显，改革教育的呼声日趋强烈。这有力地促进了儿童研究运动的高涨；而儿童研究运动所取得的

---

① 单中惠、刘传德著：《外国幼儿教育史》，上海教育出版社1997年版，第94页。

② 杨汉麟、周采著：《外国幼儿教育史》，广西教育出版社1993年版，第233—234页。

各种成果,又促进了新兴教育思潮的产生和发展。由于这种重视儿童天性、本能、兴趣、活动和个性发展的新思潮以反传统教育的面目出现,对传统教育进行纠偏补弊,满足了资本主义政治经济发展的需求,很快便在欧美风行一时。霍尔最早采用了“儿童中心”这个词来概括这一新教育思潮;英国教育学者约翰·亚当斯(Adams, John)于1922年进一步将这个词发展为“儿童中心主义”。儿童中心主义教育思潮在欧洲主要表现为新教育思潮,在美国则主要表现为进步教育思潮。

早在19世纪90年代,新教育思潮就开始在英国形成;19世纪末20世纪初,又扩展到德国、法国、瑞士、比利时和意大利等国。1889年,被称为“新教育之父”的英国教育家雷迪(Reddie, Cecil)创办了阿博茨霍尔姆学校,揭开了欧洲新教育运动的序幕。他强调,学校不应“专靠书本为媒”,而应当“与生活相通连”,“成为一个真实的、实际的、儿童能在该处发现自己的小世界”,以“能成就一切生活为目的”。① 瑞典教育家爱伦·凯(Key, E.)于1900年新年伊始,发表了声讨旧教育的战斗檄文《儿童的世纪》,指出20世纪是“儿童的世纪”。她认为儿童天性中有“至善”,并主张无限地开发儿童一切与生俱来的本能、素质与个性;教育的使命就是促进儿童生命的自由发展,使之成为独立的、自由的个人。此后,意大利学前教育家蒙台梭利(Montessori, M.)创立了著名的蒙台梭利教学法,认为教育的作用在于发现儿童“生命的法则”,帮助儿童发展生命。她不把儿童看作未成年的“小大人”,而是将其看成与成人相反的另一极。她认为儿童是成人之父,是现代人的教师。作为教育工作者所能做的,只是为儿童预备一个适当的工作环境和活动的场所。比利时学前教育家德可乐利(Decrory, O.)于1907年在布鲁塞尔创办了包括幼儿园和小学在内的“生活学校”。他非常重视儿童的本能和兴趣,主张以此作为教育的基础。他提出,学校及教育的目的在于最大限度地发展儿童身上积极的生命。“生活学校”的指导思想是尊重儿童“整体化”的认知特点,尊重并利用儿童的自发倾向,以儿童的兴趣为中心,从活生生的现实中提取教材。

就在新教育思潮在欧洲形成的同时,进步教育思潮也开始在美国出现。到20世纪30年代,它已在美国教育界占据了统治地位。19世纪70年代,美国“进步教育之父”帕克(Parker, Francis. W.)主持了昆西学校和库克师范学校的实验,在美国开创了进步教育思想发展的先河。19世纪末20世纪初,进步主义教育运动领袖杜威(Dewey, John)提出了“教育即生长、教育即经验的改造、教育即生活”和“以儿童为中心,以社会为中心”的教育主张,在学前教育界引起了强烈的反响。而杜威在芝加哥大学附属实验学校所进行的包括幼儿部在内的教育改革实验,无疑为进步教育思潮向学前教育领域的进发起了推动作用。由此,进步主义幼儿园运动在美国展开。进步主义幼儿园运动强调对儿童的研究,注重儿童教育与实际生活的联系,开展多方面的实验活动,强调“做中学”、“游戏中学”、“活动中学”,努力突破幼儿园自我封闭的局面,加强与小学教育的密切结合。此后,进步主义学前教育一直是美国乃至整个世界学前教育理论与实践的重要思想渊源之一。

总之,儿童中心主义教育思潮的理论来源是卢梭(Rousseau, J.)的自然主义教育主张,而杜威的实用主义教育理论是其直接的理论依据。这种思潮在学前教育界主要的表现是爱伦·凯的

① 柯布著:《新教育的原则及实际》,崔载阳译,上海中华书局1933年版,第54页。

学前教育思想、蒙台梭利的自由教育思想、德可乐利的生活教育理论、杜威的进步主义学前教育理论。它们都反映了第一次世界大战前后资本主义国家政治、经济和社会发展的需要,即以新的教育理论来促进、指导教育改革,反对传统教育,强调儿童的天性、本能、兴趣、自由、自主的活动以及独立性的发展。

儿童中心主义教育思潮对20世纪上半叶的学前教育理论和实践产生了深刻的影响。在理论方面,欧美出现了不少各具特色的学前教育家或与学前教育有关的教育学派、心理学派。虽然从总体上看,这些流派都是两大潮流(发展理论和学习理论)的延续和发展,然而即使是属于学习理论的一派,也深受这一时期占据主导地位的儿童中心主义教育思潮的强烈影响。① 在实践方面,儿童中心主义教育思潮推动了20世纪上半叶整个欧美学前教育的改革。原有的学前教育机构如幼儿学校抛弃固定的学力标准,虽仍然进行读、写、算教学,但形式和方法开始变得灵活多样,游戏、自由活动有所增加,儿童的兴趣、情感、需要开始得到尊重。这一切都表明,从这一时期开始,学前教育的重心开始从成人向儿童转移。②

二、蒙台梭利的理论与实践

蒙台梭利一生(1870—1952年)致力于儿童的实际教学工作,是一个重视实践甚于理论的教育家。她还将教育理论上升到一定的高度,成为兼具理论成果与实践成就的举世闻名的儿童教育家。

(一) 蒙台梭利的儿童观和教育理论

1. 蒙台梭利的儿童观

蒙台梭利的教育理论建立在她对儿童观认识的基础上。她总结了卢梭、裴斯泰洛齐、福禄贝尔等人的自然主义教育思想,结合自身的观察和研究,提出了自己对儿童的看法,具体表现在以下几个方面:

(1) 具有内在的潜能。蒙台梭利从宗教信仰出发,认为自然界和宇宙万物都是按照上帝所安排的"自然规律"而发展变化的。她还认为控制人类行为的是本能的冲动,儿童在先天的、自发的、能动性的作用下,具有一种很强的、天赋的内在潜力和继续发展的积极力量。因此,她坚信儿童是独立的、不断发展着的完整个体。他们不是成人和教师进行灌注的容器,也不是可以任意塑造的蜡和泥,而是具有生命力的、能动的、发展着的活生生的人。

(2) 具有独特的"心理胚胎期"。蒙台梭利认为人类有两个"胚胎期"。一个是生理的,在出生之前。它与动物一样,开始时一无所有,以后由一个细胞分裂为许多细胞,然后形成各种器官,发育成胎儿。另一个"胚胎期"是心理的,只有人类才有。儿童在出生以前就已经孕育了一种"心理胚胎",也就是一幅心理发展的蓝图,出生后即开始了心理的形成时期,进入"心理胚胎期"。它吸取外界刺激和信息,积累材料,形成感受点和心理所需要的器官,产生了心理。"心理胚胎"必须

---

① 杨汉麟、周采著:《外国幼儿教育史》,广西教育出版社1993年版,第244页。

② 冯晓霞主编:《幼儿教育》,吉林教育出版社2000年版,第37页。

吸收周围环境中的营养来获得发展,需要外界环境的保护而不受损伤,它和环境之间是交互作用的。

(3) 具有吸收力的心理。蒙台梭利认为儿童具有一种下意识的感受能力,这是一种自然的吸取和创造性功能,是成人所没有的。儿童在生命的头几年通过与周围成人的密切接触和情感联系,依靠这种具有吸收力的心理,积极从周围环境中获得各种印象和文化模式,使其成为心理的一部分,形成自己的个性和行为模式。因此,蒙台梭利特别强调儿童的主动性,认为儿童的发展不是成人所强加的,也不是由遗传而来的,而是由儿童利用周围的环境所塑造的。

(4) 具有敏感期。蒙台梭利从生物学的观点出发,认为儿童心理的发展有各种敏感期。这与儿童的发展密切相关,并和一定的年龄相适应。根据长期的观察和研究,蒙台梭利指出了下列心理现象的敏感期:一是感觉的敏感期。儿童从初生到 5 岁处于感觉的敏感期,2—2.5 岁达到顶峰。儿童在感觉的敏感期内,能够有选择地注意周围的环境,感觉比较敏锐和精确。二是秩序的敏感期。秩序的敏感期从 1 岁或 1.5 岁开始,持续到 4 岁左右,在 3 岁时表现得最为明显。儿童在秩序的敏感期内,对物体的秩序有强烈的要求,喜欢把物体放在原来的位置。三是语言的敏感期。语言的敏感期是从出生后 8 个星期左右到 8 岁。自初生的头几个月开始,儿童就从周围环境中吸收声音、词汇和语法。3—6 岁的儿童注意学习新的语法形式,并且很高兴地去运用它们。到了 5 岁或 6 岁,儿童已经学会了谈话,做好了进入学校的准备。四是动作的敏感期。动作的敏感期从初生到 6 岁。1.5—3 岁是儿童使用双手的敏感期。4 岁的儿童喜欢闭着眼睛靠手的触摸来辨认物体,并且试图做各种更加复杂的工作。

蒙台梭利认为,虽然敏感期是在一定的外界环境中出现的,但环境只是一个时机,而不是原因,它提供的是心理发展的必要条件。为此,成人应该认真研究儿童,了解儿童的自然发展进程及规律,抓住教育的最佳时期,及时给儿童以引导、帮助和鼓励。

(5) 具有阶段性。蒙台梭利认为,儿童的发展主要在于内部的自然发展,这是有阶段性的。在发展的每个阶段,儿童的生理、心理和社会性的特点都和前一个阶段不同,而每一个阶段的发展又为下一个阶段打下基础。由此,她将儿童心理的发展分为以下几个阶段:第一阶段(0—6 岁)是儿童个性的建设阶段。这是个性形成最重要的时期。其中 3 岁之前形成各种功能,为胚胎期;3 岁之后发展各种功能,为个性形成期。在胚胎期,儿童开始时无意识,逐渐形成不同的心理与能力。在个性形成期,儿童通过作用于环境的活动发展意识,以各种活动充实和完善已经形成的能力。这是从无意识到有意识的发展阶段,内在的敏感性引导着儿童的发展,发展的成功或失败直接影响着儿童的个性。第二阶段(6—12 岁)是儿童增长学识和艺术才能的阶段。这时儿童的发展已经有了较大的稳定性,已经能够有意识地学习。第三阶段(12—18 岁)是青春期阶段。这是社交关系的敏感时期。这个时期的儿童能够根据兴趣探索事物,有理想和爱国心,并产生了荣誉感。

2. 蒙台梭利的教育理论

尽管蒙台梭利强调儿童的内在潜能,但并不否认教育的重要性。她认为教育有两方面的目的:一是生物的,一是社会的。前者帮助个人的自然发展,后者使个人能够适应并利用环境。她指出,成人的主要职责是承认、培育和保护儿童自身的能力,并给予间接的帮助。具体内容如下:

(1) 建立新型的师生关系。蒙台梭利指出，在教育活动中，儿童是主体，是中心，教师是儿童活动的观察者和指导者。教师的作用主要是激发儿童的生命力，在儿童自由和自发的活动中，培养和发展其个性，使儿童成为适应现代社会和科学技术发展的独立自主的人。蒙台梭利认为，要建立新型的师生关系，教师应该具备以下条件：一是精神准备。教师应当以科学家的精神，运用科学的方法，在儿童的自由活动中观察和研究儿童的表现，洞悉其内心世界，并关心、热爱儿童，尊重儿童的个性。二是教的艺术。教师应承认儿童的个别差异，注意对儿童的个别引导和训练；最大限度地限制自己的干涉，同时又不使儿童因过度努力而感到疲倦；教师应当是明察秋毫、反应敏锐、冷静沉着、精明强干、有教育艺术才能的儿童活动指导者。

(2) 提供"有准备的"环境。蒙台梭利指出，现代人的生活环境是极其复杂的，儿童出生后要适应复杂的世界，需要成人的帮助。为此，必须在成人和儿童的世界之间建立一座"桥梁"。这座"桥梁"就是"有准备的"环境。它使成人的世界适合儿童的发展，使他们可以按照自己的意愿生活，避免遭受挫折。"有准备的"环境不仅应当使儿童的身体得到自由活动，还必须满足他们智力、道德和社会性的需要以及宗教方面的要求。"有准备的"环境应该具备以下特点：一是设备和用具应当有吸引力，是美的、实用的、真实的和自然的；二是教具符合儿童身心发展需要，体现对儿童的教育要求，包含丰富的教育内容；三是各种设备、用具和教具能够促进儿童的智力和社会性的发展；四是生活环境有规律、有秩序；五是气氛自由；六是能够丰富儿童的生活印象。

(3) 保证儿童发展的自由。儿童的自由包括智能和道德两个方面：智能方面的自由是指给儿童以活动的自由，使其智力得到发展；道德方面的自由，则是指要防止儿童为满足自己活动的欲望而出现对抗。她认为，要建立一种合乎科学的教育，必须使儿童获得自由，这将使儿童的天性得到自然表现。她指出，通过研究儿童内心的需要，尽可能地消除妨碍儿童身心和谐发展的障碍，才能使儿童获得自由。但蒙台梭利所说的自由并不是随心所欲的自由。她指出，在保证儿童自由的前提下，要注意几点：一是在自由的基础上培养纪律性；二是通过独立达到自由；三是在自由的练习活动中发展意志；四是在自由的活动中培养社会性。

(4) 以感觉教育、动作教育、智育为主要教学内容。蒙台梭利的感觉教育主要包括视觉、听觉、嗅觉、味觉及触觉的训练，其中以触觉练习为主。她之所以特别重视触觉教育，是因为年幼儿童常通过触觉来认识周围事物。为了更好地训练儿童的感官，蒙台梭利设计了一系列感觉训练的教具材料。她指出，感觉教育应该遵循自我教育的原则，提倡儿童根据自己的能力和需要去选择教具，独立操作，自我校正。

蒙台梭利的动作教育包括日常生活锻炼、园艺活动、手工作业、体操和节奏动作等内容。她主张把动作的练习和实际生活训练联系起来：通过刨土、浇水、扫树叶、喂养动物等训练动作的协调；通过绘画、泥土活动锻炼手的动作；通过平行木栅、摇椅、球摆、螺旋形小木梯、绳梯、跳板和攀登架等特殊设备以及列队行进等进行体操练习，锻炼儿童的肌肉和筋骨；通过配合音乐走步、跑步和跳跃锻炼节奏感。

蒙台梭利认为，智育应包括读、写、算练习和语言教育，其中读、写、算练习包括写、读、认识五线谱、计数和计算等内容。她设计了一套教儿童学习书写意大利语的步骤和一些练习读的游戏。至于计数和计算方面，蒙台梭利设计了包括计数的练习、认识数目字的练习、记忆数目的练习、1

到20的加减和最简单的乘、除练习等在内的教学方法。在语言教育方面,蒙台梭利指出,语言的发展应包括口语的发展和书面语言的发展,认为书面语言要求的心理—生理机制的作用比口语所需要的简单,与教育的关系也更直接。她设计了包括静息的练习、语言课、书面语言的练习、体育训练在内的语言练习方法。

(二) 蒙台梭利的教育实践

蒙台梭利一生致力于实际的儿童教学工作,是一个重视实践超过理论的教育家。她的教育实践不仅为其教育理论的形成和发展奠定了基础,而且促进了蒙台梭利运动的兴起和发展,促进了世界学前教育理论和实践的发展。

1898年,蒙台梭利在意大利国立特殊儿童学校工作。她每天都花很多时间和低能儿童在一起,利用一些具体教学材料帮助儿童练习操作,使这些儿童的智力和与人交往的能力有了明显的提高,使很多有智力缺陷的儿童也能学会读、写、算,并进入正常儿童的学校。在研究中,她发现人们的许多缺陷之所以成为永久性的(如言语的障碍),主要是由于在他们生命的最重要时期(即3—6岁的时期)被忽视的缘故。

1901年,蒙台梭利离开了低能儿童学校,决心献身于正常儿童的教育工作。1906年,蒙台梭利根据罗马政府的意愿,在贫民区组织了儿童教育所。1907年,她在罗马区的圣·洛伦佐(San Lorenzo)为50多名极其贫困的孩子办起了一所学校——儿童之家,之后又相继开办了几所同样性质的学校,招收3—6岁的儿童。

在"儿童之家",蒙台梭利对儿童进行了教育实验,并逐步制订了整套的教材、教具和方法,创立了蒙台梭利教育体系。在她的努力下,这些出生卑微,胆小、害羞、语言发展差、注意力不集中、面部毫无表情的孩子不但懂得了礼貌,举止文雅,养成了整洁的习惯,而且学会了饲养动物,做手工,利用教具做感觉和动作的练习。1909年,蒙台梭利在总结自己教学实践经验的基础上写了第一本书——《蒙台梭利法》,全面阐述了她的教育观点和方法。

1911年,蒙台梭利离开了"儿童之家",去欧洲和美国、澳大利亚、锡兰、巴基斯坦、印度等地讲学并举办师资训练班。她还走访了阿根廷和南美其他国家,积极宣传和实践自己的教育主张,从而充实和发展了她的教育思想。

1922年,蒙台梭利被意大利政府聘为学校视导员,一度受到重视。墨索里尼上台后,她所办的学校被封闭,她不得不离开意大利,到西班牙定居。此后,她到过印度、荷兰等国家,继续讲学,宣传她的教育主张,进一步探索儿童的个性特征和发展规律。

第二次世界大战结束以后,蒙台梭利回到欧洲。1947年,她应意大利政府的邀请回国,重建蒙台梭利学校。直到她生命的最后几年,她仍积极地到各国演讲、举办训练班、主持国际蒙台梭利会议。

(三) 蒙台梭利理论与实践的影响

蒙台梭利的理论和实践对世界学前教育的影响是巨大的。从20世纪到现在,在蒙台梭利及其追随者的积极努力下,世界各地成立了许多蒙台梭利协会、蒙台梭利学校(幼儿园)和蒙台梭利师资培训学校等，掀起了轰轰烈烈的蒙台梭利运动。

1. 20 世纪初期的蒙台梭利运动

在美国，1912 年，英文版的《蒙台梭利法》仅 4 天就售出了 5 000 本。在短短的 5 个月里，该书连续再版了 6 次。1913 年前后，美国的报纸、杂志等大量登载了有关蒙台梭利教育理论的文章。同时，约有 65 名美国人专程访问了罗马，其中很多是著名的教育家。1913 年 2 月，美国成立了蒙台梭利运动部，并发行相关杂志。1913 年 8 月，美国又成立了蒙台梭利协会。到 1914 年底，这个协会已经拥有了 700 名会员。1913 年 12 月，蒙台梭利到美国访问，并发表了演讲，推动了蒙台梭利运动在美国的发展。从 1913 年至 1915 年，美国开设了约 100 所蒙台梭利学校。然而，由于受到进步主义教育家克伯屈等人及一些心理学家的批评，1915 年以后，蒙台梭利运动急剧降温，20 年代甚至完全销声匿迹。

1910 年，英国教育家巴特勒姆·霍卡访问了罗马，参观了“儿童之家”，回国后便成立了蒙台梭利协会，并创建了第一所蒙台梭利学校。1912 年，英文版《蒙台梭利法》出版，有力地推动了英国的蒙台梭利运动。很多教师接受了蒙台梭利关于自由教育、环境布置和感官教具的观点。1919 年，蒙台梭利访问英国，受到了当时的教育部大臣费舍的欢迎。

其他开设蒙台梭利学校的还有俄国、中国、日本、加拿大、德国、奥地利、荷兰、印度等国家。其中，荷兰的蒙台梭利学校数目最多，蒙台梭利的理论和实践也普及得最广；在日本，以东京和京都为主，也设立了一些蒙台梭利学校。

2. 20 世纪中期以来的蒙台梭利运动

二战以后，蒙台梭利重返意大利建立蒙台梭利学校，并建立了国际蒙台梭利教育协会，积极到世界各国巡回演讲。蒙台梭利运动从此得以复兴和发展。

在美国，20 世纪 50 年代后期，蒙台梭利的理论和实践又开始引起人们的注意。1958 年，冉布什(Rambusch, N.)在康涅狄克州建立了“菲特比学校”(Whitby School)。这是二战后美国恢复的第一所蒙台梭利学校。1960 年，美国蒙台梭利协会重新成立，到 1972 年，已在美国建立 762 所蒙台梭利学校。80 年代以后，蒙台梭利的理论和实践在美国的影响更为广泛。蒙台梭利运动不仅在学前教育领域开展，而且也推广到小学和中学教育。据统计，1989 年，美国有 4 000 余所各类学校被冠以“蒙台梭利”的字样。蒙台梭利的教育理论还被运用到计算机教育、艺术教育和其他公共教育领域，被誉为“公共教育的文艺复兴”。[①] 与此同时，欧洲各国也开设了越来越多的蒙台梭利学校(幼儿园)，国际间蒙台梭利教育的交流与合作活动也频频展开。

早在 1913 年，蒙台梭利教育理论就由日本传入中国。20 世纪 70 年代后，我国国内及台湾地区都有一些学者对蒙台梭利进行研究。1985 年，北京师范大学的著名学者卢乐山出版了大陆研究蒙台梭利教育理论和实践的第一本专著《蒙台梭利的幼儿教育》。1991 年，美国蒙台梭利教育代表团到我国进行访问和交流。1992 年，台湾地区的蒙台梭利专家单伟儒、许兴红等来内地讲学交流，促进了两岸蒙台梭利理论的研究。

综上所述，蒙台梭利的儿童观和教育理论及其“儿童之家”等教育实践，使蒙台梭利在学前教

---

① 周采、杨汉麟主编：《外国学前教育史》，北京师范大学出版社 1999 年版，第 242 页。

育领域成为自福禄贝尔时代以来在世界上影响最大的教育家,被称为"幼儿园的改革家"。蒙台梭利强调发现儿童,尊重儿童,重视学前教育,精心设计各种教具材料,促使儿童身心的自然发展等观点,是具有一定科学性和合理性的。其教学法也成为现代学前教育的主要方法之一。但是,蒙台梭利的理论中也存在一些片面的观点,如过分强调儿童的潜能和需要在心理发展中的重要性,相信人类的使命是继续上帝的工作,要求儿童用机械、枯燥、刻板的方法进行感官训练,认为6岁以前的幼儿可以学习10到20的乘法和除法等,这些还值得进一步的商榷和探讨。

三、学前教育制度的发展

(一) 英国学前教育制度的发展

英国1870年颁布的《初等教育法》,基本上确立了儿童从5岁开始接受免费义务教育的制度。但同时,大量未到入学年龄的劳动者子女因无人照顾而提前入学。1900年,3—5岁幼儿在校率高达43.1%。这不仅使小学难以承受,也严重影响了儿童的身心健康。1905年,英国教育委员会规定:地方教育行政当局开办的学校有权拒绝5岁以下的儿童入学。为了解决5岁以下幼儿的保育和教育问题,一种新颖的幼儿保教机构——保育学校(Nursery School)应运而生。

麦克米伦姐妹(McMillan, Rachel and Margaret)于1908年开设了"实验诊疗所",1910年改称为"学校治疗中心",1911年又发展为"野营学校"(Camps School),到1913年正式命名为"野外保育学校"(Open Air Nursery School)。该保育学校主要招收5岁以下贫民和工人的幼儿,以为幼儿提供适宜的环境及增进健康为首要目的;综合了欧文、裴斯泰洛齐、福禄贝尔及蒙台梭利的教育方法,注重幼儿的手工教育、言语教育、感觉训练、家政活动训练及自由游戏;反对一切拘谨的形式主义教学;在郊外开设,注意采光、通风及环境的布置。

第一次世界大战后,英国经济衰退,阶级矛盾日趋尖锐。迫于民众的压力,考虑到资产阶级本身的利益,英国国会于1918年颁布了《费舍法案》(*The Fisher Act*),初步建立了包括学前教育、初等教育、中等教育和各种职业教育在内的英国学制。该法案将小学分为5—7岁(幼儿部)和7—11岁两个阶段,正式承认保育学校属于国民学校制度的一部分,并把保育学校的设立和援助问题委托给地方教育行政部门处理;要求地方教育当局为2—5岁儿童设立保育学校,教学内容以活动和艺术课为主,强调"以儿童为中心",使幼儿身心得到发展;规定除伙食费和医疗费外,保育学校实行免费入学,并决定对13所保育学校实行国库补助。[①] 在《费舍法案》的影响下,英国的地方教育当局开办了一些保育学校,并改善了保育学校的卫生条件。到1919年,得到公认的保育学校有13所,入校儿童人数达到288名。同年,保育学校开始接受国库补助。1923年,以玛格丽特·麦克米伦(McMillan, Margarete)为首的英国保育学校联盟成立,致力于保育学校的推广及教师培训工作。到1938年,英国46个地方教育当局开办了57所保育学校。

在这一时期,英国出现了多种学前教育课程模式并存的局面。美国教育家杜威的实用主义教育理论对英国的学前教育产生了很大的影响。英国的保育学校和幼儿学校都把"做中学"和"以儿童为中心"作为其基本原则。与此同时,蒙台梭利的自由教育思想也传入英国,对私立学前

① 杨汉麟、周采著:《外国幼儿教育史》,广西教育出版社1993年版,第527页。

教育机构影响较大，一些蒙台梭利式的“儿童之家”及师资训练班开办。1935年8月，世界教育会议在伦敦召开，蒙台梭利参加了会议并宣传了她的学前教育理论，扩大了蒙台梭利方法在英国的影响。

（二）法国学前教育制度的发展

1881年，法国政府将国内幼教机构改称为母育学校，并将其纳入公共教育系统，招收2—6岁幼儿，以实施“母性养护及早期教育”为宗旨。该法令的颁布，基本上确定了法国近代学前教育制度。

1905年，法国教育部部长批评了母育学校过分强调知识的倾向。1908年，教育部长再次发布指令，指出：母育学校的目的是对幼儿加以照料，满足他们体、德、智三方面发展的要求；母育学校不是普通学校，对流落街头和处于不良家庭的孤独幼儿来说，母育学校是他们的避难所；要吸收无人照料的幼儿到母育学校，并给予热情的照顾。该指令的颁布，是法国福禄贝尔运动进一步发展的结果，也是欧美儿童中心主义教育思潮影响的结果。

20世纪上半叶，法国主要有三种学前教育机构：母育学校、幼儿班和幼儿园。母育学校有公立及私立两种。相对公立母育学校来说，私立母育学校的数量较少。1949年，法国的公立母育学校有3 653所，私立母育学校却只有217所。母育学校分为小、中、大班，分别接收2—4岁、4—5岁、5—6岁的幼儿。每班幼儿不超过30人，幼儿每天在校时间为6个小时。教育内容根据幼儿的年龄安排。从中班开始，母育学校的知识性内容有所增加；大班更加强了读、写、算的基础训练。幼儿班多附设于农村小学，包括公立及私立两种形式。公立幼儿班的数量远远超过私立幼儿班。1949年，法国有公立幼儿班4 385个，私立幼儿班却只有397个。幼儿班的性质与母育学校相似。幼儿园则是一种私立的幼教机构，数量很少。①

这一时期，法国学前教育机构的管理制度已经形成：(1)母育学校受教育部或地方当局管辖。公立母育学校由国家和地方自治团体开办并支付经费，实行免费制，但不属于义务教育；私立母育学校多由慈善团体、联合产业、商会及私人开办，也实行免费制。(2)农村小学附设的幼儿班及幼儿园的监督工作，主要由教育部的母育学校女视学官担任。

（三）德国学前教育制度的发展

第一次世界大战后，德国废除了君主政体，建立了魏玛共和国。1922年，政府颁布了《儿童福利法》，将学前教育视为社会福利事业，将幼儿园划归社会福利部门管辖。该法案基本上定下了现代德国学前教育的基调，把学前教育看作福利事业而不是教育事业。该法要求设立“白天的幼儿之家(Kleinkinder Tagesheime)”，包括幼儿园、托儿所及幼儿保护机构等，训练修女担任看护工作，加强幼儿教师的培训。此后，魏玛共和国设立了公共儿童保护机构——儿童保护局，负责监督和指导民间儿童福利事业，承担《儿童福利法》第4条规定的给婴幼儿等提供福利设施的任务，既设立公立幼儿园，又鼓励民间慈善团体和宗教团体开办学前教育机构。尽管也存在其他形式

---

① 杨汉麟、周采著：《外国幼儿教育史》，广西教育出版社1993年版，第547—548页。

的学前教育机构,但这一时期占主要地位的是幼儿园。在幼儿园中,公立幼儿园发展迟缓,私立幼儿园发展很快。据1930年统计,私立幼儿园(包括保育所)已发展到8 000所之多,入园儿童数达50万,而公立幼儿园才开设50所。[①]

1933年,纳粹党头目希特勒上台,疯狂推行法西斯专政。到30年代末,所有的学前教育设施都被置于国民福利部的管辖之下,包括宗教团体和私人所办的学前教育机构。在加强军国主义统治的同时,纳粹政府还对各种民主的学前教育理论加以抵制:1933年勒令停止蒙台梭利运动,1934年取缔解散福禄贝尔协会。幼儿园的教师和保育员被强制参加法西斯教师工会,接受效忠法西斯政权的教育。总之,在纳粹统治时期,德国的学前教育已完全置于法西斯的魔爪之下。

(四)苏联学前教育制度的发展

沙俄时期的学前教育是专为农奴主贵族、大资产阶级服务的,广大劳动人民的子女没有受教育的权利。1917年十月革命以前,整个沙俄共有幼儿园280所左右,都集中在大城市,大部分是私立的,重养而不重教。

1917年11月12日,苏俄教育人民委员部学前教育局成立。11月20日,教育人民委员部颁布了《关于学前教育的公告》,明确提出了学前教育是整个学校制度的组成部分,其任务是使儿童的身心得到全面的发展,并要求为广大工农子女开办更多、更好的免费托儿所和幼儿园。1918年10月16日,苏维埃中央执行委员会颁布了《统一劳动学校规程》和《统一劳动学校基本原则》,明确规定:对所有6—8岁儿童实行统一的、免费的幼儿园义务教育,在统一劳动学校中应包括幼儿园教育。在上述文件精神的指导下,苏联的学前教育机构得到了长足的发展。据统计,到1920年,学前教育机构已有4 700多所,入托入园的儿童已达25.4万名。1930年6月,苏共第十六次代表大会通过决议,规定全国各工矿企业、城镇地区有义务开办托儿所和幼儿园,以适应经济建设和女工需要,所需的经费主要来自国家拨款和社会资金筹集。此后,不仅幼儿园、托儿所的数量迅速增多,各种夏令班、农忙班、长日班、晚夜班等学前教育机构也陆续兴办,以满足不同类型家长的实际需要。

为了保证学前教育的质量,1932年,教育人民委员部颁布了《幼儿园教学大纲草案》,规定了幼儿园音乐、体育、美术、劳动等方面的内容。1938年,为了使学前教育机构纳入正轨,明确幼儿园的工作任务、内容、方法和类型,确定幼儿园教师的具体职责范围,教育人民委员部颁布了《幼儿园规程》和《幼儿园教养员工作指南》。《幼儿园规程》规定了幼儿园的教育目的在于以共产主义精神教育儿童,使其获得全面发展;规定了幼儿园的任务、组织、基本类型、儿童的营养指标和幼儿园房舍的要求等。《幼儿园教养员工作指南》根据《幼儿园规程》的精神,将幼儿园的工作任务、内容和方式具体化,主要探讨了幼儿园对儿童体育、游戏、绘画、泥工、作业、音乐教育、认识自然、初步数学观念的培养等问题。这两个重要文件的制订与颁布,极大地推动了苏联学前教育事业的发展。据统计,到20世纪30年代末,苏联全国已有幼儿园24.5万所,入园儿童数已超过100

---

① 单中惠、刘传德著:《外国幼儿教育史》,上海教育出版社1997年版,第221页。

万。①

1944 年，苏俄教育人民委员部制订了《幼儿园规则》，对幼儿园的教育对象、幼儿园的性质和任务、幼儿园教育的内容和方式以及幼儿园的开设等问题进行了规定。《幼儿园规则》指出：第一，幼儿园是使 3—7 岁儿童受到苏维埃社会教育的国家机构，目的在于保证儿童的全面发展和教育。同时，幼儿园帮助妇女参加生产，参与社会政治文化方面的生活。第二，不论幼儿园由何种团体或机构管理，都必须根据幼儿园规则和幼儿园工作指南开展其工作。第三，幼儿园应为儿童入学作准备，为此要求幼儿园关心儿童的健康；发展儿童的智力、说话能力、意志和品性；实行艺术教育；使儿童直接与自然和人接触，进行各种游戏和课程（绘画、讲故事、诵读、音乐、唱歌）；通过参观和散步去认识周围世界；培养儿童独立和自我服务的习惯、卫生习惯、劳动习惯，正确使用和爱护物件；培养儿童守秩序、自制、尊敬长者和父母的习惯；培养儿童爱祖国、爱人民、爱领袖、爱军队的情感。第四，设立幼儿园的任务属于国民教育科、生产企业、苏维埃机构、合作社和集体经济的组织，不允许私人开设幼儿园。②

（五）美国学前教育制度的发展

1915 年，美国一批上层知识妇女——芝加哥大学教授夫人团体受到英国麦克米伦姐妹创办保育学校的启示，自发地以集体经营的形式开设了美国第一所保育学校。由此，一个以芝加哥为中心向全国扩展的“保育学校”热潮兴起了。特别是 1919 年美国第一所公立常设保育学校成立之后，保育学校的普及成果尤为显著。到 1933 年，全国设立的保育学校已达 300 多所。在第二次世界大战期间，为了确保妇女劳动力投入到军工生产中，联邦政府对保育学校实行经济援助，使保育学校数量猛增。到 1945 年 2 月底，全美共有 1 481 所保育学校，收容幼儿 69 000 名。③ 战后，公立小学附设的保育学校由于援助停止，在经营上面临重重困难。与此相反，私立收费的保育学校在战后急速发展。但由于保育费比幼儿园学费昂贵得多，故其招生对象仅来自于少数重视早期教育的富裕知识阶层家庭。

除了保育学校外，这一时期美国还出现了一种名为“临时托儿所”的学前教育机构。20 世纪 30 年代，美国发生了经济危机，生产过剩，工厂倒闭，劳资纠纷和社会矛盾增多。美国政府为稳定政局、缓和矛盾，于 1933 年 10 月批准建立托儿所，专为失业人员和劳工子女免费服务，提供生活照顾和学前教育的机会。到 1938 年，由联邦紧急救济总署建立的托儿所已承担了 20 万劳工子女的免费服务工作。临时托儿所不仅向儿童提供有营养的食物，使劳工子女身体得以健康成长，而且实施了与各年龄组相适应的课程，配备了受过短期专业培训的幼儿教师。临时托儿所在当时普遍受到好评，深受家长们的欢迎。其后，联邦劳工行政部和劳工进步管理局继续推进临时托儿所的发展，并逐渐将其纳入由地方行政部门管理的轨道，成为公立学校系统的一个组成部分——“公立幼儿园”。到第二次世界大战以前，公立幼儿园已超过 2 000 所。但第二次世界大战爆发

① 单中惠、刘传德著：《外国幼儿教育史》，上海教育出版社 1997 年版，第 209 页。
② 杨汉麟、周采著：《外国幼儿教育史》，广西教育出版社 1993 年版，第 473—474 页。
③ 同上书，第 536 页。

后,联邦紧急救济总署于1943年对临时托儿所停止发放经费,致使托儿所经费困难,入托人数明显下降,从30年代高峰期的72.5万人下降为60万人。①

(六)日本学前教育制度的发展

1876年,日本建立了第一所公立幼儿园。直到20世纪初,公立幼儿园在日本幼儿园中一直占主导地位。1900年,日本政府修改了《小学校令》,规定幼儿园可以附设在小学里,本欲借此促进公立幼儿园的发展,但实际情况却正相反。其主要原因有两个方面:一方面,当时日本政府虽重视义务教育,但有关经费却全由各地(市、镇、地)承担,在经费上捉襟见肘的地方当局,不得不减少非义务教育的投资;另一方面,社会上有些守旧人士鼓吹幼儿进幼儿园会削弱家庭教育,有损亲子之情。上述因素制约了公立幼儿园的发展。据统计,明治二十年代(1887—1906年)公立幼儿园仅增加42所。1909年,私立幼儿园达到234所,而公立幼儿园却只有208所。

1911年,全国保育工作者大会作出决议,敦请当局改变一向在小学法令中附带提及幼儿园的做法,制订并颁布单独的幼儿园令,以推动幼儿园的发展。1926年4月22日,日本文部省颁布了日本历史上第一个单独的学前教育法令——《幼儿园令》,规定幼儿园是为父母都从事生产劳动,无暇进行家庭教育阶层的幼儿而设的保育机构;放宽了入园年龄的限制,规定原则上3岁入园,但在特殊情况下,不满3岁儿童也可入园,还可在幼儿园中附设托儿所;在保育时间上规定幼儿园不必拘泥于每日实行5小时的半日制,允许采取全日制;规定了幼儿园园长和保姆的资格,并要求提高幼儿园保姆的社会地位和工资待遇。上述规定有以下一些引人注目的变化:(1)将幼儿园招收对象界定为劳动者子女。(2)招收3岁以下幼儿,将托儿所纳入幼儿园体系。② 新规定有其可取之处,但由于各方协调不良,故颁布后招来了许多反对意见。加之主持制订《幼儿园令》的文部大臣很快辞职,故有关规定并未付诸实施。

在幼儿园为富裕阶层子女服务的同时,保育所却承担起收容贫民幼儿的任务。日本的第一所保育所于1893年由私人建立。第一次世界大战后,日本妇女就业率空前提高,加之婴儿死亡率上升,要求开办保育所的呼声四起。1912年,内务省号召民间社团及慈善人士支持或承担贫民幼儿的保育事业,但由于政府资金不投入,贫民幼儿保育事业进展迟缓。1920年,内务部专设社会局,有组织地进行以保育所为主的儿童保护工作。此后,保育所在日本各地有了迅速发展,东京、大阪、京都、横滨等地的贫民区都开设了公立保育所。1922年日本已有保育所99所(其中公立15所),1926年为193所(其中公立65所),1936年发展为874所(其中公立163所),1944年达2 184所(其中公立636所)。③ 保育所招收0岁至学龄前婴幼儿,每日保育时间为11—12小时。保育所最初只为母亲和儿童提供养护服务,后来也开始注重教育的因素。从20世纪20年代起,日本逐渐形成了幼儿园和保育所并行发展、各自独立的"二元制"局面。

综上所述,随着经济的发展和社会的进步,各国对儿童及学前教育价值的认识和期望有了较

---

① 单中惠、刘传德著:《外国幼儿教育史》,上海教育出版社1997年版,第203页。
② 杨汉麟、周采著:《外国幼儿教育史》,广西教育出版社1993年版,第556页。
③ 周采、杨汉麟主编:《外国学前教育史》,北京师范大学出版社1999年版,第250页。

大的提高，不少国家开始通过教育立法的形式，确立了学前教育在整个教育体系中的地位和重要作用；学前教育机构在数量上有了较大的增长，在质量上有了进一步的提高，开始在强调保育的同时注重对幼儿的教育。

第三节 普及和提高阶段的学前教育

一、学前教育民主化思潮的兴起

20 世纪中叶以来，随着民主和民族解放运动的蓬勃发展，学前教育民主化已成为世界教育改革的潮流之一。实现学前教育的民主化成为各国制订学前教育方针政策的出发点和归宿，成为全球学前教育工作者努力的方向。

（一）幼儿受教育权的保障

在教育民主化的浪潮中，让不同种族、阶层和文化背景的幼儿有接受学前教育的权利，是世界各国的共同追求。第二次世界大战以后，世界各国在保障幼儿受教育权方面做了许多努力，成效显著。

1. 幼儿入学率的提高

1959 年，联合国大会通过了《儿童权利宣言》，规定了儿童在保护、教育、卫生保健和营养保障等方面的权利，掀开了学前教育民主化运动的序幕。从 20 世纪 60 年代开始，随着学前教育社会价值和教育价值的逐渐显现，许多国家制订了发展学前教育的规划，重视发展贫困地区和边远地区儿童的早期教育，以保证幼儿拥有平等的教育机会。美国于 1965 年开始实施“开端计划”，为贫困儿童提供早期补偿教育；英国于 1963 年颁布的《普洛登报告》指出，要在教育不发达地区设立教育优先区域，以保证 3 岁以上的儿童随时都能入园；日本在 1964 至 1971 年和 1972 至 1982 年分别实施了第一次和第二次幼儿园教育振兴计划，旨在使更多的幼儿接受学前公共教育。

1989 年 11 月，联合国大会通过了《儿童权利公约》，规定儿童享有生存权、意见自由、受尊重、受教育、活动、健康等权利，强调儿童优先的基本原则。该公约的通过，为世界各国向幼儿提供平等的教育机会，提供了法律的保障。许多国家根据《儿童权利公约》的精神，制订了相关的法规和政策措施，以保证幼儿的受教育权，提高幼儿入学率。德国联邦议会决定，从 1996 年 1 月 1 日起，3—6 岁儿童的受教育权获法律保障。意大利政府也明文规定幼儿必须入园接受教育，1994 年，该国 3—6 岁儿童入学率已达 95％。① 芬兰 1998 年《基础教育法》规定，芬兰所有 6 岁的幼儿都有权自愿接受为期一年的免费学前教育，全国各地的市政当局有义务为本地区的学前儿童提供免

---

① 陈伙平：《九十年代世界幼儿教育改革与发展趋势》，《学前教育研究》，2000 年第 3 期。

费的学前教育,包括免费的课本、学习材料及手工制作材料。据调查,2003年,芬兰全国有近96%的6岁儿童接受了学前教育。[①] 英国近年出台了"在全国推行3—4岁免费学前教育"的政策,促使2007年英国3—4岁幼儿入园率高达99%。法国贯彻学前教育完全免费的政策,其义务教育前(6岁前)儿童的入园率很高且一直保持稳定。2006—2007年,法国2岁幼儿入园率达23.4%,3—5岁幼儿入园率则高达100%。[②] 2007年,新西兰政府出台《20小时学前教育》计划,意在为所有3—5岁的幼儿提供每周20小时的免费学前教育。这一政策的实施对那些家庭经济困难的幼儿帮助很大,大大提升了幼儿的入园率。2011年,新西兰的幼儿入园率已达到94.7%。[③]

在各国的共同努力下,世界幼儿的毛入学率有了明显的上升。据统计,从1975年至2004年,世界幼儿毛入学率从17%增至37%,增加了一倍以上;在发达国家和转型国家中,毛入学率从1970年的40%增至2004年的73%;在发展中国家,毛入学率从1975年的约10%增加到2004年的32%。[④] 2010年,世界幼儿毛入园率已从1999年的32%增加到48%。其中,低收入国家从1999年的11%增加到15%,中低收入国家从1999年的22%增加到45%,中高收入国家从1999年的43%增加到62%,高收入国家从1999年的72%增加到82%。[⑤] 当然,从上述数字来看,世界幼儿毛入园率还比较低。其中,低收入国家的毛入园率还很低,中低收入和中高收入国家幼儿的毛入园率还有待提高。

2. 非正规学前教育的发展

非正规学前教育是指由政府、非政府或个人发起,针对无法接受正规学前教育的0—6岁儿童,特别是处境不利儿童,依托社区资源因地制宜而开展的学前教育形式。[⑥] 为了让无法进入幼教机构接受正规教育的幼儿能够接受一定程度的学前教育,很多国家都很重视发展非正规学前教育。

一些国家注重对处境不利的儿童实施早期补偿教育。美国从1965年开始实施"开端计划",主要由联邦政府及州政府投入资金,对环境不佳的儿童提供早期教育。"开端计划"为每个参加的儿童提供适合其发展的活动,或在家庭中接受"开端计划",或把儿童送到中心去,进行画画、科学、文学阅读、戏剧、游戏或计算机等活动,一日3—4小时。该计划还包括向家长提供教育、健康和保健等服务;包括为残疾儿童提供特殊教育和在地区内组织芝麻街等电视节目教育儿童等等。为了保证"开端计划"的顺利实施,国会的拨款数额逐年增加,1965年为9 640万美元,1975年为4.04亿美元,1985年为10.7亿美元,1993年为27.7亿美元,到1997年已达到39.8亿美元,是1965年的40倍。[⑦] 2005年"开端计划"获得联邦政府68亿美元经费,受益儿童为90多万人,人均

① 李清:《芬兰的义务教育与学前教育》,《教书育人》,2005年第4—5期。
② 霍力岩、沙莉、郑艳:《世界部分国家学前教育基本属性的比较研究》,《比较教育研究》,2011年第6期。
③ 李政云、匡冬平:《新西兰"政府主导"学前教育基本属性的比较研究》,《比较教育研究》,2013年第5期。
④ UNESCO. The EFA Global Monitoring Report 2006: Strong foundations[EB/OL]. [2005-03-30]. http://www.unesco.org/new/en/education/themes/leading-the-international-agenda/efareport/reports/2007-early-childhood.
⑤ UNESCO. The EFA Global Monitoring Report 2012: Youth and skills[EB/OL]. [2015-03-30]. http://www.unesco.org/new/en/education/themes/leading-the-international-agenda/efareport/reports/2012-skills.
⑥ 程敏:《非正规学前教育研究概述》,《学前教育研究》,2006年第11期。
⑦ 陈厚云、方明:《美国重视发展学前教育及其启示》,《学前教育研究》,2001年第2期。

花费 7 222 美元。[①] 1994 年,根据《开端计划法》的重新授权,美国国会开始实施专门为低收入怀孕妇女和婴儿、学步儿及其家庭服务的"早期开端计划"(Early Head Start,简称 EHS)。"早期开端计划"通过为婴幼儿及其家庭提供教育、健康、营养、社会及其他服务,改善孕妇的健康状况,促进婴幼儿身体、社会、情绪和认知的发展,提高父母照顾和教育婴幼儿的能力,帮助父母实现经济独立等目标。"早期开端计划"从实施起就受到美国政府和民众的高度关注。2009 年,《美国复兴与再投资法案》(*American Recovery and Reinvestment Act*)为"开端计划"和"早期开端计划"拨款 10 亿美元,用于扩展对 3 岁以下婴幼儿及其家庭的早期教养服务,这极大地推动了"早期开端计划"的扩展。截至 2011 年财政年度,该计划已在美国 50 个州以及哥伦比亚特区、波多黎各和维京群岛设有 1 027 个服务站点,为 147 000 名 3 岁以下婴幼儿提供服务。"早期开端计划"有三种主要的组织形式:一是以托幼中心为基础的形式,以托幼中心为 0—3 岁婴幼儿提供早期教养服务为主;二是以家庭为基础的形式,以家庭访问员对婴幼儿家庭进行家访服务为主;三是混合形式,提供上述两种形式的综合服务。此外,还有少数根据本地特色形成的地方性服务方案,如一些社区的家庭日托等。[②]

英国政府从 1998 年开始实施"良好开端"项目。这一项目的最初目的是结合早期教育、儿童养护、健康及家庭援助给居住在条件不利地区的幼儿以良好的开端,后来开始面向所有儿童、家庭和社区,给学前教育和儿童养护以更大力度的支持。该项目的主要内容有"为所有儿童提供早期教育"、"为儿童提供越多越好的儿童养护"、"开展有影响的地方计划"和"在条件不利地区向儿童提供基于社区的服务"四个方面。自实施以来,该项目取得了较好的成效:政府的预算拨款有较大比例的增长,2002—2003 年度的预算达 8 亿英镑;到 2003 年 4 月已宣布了 524 个"良好开端"地方计划,预期将使居住在条件不利地区的约 40 万儿童受益;已有 46 个小型"良好开端"地方计划专门针对贫困和农村地区展开,预计将使 7 500 名 4 岁以下儿童受益。[③]

此外,日本的天使计划、新西兰的铺卢凯特计划、印度的菩提计划、加纳的"儿童不能等待"国家行动计划、秘鲁的"娃娃之家"工程等,都是在国家和政府的大力推行下,以社区为依托,利用社区教育资源,开展非正规幼儿教育,对处境不利的儿童实施早期补偿教育。[④] 早期补偿教育为促进处境不利幼儿的发展和教育,维护社会的公平和稳定,作出了积极的贡献。

除早期补偿教育之外,很多国家还发展了其他形式的非正规教育。如:英国的游戏小组由中产阶级家长组织,采取互助的方法看护和教育幼儿;德国的家庭助手方案由社区青年服务部、慈善机构把经过培训的社会工作者组织起来,分派到一些特殊家庭里,每周义务为家庭服务 5—10 小时,帮助父母掌握教育孩子的基本知识和技能;瑞典和葡萄牙等国的家庭托儿所以 0—12 岁儿童为服务对象,尤其是针对 3 岁以下及乡村地区儿童。这些非正规教育具有实用性、灵活性和针对性的特点,在一定程度上保障了幼儿受教育的权利。

---

① 刘焱:《入学准备在美国:不仅仅是入学准备》,《比较教育研究》,2006 年第 11 期。

② 董素芳:《美国早期提前开端计划教师资格标准及其启示》,《幼儿教育》(教育科学版),2013 年第 6 期。

③ 张树德:《新世纪英国学前教育发展的"希望工程——良好开端"工程述评》,《外国中小学教育》,2004 年第 3 期。

④ 蔡迎旗、赵志敏:《利用社区资源对处境不利的幼儿进行补偿教育》,《中国教师》,2004 年第 4 期。

(二) 学前教育机会均等的追求

在保障学前教育权的基础上,如何使幼儿享受到更为民主和平等的教育,是提高学前教育质量、发展学前教育的重要保证。教育机会均等是教育平等的基础。二战以后,学前教育机会均等的概念由最初的入幼教机构机会的均等,扩展到受学前教育的年限、幼教机构的类型、课程性质等方面的均等。

1. 幼教资源分配的公平

幼教资源分配的公平,是保证学前教育起点、过程和结果机会均等的基础和条件。为了促进幼教资源分配的公平,各国主要采取了以下一些策略:

一是采用经费补助政策,照顾低收入家庭。日本政府主要采用"排富性"和"分层补助"的方式对幼儿园和保育所进行补助。对幼儿园的补助由地方公共团体承担;对保育所的补助由国家和地方政府分担。政府将保育所的保育费用分为17等,儿童家长根据收入按规定缴纳不同的费用;家长交付费用之外不足的部分,二分之一由国家出,其余的由都、道、府、县出一半,当地的市、镇、村出另一半。葡萄牙也采取"排富性"的方式资助学前教育。从1997年开始,葡萄牙政府采取"分层补助"的经费补助方式对所有家庭提供每月补助,补助金额根据家庭收入分为三个层次。这些经费补助政策不仅提高了贫穷幼儿的入学率,而且为他们在教育过程和结果方面获得同等的机会提供了一定的保证。

二是实施学前教育券政策,促进幼教机构的公平竞争。目前,世界一些国家和地区如美国、智利、中国台湾地区等已开始采用学前教育券政策。我国台湾地区在实施学前教育券以前,受到政府较多财政补贴的公立幼儿园只占少数,70%的私立幼儿园得到的政府补贴很有限。[①] 1998年,台北市及高雄市率先对5岁幼儿的家长发放每学年1千台币的教育券。2000年,台湾地区全面推广学前教育券政策。该政策实施以来,不仅扩大了家长的择校权,而且减少了公私立幼儿园补助经费的差异,促进了公平竞争。我国内地的宁波市镇海区澥浦镇从2003年开始向学前三年儿童发放"教育券",2003年年度发放额度为360元,所需资金由镇政府承担60%,区教育局承担40%。该"教育券"不但可以在镇中心幼儿园使用,也可在达到"宁波市农村示范性幼儿园评估标准"的社会力量兴办的幼儿园中使用。[②] 这一举措不仅增加了政府对学前教育的补助,而且促进了公私立幼儿园的公平竞争,提高了学前教育的整体水平。我国香港地区也从2007学年开始实施学前教育券政策,旨在促进非营利幼儿园的发展,提高香港学前教育的质量。

2. 适合个性特点的课程

促进学前教育机会的均等,不仅要注重促进学前教育选择的自由、幼教资源分配的公平,还要注重为每一个幼儿提供适合其身心发展的教育。为此,很多国家通过制订教育法令和课程标准,提供适合幼儿个性特点的课程,使每个幼儿获得同等的发展机会。

美国国家课程标准特别强调了教育要关注每一个学生。《国家科学教育标准》中规定:"《国

---

① Ming-Sho Ho. The Politics of Preschool Education Vouchers in Taiwan, *Comparative Education Review*, Vol. 50, No. 1, 2006:66 - 89.

② 周志康、王海峰:《镇海试行"幼儿教育券"》,《中国教育报》,2003年9月2日。

家科学教育标准》所追求的目标，一言以蔽之，就是面向所有学生的科学标准。”“这部标准适用于所有的学生，不论他们是什么年龄和性别，有什么文化或族裔背景，有什么残疾，也不论他们在科学上有什么抱负，有什么兴趣，有什么动力。”①2005 年全美幼教协会（NAEYC）修订的《学前教育方案标准和认定指标》也规定，课程要“根据儿童的需要和兴趣提供个别或小组学习机会，使儿童学习达到最优”，教学要“考虑儿童的个体差异以及教学方法在不同方面应用的差异，以帮助所有儿童成功”。②

美国注重为儿童提供适合个性特点的课程。发展适宜性实践是由全美幼教协会（NAEYC）提出并倡导的在尊重儿童的基础上促进儿童学习与发展的一套价值理念和实践体系。③ 它肇始于 1986 年，后经 1997 年和 2009 年两次修订。它最初强调“年龄适宜性”和“个体适宜性”；1997 年则特别提出了“文化适宜性”；2009 年重申了幼儿教育课程的年龄适宜性、个体适宜性和文化适宜性，并重点提出了教师教学的有效性，强调教师知识的核心是关于儿童学习与发展的知识、儿童个体的知识、儿童社会文化背景的知识等。可见，从创立之初至今，发展适宜性实践始终强调尊重儿童，注重儿童的“个体适宜性”。

澳大利亚、日本、中国香港等国家和地区也提出了个性化学前教育的要求。澳大利亚于 2011 年颁布的《欢乐时光，儿童乐园——澳大利亚幼儿保育框架》指出：“教育者应该了解幼儿家庭的历史文化、语言、传统习俗、教养方式和生活方式，也应注意观察和了解幼儿的兴趣和独特优势，从而更好地支持幼儿，帮助并引导其获得持续不断的发展。”④日本 2008 年颁布的课程标准《幼儿园教育要领》开宗明义地指出：“幼儿的生活经验各不相同，要根据每个幼儿的特点进行指导”⑤。我国香港特别行政区 2006 年颁布的《学前教育课程指引》也主张要为每个幼儿提供适合其年龄特点的、适合其个体差异的课程。⑥

在这种思想的引导下，20 世纪 90 年代以来，特殊幼儿教育的思想和观念也发生了变化，特殊幼儿“回归主流”，与正常幼儿一起受教育，实行幼儿一体化教育的主张，逐渐为世界各国所采纳。近年来，全纳教育的理念也开始渗透到幼教界。全纳教育主张幼儿教育没有所谓的主、支流之分，任何一个幼教机构都应根据幼儿的不同需要进行教育。从某种意义上来说，幼儿全纳教育真正体现了教育民主化的基本精神，是幼儿教育民主化今后发展的方向。

此外，重视幼儿教育结果的公平也是幼儿教育民主化发展的趋势之一。近年来，美、英、德等国已开始制定和实施面向全体幼儿的早期学习标准。这一举措表明，这些国家主张早期学习标准不是指向少数优秀幼儿的标准，而是多数儿童能够实现的愿望。这表明：发达国家对幼儿教育机会均等的追求已从幼儿教育起点、过程条件的均等开始向重视幼儿教育的全过程——包括幼

---

① 国家研究理事会著：《美国国家科学教育标准》，戢守志等译，科学技术文献出版社 2002 年版，第 2 页。

② 李琳等编译：《全美幼教协会最新〈幼儿教育方案标准和认定指标〉简介》，《学前教育》（幼教版），2006 年第 6 期。

③ 霍力岩：《发展适宜性实践的主要观点及其有益启示》，《福建教育》，2013 年第 1、2 期。

④ 钱愿秋、张竹香、杨琴：《〈欢乐时光，儿童乐园——澳大利亚幼儿保育框架〉简介》，《幼儿教育》（教育科学版），2012 年第 5 期。

⑤ ［日］文部科学省编：《幼儿园教育要领》（2008 年），日本福禄贝尔馆 2008 年版，第 4 页。

⑥ 李辉：《展望内地幼教体制改革之路——从香港经验说起》，《幼儿教育》（教育科学版），2007 年第 1 期。

儿教育起点、过程条件和结果的机会均等的转化。

二、当代学前教育制度的发展

(一) 当代英国学前教育制度的发展

第二次世界大战期间,英国政府就开始酝酿战后教育改革方案,出台了《巴特勒法案》(*Butler Act*)。二战后初期,由于经费短缺,师资不够,学前教育一度处于停滞的状态。20 世纪 60 年代后期以来,随着经济和社会的发展,以及对早期教育重要价值的认识,英国政府制订了一系列方针政策,投入了大量资金,以促进 5 岁以前儿童的学前教育。

1944 年,英国政府以 1918 年的《费舍法案》为蓝本,颁布了《巴特勒法案》,确立了英国现代教育体系的基础。这一法案将英国的学制分为三个阶段:(1)初等教育,包括保育学校(2—5 岁)、幼儿学校(5—7 岁)和初级小学;(2)中等教育;(3)高等教育。此外,法案对学前教育还作了如下的规定:地方教育当局应当为那些未满 5 岁的幼儿开办保育学校,或在学校内设置保育班,方便幼儿入学;2—5 岁的幼儿都应该进保育学校;保育学校是英国国民教育制度的组成部分,其主要任务是发展幼儿的智力和体力;地方教育当局应该提供保育学校和保育班的经费。[①] 这一法案明确规定保育学校由国家教育部门和地方教育当局管辖。《巴特勒法案》把保育学校或保育班的设置规定为地方教育行政当局不可推卸的义务,但未能将保育学校和幼儿学校连贯起来。幼儿学校仍作为义务教育的最初阶段而包括在初等教育之中,与保育学校分离开来。

1966 年,教育咨询委员会委员长普洛登女士在四年的考察后发表了《普洛登报告》。该报告在第九章《为义务教育前的幼儿提供教育设施》中,呼吁大力发展英国的学前教育,提议:(1)要大力发展学前教育,大量增加保育设施的数量,尤其要在教育不发达地区设立"教育优先地区";(2)凡年满 3—5 岁的幼儿,开学后随时都可入学;(3)学前教育机构应该每周保育 5 天,分上午部和下午部;(4)由 20 人为 1 组组成"保育集体",1—3 个保育集体组成 1 个"保育中心",与保育所或者儿童中心的诊疗所结合起来;(5)保育所中 3 岁以上幼儿的教育应由教育当局而不是由保健当局负责;(6)每 60 个儿童应配备 1 名有资格的教师,每 10 个儿童至少配有 1 名修完 2 年培训课程的保育助理来担任每天的保育工作;(7)在公立保育机构得到扩充之前,地方教育当局有权对非盈利私立保育团体进行援助和鼓励;(8)最理想的是将包括保育集体在内的一切幼儿保护服务机构都统一在各个收容儿童的设施及小学校的领导之下。[②]《普洛登报告》是英国学前教育史上极其重要的文件,对英国当代学前教育的发展起了重要的推动作用。

1972 年 12 月,教育科学大臣萨切尔发表《教育白皮书》,提出将"扩大学前教育"定为内阁将要实行的四项教育政策之一。白皮书肯定了《普洛登报告》中具有实践意义的建议,并制订了实施计划,打算在 10 年内实现学前教育费用全免,并扩大 5 岁以下儿童的教育。为此,需要达到以下要求:第一,调动各方面的积极性。除政府外,还要依靠地方教育行政当局的周密规划,以及自由团体、教师和家长的大力协助。第二,确保有相当数量的教师队伍。必须在进一步改革大学幼

---

① 单中惠、刘传德著:《外国幼儿教育史》,上海教育出版社 1997 年版,第 214 页。
② 周采、杨汉麟主编:《外国学前教育史》,北京师范大学出版社 1999 年版,第 211—212 页。

儿教师培训课程的同时，对非正式教师进行特别训练。第三，政府为实现上述计划提供必要的经费援助。1971—1972 年，给 5 岁以下幼儿的经费约为 4 200 万英镑。到 1981—1982 年，这一经费将增加到 1 亿 2 千万英镑。[①]《教育白皮书》发表后，英国的学前教育有了一定发展。1978 年，3 岁儿童入托率达 15%，4 岁儿童入托率达 53%，但尚未达到白皮书规划的 50%与 90%的指标。

1995 年 7 月，为解决学校经费分担的问题，英国教育和就业大臣谢泼德(Shephard，G.)公布了花费 7.3 亿英镑的"学前教育券计划"，规定发给家长 1 100 英镑的教育券以支付学前教育的费用，使全国每个愿进学前教育机构的 4 岁左右的儿童都能接受 3 个月的高质量学前教育。教育券增加了家长们的选择范围，使家长能自由选择公立或私立学校。但此计划也有一定的局限性，即教育券计划的年龄限制在 4 岁以上。这样，4 岁以下的幼儿则不能得到帮助。

(二) 当代法国学前教育制度的发展

战后，法国政府在医治战争创伤、恢复和发展经济的过程中，十分重视教育的改革和学前教育的振兴。由此，法国兴建起许多母育学校，为那些参加工作的妇女提供方便。20 世纪 60 年代后期，法国政府开始重视发展学前教育；20 世纪 70 年代以后，法国的学前教育有了显著的发展。

1969 年，根据教育部的指令，法国的母育学校在学前教育课程和方法方面进行了与小学类似的改革，以促进幼儿体、智、德方面的稳定发展。学前教育课程分为以下三类：(1)智育，每周 15 学时，都在上午进行；(2)启蒙科目，每周 6 学时，午后进行，包括游戏、手工、唱歌等自由的教学活动；(3)体育科目，每周 6 学时，午后进行。在以上三类课程中，知识基础课占去一半以上的学时，4 岁以上学前教育的重点是读、写、算的基础知识和技能，为进入小学作准备。

1975 年，法国政府颁布《哈比教育法》，规定了学前教育的目标：启发儿童个性；消除儿童由于出身和家庭条件差异而造成的成功机会不均；早期发现和诊治儿童智力上的缺陷及身体器官上的残疾；帮助儿童顺利完成学前教育向小学教育的过渡。根据这一法令，自 70 年代以来，法国的学前教育发挥着教育、补偿、诊断治疗以及与小学衔接的多种功能。[②] 1976 年，法国政府颁布了关于母育学校的法令，指出了母育学校在普通教育中的重要意义。该法令还要求全面发展城市和农村的学前教育，要求所有 5 岁儿童进入母育学校和小学幼儿班，在母育学校的教学内容、方法和管理等方面也有一系列规定。70 年代中期以来，在上述法令的指导下，法国的学前教育有了较大的发展，幼儿入学率跃居世界前列。据统计，1972 年幼儿入学率为 40%；到 1980 年，4—5 岁幼儿入学率为 96.6%，5—6 岁幼儿入学率为 98.9%。

20 世纪 80 年代后，法国政府继续把学前教育看成是实现教育机会均等、开发人力资源、加强科技竞争、增强国力的重要因素之一，予以高度重视。为了保证学前教育的发展需要，法国采取了中央、省和市镇三级政府分摊经费的办法，保证了学前教育经费的稳定可靠。仅 1986 年，中央支付的学前教育经费(用于支付教师工资及教师培训)就占全国教育经费预算的 5.1%。由于政府重视，措施得力，法国的学前教育在发达国家中位居前列。据 1985 年统计，法国 2—5 岁幼儿平

---

① 杨汉麟、周采著：《外国幼儿教育史》，广西教育出版社 1993 年版，第 530—531 页。

② 同上书，第 549 页。

均入学率为81.6%,居世界第二位(仅次于比利时)。此外,公立学前教育机构幼儿的比例达87%,居发达国家首位。①

1989年,法国政府颁布了《教育方针法》,以法律的形式规定了教育的地位。《教育方针法》在附加报告中明确规定了学前教育的目标:"通过对美感的启蒙,对身体的意识,对灵巧动作的掌握和对集体生活的学习,发展幼儿的语言实践能力和个性,同时还应注意发现儿童在感觉、运动或智力方面的障碍,并作及早诊治。"②可见,报告不仅确定了学前教育在促进幼儿全面发展方面的目标,而且也规定了学前教育的诊断功能。1990年,法国政府遵照《教育方针法》的基本精神,尝试打破传统的年级观念,在包括母育学校和小学的初等教育中建立新的教学组织形式——学习阶段。这项改革把学前教育与小学教育合为一体,2—11岁儿童的教育被分为三个连续的学习阶段:初步学习阶段(2—5岁),包括母育学校的小班和中班;基础学习阶段(5—8岁),包括母育学校大班和小学前两年;深入学习阶段(8—11岁),包括小学的后三年。每个阶段的教学活动按学生的能力和水平实行同学科同水平分组教学。③ 学习阶段实验和改革的意义在于重视学生的个体差异和幼小衔接,并以学生为中心组织教学。

(三)当代德国学前教育制度的发展

1945年,德国被迫宣布无条件投降。1949年9月,德意志联邦共和国建立,其教育也进入了恢复阶段。20世纪70年代以后,在美国等西方发达国家的影响下,德国政府开始重视学前教育,促进了学前教育的发展。

联邦德国的学前教育由各州自己制订发展计划并加以实施。由于联邦德国的学前教育不属于国家规定的义务教育范围,国家并不要求幼儿入小学前一定要进幼儿园。此外,幼儿园不归教育行政部门管辖,而由私人、教会、社会团体和福利组织开办。在各类幼儿园中,公立幼儿园仅占三分之一,远低于教会(包括天主教和新教)所办的幼儿园。公立幼儿园所占比重小的主要原因是:19世纪以来,统治者对学前教育采取控制而不援助政策;直至19世纪末,德国仍未像英、美、法等国那样将学前教育纳入公立学制系统;宗教团体的活动非常活跃,成为私立幼儿园的主导力量。因此,学前教育长期由市民或非政府机构自行管理,在一定程度上限制了公立幼儿园的发展。20世纪70年代以后,这种状况才有所改观。

1966年后,在美国及其他发达国家的影响下,德国政府开始意识到学前教育的重要性。1970年,联邦教育审议会公布了包括学前教育在内的全国教育制度改革方案,将教育体系划为初等教育、中等教育、继续教育三个领域。3—6岁的学前教育被纳入初等教育范围。其中5—6岁的学前教育被列入义务教育的范围。此后,不仅5岁以上幼儿普遍入学,3—5岁幼儿入学率也不断提高。据统计,1960年,3—6岁幼儿入学率约为三分之一;到1977年,3—5岁幼儿入学率已达四分之三。但由于德国的学前教育以各州自行管理为主,因而各州的学前教育发展存在着较大的差

① 杨汉麟、周采著:《外国幼儿教育史》,广西教育出版社1993年版,第549页。
② 邢克超主编:《战后法国教育研究》,江西教育出版社1993年版,第154页。
③ 同上书,第170页。

距。1970年,德国3—5岁儿童的平均入学率为33%,其中,巴登—符腾堡州3—5岁儿童入学率已达53%,而石勒苏益格—荷尔施泰因州同年龄儿童的入学率只有10%;1974年,德国3—5岁儿童的平均入学率已超过50%,巴登—符腾堡州儿童入学率已超过90%,居各州之冠。[①]

1990年,联邦德国和民主德国统一。统一后的德国共有学前教育机构2.9万所,教师8.5万人,入园儿童175.6万人。为了扩大学前教育的对象,1993年,德国联邦议会决定,从当年起,3—6岁儿童入园将获法律保障。此后,各地政府大力发展学前教育事业。[②] 目前,德国的学前教育并没有列入学校教育系统,学前教育不属于义务教育范围,儿童入园需交入园费,交费标准根据家长收入而定。

虽然没有明确的教育大纲和教育方法,但各州对幼儿园的教育目的都有如下的规定:幼儿园是协助家庭对幼儿进行教育的机构,要为幼儿培养优良的个性,为幼儿的全面成长打下良好的基础。幼儿园的教学内容主要有:语言教学,包括说、听、会话、看图会话、唱歌、朗诵、游戏活动等;观察能力和思维能力的培养,包括日常生活中经常遇到的色彩、形态、数量和时间等概念的辨别能力训练,开展游戏、音乐等活动。[③]

(四)当代俄罗斯学前教育制度的发展

从20世纪50年代开始,苏联进行了一系列学前教育改革,以促进学前教育的发展。50年代末,苏联学前教育改革的重点是托儿所和幼儿园的一元化;60年代末,苏联开始了战后第二次学前教育改革;80年代末,苏联又进行了战后第三次学前教育改革。1991年苏联解体后,俄罗斯学前教育进行了重大的改革,学前教育的目标和性质有所改变。

50年代以前,苏联学前教育按年龄段分为两部分:招收0—3岁婴儿的托儿所,由各加盟共和国的卫生部领导;招收3—7岁儿童的幼儿园,由各加盟共和国的教育部领导。1959年,苏共中央和苏联部长会议公布了学前教育制度改革的决定,把两个阶段的学前教育合并为统一的"托儿所—幼儿园",并将这种机构的指导权和监督权交由各共和国的教育部,而卫生部则在儿童的保健方面负主要的责任。

为适应新设的学前教育机构,1962年,苏联公布了世界上第一部婴幼儿教育的综合大纲《幼儿园教育大纲》。大纲消除了以前学前教育过程中婴儿(0—3岁)和幼儿(3—7岁)教育内容的脱节现象;反映了幼儿各年龄阶段身心发展的特点;提出了幼儿发展各阶段体、德、智、美应达到的水平和要求,强调学前教育的顺序性和系统性;要求通过各种活动(日常生活、游戏、劳动、作业等)来保证儿童个性的全面发展。1969年,苏联将小学由4年改为3年,对《幼儿园教育大纲》作了相应的修订。在以后的十多年中,苏联又进行了多次补充和修改。1978年,经过第八次修订的《幼儿园教育大纲》出版。该大纲把学前儿童分为4个年龄阶段:学前早期(从出生到2岁),学前初期(2至4岁),学前中期(4至5岁),学前晚期(5至7岁),并对各年龄阶段幼儿的德、智、体等

---

① 单中惠、刘传德著:《外国幼儿教育史》,上海教育出版社1997年版,第222页。

② 王小英、蔡珂馨主编:《国内外幼儿教育改革动态与趋势》,东北师范大学出版社2004年版,第50页。

③ 单中惠、刘传德著:《外国幼儿教育史》,上海教育出版社1997年版,第223页。

方面的发展提出了统一的要求。

到80年代中期,苏联接受公共学前教育的儿童已达到一半以上,在园儿童达1 550万人。全国有学前教育机构14万所,但仍然供不应求。1984年,苏联部长会议通过《关于进一步改进学前社会教育和准备儿童入学的决议》,决定在苏联教育部设跨部门的全苏学前教育委员会,以协调各部门的工作,加强对学前教育的领导;进一步发展学前社会教育机构,特别是在农村地区;实施全面发展的教育,确保儿童的入学准备。①

经过长期的实验,苏联政府于1984年正式决定,把儿童入学年龄从7岁提早到6岁。1985年,苏联教育部公布了实施6岁入学的章程。该章程规定,将由6岁儿童组成的一年级设在幼儿园;一年级的教学要把学习和游戏结合起来;全部课程安排在上午进行,下午则按幼儿园的作息制度活动,使儿童自然地从幼儿园生活过渡到小学生活。

1989年,苏联国家委员会通过《学前教育构想》的决议。该决议根据当代科研成果,制订了学前教育体系的改革方针,并指出了个性定向式教育策略的基本特征。这种教育策略在其目标、手段和结果上都不同于传统的"教学—纪律式"的儿童教育观。《学前教育构想》确定了苏联幼儿园改革的基本原则:"运用关于学前期在个性形成中意义的现代科研成果,使教育工作人道主义化,改善儿童的生活条件和幼儿园教师的教育工作条件,保证儿童教育各个领域的协调性,彻底改变培育教育工作干部的性质,及学前教育单位和管理机构的财政条件。"②《学前教育构想》的出台和这一时期苏联学前教育改革,标志着苏联学前教育的改革从60年代末的重视幼小衔接和智力开发,向80年代末强调儿童个性发展和民主化学前教育的转变。

1991年末,苏联解体,俄罗斯走上了私有化道路并引进市场机制。1992年7月,俄罗斯出台教育领域的根本大法《俄罗斯联邦教育法》。该法指出:"教育的目的是造就独立的、自由的、有文化的、有道德的人,使之意识到对家庭、社会和国家的责任;尊重他人的权利和自由;遵守宪法和法律,在人与人之间,在各国人民之间,以及不同的人种、民族、宗教和社会群体之间能互相谅解与合作。"③

在《俄罗斯联邦教育法》的指导下,俄罗斯学前教育目标修订如下:保证儿童免受一切生理和心理的伤害,满足其情绪与交往的需要;保证儿童创造性才能和兴趣的发展;对儿童身心发展中的缺陷提供帮助;保证儿童与个人特点相适应的发展权利等。学前教育的性质也从苏联时期的更注重公益和福利事业转向受市场经济的调节,注重满足家长需求,并力求使儿童的发展适应未来社会。④ 此外,学前教育内容更强调民主化、人性化和多元化,各地学前教育机构也可以因地制宜制定发展的具体目标。苏联时期封闭式的管理模式也被打破,家长、社会团体、企业等均可以参与学前教育机构的管理。

1994—1995年,俄联邦教育部以《俄罗斯联邦教育法》为依据制定了《学前教育标准》,这是俄

---

① 周采、杨汉麟主编:《外国学前教育史》,北京师范大学出版社1999年版,第270页。

② 黄人颂编:《学前教育学参考资料》(上),人民教育出版社1991年版,第124页。

③ 周采主编:《比较学前教育》,人们教育出版社2010年版,第120页。

④ 杨汉麟著:《外国幼儿教育史》,人民教育出版社2011年版,第298页。

罗斯政府对学前教育大纲提出的宏观指导文件，其目的在于提高学前教育质量，保护儿童在教育变迁的情况下不受不合格教育的影响。该标准提出了以下几个方面的要求：一是教育大纲以保护和增加儿童健康、身心和谐发展为目标，二是个性与定向型相互作用，强调教育的人道化而非强迫的机制，三是环境应符合儿童发展的要求。①

根据《俄罗斯联邦教育法》的规定，学前教育机构可以在国家标准大纲的指导下，结合本地和本机构的具体情况制定具体的大纲。1995 年以后，许多学前教育机构按照《学前教育标准》自编了教育大纲，改变了以往那种统一大纲、统一教材和统一上课的局面，教育内容变得丰富灵活，富有特色。

（五）当代美国学前教育制度的发展

第二次世界大战以后，美国学前教育进入了恢复和发展的阶段。20 世纪 60 年代以后，学前社会教育的地位和作用发生了根本的变化，美国学前教育也由此进入了实施“开端计划”和重视智力开发的时期；20 世纪 80 年代以后，美国学前教育进入了整体改革的阶段，政府也通过立法和增加财政拨款等措施，促进学前教育的变革与发展。

第二次世界大战以后，为满足妇女外出工作的需要，美国政府多次召开会议，探讨提高学前教育的质量等问题。1956 年，联邦政府通过了社会安全法案修正案，提出了为职业妇女提供托儿服务的方案；1960 年，在白宫的一次会议上，联邦政府又对各州儿童的保健、教育和福利等方面提出了若干建议。尽管联邦政府作出了一些努力，但总的来说，20 世纪 60 年代以前，美国的学前教育尚未引起人们足够的重视，也没有相应的法规加以保障。

1963 年，美国的一位记者哈伦顿（Harlington, M.）出版了《另一个美国：美国的贫穷》一书。该书指出，美国有四分之一的人口生活在贫困线以下，其中有 300 万人生活在极度贫困线下。这些人绝大多数是黑人、印第安人和爱斯基摩人。他们的子女得不到适当的早期教育，以至于不会讲完整的句子，不会握笔，有的连自己的名字都不知道。这些孩子入小学后很难适应学习环境的要求。受这本书的影响，美国政府注意到了贫穷问题及其对儿童的影响。为此，约翰逊总统提出了“向贫穷宣战”的口号，认为应首先解决 6 岁以下贫困儿童的教育问题。1965 年，国会通过了《经济机会法》，其中一项重要内容是要求在学前教育中兴起“开端计划”，为贫困儿童实施补偿教育。“开端计划”包括以下五个部分：一是为贫困家庭儿童看病治牙；二是开展社会服务与家庭教育；三是加强对志愿服务人员的培训与使用；四是为儿童的心理发展服务；五是为儿童入小学作好准备。参与“开端计划”的教育人员既有教师、保育员、大学生，又有家长、医生、护士，还有营养专家、社会事业家、教育学家和心理学家，但以教师和保育员为主。在“开端计划”中，教育的时间多为每天 3—4 小时，旨在让每个幼儿都处在良好的环境中，为他们提供愉快的经验，培养情操，注意保健，促进言语能力和社会性的发展。据统计，1965 年，接受“开端计划”的 3—5 岁儿童有 53 618 人，1972 年已超过 100 万人。“开端计划”是一项规模庞大、耗资巨大、牵涉面广、历时长远的社会关怀行动，其影响是显著的、积极的。美国一个教育研究基金会于 1962 年开始的历时近

---

① 周采主编：《比较学前教育》，人民教育出版社 2010 年版，第 121 页。

30 年的追踪研究表明，接受“开端计划”的人与没有接受的人相比，学习成绩明显提高，学业完成率高，特殊教育需求少；社会稳定性和社会责任感更强；明显减轻了纳税人负担。[①]“开端计划”证明了学前教育对人一生的发展、对消除贫困、对缩小处境不利人群和主流社会的差距、对促进社会的稳定与发展等方面的重要作用。它不仅轰动了美国教育界，而且极大地影响了世界其他国家的学前教育。

从 1960 年起，美国在新传统派教育思想及结构主义心理学的影响下，掀起了中小学课程与教学方法的改革运动，以提高中小学的教育质量。受此影响，学前教育界掀起了智力开发的热潮。1963 年，美国科学促进协会出版了适用于幼儿园和小学低年级的《科学教育见闻》，从空间、观察、数的关系、测量等方面入手，对儿童进行科学教育，使其掌握科学的基础技能，充实经验。从 1969 年 11 月开始，由美国儿童电视制片厂制作的学前儿童电视节目“芝麻街”(Sesame Street)在全国开播。此节目内容丰富，形式多样，通过动画、木偶及真人表演等，对幼儿进行启蒙教育，发展其智力。芝麻街最初以“开端计划”的儿童为主要对象，后来扩展到一般幼儿。由于该节目生动活泼，趣味横生，适应幼儿心理，收视率很高。在美国 2—5 岁的 1 200 万幼儿中，每天约有一半人热心收看。

进入 20 世纪 80 年代以后，在上述学前教育成果的基础上，美国学前教育界对过去只注重智力开发的弊端进行了反思，开始注重儿童的全面发展。联邦政府和各州高度重视学前教育，把学前教育发展作为政府的一项重要工作，其主要举措如下：(1)加强立法，促进学前教育发展。1988 年，美国国会通过了《中小学改善修正案》和《家庭援助法案》两项涉及学前教育的法案。前一项法案提出了“公平教育计划”(Even Start)，由联邦政府每年拨款 5 000 万美元用于成人扫盲和为 1—7 岁儿童提供早期教育；后一项法案规定，凡接受政府津贴的家庭，由政府发给幼儿入托费。90 年代初，美国国会又通过一项学前教育提案，决定今后每 4 年拨款 8.25 亿美元用于学前教育工作。(2)增加学前教育的政府拨款。80 年代中前期，由于美国经济衰退，联邦政府的教育拨款有所紧缩，但对“开端计划”和未成年人保育援助计划的拨款反而有所增加，这充分表明了美国政府对学前教育的重视。80 年代后期美国经济恢复之后，许多州政府加大了对学前教育的投资。例如，佛罗里达州对幼儿园的拨款由 1987 年的 70 万美元猛增到 1990 年的 2 290 万美元。(3)加强了对学前教育的管理。公立学前教育由各州教育主管部门统一管理。许多州还专设了学前教育协调员或顾问，专门负责各州的学前教育事宜，如学前教育规划、资金分配、对幼儿师资的管理、学前教育的质量评估等。[②]

联邦政府和各州对学前教育的重视和举措大大地促进了学前教育的发展。1981 年，进入学前教育机构的幼儿达 4 878 万人，占 3—5 岁幼儿总数的 52.5%，其中 3 岁幼儿入学率为 27.3%，4 岁幼儿入学率为 46.3%，5 岁幼儿入学率为 84.7%。到 1992 年，进入学前教育机构的幼儿达 6 334万人，占 3—5 岁幼儿总数的 55.7%，比 1981 年增加了 3.5%。其中 3 岁幼儿入学率为

① 王湛：《发展幼儿教育，政府有义不容辞的责任——在全国幼儿教育工作座谈会上的讲话》，《幼儿教育》，2002 年第 1 期。

② 周采、杨汉麟主编：《外国学前教育史》，北京师范大学出版社 1999 年版，第 244—245 页。

28.2%,4 岁幼儿入学率为 53.0%,5 岁幼儿的入学率达到 86.0%。①

(六) 当代日本学前教育制度的发展

第二次世界大战以后,日本在一片废墟上开始了战后的各项改革,包括教育改革。20 世纪 40 年代末期,日本颁布了《教育基本法》和《学校教育法》,促进了学前教育的恢复和发展;从 60 年代开始至今,日本颁布了一系列有关学前教育的法令、法规,形成了独具特色的学前教育制度,推动了学前教育的快速发展。

1947 年 3 月 31 日,日本颁布了两项重要教育法案——《教育基本法》和《学校教育法》。《教育基本法》确定了尊重学术自由、机会均等的教育方针,提出了九年制免费义务教育和发展学前教育的主张。《学校教育法》明确了幼儿园是学校教育体系的组成部分,并对幼儿园的教育目的、目标、入园资格和教师资格等作了详尽的规定。《学校教育法》在第 77 条中规定:"幼儿园以保育幼儿、创造适宜的环境去促进幼儿身体和精神发展为目的";在第 78 条中,又详细规定了幼儿园教育要达到的健康、人际关系、环境、语言、表现的五个方面目标。根据上述两个法案,文部省于 1948 年颁布了由日本政府编制的第一个学前教育大纲——《保育大纲》。《保育大纲》规定,学前教育应以"自由游戏"为主,全面实行注重健康的生活指导,强调尊重儿童自由和自发的活动。1956 年,文部省对《保育大纲》进行了修订,并更名为《幼儿园教育大纲》。该大纲摆脱了"儿童中心论"和"教育即生活"的束缚,强调了教育的主导作用;将《学校教育法》所规定的五项具体目标扩大到十一项。该大纲的颁布,标志着战后初期学前教育的整顿改革工作已基本结束,日本的学前教育已经开始步入正轨。50 年代,日本幼儿园发展很快。据统计,1948 年,幼儿园有 1 529 所,入园幼儿数为 198 946 人;到 1955 年,幼儿园达 5 426 所,幼儿数为 643 683 人。②

在大力发展幼儿园、提高幼儿园质量的同时,日本政府也注重发展保育所。1946 年 9 月,日本颁布了《生活保护法》,规定保育所的费用由国库负担 80%,由府县负担 10%,为普通家庭子女入保育所提供了经济上的保障。1947 年 12 月,日本又颁布了《儿童福利法》,明确规定:保育所是以保育婴幼儿为目的的设施;当父母因参加劳动或疾病等原因无力对其子女进行保育时,市、县、镇、村有义务让其子女进保育所;保育所设备及所需费用的二分之一至三分之一由国库负担;地方负担三分之一至四分之一;入所儿童的费用原则上由家长交纳,但家庭贫困无力支付时,则由国家或地方当局支付。与此同时,政府还规定了保育所的设施、设备、职员、保育时间、保育内容等,为保育所教育的发展提供了法律依据和良好的条件。据统计,1949—1955 年间,保育所平均每年增加 930 多所;1955 年的保育所数达 8 321 所,是 1948 年的 4.7 倍;同年,保育所的幼儿数为 653 727 人,比 1948 年的 158 904 人增加了 3.1 倍。③

20 世纪 60 年代以来,日本政府三次出台了幼儿园教育振兴计划。1961 年,日本参议院文教委员会通过了振兴幼儿园教育的决议。1964 年,日本开始实行第一次幼儿园教育振兴计划(又称

---

① 霍力岩著:《学前比较教育学》,北京师范大学出版社 1995 年版,第 36 页。

② 李永连编:《日本学前教育》,人民教育出版社 1991 年版,第 126、129 页。

③ 同上书,第 132 页。

“七年计划”),该计划的目标是促进5岁幼儿入园,要求1万人以上的市、镇、村幼儿入园(所)率达到60%以上。在达到目标后,文部省又从1972年开始实施第二次幼儿园教育振兴计划(又称“十年计划”),该计划的目的在于促进4—5岁幼儿入园,要求到1982年实现4—5岁儿童全部入幼儿园(所)。为达到这一目的,日本政府实行了幼儿入园奖励制度,对将子女送往公立或私立幼儿园的低收入家庭,减免保育费。此计划的实施大大推动了日本幼儿教育的发展。据1985年统计,日本3—4岁幼儿入园(所)率为70%;5岁幼儿为90%。自此,日本学前教育的水平已跻身于少数最发达国家之列。1991年,日本文部省又策划、制订了战后第三次幼儿园教育振兴计划(又称“十年计划”),其目标是确保今后十年3—5岁的幼儿有充分的入园机会。由于4—5岁幼儿教育已基本普及,故新计划根据社会实际需要,将重点放在进一步推动3岁幼儿的保育上。为此政府设立专项资金,供新建或改建幼儿园设施之用;将入园奖励扩大到3岁幼儿,并对低收入家庭规定了幼儿园学杂费减免标准。① 上述措施有力地推动了振兴计划的实施,促进了日本学前教育的发展。

在制订和实施三次幼儿园教育振兴计划的同时,20世纪60年代以来,日本文部省分别于1964年、1989年和1998年对《幼儿园教育大纲》进行了三次修订。1964年修订的《幼儿园教育大纲》规定了日本幼儿园的十一条基本方针,将学前教育的内容系统化,概括为健康、社会、自然、语言、音乐韵律、绘画手工六个方面。1989年修订的《幼儿园教育大纲》指出“通过环境进行教育是幼儿园教育的基本特征”,提出“以游戏为中心进行综合指导”的基本方针,重视培养和发挥幼儿的主体性,注重个体差异和个性发展。该大纲还将1964年《幼儿园教育大纲》中规定的六项教育内容改为健康、人际关系、环境、语言和表现五个领域,体现了日本社会对人才培养的新要求。1998年修订的《幼儿园教育大纲》保留了1989年大纲所提出的以游戏为中心进行综合指导的基本观点,但更加强调游戏和体验,突出了以游戏为中心的学前教育思想;重视幼儿的心灵教育,强调培养幼儿的生存能力和道德感;重视加强幼儿园与家庭、社区的联系和合作,要求幼儿园支援家庭教育,使社区服务起到社区学前教育中心的作用。以上三次修订是根据时代的发展变化、日本教育的整体改革和学前教育的特点进行的,对促进20世纪60年代以来日本学前教育在目标、内容和方法等方面的改革起了推动作用。

综上所述,第二次世界大战以后,发达国家十分重视学前教育,确立了学前教育在国民教育中的地位,学前教育事业逐步被纳入国民教育系统,开始有计划、有步骤地发展;学前教育机构的形式变得灵活多样,满足不同背景、不同需要的儿童;学前教育的保育、教育、补偿、治疗等多种功能得到充分的发挥,其中教育功能受到高度的重视。

三、当代学前教育的理论及其影响

第二次世界大战结束以后,学前教育的理论有了很大的发展。除了前述的蒙台梭利理论之外,对当代学前教育影响较大的理论有皮亚杰(Piaget, Jean)的认知发展说、弗洛伊德(Freud, Sigmund)的精神分析说、维果茨基(Lev Vygotsky)的心理与教育理论、斯金纳(Skinner, B. F.)的儿童行为强化控制理论、班图拉(Bandura, Albert)的社会学习理论、马斯洛(Maslow, Abraham)

① 杨汉麟、周采著:《外国幼儿教育史》,广西教育出版社1993年版,第560—561页。

的人本主义心理学、加德纳(Gardner，Howard)的多元智能理论和瑞吉欧·艾米里亚(Reggio Emilia)教育体系等。限于篇幅，我们在此仅探讨皮亚杰和维果茨基的理论及其对当代学前教育的影响。

(一) 皮亚杰的理论及其对学前教育的影响

1. 皮亚杰的认知发展说

让·皮亚杰(1896—1980)是20世纪最伟大的心理学家之一。他在儿童心理学领域，尤其是在儿童认知发展领域进行了大量开拓性的工作，对学前教育产生了很大的影响。

(1) 发展观。皮亚杰指出，在儿童心理学上，有五种重要的发展理论：一是只讲外因不讲发展；二是只讲内因不讲发展；三是讲内外因相互作用而不讲发展；四是既讲外因又讲发展；五是既讲内因又讲发展。皮亚杰认为他的理论和这些不同，属于内因外因相互作用的发展观，既强调内因外因的相互作用，又强调在这种相互作用中儿童心理不断产生的量和质的变化。

(2) 发展的实质和原因。皮亚杰认为，儿童的心理既不是单纯地来自客体，也不是单纯地来自主体，而是起源于主体对客体的动作。主体通过动作对客体适应，是儿童心理发展的真正原因。皮亚杰认为，适应的本质在于取得机体与环境的平衡。适应是通过两种形式实现的：一是同化，即把环境因素纳入机体已有的图式或结构之中，以加强和丰富主体的动作；一是顺应，即改变主体动作以适应客观变化，主体原有的结构受到它所同化的元素的影响而发生改变。如果机体和环境失去平衡，就需要改变行为以重建平衡。这种平衡——不平衡——平衡的过程，就是适应的过程，也是儿童心理发展的实质和原因。

(3) 发展的因素。皮亚杰认为，制约儿童心理发展的四个因素如下：一是成熟，主要指神经系统的成熟。二是物体经验，指个体对物体作用时的练习和习得经验，包括物理经验和数理逻辑经验。前者是个体作用于物体，抽象出的物体特性；后者是指个体作用于物体，从而理解动作间的协调结果。三是社会经验，指社会因素的相互作用和社会传递，包括社会生活、文化教育、语言等。四是平衡，指不断成熟的内部组织和外部环境的相互作用。平衡是动态的，可以调和成熟、物体经验以及社会经验三方面的作用。儿童正是通过这种动态的平衡，实现心理结构的不断变化和发展。因此，平衡是心理发展中最重要的因素，是决定的因素。

(4) 发展的结构。皮亚杰认为，儿童心理结构的发展涉及图式、同化、顺应和平衡四个概念。

图式就是动作的结构或组织，这些动作在相同或类似的环境中由于不断重复而得到迁移或概括。图式最初来自先天遗传，在适应环境的过程中，低级的动作图式，经过同化、顺应、平衡而逐步结构出新的图式。儿童心理发展的过程，实质上就是低水平的图式不断完善，达到高水平图式的过程。

同化和顺应是适应的两种形式。同化是数量上的变化，不能引起图式的改变或创新；而顺应则是质量上的变化，可以促进创立新图式或调整原有图式。儿童在认识新事物时，往往倾向于用原来的图式来同化它，但是因为新知识不同于原来的图式，于是在同化新知识的同时，必然要引起原有图式的变化，产生一种新的图式以顺应新的知识。正是这样，儿童在原有知识的基础上，不断学习新的知识，既丰富了认识，也改造了图式，发展了思维。

平衡既是发展的因素,又是儿童的心理结构。在儿童的心理结构中,平衡是指同化作用和顺应作用两种机能的平衡。同化和顺应两个过程有时处于不平衡状态,但到一定的时候总会取得平衡。这是因为,儿童在与环境相互作用的过程中,不断从自身的动作中得到对这些动作自动调节的信息,使思维朝着必然的途径发展。儿童心理的发展就是同化与顺应两种适应机能不断从低级的平衡达到高级平衡的过程。

(5) 发展具有阶段性。皮亚杰认为,儿童的动作图式不断同化、顺应、平衡的过程,就形成了本质不同的心理结构,也就形成了儿童心理发展的不同阶段;每个阶段都有它独特的结构,标志着一定阶段的年龄特征。在实验研究的基础上,皮亚杰把儿童思维发展划分为以下几个基本阶段:一是感知运动阶段(0—2 岁)。这是语言和表象产生前的阶段,这个阶段的主要特点是儿童依靠感知动作适应外部世界,构筑动作图式,开始认识客体永久性。二是前运算阶段(2—7 岁)。这一阶段儿童的各种感知运动图式开始内化成为表象或形象图式,特别是由于语言的出现和发展,他们开始从具体动作中摆脱出来,用表象符号来代替外界事物,重现外部活动,出现了表象思维。三是具体运算阶段(7—11 岁)。处于具体运算阶段的儿童,其思维具有具体性、可逆性、守恒性、群集运算和系统性的特点。四是形式运算阶段(11 岁至成人)。此时期的儿童,其思维特点包括"四变换群"系统的形成、组合分析能力的形成以及思维达到平衡作用的最高级等。

2. *皮亚杰的认知发展说对学前教育的影响*

皮亚杰的认知发展说蕴涵着丰富的教育含义,对教育界产生了巨大而深刻的影响。不少教育家用皮亚杰的理论来进行教育实验和改革运动,还有不少理论家研究皮亚杰理论对教育的影响。皮亚杰的认知发展说对学前教育产生的影响,主要表现在以下几个方面:①

(1) 真正的学习是儿童主动、自发的学习。皮亚杰强调儿童心理发展的本质是主体通过动作对客体的适应,是内外因相互作用的结果。儿童的发展主要不是依靠成人,而是出自儿童本身,是儿童主动发现、自发学习的结果。他认为,正确的教育能够加速儿童的发展。但教师的作用是间接的,不应该企图将知识塞给儿童,而是介绍问题和对策,让儿童自己主动地、自发地学习。此外,教师还可选择一定的材料,以激发儿童的学习兴趣。他提出了适度新颖的原则,认为给儿童学习的材料必须和儿童的已有经验有一定的联系,同时又要足够新颖,这样才产生认知上的不协调和冲突,引起儿童的兴趣,促进他们主动、自发地学习。

皮亚杰的上述观点对国际教育的影响较大。美国教育家柯普兰(Copeland, R. W.)出版了《儿童怎样学习数学——皮亚杰研究的教育含义》一书,从儿童怎样学,而不是从教师怎样教的角度来阐述儿童逐步把握数学概念的过程,体现了皮亚杰教育理论的精髓:教育应该以儿童主动地学为中心。美国密歇根州的高瞻(Highscope)教育研究所,从 1962 年开始进行着一种把皮亚杰理论变为教育实践的认知发展课程实验。研究者们重视儿童自我发动的主动学习,认为年幼儿童是通过自我发动的活动而学习概念、培养兴趣和发展才能的。高瞻课程获得了成功:通过追踪比较研究发现,那些在三四岁时参加了高瞻课程的儿童,在后来的学习和工作中,其表现都明显好于其他儿童。1979 年在美国出版的《活动中的幼儿——幼儿认知发展课程》一书,记载了 30 年来

---

① 曹能秀:《试论皮亚杰的认知发展论对学前教育的影响》,《云南师范大学学报》(哲社版),1999 年第 6 期。

高瞻课程的研究成果，已经被译成多种文字，在世界各国出版。目前，高瞻课程已成为世界学前教育界公认的著名的课程模式。

(2) 儿童必须通过动作进行学习。皮亚杰认为，动作是联结主客体的桥梁和中介，一切知识是主客体相互作用的产物。因此，皮亚杰十分强调动作在儿童认知发展中的作用。他认为，教师应该放手让儿童探索外部世界，建构自己的知识经验系统；教师应该布置情境，提供材料，让儿童自由操作、实验、观察、思考，自己认识事物，得出答案；教师要为学生创设问题情境，向学生提出富有启发性的问题；要为学生提供反面例证，促使学生重新进行组合和思考。

皮亚杰关于动作学习的观点已经引起世界范围内的教育改革运动。美国心理学家、教育家布鲁纳(Bruner, J. S.)根据皮亚杰的理论提出"发现法"，要求教师向学生提供材料，让学生亲自发现应得的结论或规律，使学生成为发现者。20 世纪 70 年代以来，皮亚杰认知发展说被欧美教育工作者广泛应用于学前教育领域，并相继形成了三种类型的皮亚杰幼儿认知教育模式。其中以卡米(Kamii, C. K.)等人的模式最为著名。卡米主张，知识乃是主体对客体活动的结果，教育工作的重点不能只限于读和写，而是应该给儿童提供活动的物质环境，让儿童通过活动进行学习。美国 20 世纪 80 年代末期掀起的以"适宜发展性教育"为核心概念的幼儿教育运动，也把"让幼儿和环境中的材料及人相互作用"的观点作为一个重要的内容提出。

(3) 教育应该按儿童的年龄特点进行。皮亚杰认为，儿童的认知和成人有着质的不同，有着独自的特点和发展规律。他将儿童心理发展分为四个阶段，指出处于每一阶段的儿童都具有独特的结构，具有一定的年龄阶段特征。由此，他认为，教师必须根据儿童心理发展的年龄特征来安排教材和选用教法；教师应具有敏锐的观察力和教育的灵活性，根据儿童的兴趣和需要调整教育。

1987 年，全美幼儿教育协会颁布了《与 0 到 8 岁幼儿发展相适宜的教育》，掀起了全美以"适宜发展性教育"为核心概念的一场学前教育运动。"适宜发展性教育"指的是教育要适宜儿童的发展，包括年龄适宜性和个人适宜性两个方面。年龄适宜性是指教育要和儿童的年龄特点相适宜，这和皮亚杰的阶段发展观是一致的。事实上，美国幼教界在制订此方案时也曾参照过皮亚杰的这一观点。

(4) 教育要注重儿童的个别差异。尽管皮亚杰强调儿童发展的年龄特征，但他不否认儿童发展的个别差异性。他指出，教师在教学过程中，不仅要根据儿童的年龄阶段，而且要面对认知发展上的先后差异，不仅要考虑全班学生所处的共同发展阶段和集体需要，而且要根据学生的个体差异提供相应的学习内容和方法，提出不同的进度要求，使教学个别化。此外，他还提到，应该根据个别儿童的兴趣爱好进行教学。

皮亚杰的上述观点也影响到学前教育界。前述的"适宜发展性教育"中的"个人适宜性"是指教育要与每个儿童的特点相适宜，参考了皮亚杰的上述观点。我国于 1996 年 6 月实行的《幼儿园工作规程》和 2001 年的《幼儿园教育指导纲要(试行)》，强调了在注重儿童年龄特征的同时应该注重儿童的个性特征，因人而异，因材施教。

很多学者主张将皮亚杰注重年龄特征和个性特征的观点结合起来，作为教育的基本原则。除上述美国的"适宜发展性教育"和中国的《幼儿园工作规程》、《幼儿园教育指导纲要(试行)》之外,美国著名心理学家布卢姆(Bloom, B. S.)提倡的“掌握学习”理论,提供了一套有效的教学策略,体现了群体教学与个别学习相结合的有效的教学方式。

(5) 注重儿童的社会交往。皮亚杰很重视社会交往在儿童心理发展中的作用。他认为,在儿童认知发展中,儿童与他人的交往和对客体施加动作具有同样重要的作用。皮亚杰所说的交往包括了师生间的交往和儿童间的交往,但总的来说,他更重视儿童间的交往。他认为,儿童在和同伴相处的过程中,不受掌握正确答案的权威支配,敢于提出自己的观点。此外,由于儿童的观点不尽相同,儿童在和同伴相处的过程中,就会考虑两个或更多的观点,这会帮助儿童形成协调两个维度的逻辑思维。这样,就可使儿童摆脱自我中心状态,使思维精细化,从别人那里获得丰富的信息。因此,皮亚杰提倡同伴影响法(peer teaching),积极鼓励儿童的互教和互相影响,以此促进儿童的学习和发展。

大多数以皮亚杰理论为指导的教育实验方案,都很重视社会交往。如美国伊利诺大学的儿童早年课——一种皮亚杰的实验方案,就很重视社会交往。这种方案把小组讨论作为教学的策略,主张把儿童编成几个工作小组,每组5—6人,就教师提出的概念作业一起工作。这种方法曾在一所幼儿园实验过,效果较好。此外,前述的卡米的认知模式也把集体游戏放在重要的位置上,重视儿童的社会协作;高瞻课程也注重提供多种人与人相互作用的方式——小组和集体的、教师与儿童的、儿童与儿童的、教师和教师的。美国著名的幼儿教育家大卫·韦克特(Weikart, David)从20世纪70年代开始在密歇根州的伊普西兰蒂对68名3岁儿童进行了一项为期十几年的学前教育模式追踪比较研究。研究结果表明,以皮亚杰的认知发展说为理论基础的、强调社会交往的开放教学模式,和直接教学模式以及儿童中心模式相比,在幼儿思维能力的培养方面具有优势。

(二) 维果茨基的理论及其对学前教育的影响

维果茨基(1896—1934)是苏联建国时期的卓越的心理学家,儿童心理学的开创者。他主要研究儿童心理和教育心理,探讨思维与语言、儿童学习与发展的关系问题。他不仅创立了文化历史理论,而且提出了著名的“最近发展区”的教育思想,对世界学前教育产生了重要的影响。

1. 维果茨基的文化历史理论

在心理科学中,关于心理发展的问题一般是从两个方面加以研究的,一个是心理种系的发展,另一个是心理的个体发展。维果茨基在这两个方面都作了出色的研究。特别是他关于人类心理的社会起源的学说,是苏联儿童心理学的奠基石。①

这里首先介绍维果茨基有关高级心理机能的研究。

(1) 高级心理机能的社会起源。维果茨基认为,人的心理活动按其起源和发展,可以区分为两种心理机能:低级的心理机能和高级的心理机能。低级心理机能是指感觉、知觉、机械记忆、不随意记忆、形象思维、情绪、冲动性意志等心理过程;高级心理过程则是指逻辑记忆、随意注意、概念思维等心理过程。低级心理过程是最古老的、是种族发展过程中出现的,是生物进化的结果。

---

① 曹能秀、王凌编著:《外国儿童心理发展和教育的理论》,云南民族出版社2000年版,第315页。

高级心理机能是在人类社会环境影响下，随着人类文化历史的发展而发展起来的，是在低级心理机能的基础上产生的。

(2)“中介”和“内化”的思想。维果茨基认为，人的高级心理机能是人在劳动过程中产生的，是人类借助工具生产而实现的。在人类发展的过程中，借助“物质生产的工具”，人类产生了“精神生产的工具”，即人类社会所特有的语言符号。人正是借助于言语或词的中介作用改变着一切心理活动，由低级向高级的心理过程发展。

维果茨基认为，“内化”是指作为工具的言语或词的产生发展经历了从外向内转化的过程。语言作为一种社会交际手段，首先在“外部”的人类共同生活中形成，然后“内化”为个人的心理手段、工具，所以人的高级心理机能的发展，也要经过由“外部”转化为“内部”的过程。这是人类高级心理机能发展的辩证规律。

(3) 高级心理机能和低级心理机能的区别。维果茨基指出，必须区分两种心理机能：一种是低级的心理机能，它们是生物进化的结果；一种是高级的心理机能，它们是文化历史发展的结果。这是两条完全不同的发展路线。然而在个体心理发展过程中，这两种心理机能是融合在一起的。人的心理机能在社会的影响下总是不断由低级向高级发展。新生儿一开始只有感觉，不久便有了知觉，接着出现了表象、具体的形象思维等。婴儿起初只有不随意的心理机能，后来才出现了随意的心理机能。一个人总是在全人类经验的影响下才形成各种高级心理机能的。

维果茨基认为，高级心理机能具有以下特征：第一，它们是随意的、主动的；第二，它们的反映水平是概括的、抽象的；第三，它们实现的过程的结构是间接的，是以符号或词为中介的；第四，它们的起源是社会文化历史发展的产物，是受社会规律所制约的；第五，从个体发展来看，它们是在人际交往过程中产生与不断发展起来的。

其次介绍维果茨基有关心理发展实质的研究。

(1) 儿童心理机能由低级向高级发展的标志。维果茨基认为，心理的发展是指一个人的心理(从出生到成年)在环境与教育的影响下，在低级的心理机能的基础上，逐渐向高级的心理机能转化的过程。他指出，儿童心理机能由低级向高级发展的标志有四个点：第一，心理活动的随意机能。儿童心理活动的随意性越强，心理水平就越高。第二，心理活动的抽象——概括机能。儿童随着语言的发展和知识经验的增长，促使心理活动的概括性、间接性得到发展，最后形成最高级的意识系统。第三，各种心理机能之间的关系不断地变化、组合，形成间接的、以符号或词为中介的心理结构。儿童心理结构越复杂、越间接、越简缩，其心理水平越高。第四，心理活动的个性化。儿童意识的发展主要是其个性的增长和发展以及其意识的增长和发展。个性的形成是高级心理机能发展的重要标志。

(2) 儿童心理机能由低级向高级发展的原因。维果茨基认为，儿童的心理机能由低级向高级发展的原因主要有三个方面：一是起源于社会文化——历史的发展，是受社会规律所制约的；二是从个体发展来看，儿童在与成人交往过程中通过掌握高级的心理机能的工具——语言、符号这一中介环节，使其在低级的心理机能的基础上形成了各种新质的心理机能；三是高级的心理机能是不断内化的结果。

最后必须提到维果茨基有关儿童的思维和语言发展的研究。

(1) 儿童思维的发展。维果茨基指出,思维是人过去的生活经验参与解决他面临的新问题,是人脑借助于言语实现的分析综合活动。他还认为,儿童的大脑具有的思维发展可能性,是在成人的调节下与周围环境发生相互作用的过程中实现的。儿童和实体世界的关系是以他和教育者之间的关系为中介的。儿童思维发展的特殊条件是利用言语实现与人们的交际关系。

(2) 自我中心言语。和皮亚杰对自我中心言语的解释不同,维果茨基认为,自我中心言语起着一种特殊的作用:它极易变成思维的手段,执行编制解决课题计划的职能。儿童最初的言语就是纯粹社会性的,自我中心言语不是从隐秘的个人言语转化到社会言语,像皮亚杰认为的那样,而是从外部社会言语转化到内部个人言语。言语越来越成为思维的手段,而儿童思维的发展则依赖于他对这种思维活动的社会手段的掌握。

2. 维果茨基的教育观

维果茨基非常重视教育在儿童心理发展中的重要作用。他在文化历史理论的基础上,提出了教学与智力发展关系的思想。

(1) 维果茨基提出教学必须符合儿童的年龄特征。维果茨基的“教学”概念分广义和狭义的两种。广义的教学,是指儿童通过活动和交往掌握精神生产的手段,它带有自发的性质;而狭义的教学,则是有目的、有计划进行的最系统的交际形式,它“创造着”儿童的发展。

维果茨基把教学按不同发展阶段分为三种类型:自发型、自发反应型和反应型。3岁前儿童的教学为自发型的教学,这是因为这个时期的儿童只做符合其兴趣的事,是按自身的大纲来学习的。例如,儿童学习语言,不是根据母亲的要求,而是根据自身从周围环境攫取什么。学龄期的儿童的教学是反应型的教学,是一种按照社会的要求来进行的教学,以向教师学习为主要形式。3—6岁学前期儿童的教学则处于第一类和第二类之间的过渡地位,可称为自发反应型的教学。在这个时期,教学对儿童来说开始变为可能,但其要求必须属于儿童自己的需要才可以被接受,这是教师最困难的工作所在。总之,维果茨基认为,教学必须符合儿童的年龄特征,必须以儿童一定的成就为基础。

(2) 维果茨基强调教学在儿童发展中的重要性。维果茨基指出,由于人的心理是在掌握间接的社会文化经验中产生和发展起来的,因而在儿童心理发展上,作为传递社会文化经验的教育就起着主导的作用。这就是说,人类心理的发展不能在社会环境以外进行,同样,儿童心理发展离开了教学也就无法实现。在社会和教学的制约下,人类或儿童的心理活动,首先是属于外部的、人与人之间的活动,以后就内化而为人类或儿童自身的内部活动,并且随着外部和内部活动相互关系的发展,就形成了人所特有的高级心理机能。

(3) 维果茨基强调教学与儿童智力发展的关系。从以下三点来把握两者关系。

第一,“最近发展区”思想。维果茨基指出,教学必须考虑儿童已经达到的发展水平,这是毫无疑问的。但当人们试图确立发展过程与教学的可能性的实际关系时,这种水平还不能十分准确地判明儿童今天的发展状态。因此,维果茨基创立了“最近发展区”的概念。其含义是:“在有指导的情况下借成人的帮助所达到的解决问题的水平与在独立活动中所达到的解决问题的水平之间的差异。"①

维果茨基认为，至少要确定儿童的两种发展水平：第一种水平是儿童的现有发展水平，这种儿童心理机能的发展水平由一定已完成的儿童发展系统的结果而形成；第二种是在有指导的情况下借成人的帮助所达到的解决问题的水平，也就是通过教学所获得的潜力。最近发展区能够帮助我们判明儿童的明天，判明儿童发展的动力状态，从而不仅注意到在发展中已经达到的东西，而且也注意到正处在成熟过程中的东西。因此，对儿童的智力发展状态，至少要弄清楚他的两种水平才可能加以确定。

第二，教学应当走在发展的前面。根据"最近发展区"的思想，维果茨基提出了"教学应当走在发展的前面"的观点。这是维果茨基在教学与发展问题上的主要结论之一。它包含两层含义：第一，教学主导着甚至决定着儿童的智力发展。这种作用既表现在发展的内容、水平和智力活动的特点上，也表现在发展的速度上。第二，教学创造着最近发展区，儿童第一个发展水平和第二个发展水平之间的动力状态是由教学决定的。

在维果茨基看来，最近发展区决定着教学的可能性，而教学也应当以它为目标。这并不是排除构成作为教学最低阈限的机能成熟的作用，然而教学不能仅仅局限于这些阈限之内。教学如果是以已经完成的发展系统为目标，从儿童的一般发展角度来看，这种教学是没有积极作用的，它不会引起发展过程而是充当发展的尾巴。由此，维果茨基指出，教育应当以儿童发展的明天为目标。只有在这种条件下，教学才会走在发展的前面。

第三，学习的最佳期限。维果茨基指出，为了发挥教学的最佳作用，还应重视"学习的最佳期限"。儿童只有达到一定的成熟程度，才能使学习某一学科成为可能；但是如果超过了学习某一项技能的最佳年龄，则会事倍功半。因此，维果茨基认为，教学必须首先建立在正在开始而尚未形成的心理机能基础上，走在心理机能形成的前面，充分利用儿童学习的最佳期。

3. 维果茨基的理论对学前教育的影响

维果茨基的文化历史理论及其教学和发展关系的观点，对世界学前教育产生了重要的影响。其影响主要表现在以下几个方面：

（1）重视教学与发展的关系。维果茨基开创的文化历史理论采用一种全新的方法研究人的心理与发展，辩证地分析了教学与发展之间的关系。维果茨基认为，教学不是发展，但适当组织的教学能引导儿童的发展，启发一系列没有教学就不可能实现的发展过程，教学应该走在发展的前面。发展的过程并不总是符合教学过程的，发展过程跟随着建立最近发展区的教学，最近发展区创造着教学与发展的融通空间。

布鲁纳根据维果茨基的最近发展区理论提出了"支架式教学"的教育模式。"支架"一词原本指建筑行业中的"脚手架"，在"支架式教学"中，它形象地说明了教师与儿童之间在最近发展区内有效的教学互动：儿童的"学"好像一个不断建构着的建筑，而教师的"教"则像一个必要的"脚手架"，支持着儿童掌握、建构和内化所学的知识技能，促使他们进行更高水平的认知活动。"支架式教学"既不是纯粹的发现式学习，也不是传统意义的接受式学习，而是协作式的发现式学习。

① 龚浩然、黄秀兰：《介绍维果茨基关于教育与智力发展的关系的思想》，《外国心理学》，1981年第3期。

“支架式教学”以最近发展区作为教师介入的空间,为儿童的学习提供支持,促使儿童主动而有效地学习。在儿童开始学习时,教师的责任是为儿童提供复杂的干预和大量的脚手架,给予儿童一定的指导,包括为儿童提供正确的示范;提醒儿童不要遗忘;减少或简化解决问题的步骤,使儿童能够操纵;保持儿童追求目标的兴趣;指出儿童的现实行为和理想行为之间的差别等。此后,教师逐渐移走脚手架,增加儿童的独立行为。随着儿童在活动过程中发挥的作用越来越大,行为的责任开始向儿童迁移。上述教师与儿童之间的“责任迁移”,赋予了教师在儿童发展中更为积极的作用——教师不是等到儿童自然地发展到下一阶段,而是通过“支架式教学”促进儿童的发展;教师既要为儿童新的学习提供适当的支持,还要适时地撤掉脚手架,把学习、参与和内化的责任给予儿童。

(2) 通过各种互动帮助儿童。维果茨基坚信儿童的发展发生在其最近发展区内,成人或能力较强的同伴对儿童的发展起着重要的促进作用。在维果茨基对最近发展区的解释中,为学习者提供帮助的人有两类:成人或有经验的同伴。首先是行家与新手之间的互动,也就是一个懂得比较多的人和一个懂得比较少的人之间的互动。这种类型的互动经常发生在教学中,充当着行家的是教师。教师提供支持、指导等,与儿童发生互动,促进儿童的发展。此外,儿童和父母之间也有互动。与课堂中所发生的互动相比,这种互动是非正式的。其次,在所有的社会分享活动中所发生的互动。儿童可以通过任何方式的互动提高行为水平:与相同水平同伴的互动,与想象同伴的互动以及与不同水平同伴的互动。

以维果茨基理论为基础的社会教学学派,致力于将维果茨基的理论运用于教学过程中的研究。这一学派对维果茨基的理论进行了扩展,认为社会成员经常是在与他人分享知识、与他人交换期望的过程中建构自己的,并指出这种分享和交换对于那些认知显得“格外的对背景敏感”的儿童而言尤其重要,因为这对于儿童来说是一种充满机会和潜力的认知背景。教师和儿童在问题情景中的合作,除了可以帮助儿童进行背景的转化之外,还构成理论解决问题的认知背景——一种文化人际背景。此外,社会教学学派还提出了教师在问题情景中与儿童合作的具体途径。例如,伍思赫和斯栋提出了“预期教学”。预期教学不同于一般意义上成人的直接教学,是一种较为隐蔽的教学。它关注的是教师和儿童在交流过程中的共同发展和建构。从教师的角度来说,预期教学可以通过创设儿童的学习环境来实现;从儿童的角度来说,重要的是在接受教师指导时的直接参与。预期教学对于儿童认知发展的意义在于成人和儿童对于材料理解的分享,它为成人帮助儿童解决问题找到了一块基石——教师把与问题解决相关的信息和技能通过“分享建构”的方式传递给儿童,为儿童的内化和建构提供了丰富的认知背景,而不单是站在成人的立场去对儿童进行有意识的指导。

(3) 更全面地评价儿童的能力。在维果茨基的最近发展区概念中有两种行为水平:独立行为水平和帮助行为水平。最近发展区是指这两种水平之间所存在的一个区域,儿童在最近发展区内的发展就是帮助行为变成独立行为的过程。维果茨基的最近发展区理论作为一种调节学习、促进发展的手段,将教学与评价紧密联系起来,为全面地、动态地评价儿童的能力奠定了理论基础。在评价儿童时,教师不仅应评价儿童的独立行为水平,还应该发现儿童的各种帮助行为水平。两个处于同一独立行为水平的儿童,可能具有不同的发展特征,这是因为他们的帮助行为水平是不一样的。例如，幼儿甲和幼儿乙两个人都不能走平衡木。当教师伸出手来帮助他们时，幼儿乙只能紧紧地握住教师的手站在平衡木上，幼儿甲却能轻松地走过去了。在这个例子中，这两个幼儿的独立行为是相同的，但其帮助行为水平却是不同的。

为此，教师应该使用一种更具弹性的动态评价技术去评价儿童。教师对于儿童的评价可以通过下列途径和方式去进行：改述问题，重新提出问题，鼓励儿童表达他所了解的问题，注意儿童是怎样运用教师提供的帮助，以及什么样的暗示对于儿童来说是最有效的，等等。[①]运用这种评价，我们不仅能更确切地了解儿童的能力，而且能较好地了解儿童其他方面的情况。

皮亚杰和维果茨基都是享誉世界的心理学家，被心理学界喻为"20世纪两位最伟大的心理学巨匠"。在儿童认知与发展的问题上，他们有许多共同的观点，但也有许多不同的观点。比如，在维果茨基看来，儿童认知发展的根本动力依赖于思维的社会基础，所以，共同问题的解决应该在同伴中进行；而皮亚杰则认为，儿童认知发展的根本动力存在于儿童自身，问题的解决主要依赖于个体相对独立的工作和思维。又如，维果茨基强调发展的重要性，认为是社会互动促进了儿童的认知发展，而这种发展是通过社会互动中专家提供的指导而实现的，最有效的社会互动模式是在问题解决中，以专家和有经验的人作为问题解决的指导和帮助；而在皮亚杰的理论中，当儿童发现他们观察世界的方式与新的信息之间存在差异时，他们总想修正他们的思维方式，以便与现实的世界相符合，社会互动虽然也会带来认知冲突，但这种冲突的结果是平衡的重新建立。[②]可见，皮亚杰的认知发展说更强调个体的自我建构，所以他的理论一直被认为是个体认知建构主义理论的基础；而维果茨基的文化历史理论则更关注社会性的客观知识在个体主观知识建构过程中的作用，更关注学习过程中社会情境的作用，更强调教师和同伴在儿童学习中的作用。总之，皮亚杰和维果茨基从不同的角度、以不同的风格提出了各自的发展观。两种发展观各有所长，各具千秋。两种理论有交叉更有区别，有对立更有互补。两者都对学前教育理论和实践产生了重要的影响，极大地影响了学前教育前进的历史轨迹。

本章小结

本章主要阐述了19世纪初以来世界学前教育的发展历程，包括初创阶段、发展阶段、普及和提高阶段学前教育的基本状况。这一章的重点是普及和提高阶段的学前教育状况。学习者既要注意从宏观上把握19世纪至今世界学前教育的发展脉络，又要注意从微观上了解各个阶段世界各国学前教育发展的状况；还可结合实际，谈谈自己对每一阶段世界学前教育制度和理论的理解与感受。

① 裴小倩、朱家雄：《维果茨基理论在早期教育中的运用》，《幼儿教育》，2003年第2期。
② 钟启泉等主编：《多维视角下的教育理论与思潮》，教育科学出版社2004年版，第39—40页。

拓展性阅读

教育资源的投入应向弱势群体倾斜

同我国一样,世界上任何一个国家的学前教育资源都是有限的,世界上几乎还没有一个国家能够由政府全部包办学前教育。而很多国家都主张:在教育资源有限的情况下,应该通过进行弱势补偿来消除教育上的不公平,即政府应着眼于大的社会生态环境,通过政策的制订与实施,挖掘和调配各种社会资源进入学前教育领域,同时将公共教育资源更多地向处境不利的儿童倾斜,以进行教育补偿。因此,讲起学前教育,美国人以"开端计划"(Head Start)为骄傲,英国人以"确保开端计划"(Sure Start)为自豪,其他一些国家也有类似的项目。在举办学前教育机构时,这些国家的政府在教育经费的投入上不是"锦上添花",而是"雪中送炭",这就是说,政府拿了纳税人的钱,举办能为社会弱势群体服务的学前教育机构,在最大的程度上满足弱势群体在教育子女方面的需求。而联合国教科文组织也提倡将弱势补偿作为实现教育公平的基本途径,1989 年联合国《儿童权利公约》、1990 年《儿童生存、保护和发展世界宣言》等都对教育中的弱势群体表示了关注,对弱势群体面临的教育不公平问题提出了予以纠正的要求。

我国是一个教育经费严重不足的国家,教育经费只占世界教育经费总量的 1%,却要用于占世界 20%的教育对象,而在这些公共教育经费中,只有 1.3%左右才被用于学前教育。让这些少得可怜的经费流向为优势群体服务的机构,还是流向为弱势群体服务的机构,这是教育政策上的两种截然不同的选择。如果我们关注的是社会稳定,关注的是人人享有平等的教育权利,关注的是社会弱势群体的利益,关注的是学前教育事业的可持续发展,那么选择在学前教育资源的配置上照顾弱势群体,是一种必然的做法。其主要理由在于:

第一,弱势补偿是对现实学前教育不公平的反对和补救,它将使一些本来没有机会接受学前教育的儿童获得受教育的机会,或者使一些已经接受教育但仍处于不利境况的幼儿能够获得更好教育的机会。这也就使面临着诸多待遇落差的弱势群体至少能够在教育上获得一些社会支持,因而有助于社会各方面力量的和谐,有助于社会的稳定。

第二,将公共教育资源更多地投向为弱势群体服务的学前教育时,也意味着政府将通过政策调控把一些本身就面向社会优势群体的学前教育机构推向了市场,促使它们通过市场"优价"的方式来解决经费问题,同时也将通过推动社会力量对学前教育进行投资,来为我国的学前教育事业集结更多非公共性质的资金。这意味着我国教育经费不足的问题将通过市场和社会的力量直接解决了。诚然,在这种政策调控下,那些社会优势群体会被要求支付较多的费用,但是因为这些机构提供的服务相对来说都是比较优质的,因此这不仅公平合理,而且很多支付者也是愿意的。

第三,倘若追求学前教育的长远效益,那么将教育资源更多地分配给弱势群体是一个必然选择。管理学中有一个"木桶理论",即一个木桶的容量取决于木桶周边最短的那块板;系统功能理论也与此类似,即系统的功能取决于系统中功能最弱的环节。同样,一个社会人口的整体素质和竞争能力必然要受到社会弱势群体素质的巨大制约,尤其是当弱势群体规模较大的时候。因此，弱势群体的素质问题不解决，人口整体素质和国民竞争能力的提高就难以真正实现。而国家办教育的最终目的是为了追求人口整体素质的提高，那么，权宜之计就是应该通过教育补偿来使弱势群体获得提高的机会，这样学前教育才有可能得到更高的长远效益。

（摘自朱家雄、张婕：《教育公平——一个不容回避的学前教育问题》，《教育导刊》2006 年第 2 期。）

参考文献

1. 单中惠、刘传德著：《外国幼儿教育史》，上海教育出版社 1997 年版。
2. 冯晓霞主编：《幼儿教育》，吉林教育出版社 2000 年版。
3. 霍力岩著：《学前比较教育学》，北京师范大学出版社 2014 年版。
4. 李永连编：《日本学前教育》，人民教育出版社 1991 年版。
5. 杨汉麟、周采著：《外国幼儿教育史》，广西教育出版社 1993 年版。
6. 周采、杨汉麟主编：《外国学前教育史》，北京师范大学出版社 1999 年版。

问题与讨论

1. 谈谈欧文创办“幼儿学校”的过程及意义。
2. 简述世界上第一所幼儿园创立的过程、意义及其对世界学前教育的影响。
3. 谈谈你对某个西方发达国家学前教育制度建立和发展状况的理解。
4. 简要介绍儿童中心主义教育思潮的基本状况和意义。
5. 结合实际，谈谈某个理论家（蒙台梭利、皮亚杰或维果茨基）的理论对学前教育理论和实践的影响。
6. 结合实际，谈谈学前教育民主化思潮的基本状况及意义。

第三章

学前教育体制

■ 学习目标

1. 了解学前教育的地位和功能；
2. 基本掌握学前教育机构的种类和特点；
3. 基本掌握学前教育的行政体制和学前教育机构的行政管理。

广义的学前教育指对出生至入学前的儿童所进行的教育，包括学前家庭教育和学前社会教育。中义的学前教育指学前社会教育，是指在家庭之外，由社会各方（如政府、团体、企事业、私人等）通过集体保育教育机构及设施对学前儿童所进行的教育。学前社会教育有正规的学前教育形式，主要指学前教育机构（又称为学前保育和教育机构、托幼机构），如托儿所、幼儿园、学前班等；也有非正规的学前教育形式，主要指依托社区资源因地制宜开展的学前教育形式，如儿童玩具图书馆、儿童博物馆、儿童游戏场、少年宫等。狭义的学前教育是指学前教育机构的教育，又称幼教机构的教育、托幼机构的教育或保教机构的教育。本章的第一、二节主要探讨狭义学前教育的基本状况，兼顾非正规学前教育形式的相关问题；第三节主要探讨世界学前教育的行政管理。

第一节　学前教育的地位和功能

一、学前教育的地位

（一）学前教育纳入学制的概况

21世纪初，多数发达国家和部分发展中国家已将学前教育纳入学制，但各国的情况不同。发达国家将学前教育纳入学制的时间较早。表3－1是五个发达国家学前教育纳入学制的基本概况。①

表3－1　五个发达国家学前教育纳入学制的基本概况

国家	时间	说明
法国	1837	《托儿所管理条例》：托儿所的行政管理被纳入初等教育法体制之内
	1881	《费里法案》：托儿所是初等教育机构的组成部分

① 冯晓霞主编：《幼儿教育》，吉林教育出版社2000年版，第92页。

续 表

国家	时间	说明
美国	1873	圣路易斯市开设美国第一所作为公立学校一部分的幼儿园
英国	1918	《费舍法案》:确立包括保育学校、小学、中学和专科学校在内的公共学校系统
	1944	《巴勒特法案》:初等教育包括保育学校、幼儿学校和初级小学三段
苏联	1917	《关于学前教育的公告》:学前教育是整个学校制度中的一个组成部分
日本	1926	《幼儿园令》:幼儿园教育为学校教育体系中的一环
	1947	《学校教育法》:重新确立了幼儿园教育在各级各类学校教育中的地位

在上述五个国家中,法国是最早将学前教育纳入学制的国家。1833 年,法国颁布了《初等教育法》,此后政府将注意力转向托儿所,视之为初等教育的基础。1835 年,法国政府颁布了《关于在各县设立初等教育的特别视学官的规定》,提出视学官对托儿所具有视察和监督的权力。这是国家正式管理托儿所的开端。1837 年,法国政府发布了最早的有关托儿所管理的规定,指出市镇村郡乃至中央的各级教育委员会,对于托儿所具有一定的管理、监督和惩戒的权力。这项规定将法国托儿所纳入中央集权管理体制的轨道。1881 年,法国通过《费里法案》,宣布国民教育三原则为"免费"、"义务"、"世俗化"。同年 8 月,在政府颁布的教育法令中又宣布,将托儿所等幼教机构统一改称"母育学校",并将其并入了公共教育系统。1881 年的两个法令基本上确立了法国的近代学前教育制度。母育学校作为法国统一学前教育机构的名称一直沿用至今。① 如上所述,法国较早地明确了学前教育作为法国初等教育奠基的重要性质与法律地位,极大地促进了法国学前教育的发展。

我国著名学者冯晓霞认为,从各国学前教育纳入学制的历史过程看,基本都经历了由民间兴办,到引起社会和政府部门重视,到以法律的形式确立其在学制中的地位的过程。只有美国例外,由于其教育行政管理属于地方分权型,州和地方教育行政部门掌握很大的权力,各州先设置了作为公立学校一部分、隶属于地方教育行政部门的幼儿园,有了既成事实,但并没有制订相应的法律保障。美国学前教育在学制中的地位得到法律承认是在 20 世纪 60 年代末以后。②

一般来说,世界各国学前教育纳入学制的影响因素是多方面的,包括各国政治、经济、文化历史传统及各国学前教育事业发展水平等,但其中一个关键的因素是政府的重视程度。苏维埃政府于 1917 年刚一成立,就颁布一系列有关文件确立学前教育在学校教育制度中的地位;而美国学前教育机构虽然早在 19 世纪末就有了很大发展,但直到 20 世纪 60 年代以后,由于政治、经济、社会等原因,学前教育才得到社会和联邦政府的重视,学前教育的地位才有了根本的转变,5—6 岁儿童的教育也逐渐被纳入国家学制系统并作为义务教育的组成部分与奠基阶段。

在少数发达国家和很多发展中国家,由于政治、经济和文化等方面的原因,学前教育至今还没有纳入学制,在一定程度上阻碍了学前教育的发展。如联邦德国虽然是世界经济强国,但其政

① 杨汉麟著:《外国幼儿教育史》,人民教育出版社 2011 年版,第 127—129 页。

② 冯晓霞主编:《幼儿教育》,吉林教育出版社 2000 年版,第 92 页。

府长期忽视学前教育,致使联邦德国的学前教育同一些发达国家相比显得比较落后。很多发展中国家由于没有将学前教育纳入学制,学前儿童入学率很低。联合国教科文组织公布的2007年度全民教育全球监测报告《坚实的基础:幼儿保育和教育》表明,2004年,发展中国家学前儿童入学率平均为32%,和发达国家及转型国家73%的入学率相比,存在着很大的差距。此外,3岁以下的婴幼儿教育普遍受到忽视,世界上有近半数的国家没有3岁以下儿童的正规保育和教育计划。①

(二) 学前教育在学制中的地位

目前,在一些发达国家和地区,学前教育在学制中的地位较高。这些国家或地区对5岁以后的学前教育不仅在师资、设施、财政上给予保证,而且也要求家庭保证5岁以后的儿童接受学前公共教育的义务。例如,英国的义务教育起始年龄是4—5岁(北爱尔兰规定为4岁,大不列颠为5岁);美国大多数州的起始义务教育年龄为5岁;荷兰的义务教育起始年龄为5岁。以色列1949年的《义务教育法》规定,幼儿园的最后一年是免费的义务教育,而实施义务教育是中央和地方政府的职责。因此,以色列的5岁儿童入学率很高,2002—2003学年达到99.9%。此外,一些发展中国家和经济欠发达地区,也开始实施学前义务教育。墨西哥于2001年对3—5岁儿童实行义务学前教育,毛入园率从1999年的73%提高到2010年的101%。加纳是撒哈拉以南非洲第一个实行义务制学前教育的国家,它于2007/08年通过立法,将两年幼儿园纳入从4岁起的义务教育,该国的毛入园率从1999年的31%增加到2009年的69%。②

其他一些国家和地区,如比利时和法国等,也已经将学前教育作为一定程度的义务教育来实施。这些国家在法律上规定了学前教育的免费性质,经济上对学前教育大力投入,鼓励家长送子女入托。比利时儿童满30个月,荷兰幼儿满4岁,就有权参加免费的学前教育③;法国2—6岁幼儿均可免费入学。我国澳门特区已从2006年开始将免费教育下延至学前教育1—2年,台湾地区也已推出国民教育向下延伸一年(K计划),并于2004年从“离岛”(澎湖、连江、金门等)和原住民集聚地开始试行,优先扶助资源弱势与文化不利地区,逐步向全岛推进。④ 2007年,世界上已有30个国家有某种形式的义务学前教育,到2011年,这样的国家已增长到35个。⑤

此外,一些国家的学前教育已经纳入学制但独立于义务教育系统之外。日本的幼儿园是学校体系的一环,是学校教育体系的起始阶段,但幼儿园教育并非义务教育的组成部分。印度政府将5—6岁学前班(pre-primary)教育纳入到学制体系之中,作为各级教育组织的第一阶段。⑥ 韩国1949年颁布的《教育法》明确规定将幼儿园纳入到学校教育体系之中。此后,韩国政府先后制

---

① 《加强幼儿教育有助促进社会公平》,《中国教育报》2007年8月5日第1版。

② UNESCO. The EFA Global Monitoring Report 2012: Youth and skills[EB/OL]. [2015-03-30]. http://www.unesco.org/new/en/education/themes/leading-the-international-agenda/efareport/reports/2012-skills.

③ 简楚瑛著:《幼儿教育与保育的行政与政策(欧美澳篇)》,华东师范大学出版社2005年版,第230—231页。

④ 冯晓霞、蔡迎旗、严冷:《世界幼教事业发展趋势:国家财政支持幼儿教育》,《学前教育研究》,2007年第5期。

⑤ UNESCO. The EFA Global Monitoring Report 2012: Youth and skills[EB/OL]. [2015-03-30]. http://www.unesco.org/new/en/education/themes/leading-the-international-agenda/efareport/reports/2012-skills.

⑥ 王承绪、顾明远主编:《比较教育》(第四版),人民教育出版社2012年版,第132页。

定并出台多项政策、法规，以明确并提升学前教育在国民教育体系中的地位。[①]

一般说来，学前教育在学制中的地位主要表现为两种形式：以法国为代表的国家将学前教育视为初等教育阶段的组成部分；美国、俄罗斯、日本等多数国家则将学前教育作为一个独立的阶段。无论是哪一种表现形式，都奠定了学前教育在整个学校教育体系中的基础地位。[②]

需要指出的是，各国学制中的学前教育所指年龄范围有所不同，如俄罗斯指0—6岁，法国指2—6岁，日本指3—6岁，英国指2—5岁。就属于学校教育系统的学前教育机构而言，俄罗斯指所有学前教育机构，法国指母育学校和幼儿班，日本只指幼儿园，英国只指保育学校和保育班、幼儿班，美国指幼儿园和由学校教育系统设立的保育学校。有相当一部分隶属社会福利或卫生部门的学前教育机构是不属于学校教育系统的。

从世界范围来看，尽管多数发达国家和一些发展中国家已经将学前教育纳入学制，但总体来说，学前教育在学制中的地位不高，学前教育还不具有强制性，还属于"非义务教育"。在一些学前教育发展较快的国家（如日本），学前教育也还未被正式纳入免费义务教育的范畴。总之，自20世纪60年代以来，在世界范围内，学前公共教育在学制中的地位不断得到巩固和提升，但与国民教育体系中的其他教育阶段相比，学前教育仍是最薄弱的环节。

二、学前教育的功能

（一）保育和教育的功能

如第二章所述，学前公共教育是社会发展到一定历史阶段的产物。1816年，欧文首创的"幼儿学校"，是世界上第一个对6岁以下儿童实施专门的、真正意义上的学前教育机构。此后，19世纪上半叶，欧洲掀起了轰轰烈烈的幼儿学校运动，建立起许多幼儿学校和托儿所。然而，在当时的社会历史条件下，多数幼儿学校和托儿所创办的宗旨在于服务家长和保护儿童，强调对儿童进行必要的照管、养护，并培养其良好习惯和性格。因而，19世纪上半叶的学前教育具有明显的慈善性质，保育的成分较突出，而教育的内涵不足。

从19世纪下半叶开始，学前教育逐渐重视教育的功能。进入20世纪以后，随着生理学、心理学等学科揭示出学前教育的价值，学前教育的教育功能日益凸现。20世纪六七十年代，美、英、日等发达国家为满足国家竞争对人才发展的需求，强调学前教育的教育功能而忽视了其保育功能。20世纪80年代以后，许多国家已经认识到学前教育不仅应注重保育的功能，强调对儿童进行照管和养护，以解除家长的后顾之忧；也应注重教育的功能，强调发展儿童的智力，促进儿童的全面发展。因而，许多国家通过相关的法规和文件，明确学前教育的性质，强调其保育和教育的双重功能。

在丹麦，大多数儿童都能接受托幼机构的教育。长期以来，丹麦学前教育界将保育看作是儿童健康和发展的手段，把教学看作是儿童学习的媒介。这一观念把在日托中心进行的保育和在学校进行的学习看作是一对矛盾，使丹麦日托中心的教育处于一种浪漫的儿童中心地位。受有

---

① 霍力岩、沙莉、郑艳：《世界部分国家学前教育基本属性的比较研究》，《比较教育研究》，2011年第6期。

② 冯晓霞、蔡迎旗、严冷：《世界幼教事业发展趋势：国家财政支持幼儿教育》，《学前教育研究》，2007年第5期。

关儿童学习可能性的国际研讨的影响,“学习”一词被加入丹麦 1998 年颁布的《社会服务法》中。《社会服务法》指出:“儿童参与的很多活动都含有学习的过程。日托中心必须意识到在这些不同的活动中可能包含的学习元素,对那些要求学习更多东西或学习新东西的儿童给予特殊关注。”[①]“学习”这一术语的引进极富挑战性,因为它意味着丹麦幼教工作者必须放弃原有的以强调儿童兴趣、自身活动和自然发展为特征的教育观念,将保育与教育融合起来。为了进一步明确日托中心的教育功能,《社会服务法》还明确指出:“日托中心必须以促进每个儿童的全面发展,培养健康自信的儿童为出发点,关心和支持儿童社会技能和一般技能的获得与发展;提供可能促进儿童想象力、创造力和语言技能发展的经验和活动,并为每个儿童提供游戏、学习、运动、社会化以及观察周围环境的空间和机会;为儿童参与分享社会活动作好准备,帮助儿童发展独立能力和责任感;鼓励儿童理解文化价值,愿意与自然互动。”[②]

我国 1996 年颁布的《幼儿园工作规程》明确指出:幼儿园是对 3 周岁以上学龄前幼儿实施保育和教育的机构,是基础教育的有机组成部分,是学校教育制度的基础阶段。2001 年颁布的《幼儿园教育指导纲要(试行)》也指出:幼儿园教育应尊重幼儿的人格和权利,尊重幼儿身心发展的规律和学习特点,以游戏为基本活动,保教并重,关注个别差异,促进每个幼儿富有个性地发展。2012 年制定的《3—6 岁儿童学习与发展指南》在“说明”部分也提出:“实施科学的保育和教育,让幼儿度过快乐而有意义的童年。”[③]

2001 年,美国国家研究院早期教育委员会在《渴望学习:教育我们的幼儿》的研究报告中指出:“不能把保育和教育看作幼儿问题中两个截然不同的事物,充分的保育包括提供优质的认知刺激、丰富的语言环境,以及促进社会、情感和动作发展的条件。同样,对幼儿的充分教育也只有在良好的生理照顾和温暖关爱的关系中才能出现。”[④]2002 年,全美幼教协会理事会和美国教育部早期儿童专家协会一致通过了一项重要的联合声明:《早期学习标准:为成功创设条件》。该声明已被美国学校高级首脑委员会和美国儿科学会认可,也得到全美小学校长协会响应。该声明指出:高质量的学前教育应促进儿童认知、语言、身体、社会、情感等各方面的和谐发展,为今后的学习和发展打下良好的基础。[⑤] 这就为高质量的学前教育机构提出了保育和教育方面的要求。

(二)促进社会公平和发展的功能

20 世纪 80 年代以后,世界各国在继续强调学前教育保育和教育功能的同时,开始注重学前教育在促进社会公平和发展方面的功能。

佩里学前教育研究计划(Perry Preschool Program Study)是美国最早启动的学前教育长期效果研究项目。以戴维·维卡特(Weikart, D. P.)为首的研究小组从 1962 年开始对 123 名来自于低收入家庭的 3—4 岁儿童进行了 20 多年的追踪研究。研究设置了实验组和对照组。实验组儿

---

① 斯迪格·布罗斯特罗姆:《保育、教学与养育的融合》,《幼儿教育》(教育科学版),2007 年第 2 期。

② 同上。

③ 李季湄、冯晓霞主编:《〈3—6 岁儿童学习与发展指南〉解读》,人民教育出版社 2013 年版,第 287 页。

④ [美]芭芭拉·鲍曼等主编:《渴望学习:教育我们的幼儿》,吴亦东等译,南京师范大学出版社 2005 年版,第 2 页。

⑤ 闫蔚:《美国学前教育早期学习标准解读及启示》,《幼儿教育》,2005 年第 3 期。

童接受了1—2年的佩里学前教育，采用开放式教学模式与高瞻教育研究基金会制订的高瞻课程，注重教师指导下的儿童自主活动，以促进智能、社会性、身体等方面的发展；对照组儿童则没有接受学前教育。研究结果表明，与对照组相比，实验组儿童学业成就、就业率与经济收入高，犯罪率、吸毒率低，家庭关系和睦。这一研究结果不仅证明了学前教育对儿童的发展具有长远的、多方面的影响，也证明了学前教育在促进社会公平和发展方面的作用。

在佩里计划研究的基础上，研究人员将学前教育的开支，包括教职员工资、管理费、房费、儿童的供给作为投入，把因学前教育而减少特殊教育、拘留审讯费用及福利救济费等项支出作为效益。计算结果表明，每个儿童每学年学前教育投入为4 818美元，效益为29 000美元，即在学前教育上每投入1美元，其效益为6美元。尽管这种计算不够精确，但已充分表明了托幼机构的教育是一种投资回报率较大的公共投资。在佩里计划的影响下，美国相继开展了许多项学前教育长期效果研究工作。1984年以后，美国教育家对1967年至1972年开展的11项学前教育长期效果研究计划进行了综合分析，所得的主要结论是：学前教育能提高智商与小学学习成绩，减少精神发展迟缓与中途退学，提高中学毕业率，减少被拘留与逮捕的人次。[①] 这些研究证明了学前教育在促进社会公平和发展方面的效果。

其他的一些研究也证明了学前教育在促进社会公平方面的意义。最近的一些调查表明，即使存在贫困、性格、民族、社会等级或宗教信仰的差异，托幼机构的教育仍然可以改善儿童的不利处境。美国从1964年开始的“开端计划”已经取得了巨大的成就，至少改善了2 200万名贫困儿童的处境；在佛得角、埃及、几内亚、牙买加和尼泊尔等国进行的调查也表明，从托幼机构的教育中获益最大的正是那些处境最为不利的儿童。此外，托幼机构的教育还可以减少两性的不平等。接受各种托幼机构教育的女童更有可能在适当的年龄入学并完成小学学业。同男童相比，女童参加托幼机构的教育对其身心健康的影响更大。

（三）文明社会论坛的功能

学前教育可能具有文明社会论坛的功能这一观点，是由冈尼拉·达尔伯格（Dahlberg, Gunilla）等人在1999年出版的《超越早期保教质量》一书中提出来的。他们从后现代的视角出发，认为学前教育机构的“机构”主要是指“基于中心的各种设施”，具有如下特点：一是能够集合数量适中的儿童在小群体中进行主题活动，为学前教育机构的儿童和成人提供相互支持、共同参与、记录的过程，以及更广泛的对话和交流；二是具备成为文明社会论坛的潜力，有利于参与者成为民主的参与者和积极的公民。[②]

在达尔伯格等人看来，文明社会就是“非强制性的人类联盟的空间”。在此，个体能一起从事有共同兴趣的活动，包括文化的、社会的、经济的和政治的。而论坛是文明社会的一个重要特征，是文明社会的个体（包括儿童和成人）共同参与和从事活动的地方。在文明社会中，学前教育机

① 方明、陈厚云：《幼儿教育影响长远——接受佩里计划》，《教育科学研究》，1995年第5期。

② ［美］冈尼拉·达尔伯格等著：《超越早期教育保育质量——后现代视角》，朱家雄等译，华东师范大学出版社2006年版，第12页。

构有可能成为文明社会的论坛。作为文明社会论坛的学前教育机构应具备以下特点：一是将自身定位在文明社会中，而不是定位在国家或者经济关系中；二是向所有年幼儿童的所有家庭(包括儿童与成人)开放，并面向世界；三是主张人际互动是教学和道德关系的基础，强调学前教育机构必须激发与实现各种人际互动；四是成为父母、政府官员及他人与教师、儿童一起就某个领域的主题共同对话的地方；五是促进儿童之间、成人之间以及儿童与成人之间的“关系社会网络的建立与加强”。[①] 可见，具备上述特征的学前教育机构，是文明社会中成人与儿童沟通交流的论坛，具有社会、文化、政治以及经济上的意义，具有保持社会凝聚力的文化象征意义。

达尔伯格等人极其推崇瑞吉欧学前教育机构，认为它是“文明社会中论坛式儿童早期教育机构的生动例子”，赞赏它“将自身看作是社会大系统中不可分割的一部分，是关系与交流的系统，与当地团体(包括家庭和当地政府)紧密相连”。[②] 达尔伯格等人还乐观地指出，瑞吉欧并非是独一无二的，很多国家的学前儿童教育机构“开始设想瑞吉欧的作用及其所提供的机会”。由此可见，作为文明社会论坛的学前教育机构将会越来越多，学前教育作为文明社会论坛的功能将得以彰显。

第二节 学前教育机构的类型和特征

一、学前教育机构的类型

世界学前教育机构的类型各种各样，以下是英国、法国、德国、俄国、美国和日本学前教育机构的基本类型。

(一) 英国学前教育机构的类型

英国学前教育机构的种类繁多，其分类也多样。在此，我们根据学前教育经费的来源，将其划分为公立系统和私立系统，下面分别介绍这两种系统的学前教育机构。

1. 公立系统的学前教育机构

公立系统的学前教育机构包括保育学校、保育班、小学附设预收班和日托中心。

(1) 保育学校。保育学校(Nursery Schools)初创于20世纪初，是由地方教育局(Local Education Authority，简称LEA)所设的传统的学前教育机构。随着学前教育机构种类的增加和数量的增长，近年来的保育学校一般只招收3—4岁的儿童。保育学校是独立的机构，由一位首席教师(head teacher)负责管理。保育学校从周一到周五每天向儿童开放2—2.5小时。保育学校的教师半数具有四年大学本科学历的教师资格证书，其余的人至少接受过两年的儿童保育训练；而首席教师则要

---

① [美]冈尼拉·达尔伯格等著：《超越早期教育保育质量——后现代视角》，朱家雄等译，华东师范大学出版社2006年版，第84—90页。

② 同上书，第76页。

求持有四年本科教师资格证，拥有早期教育的工作经验。保育学校的师生比为 1∶13。

(2) 保育班。保育班是地方教育当局保育班(Local Education Authority Nursery Classes)的简称，附设在初等学校，招收 3—4 岁的儿童。保育班一周向儿童开放五个半天。半数的保育班教师具有三至四年的普通大学本科学历，其他教师要接受过两年以上的儿童保育训练。保育班的师生比也是 1∶13。保育班附设在初等学校，有利于儿童从学前期向学龄期的过渡；同时，附设在初等学校的保育班，相对独立的保育学校来说，可减少一些开支。因此，近些年来，保育班的数量有所增长。

保育学校和保育班为 3—4 岁的儿童提供安全和宽松的环境，并提供符合 3—4 岁儿童需要的课程。保育学校和保育班的课程一般以儿童的自由游戏为主，同时也有由教师组织的唱歌、跳舞、讲故事等集体活动。

(3) 小学附设预收班。小学附设预收班(Reception Classes in Primary Schools)附设在小学，招收 4—5 岁的儿童。小学附设预收班是公立小学的第一级，向儿童全天(9:00 am—3:30 pm)开放，为儿童入小学作准备。小学附设预收班的教师水平参差不齐，有的是小学教师，有的是受过保育培训的教师，还有的是未受过保育培训的一般人士。

(4) 日托中心。日托中心(Day Care Centers)，是地方公立日托中心(Local Authority Day Care Centers)的简称。这一机构始于社会服务部门举办的日托中心，近年来已转由地方教育当局管理。日托中心招收 0—5 岁的儿童。其教师一般接受过两年以上的儿童保育训练，拥有一定保育和教育的经验。日托中心的师生比一般为 1∶8。

2. 私立系统的学前教育机构

私立系统的学前教育机构有游戏小组和日间托儿所。

(1) 游戏小组。游戏小组(Play Groups)，又称为志愿者游戏小组(Voluntary Play Groups)，成立于 20 世纪 60 年代。当时英国的保育学校、保育班以及日托中心等的发展不能满足人们对学前公共教育的需要，学前游戏小组应运而生。在政府的支持下，游戏小组发展很快。

游戏小组招收 2—5 岁儿童，每周向儿童开放五次。教师的专业水平程度不一：有些教师有本科学历，有的只受过短期培训。游戏小组的师生比为 1∶8。游戏小组的资源有限，一般是租用或免费借用附近的俱乐部、教会大厅、福利中心、贫民救济会、放学后的校舍等。游戏小组每天以早晚活动为主，活动时间一般为 2.5 小时，活动内容有：自由游戏、吃点心及自我服务、室外活动或室内活动。游戏小组强调游戏在幼儿身心发展中的重要作用，是一种比较灵活的教育组织形式，适用于经济落后的地区，因此至今仍然是英国学前教育机构的一种重要形式。

(2) 日间托儿所。日间托儿所(Day Nurseries)，是私立日间托儿所(Private Day Nurseries)的简称。尽管日间托儿所是私立的学前教育机构，但仍要接受政府部门的监管。日间托儿所招收 0—5 岁的儿童，保教时间一般为全天(8:00 am—6:00 pm)。其教师大多接受过两年以上的儿童保育训练，也有少数未受过任何培训。日间托儿所的师生比一般为 1∶8。

(二) 法国学前教育机构的类型

法国的学前教育机构主要由以下两种系统构成：一是学校教育系统，保育和教育的对象为

2—6岁儿童;二是非学校教育系统,保育和教育的对象为3岁以下儿童。

1. 学校教育系统的学前教育机构

(1) 母育学校。又称为幼儿学校,创建于1881年,归属于公共教育系统,是法国学前教育最传统、最主要的免费学前教育机构。母育学校招收2—6岁的儿童,按年龄分为小班、中班和大班,教学活动分班进行。小班(2—4岁)的教学以帮助幼儿适应集体生活为中心,注重发展儿童的感觉和运动能力,训练其口头表达能力。小班每天的教学活动由教师自行安排,以游戏为主。中班(4—5岁)的教学形式主要以游戏为主,但加入了一些智育的内容,如让儿童做一些学习书写的准备练习,比较数量的多少,学会数5以内的物体,培养良好的道德观念等。大班(5—6岁)的教学以培养儿童各种基础科学知识的正确学习态度为中心,注重对儿童进行最基本的读、写、算的基础训练,为儿童入小学做准备。

法国政府对母育学校设施有严格的规定,一般要求设有游戏室、活动室、厕所、盥洗室、饭厅、厨房和运动场所。母育学校全天向儿童开放(8:00 am—6:00 pm)。教师一般分早、中、晚班轮流看护。母育学校还重视学前教育的防治功能,一般都在校内设立"适应班",在医生和心理咨询师的帮助下,将有生理障碍、智力障碍和社交困难的儿童送入适应班。

(2) 幼儿班。幼儿班创立于20世纪上半叶,在法国学前教育的发展中占有重要的地位。幼儿班的性质与母育学校相似,其教学内容和形式也和母育学校接近。幼儿班招收3—5岁的儿童,其主要任务是为儿童入小学作准备。以前的幼儿班多作为初等学校的附属班的形式存在,现在有些幼儿班也独立开办。

2. 非学校教育系统的学前教育机构

据统计,2001年1月,在230万名3岁以下的幼儿中,约50万名幼儿(占22%)正被非学校系统的学前教育机构照看。[①] 法国非学校教育系统的学前教育机构主要是针对3岁前的幼儿设立的。托儿所是其中的主要机构。托儿所主要包括三种形式:一是集体托儿所,二是家庭托儿所,三是临时托儿所。[②] 这些托儿所均招收3岁以下的儿童,主要向家长提供育儿服务。

(1) 集体托儿所。招收4个月至3岁的儿童。20世纪90年代以来,集体托儿所增加了一些服务措施,如延长保育和临时保育。这一举措使集体托儿所的儿童有了大幅度的增长。1985年,入集体托儿所的儿童为83 600名;到2001年,这一数字增长到142 800名。

(2) 家庭托儿所。又称为父母合作托儿机构,始建于20世纪70年代。第一个家庭托儿所被正式认可是在1980年。20世纪90年代以来,家庭托儿所的数量快速增长。1990年,家庭托儿所只有6 400个;到2000年,家庭托儿所已增加到8 700个。

(3) 临时托儿所。最初只是为待业母亲服务,如今已经扩大到为兼职、临时性工作或无固定工作时间的父母提供其他托儿所休息时间的托儿服务。此类托儿所大约有49%为自治市所开设,另有45%由民间机构设立。临时托儿所很受家长欢迎,在过去的20年中数量约增长了3倍。2001年,临时托儿所已达到71 500所,收托约60万名幼儿。

---

① 和建花:《部分发达国家幼儿照看和教育体制及其新政策概述》,《学前教育研究》2007年7—8期。

② 邱志鹏:《法国"幼儿教育及照顾政策"概述》(下),《幼教资讯》,2007年第1期。

（三）德国学前教育机构的类型

德国的学前教育机构主要由以下三种系统构成：一为托儿所系统，保育与教育的对象为0—3岁儿童；二为幼儿园系统，保育与教育对象为3—6岁儿童；三为混龄系统，保育与教育的对象为0—14岁儿童。

1. 托儿所系统的学前教育机构

（1）托儿所。德国统一以前，托儿所是民主德国学前教育的主要机构之一，联邦德国的托儿所较少。民主德国和联邦德国统一之后，托儿所在全德国发展起来。托儿所招收0—3岁儿童，其主要目的是使儿童身心全面发展，同时减轻家长的育儿负担。托儿所全天向儿童开放。

（2）家庭托儿班。1990年，德国颁布了《儿童和青少年福利法》，提出了设立家庭托儿班的主张。家庭托儿班由各州负责设立，在家庭托儿班工作的保育者称为"保育妈妈"。家庭托儿班的开放时间根据家长的要求而定。

2. 幼儿园系统的学前教育机构

（1）幼儿园。根据1990年德国颁布的《儿童和青少年福利法》，德国的幼儿园"是以社会学习为中心，以培养自我责任感和具有共同生活能力的人为目标"；"是支援、补充家庭教育以及弥补儿童发展缺陷的机构"。[①] 这就规定了德国幼儿园的基本性质和任务，强调了幼儿园在培养儿童社会性和支援家庭养育、促进儿童发展中的作用。

德国的幼儿园招收3—5岁的儿童；以游戏为主要活动，基本不教授读、写、算等基础知识；多采用混龄教育，以促进儿童之间的交往和互相学习。德国自1964年以来，新生儿数量就不断下降。1964年，德国有新生儿140万；2006年，新生儿数量只有70万。采用混龄教学可以使缺少兄弟姐妹的德国儿童有更多的机会和不同年龄的儿童接触，培养他们的社会性。

过去的德国幼儿园只向儿童提供两种服务形式：全日制和半日制。在上述《儿童和青少年福利法》的指导下，当前德国的幼儿园根据家长的需求，提供以下三种形式的保育：一是上午和下午保育式，向儿童提供上午保育和下午保育，中午休息；二是上午保育延长式，向儿童提供上午保育并延长至下午两点；三是全日保育，向儿童提供全天保育，中午不休息。上述灵活多变的保育形式，受到了广大家长的欢迎。

德国的幼儿园不是义务的，而是实行收费政策。但收费较为灵活，一般根据家长的收入状况及家中子女同时入园的人数来决定征收额、减收额，乃至免收学费。幼儿园有公立、私立之分。公立幼儿园主要是由联邦各州的青少年福利局或其他相应组织主办。私立幼儿园有两类：一类是由教会或社会福利组织（如红十字会、工人福利会等）主办的幼儿园，另一类是由工厂、大学、医院或个人开办的幼儿园。前者接受一定的政府资助，在各小组人数和入园收费的标准上与公立幼儿园相同，担负着共同完成法律规定的学前教育任务，这是私立幼儿园的主体。后者是商业性的，约占幼儿园总数的2%。它们在经济上自负盈亏，起着补充和支持学前教育的作用。总体来说，德国私立幼儿园在数量上远远超过公立幼儿园，容纳了近70%的适龄儿童。[②] 造成这种状况

---

① ［日］小田丰、森真理编著：《教育原理》，日本北大路书房2004年版，第85页。

② 史静寰、周采主编：《学前比较教育》，辽宁师范大学出版社2002年版，第67页。

的主要原因有两个:一是历史的原因——自近代起,德国政府就采取对学前教育机构不负责建立,只进行监督管理的措施;二是当代学前教育的性质——学前教育不是义务教育,儿童上幼儿园是自愿的。

(2) 学校幼儿园。学校幼儿园附设在小学内,招收对象是5岁儿童或那些到了入学年龄,但身心发展还不成熟尚不适合入小学的儿童。学校幼儿园实行免费制度。其任务是使儿童的身心发展达到小学第一学年的要求,但不进行读、写、算的教育。其主要教学内容分为两个方面:一是言语能力,包括听说、会话、看图、唱歌、诗朗诵、游戏等;二是培养观察能力和思维能力。

3. 混龄系统的教育机构

(1) 混龄儿童的教育机构。混龄儿童的教育机构主要为不同年龄的儿童提供交往的机会,以培养儿童的社会性。和幼儿园的混龄不同,这种机构的混龄儿童的年龄差异更大。各州可根据具体情况自行规定。目前,德国混龄儿童的教育机构主要有以下两种形式:一种是为4个月—6岁的儿童提供全天的混龄保育和教育;另一种则是为0—12岁或0—13岁的儿童提供全天的混龄保育和教育。

(2) 学龄儿童的保育机构。学龄儿童的保育机构主要是为学龄儿童(6—14岁)提供上学前和放学后保育的机构,一般开放到下午5点左右。这种机构一方面可以为学龄儿童提供保育,减轻家长的负担;另一方面也可为学龄儿童提供同伴交往的机会,促进儿童的社会性发展。近年来,一些学龄儿童的保育机构已经并入混龄儿童的教育机构,成为混龄儿童教育机构的一个组成部分。

(四) 俄罗斯学前教育机构的类型

20世纪90年代苏联解体后,俄罗斯在继承苏联学前教育优良传统的基础上,创办了多种类型的学前教育机构。其主要的学前教育机构有以下三种:一是托儿所,保育与教育的对象为2个月—3岁的儿童;二是幼儿园,保育与教育的对象为3—7岁的儿童;三是托儿所—幼儿园联合体,保育与教育的对象为2个月—7岁的儿童。

1. 托儿所

托儿所大多是私立机构,每天开放时间为8—12小时,每周工作6天。托儿所的生源并不稳定,其原因主要有三个方面:一是俄罗斯的低出生率和高死亡率是导致生源奇缺的直接原因;二是俄罗斯政府对育龄妇女的一系列优惠措施,使得母亲可以在家抚育孩子;三是俄罗斯父母重视亲子教育和早期教育,更愿意亲自承担儿童早期的抚育责任。托儿所生源的不稳定,从一定程度上限制了俄罗斯托儿所的发展。①

托儿所对儿童承担的主要是“看管”、“监护”、“保养”的责任:为儿童创设健康成长的环境,保护儿童机体的正常生长和发育,预防各种生理疾病,谨防身体伤害事故的发生,保护儿童的健康发展和生命安全,使他们免受一切生理、心理的伤害。与此同时,由于3岁前是儿童语言发展的关键期,托儿所也注重教儿童说话,从个别单词到完整的语句,循序渐进地训练儿童掌握相关的俄

① 冯永刚:《托儿所:俄罗斯学前教育机构体系的第一个层次》,《教育导刊》,2007年第5期。

语单词。但总的来说，托儿所的目标以养护为主，教育职责位居其次。

俄罗斯政府对托儿所教师提出了较高的素质要求：首先，教师一般为已婚并生育过的俄罗斯妇女，因为已婚已育妇女既比男子更细心和更耐心，又比未婚未育女性更具有育儿经验；其次，教师必须具有高中以上的文化程度；第三，教师应具有爱心和责任心。此外，思想品质优秀、身体健康状况良好和心理素质强韧也是托儿所教师的基本要求。

2. 幼儿园

幼儿园是俄罗斯学前教育机构的主要类型。俄罗斯幼儿园的工作时间一般为8点半—19点。近年来，根据俄罗斯人的生活习惯及家长的要求，幼儿园开设了24小时的全托班和14小时的全天班。目前，80%的年轻父母们为孩子选择全托班。现行俄罗斯的幼儿园主要有公立和私立两种类型。①

(1) 公立幼儿园。俄罗斯的公立幼儿园由政府创办，收费较低。公立幼儿园分小班、中班和大班，每班有15—30名儿童，配有两名教师和一名助手。小班接收3岁的儿童，注重对儿童进行基本生活知识的传授和简单劳动技能的训练，特别重视儿童的实际动手能力和自我服务能力的培养。中班招收4—5岁的儿童，注重对儿童进行俄语、数学、音乐、雕塑、绘画、舞蹈、美术教育，帮助儿童掌握读、写、算的简单技能，重视儿童的观察能力、表达能力、思维能力、想象能力、判断能力的培养，并提高他们的审美能力和艺术修养水平。大班招收6—7岁的儿童，重视通过游戏活动，对儿童进行健体、益智和助德的教学，促进儿童认知、个性和社会性的发挥，为儿童进入小学做准备。

大多数的俄罗斯公立幼儿园没有固定的教材。教师一般从俄罗斯民族文化尤其是社会科学和自然科学中选择大量有益于儿童心智发展的优秀作品，对儿童施加教育影响，让他们从小受到本民族优秀文化的感染和熏陶。幼儿园还注重自然教育，主张根据儿童的身心发展规律和年龄特征组织教育教学活动，注重调动儿童参与教学活动的积极性和主动性；注重劳动教育，既强调培养儿童的劳动意识，又强调通过幼儿园清洁制度、室内卫生岗位责任制度、志愿服务制度以及劳动纪律制度等，在幼儿园一日生活的各个环节贯彻劳动实践活动。

(2) 私立幼儿园。俄罗斯的私立幼儿园由各单位、企业、社团团体创办，收费较高。私立幼儿园的月平均收费为300—500美元。多数私立幼儿园远离喧嚣，园内环境优雅、优美宁静，室内外宽敞明亮、温馨雅致，教学环境相对优越；拥有现代多媒体技术和电化教学系统，并设有音乐活动室、钢琴表演室、美术工作室、图书阅览室、电化教育室、动植物园地等，教学仪器、设施完善；各具特色，如注重计算机教育、英语教育或艺术教育等。

无论是公立幼儿园还是私立幼儿园，俄罗斯教育行政机构对其办学条件、教师学历、敬业精神、责任心等都有明确的规定和严格的考核。此外，政府还建立了专门的监督协调机构，定期对幼儿园进行检查和鉴定，并根据鉴定的结果，分三个等级对公立和私立的幼儿园进行教育资格认证和评估鉴定。

---

① 冯永刚：《幼儿园：俄罗斯学前教育机构的主要类型》，《教育导刊》，2007年第6期。

3. 托儿所—幼儿园联合体

托儿所—幼儿园联合体首创于1959年。苏联解体后,新成立的俄罗斯联邦政府继承了托儿所—幼儿园联合体这一机构设置,但根据实际需要进行了改革,在前瞻性、科学性、系统性和可操作性等方面远远超过了苏联时期的构想和实践模式。

我国学者冯永刚认为,俄罗斯的托儿所—幼儿园联合体具有以下两个特点:一是确立了整体性和连贯性的教育原则。托儿所—幼儿园联合体把2个月—7岁的儿童看作是一个整体,坚持整体的教育。无论在教育目标、课程实施、教育方法、教学形式和教育资源共享上,都体现出了整体性和综合性,以达到各因素的协调发展和优势互补,促进儿童身心的健康成长。此外,托儿所—幼儿园联合体还注重保持教育影响的连贯和一致,作好托幼过渡,为儿童进入小学奠定基础。二是建立了综合的管理体系。1994—1995年,俄罗斯教育部学前教育司颁布了《学前教育标准草案》,对学前教育机构的活动场地、空间结构、设备材料都做出了严格的规定。在贯彻《学前教育标准草案》的同时,托儿所—幼儿园联合体在行政体制和办学体制的管理上,兼取托儿所和幼儿园之长,形成了综合性的管理体系,将宏观管理、具体管理和微观管理紧密结合起来。①

俄罗斯政府建立了托儿所—幼儿园联合体幼儿教师的培训和考核制度,以保证幼儿教师的质量:一方面,建立教师培训制度,定期对教师进行有计划、有目的、有组织的培训、进修,以提高他们的素质;另一方面,培训结束后对他们进行考核,考核内容包括教育教学质量、进修提高情况和科研、教学法研究工作等。同时,在教师的工资和福利待遇方面,打破了原来的平均主义,将考核与工资待遇结合起来,实行工资等级制度。

除以上三种类型的学前教育机构外,俄罗斯还有幼儿体育学校、家长管理中心和社会服务性学前班等多种类型的学前教育机构。

(五) 美国学前教育机构的类型

美国的学前教育机构主要由三个独立并列的系统构成:一是公立学校系统,保育与教育的对象为4—5岁儿童;二是私立系统,保育与教育的对象为0—5岁儿童;三是"开端计划"系统,保育与教育的对象是贫穷儿童。由于"开端计划"系统在前面已有介绍,这里仅介绍前两种系统的学前教育机构。

1. 公立学校系统的学前教育机构

公立系统的学前教育机构主要有两种:一种为幼儿园(kindergarten),又称为5岁班幼儿园,主要服务于5岁幼儿;另一种为学前幼儿园(pre-kindergarten),又称为4岁班幼儿园,主要服务于4岁幼儿。②

(1) 幼儿园。从20世纪70年代开始,幼儿园在公办学校系统中普遍发展,成为自幼儿园至12年级(K-12)正规学制的起点。有两个因素促进了公办幼儿园的普及:一是1957年苏联人造地球卫星的成功发射,它促使美国思考如何保持世界领先优势的问题;二是对弱势儿童及其学业

---

① 冯永刚:《托儿所—幼儿园联合体:深受家长欢迎的学前教育机构》,《教育导刊》,2007年第7期。
② 简楚瑛著:《幼儿教育与保育的行政与政策(欧美澳篇)》,华东师范大学出版社2005年版,第187页。

成功的关心。这两个因素促使美国政府坚信早期教育对儿童的学业成功起着至关重要的作用，因此，公共教育向下延伸从而包括5岁幼儿的教育。

在美国，公立学校系统的主管单位是州政府。几乎所有5岁幼儿都能入幼儿园就读，但各州在入园时间、招生、班级规模和入学年龄的政策上的差异是很大的。首先，入园时间的差异。有些幼儿园是全日制的，每天上课4—6小时；有些幼儿园是半日制的，每天上课时间只有2.5—3小时。2000年人口普查资料显示，大约60%的幼儿园是全日制幼儿园。其次，入园政策的差别。在某些州，儿童进幼儿园是强制性的；有些州则根本没有规定各学区必须为儿童提供幼儿园。2003年美国州际教育委员会的数据显示，全美共有10个州规定儿童必须进全日制幼儿园，9个州没有规定儿童必须进全日制幼儿园，另有31个州规定儿童必须进半日制幼儿园。① 尽管如此，由于公办幼儿园的便利性和高质量，再加上家长对幼儿园价值的肯定，美国幼儿园的入园率很高。据统计，适龄儿童的入园率在93%到98%之间。其中，公办幼儿园的儿童约占85%，私立幼儿园的儿童占其余的15%。第三，班级规模、入学年龄等的不同。一般每个班级的儿童人数在16—30名左右，但也有少数班级的儿童人数超过30名。一般幼儿园的入学年龄为5岁，但由于每个州的入学截止日期不同，儿童上幼儿园时的年龄可能略小于5岁，也可能快达到6岁。例如，截止日期在12月和1月之间时，9月份新学年开学时入学的儿童可能只有4岁9个月，也可能达到5岁9个月。

在美国，K－12公共教育系统由州政府及地方政府机构监督，因此，并没有来自联邦政府的统一课程。由于幼儿园是属于K－12公共教育系统的一部分，各州都把幼儿园纳入州内的课程框架与内容标准之中。幼儿园的课程内容标准一般包括语言、数学、社会和自然等方面。在20世纪70年代和80年代，儿童在幼儿园里花大量的时间进行自己自由选择的活动。常见的活动有：娃娃家、手工、玩拼图、玩布偶、玩积木、玩沙、玩水、绘画、养护宠物和植物、桌面玩具等。儿童在室外的活动时间也较长，主要内容有滑滑梯、荡秋千、爬爬杆、玩三轮车和推车等等。另外，也有教师带领的团体活动，如唱歌、跳舞、弹奏乐曲、烹饪、听故事等。儿童也有小睡时间，也学写一些字母、数字和自己的名字。1991年，时任美国总统布什签发了《美国2000年教育战略》，旨在从根本上提高全体美国人的知识和技能标准，保持美国在21世纪的世界强国地位。六大教育目标的第一项便是有关幼儿教育的，强调"全体美国儿童上学时都已做好学习的准备"。为了达到这一目标，加上一年级的课程逐渐向幼儿园下移，从20世纪90年代开始，美国的公立幼儿园更加重视早期阅读和数学教学，而忽视音乐和艺术等科目。

一般来说，美国的幼儿园教师都必须取得教师执照，为此必须至少拥有一个学士学位。有16个州规定幼儿园教师必须学习早期教育课程或获得特定的早期教育证书才能在幼儿园任教。由于幼儿园是公办学校系统的一部分，有时学校会把未经早期教育培训的小学教师换到幼儿园。所有幼儿园教师都是领有执照的合格教师，他们的工资跟公办学校的教师工资同等，并且比学前幼儿园教师的工资要高很多。

(2) 学前幼儿园。20世纪90年代以来，脑科学研究的信息和早期教育的研究表明了幼儿教

① 林秀锦著：《美国的早期保育与教育》，江苏教育出版社2006年版，第39页。

育对儿童将来的学业成功和个人成就的重要作用。这大大促进了各州对早期教育的关注和投资,促进了学前幼儿园的发展。1991—1992学年,进入州政府资助的学前幼儿园儿童只有29万;到2000—2001学年,学前幼儿园的儿童已增长到76.5万。

佐治亚州是美国第一个建立筹措普及学前教育经费体系,为所有4岁儿童提供志愿性的、普及性的学前教育的州。佐治亚州的学前幼儿园(Georgia Pre-kindergarten,简称GPK)在1992年试行,仅限于为低收入家庭提供服务;在1995年扩展至包括所有4岁儿童。GPK得到州政府专门为其设立发行的彩券所得的税收的资助,由政府和民间共同经营。GPK每天至少开放6个半小时,一周5天,一学年180天。据统计,佐治亚州约有58%—60%的4岁儿童参加了GPK。

俄克拉荷马州于1998年立法通过使用普通的税收资金为所有4岁儿童提供州政府资助的学前教育,促进了学前幼儿园的发展。2002年,学前幼儿园的4岁儿童数已超过全州所有4岁儿童总数的60%。俄克拉荷马州的学前幼儿园聘用具有4年制的幼儿教育专业学位并具有教师执照的教师,这些教师的薪水和其他公办学校的教师一样。这一举措在一定程度上提高了教师的积极性,保证了学前幼儿园的教育质量。

此外,佛罗里达州在2002年通过了一项名为"每个儿童可以上学前幼儿园"(Pre-K-for All)的法案,要求州政府在2005年时要为所有4岁儿童设立学前幼儿园。纽约州于1997年通过立法批准建立普及的学前幼儿园(Universal Pre-Kindergarten,简称UPK),以帮助儿童增加未来学业成功的机会。到2002年,纽约州的UPK为全州四分之一的4岁儿童提供免费的学前教育。

2. 私立系统的学前教育机构

私立系统的学前教育机构主要可以分为以下两种形式:一种是私立的学前班和托儿所,主要是针对3岁及3岁以上的幼儿;一种是私立的婴幼儿保育机构,主要是针对3岁以下的婴幼儿。

首先,介绍私立的学前班和托儿所。

在美国,在学前保育和教育的费用中,家长支付其中大部分的费用。从费用比例来看,60%的费用由家长支付,只有39%是政府拨款资助的,剩下的1%是由企业资助的。由此可见,仅靠政府的财政支持和企业资助的幼儿教育机构是有限的。因此,很多家长不得不为儿童寻找私人投资和创办的保教机构,并向这些机构购买保教服务。总体来说,由家长付费的私立保教机构可以分为两类:营利性和非营利性的。一般来说,拥有所有权的个人或公司把营利性保教机构当作商业来经营,其目的是为了获利或谋生;而非营利性机构收取的保教费用仅够维持保教服务的基本运作。

(1) 营利性的学前班和托儿所。这包括以下几种类型:一是托儿和早期学习连锁集团,二是家庭式托儿所,三是小型私人托儿所。这里仅就前两种类型作简单介绍。在不同的社区里,有时候甚至是在不同的州,大规模的营利性机构经营着许多学前班或托儿所。例如,全美最大的民营托儿集团——知识学习中心(Knowledge Learning Corporation),在30多个州有2 300多个中心,服务对象从婴儿到学龄儿童,总共为350 000名儿童服务。又如,小小学院(La Petite Academy)在36个州拥有643个中心,招收了75 000名从婴儿到12岁的儿童。① 此外,美国还有许多中等

① 林秀锦著:《美国的早期保育与教育》,江苏教育出版社2006年版,第56页。

规模和小规模的儿童保育连锁机构。

家庭式托儿所，又称作家庭日托、家庭托儿之家等，是一种规模较小的、营利性的托儿服务。经营者通常在自己家里为几个儿童提供托儿服务。如果招收的儿童较多，也可能雇用一个成人协助托儿工作。大多数州政府都会要求家庭式托儿所必须遵守一定的规则，并根据家庭托儿所的规模以及成人和儿童的比例决定执照的颁发和豁免。家庭式托儿所的经营者所受的教育和培训程度参差不齐，但一般来说，拥有家庭托儿所执照的经营者一般受过一些托儿培训，通常也是家庭托儿协会的成员。

(2) 非营利性的学前班和托儿所。这包括以下几种类型：一是雇主出资的托儿所，二是教会附属的学前班和托儿所，三是合作性学前班。

雇主出资的托儿所。为了提供福利、留住员工，大规模的政府或民间公司和机构会在工作所在地或者是工作场所附近出资为员工开办托儿所。主办托儿所的雇主通常只提供场地和设备，或者只部分资助场地的购买或租用。家长必须付托儿费才能使子女进入托儿所，接受保育和教育。一般而言，大规模的托儿集团会承包并专业化地经营雇主出资的托儿所。例如，美国最大的雇主出资的托儿管理公司——黎明家庭解难之家(Bright Horizons Family Solutions)为超过400家公司经营着500多家托儿所，为57 000名儿童服务。有趣的是，美国雇主主办的托儿所的范例是军方的托儿所。在1989年军方托儿法案制订之后，陆军、海军、空军和海军陆战队眷属从军方托儿系统中获益不少。军方托儿法案规定，家长可以根据相应的标准得到一定的资助，这就为家长减少了一些经济负担。军方托儿系统是美国规模最大的雇主主办的托儿机构，在美国国内以及海外的美军军事基地经营着300家托儿中心，为170 000名儿童服务。①

教会附属的学前班和托儿所。附属于教会的学前班和托儿所大多把幼儿保教与宗教信仰结合在一起，但一般不会对儿童和家长是否加入教会提出要求。美国99%的教会附设的保教机构是由基督教、天主教和犹太教教会设立的，其他宗教团体主办的机构十分少见。除了宗教以外，这些附属于教会的学前班和托儿所在教学和运作上与其他保教机构没有差异。

合作性学前班。虽然美国全职妈妈的数量在不断减少，中产阶级社区仍然有少数合作性学前班(cooperative preschool，简称COOP)。合作性学前班，是由家长成立的董事会监管和经营的学前班。董事会负责聘请教师，但是家长们必须轮流在教室里协助教师的工作，而且也必须为子女上学前班付费。因为是非营利性的组织，所以收入除了支付学前班的运作费用和教师的薪水之外，都用来改善学前班的设备。合作性学前班的规模通常很小，每个合作学前班一般只有一两个班级。

其次，介绍私立的婴幼儿保育机构。

在美国，3岁以下的婴幼儿保育机构首创于20世纪70年代，设立于大学校园内，主要作为研究婴幼儿的实验中心。此类机构在20世纪70年代末逐渐减少，到20世纪80年代以后才又开始兴盛。20世纪90年代关于人脑的研究信息表明了出生后最初几年的重要性，也强调了早期经验的重要性，从而促进了婴幼儿保育机构的建立。然而，在美国的学前教育机构中，目前最缺乏的

---

① 林秀锦著：《美国的早期保育与教育》，江苏教育出版社2006年版，第57—58页。

仍然是婴幼儿保育机构。而且,在这些少量的婴幼儿保育机构中,绝大多数都是私立的婴幼儿保育机构。私立的婴幼儿保育机构主要有以下两种:

一是家庭日托之家。私人在自家家中开设的家庭日托之家是最普遍、较受家长欢迎的托婴安排。家长大多喜欢较小的规模以及亲密和熟悉的环境。他们认为,这些因素可以促进婴幼儿和教师之间亲密的关系,从而使婴幼儿具有安全感。在美国,高质量的家庭日托之家候补名单很长,家长需要等待很久才能等到空位。

二是中心式的托婴机构。私立托儿中心在近10年来逐渐增加3岁以下的托婴服务。与3岁以上的托儿服务相比,0—3岁的托婴机构仍然较少而且较为昂贵。由于托婴机构数量的限制,很多家长等待空位的时间都很长。

总之,美国公立、私立和开端计划三大系统的学前教育机构种类繁多,特色鲜明,可供家长根据需求来选择。但是,美国的学前教育机构存在着3岁以下的婴幼儿保育机构较缺乏、各种机构的质量差异较大等问题。

(六) 日本学前教育机构的类型

日本现行的学前教育机构主要有三大类:一是幼儿园系统,保育与教育的对象为3—5岁儿童;二是保育所系统,保育与教育的对象为0—5岁儿童;三是“幼保一体化”的认定儿童园系统,保育与教育的对象为0—5岁儿童。

1. 幼儿园

幼儿园是根据《学校教育法》而设立的学前教育机构,是学校教育体系的一个组成部分,是以“养育学前阶段的幼儿,提供适应的环境,以发展健全的身心”为目的的幼儿教育机构,属文部省(教育部)管辖。

幼儿园分为国立、公(县、市)立和私立三种。国立幼儿园由国家设立,公立幼儿园由市、镇、村的公共团体设立,私立幼儿园由学校法人、其他法人及个人等设立。国立幼儿园的经费由国家负担,公立幼儿园的经费由地方政府支持,但私立幼儿园的经费则由设立幼儿园的团体或个人负责。幼儿园并不属于义务教育范畴,父母要负担学费;费用多少视幼儿园的性质而定。一般来说,国立和公立幼儿园的收费较低,而私立幼儿园的收费则较高。幼儿园多为半日制,一般每天向儿童开放4小时,也有延长到5小时的。幼儿入幼儿园不需要任何条件。

1999年11月日本文部省颁布的《幼儿园教育大纲》,对当今日本幼儿园教育的基本方针做了如下规定:为了达到《学校教育法》第77条所规定的幼儿园的教育目的,应根据幼儿期的特性,通过环境来进行幼儿教育。为此,教师要与幼儿建立充分的信赖关系,与幼儿共同努力,创造更好的教育环境。具体来说,幼儿园的任务有以下几条:第一,开展与幼儿期相适应的主体性活动;第二,通过游戏指导,全面实现幼儿教育的目的和内容;第三,应根据每个幼儿的特性进行教育。

2. 保育所

保育所是根据《儿童福利法》而设的儿童福利机构,是接受保护者的委托,对缺乏保育条件的婴幼儿及有特殊需要的少年进行以保育为目的的机构,属厚生省(卫生部)管辖。保育所有公立和私立两种。公立保育所主要是由县和市镇村设立的,私立保育所则主要由社会福利法人、公益法人(财团法人或社团法人)、宗教法人和个人设立。由于保育所是一种福利机构,所以收费较便宜,地方和国家的补贴较大。保教费用被分为17等,儿童家长根据收入按规定缴纳不同的费用,家长交付的费用之外,不足的部分,二分之一由国家出,另外二分之一由都道府县和当地的市镇村出。

保育所为全日制,原则上每天向儿童开放8小时,近年来为满足一些家长的需要,也有延长到11—12小时的。不是所有的儿童都可以进入保育所。儿童的入所资格是缺乏保育条件的婴幼儿及有特殊需要的少年(如智力落后儿童)。家长在办理申请入所手续时,需要提供市、镇、村负责人签署的证明,证明家长由于工作、疾病等原因,无法对乳幼儿及有特殊需要的儿童提供保育。

1999年11月日本全国福祉协议会和全国保育士会颁布的《保育所保育指针》,对保育所的基本方针做了如下规定:通过与家庭、社区的密切配合,补充家庭保育,并通过创造使儿童健康、安全、情绪稳定的生活环境,使之在充分发挥自我的过程中开展活动,以求身心的健康发展。为此,保育员应通过养护和教育的一体化等途径,培养人性丰富的儿童。

3. 认定儿童园

认定儿童园作为幼保一体化设施,是集幼儿园和保育所功能于一体的学前教育机构,其功能和作用在于:向缺乏保育和不缺乏保育的儿童一体化地提供教育和保育,同时向社区的育儿活动提供支援(如提供育儿咨询和亲子集会的场所)。[①] 日本政府于2004年提出认定儿童园,2006年开始实施。

进入21世纪后,日本的社会环境发生了显著的变化,家庭教育和社区教育的能力下降。幼儿园和保育所虽然有一些合作,但不能满足家长、社区对学前教育的需求。另外,儿童的发展是连续的,幼儿园和保育所的对象都是学前儿童,因此有必要强化二者的合作。在这种背景下,2004年,日本中央教育审议会发表了《关于幼儿教育、保育一体化的综合设施》的咨询报告,阐述了设立认定儿童园的背景、设立认定儿童园的意义和理念、认定儿童园的作用、认定儿童园的使用者以及开放的时间和形式、认定儿童园的教育内容等设想。2006年6月,日本政府又通过了《关于推进学前儿童的教育、保育一体化的法案》,对认定儿童园的认定手续、相关特例和惩罚规则进行了较详尽的规定。[②] 这一法律的出台,宣告了除幼儿园和保育所之外的第三种幼儿教育机构——认定儿童园的正式成立,也标志着自"二战"结束以来长期争议的"幼保一元化"[③]问题有了实质性的进展。同年8月,文部科学省和厚生劳动省公布了《根据"关于推进综合的学前儿童教育、保育服务的法律"的第3条第1项第4号、第3条第2项第3号的规定,文部科学大臣和厚生劳动大臣协议制定的机构的设备及运营基准》(以下简称《基准》),对认定儿童园的宗旨、职员配置和资格、设施设备和管理运营等内容进行了规定。[④]《基准》的颁布,将《关于推进学前儿童的教育、保育一体化的法案》所规定的认定儿童园制度具体化,为日本各地创设认定儿童园提供了政策的保障。在《关于推进学前儿童的教育、保育一体化的法案》和《基准》的推动下,日本各都道府县于同年10

① 张德伟:《日本幼保一体化改革与"认定儿童园"制度的确立与实施》,《外国教育研究》,2012年第2期。
② [日]保育法令研究会监修:《保育小六法》(2005年版),日本中央法规出版株式会社2006年版,第301—305页。
③ "幼保一元化"是指将对学前儿童进行保育的幼儿园制度和保育所制度统一成一种制度的主张。
④ [日]保育法令研究会监修:《保育小六法》(2005年版),日本中央法规出版株式会社2006年版,第307—312页。

月开始设立认定儿童园。认定儿童园的设立必须要符合以下三个条件:一是能够综合幼儿园的教育功能和保育所的保育功能;二是能够提供支援儿童养育的体制;三是能够满足各都道府县认可的基本标准。

认定儿童园有四种类型:幼保联合型(正规的幼儿园和正规的保育所的组合)、幼儿园型(正规的幼儿园和未被认可的保育所的组合,或幼儿园和延长保育的组合)、保育所型(正规的保育所吸收幼儿园的儿童)和地方自定型(各地自行制订标准的认可的儿童园)。认定儿童园根据现行的《幼儿园教育要领》和《保育所保育指针》对儿童进行教育。它根据儿童的年龄特点进行教育:对0—2岁的儿童采用以个别活动为中心的教育;对3—5岁的儿童则采用以集体活动为中心的教育。对3—5岁的儿童来说,上午4个小时的学前教育时间以幼儿园为主。此外,认定儿童园还注重为幼儿提供包括游戏和饮食在内的适合幼儿成长的弹性环境。

在日本政府的积极推动下,认定儿童园发展较快。到2007年8月,全国已设立100所认定儿童园,并拟在2008年度设立1 000所类似的认定儿童园。

二、学前教育机构的特征

从上述六国学前教育机构的类型来看,各国学前教育机构不仅基本类型不同,而且各种类型的学前教育机构的名称、服务领域及行政体系也颇有差异。我国学者霍力岩认为,尽管存在着差异,但学前教育本身所具有的特性,使各国的学前教育机构在名称和功能上具有如下一些基本特征。[①]

(一)活动性

这是以儿童的基本年龄特征为依据的。游戏是幼儿学习的主要形式,活动对于幼儿身体发育及经验积累都极为重要。因而,许多国家都规定学前教育机构应确保幼儿能参加各种游戏,发挥其活动能力,运动身体;规定幼儿教育机构应设有庭院、游戏场及遮雨的活动场所。许多幼儿教育机构的名称也反映出这一特点,如美国的“蹦蹦跳跳室”、荷兰和英国的“游戏小组”、芬兰的“游戏俱乐部”和“游戏学校”等。

(二)多样性

尽管各国公共学前教育机构目前基本上分为两个层次(即主要为3岁以前幼儿开设的托儿所和为4—5岁儿童开设的幼儿园),但由于幼儿及家长的各种不同需要及幼儿教育管理方面的原因,学前教育机构在许多国家都表现出多样性的特点,具体表现在以下几个方面:

首先,从管理的角度看,依据财政来源的不同,学前教育机构可分为三种基本类型:一是由国家或地方政府等提供经费的非营利性的公立机构;二是由民间的个人、组织或团体兴办;接受政府财政资助及监督的半官半民机构(如日本目前有70%的私立幼儿园接受政府的资助);三是符合政府办学标准,经费独立,自行管理的营利性私立机构。

---

① 霍力岩著:《学前比较教育学》,北京师范大学出版社2014年版,第174—175页。

其次，从适应家长不同需要的角度出发，学前教育机构也表现出多样性的特点。根据幼儿在园时间长短，可分为寄宿制、全日制、半日制、计时制等。加拿大为方便临时外出办事的家长的需要，开办了临时托儿所，家长可把孩子送到这里寄托几个小时；印度政府的一项法规则根据建筑工人流动性强的特点，要求印度每一建筑工地都要为建筑工人子女专门开办“流动幼儿园”；美国则为双职工子女设立了供午餐和午休的日托学前教育机构。

第三，根据幼儿生理、心理及年龄的不同特点，国外学前教育机构也反映出多样性的特征。除了为一般儿童开办的托儿所、幼儿园外，还有专门为照顾、教育和治疗残疾儿童开办的特殊“残疾儿童中心”（如在加拿大），为弱智或聋哑儿童开办的特殊幼儿园（如在西德），为超常儿童开办的“天才儿童学前学校”（如在美国哥伦比亚大学师范学院）。而为适应低年龄儿童发展的需要，法国则正试办“温和过渡”和“小小俱乐部”等机构。“温和过渡”招收对象是从 16 个月—5 岁的儿童，目的是使儿童逐渐习惯离开家庭到幼儿小集体中来。

学前教育机构多样性的特点是与学前教育多功能的性质相适应的。学前教育的功能主要有保育功能、教育功能及补偿功能等。某些机构侧重体现一种功能，而一些机构则综合体现多种功能，这也是目前学前教育机构趋于多样化的一个重要原因。

（三）准备性

学前教育除了注重幼儿身心发展外，也注重为幼儿进入初等教育阶段作准备，而其主要目的在于力图解决好幼儿园与小学的衔接问题。在这一方面，各国最普遍的学前教育机构就是“小学预备班”，或称“小学幼儿班”（英国），其主要特点是将 5 岁左右幼儿的教育纳入正规学校教育体系的最初一级（即初等教育）。一些国家则试图通过改革学制，设置跨越儿童期与幼儿期的教育机构，以实现幼小的教育衔接，如日本正试行“四・四・六”体制的改革试验计划，儿童 4 岁进入幼儿学校（4—8 岁），而后再接受 4 年小学和 6 年中学的基础教育；荷兰目前也计划设置专门的机构，将 4—7 岁儿童的教育有机地衔接起来。

第三节　学前教育的行政管理

学前教育的行政管理，主要是指国家各级教育行政机关对学前教育的管理活动。[①] 学前教育行政管理的领域比较广泛，本节仅从学前教育的行政体制和学前教育机构的管理形式两个方面来探讨世界学前教育的行政管理状况。

一、学前教育的行政体制

学前教育的行政体制是教育行政体制的组成部分，指的是一个国家的学前教育行政组织系

---

① 李玢著：《世界教育改革走向》，中国社会科学出版社 1997 年版，第 257 页。

统,是国家对学前教育领导管理的组织结构形式和工作制度的总称。① 以下我们主要从学前教育行政体制的类型和学前教育行政体制的均权化两个方面探讨学前教育的行政体制。

(一) 学前教育行政体制的类型

任何一个国家的学前教育行政体制都是在中央之下设置地方各级学前教育行政机构,形成纵向多层次的教育行政系统。由于各国政治制度、经济基础、社会发展、文化传统、教育思想的不同,学前教育行政机构各层级之间的权力结构形式也就各不相同。根据中央和地方学前教育行政机构设置的特点和权力分配,可把世界各国学前教育行政体制中的权力结构形式分为以下三种类型:地方分权制、中央集权制及中央和地方相结合的学前教育行政体制。

1. 地方分权制

地方分权制的主要特点是:把学前教育事业看作是地方的公共事业,地方自主的思想占统治地位,学前教育权归地方所有,学前教育方针政策规划由地方自行决定,学前教育事业由地方政府或公共团体独立自主地经营管理,课程设置和教学方法等均由地方规定,中央不作统一要求,学前教育经费主要由地方支付。中央只起援助、指导、监督和辅助的作用。② 下面以美国和德国为例予以说明。

(1) 美国的学前教育行政体制。美国教育属于地方分权制。州一级教育行政机构掌管美国教育行政大权。大部分州都自行制订关于教育的法律、规章和司法意见,涉及实施意见的各个方面,如财政责任、职责范围、机构设施、组织机构、行政管理、教师鉴定等。在学前教育领域,联邦政府的责任在于从宏观上提出学前教育政策,并协助州政府根据地方需求将政策贯彻落实;其政策多偏重于低收入及特殊需求的特定人群。州政府则注重根据需求提供学前教育,让有需要的家庭和幼儿得到相应的学前教育服务。

20 世纪 60 年代以来,学前教育成为美国教育系统中发展较快的部分。1969 年,美国政府成立了由文化部领导的“儿童成长局”,专门负责管理 1—5 岁儿童的教育工作,加强对全国学前教育的宏观调控。1979 年美国成立联邦教育部,扩大了原先教育总署的职责,但仍以不干涉各州和地方管理学前教育的权限和责任为前提。如美国各州基本上都要求学前教育教师须有早期儿童教师证书,但各州对这种证书的适用年龄和年级的规定各有差异。再如,各州可自行规定日托中心的认可标准,可以严格、可以宽松,但日托中心若招收接受补助的儿童,则各项设施都必须符合联邦日托中心标准。

学前教育经费分为联邦和州两个层级。联邦政府学前教育经费补助主要以 3—5 岁低收入或有特殊需求的幼儿为对象,负责的主管部门主要有健康与人力服务部门和教育部。近十余年来,州政府高度重视学前教育,大幅度提高了在学前教育领域的投资,但各州补助的项目与优先顺序有很大的差异。部分州倾向于高额补助已获得合格认证的学前教育机构,以提高学前教育机构的质量。除政府之外,私人基金会或慈善团体也会投资学前教育机构及其相关的学前教育研究,

---

① 张燕著:《幼儿园管理》,北京师范大学出版社 1997 年版,第 295 页。

② 王承绪、顾明远主编:《比较教育》(第四版),人民教育出版社 2012 年版,第 305 页。

以促进学前教育的发展。

(2) 德国的学前教育行政体制。1990 年 10 月,东德与西德统一。根据签订的统一条约,东部地区的五个州分别制订出学校改革法、学校法或临时教育法,按照联邦德国的模式进行教育改革。根据原联邦德国的制度和联邦基本法的规定,东部五州与西部各州一样,拥有文化自治的权力。因此,东部五州不仅制订了各自的临时教育法规,并且设立了文化教育部,领导本州的教育改革。总之,合并后的德国,各州具有学前教育的管理权,各州学前教育的机构、设施等也有很大的差异。

1990 年以来,联邦政府开始重视学前教育,颁布了一些法规以促进各州学前教育的发展。1990 年,联邦政府颁布了包括学前教育在内的《儿童和青少年福利法》;1996 年又规定 3—6 岁儿童可自愿进幼儿园,为儿童的学前教育权利提供了法律保障。此外,联邦政府还注重对学前教育机构的质量评估。1999 年,德国政府分管儿童事务的家庭老人妇女青少年部组织了首个联邦课题,对全国儿童日托机构体系进行了质量评价的研究,[①]旨在通过建立全国性的托幼机构评价标准,为地方政府提供政策建议,使各地政府有据可依,同时使家庭获得高质量入托服务的保障。这一政策沿袭了德国政府"辅助原则"的政治立场,即只对那些有需要而无法处理好自身事务的对象给予辅助,并通过全国性的科研协作,向各州政府提供建议。

2. **中央集权制**

中央集权制的主要特点是:把学前教育事业看作国家的事业,国家直接干预学前教育,中央统一领导全国学前教育事业,学前教育管理权集中于中央政府的教育职能部门。学前教育方针政策、发展规划、教育内容甚至教学方法都要由中央统一规定;而地方的学前教育事业必须接受国家的指导、监督,地方办学必须遵循中央政府的方针政策,地方自主权居次要地位。中央政府通过学前教育督导等评估方式监督学前教育机构和地方政府的教育行为。[②] 下面以法国为例加以说明。

法国教育行政体制的中央集权特色在世界各国的教育行政体制中是著名的。法国明确规定教育是国家的事业,一切教育须受国家的指导和监督。法国中央集权的行政管理体制有自己的特点:一是高度集权制。实行中央教育部(部长)——大学区(总长)——省(大学区督学)的垂直领导,指挥命令从上到下,全国统一,几乎无地区差别。二是任用教育专家管理各级教育行政机构。省一级的大学区督学必须有博士学位并且是中等学校教师中资格最高者。三是在各级教育管理机构之外还设立由各方面代表组成的各种咨询机构,以监督和指导各级教育管理机构,使教育管理均衡化和合理化。

法国的中央行政机关有教育部和大学部。其中,学前教育由教育部主管。法国的地方行政机构是学区,它与普通行政单位的"地区"是不一致的,一般由 2—7 个省组成一个学区。学区的首长是总长,代表中央在本学区内行使权力。学区下的教育行政单位是省,省一级的教育行政首长

---

① 郭良菁:《德国研制〈儿童日托机构的教育质量:国家标准集〉的启示——兼论我国制订质量评价标准体系的若干问题》,《学前教育研究》,2004 年第 9 期。

② 王承绪、顾明远主编:《比较教育》(第四版),人民教育出版社 2012 年版,第 308 页。

是学区督学。省的下面设分学区,负责小学及幼儿园,是法国最基层的教育行政机构。

法国的教师及所有教育行政人员都是国家公务员,他们的待遇列入国家预算,教育方面的重要开支根据国家的财政预算决定。法国的教育经费主要来源于国家和地方政府的财政支出。1965 年在政府负担的教育经费中,国家和地方分别负担 84.7%和 15.3%。从 1979 年开始,教育预算超过国家预算,成为国家最大的经费开支。

法国的学前教育机构绝大部分为公立性质,各阶层儿童大都进入由教育部管辖的母育学校和幼儿班,接受免费学前教育。这种学前教育机构由教育部与市镇居民(居民满 2 000 人的市镇和居民 1 200 人以下的市镇)订立契约,以发放契约津贴的形式由市镇负责举办。①

3. 中央和地方相结合的学前教育行政体制

中央和地方相结合的学前行政管理体制是一种具有中间状态的学前教育管理体制,它既不同于地方分权制,又不同于中央集权制。这一类型的特点是将分权制与集权制适当结合,由中央和地方共同负责,中央主要负责制订政策和法令法规,有的国家也包括设立学前教育机构并直接管理,而发展学前教育和管理学前教育机构的权力主要在地方,学前教育经费由国家和地方共同承担。这种制度既保证了学前教育的统一性,又坚持了地方的独立性和灵活性;既保存了中央的监督作用,又发挥了地方的积极性。② 采取这种体制的国家有英国、日本等。

(1) 英国的学前教育行政体制。英国的教育行政体制属于中央和地方合作管理型。在学前教育领域,中央政府主管部门为教育就业部、社会安全部和健康部;地方政府主管单位为地方教育当局、社会福利局和卫生局等。过去,0—3 岁儿童的学前保育与教育由社会安全部主管,3—5 岁儿童由教育就业部管辖。最近英国政府整合了保育与教育,主要由教育就业部主管,但其他部门仍然参与学前教育的管理。

在英国,中央对各地学前教育的管理通过制订一些重要的方针政策来实现,地方在遵守这些方针政策的前提下仍有一定的选择和自由。如中央的教育就业部门只制订学前教育课程的方针,地方教育当局等部门可按照中央的方针结合地方的特点自制课程目标和纲要,作为学前教育机构设计课程的依据。

英国的中央和地方都对学前教育机构给予了较大力度的财政支持。例如,英国最重要的学前教育机构——保育学校和保育班的经费或完全来自英国政府和地方当局,或接受公款补助。据 1985 年统计,政府和地方教育当局维持的保育学校最多,占 84%;而接受政府直接补助的保育学校占 2%,被认可的独立保育学校占 1.5%,不接受公款补助的独立保育学校只占 12.5%。此外,对于近十余年来发展迅速的学前游戏小组,政府虽未把它作为正式的国家学前教育机构,但也对其给予资金支持。政府向四分之一的游戏小组提供了补助金,为新建的游戏小组和游戏小组协会直接提供经费。

(2) 日本的学前教育行政体制。第二次世界大战结束后,日本将学前教育行政体制从中央集权制改为地方分权制,扩大了地方教育行政管理权限。日本中央一级教育行政机关的权限要比

① 冯晓霞主编:《幼儿教育》,吉林教育出版社 2000 年版,第 101 页。

② 王承绪、顾明远主编:《比较教育》(第四版),人民教育出版社 2012 年版,第 310 页。

美国的大得多。日本中央一级教育行政机关是文部省(2001 年改为文部科学省),其重要职权有:对教育、科学、文化事业进行调查,制订发展计划,拟定学校标准;负责分配政府拨发的教育经费;对地方教育行政机关进行指导,提出建议等。日本的地方行政有都、道、府、县和市镇,其教育行政机关为教育委员会,各级教育委员会负责管理本地区的学校和其他教育机关。日本文部省(文部科学省)一方面通过充实和完善指导援助制度和措施要求制度等手段加强中央对地方的宏观控制,使全国各地教育协调发展;另一方面又通过设立地方教育委员会的任命制度、教师任命制度等,加强中央与地方教育领导在管理上的联系,保护地方办教育的主动性和创造性。

二战结束以后,日本中央和地方政府采取了一系列法律和经济措施,在经费上支持幼儿园和保育所的发展。1946 年 9 月公布的《生活保护法》,规定保育所的费用由国库负担 80%,由府县负担 10%。1947 年 12 月公布的《儿童福利法》规定,保育所由市、镇、村设立,其设备所需费用的二分之一到三分之一由国库负担,都、道、府、县负担三分之一到四分之一;入保育所的婴幼儿原则上由家庭交纳费用,如家庭贫困无力支付时,则由国家或市、镇、村代付。从 1972 年开始,日本政府为了鼓励增设幼儿园,对幼儿园实行奖励制度,大幅度增加了对新开设的公、私立幼儿园的设施、设备补助费,同时提高对私立幼儿园的补助。1991 年 3 月开始实施的第三个幼儿园教育振兴计划,提出国家应尽力提供有效的经费资助,包括扩大幼儿园入园奖励补助费的适用范围,将只向 4—5 岁幼儿提供的入园奖励补助费扩大到 3 岁幼儿;增加幼儿园入园奖励补助费的数额,要求地方政府对入私立幼儿园的幼儿给予较高数量的入园补助费,以减少或消除公立和私立幼儿园幼儿家长负担的差别;确保公私立幼儿园园舍设施建设补助费,要求各都、道、府、县的知事和教委要保证有足够的资金,以顺利实施新建和改建幼儿园的工作。

(二) 学前教育行政体制的均权化

各国教育行政体制的形成都有其各自的社会、政治、经济和历史传统渊源,而各种教育行政体制又都有各自的优缺点。20 世纪 90 年代以来,许多国家的教育行政体制都在进行改革,出现了教育行政体制的均权化趋势。所谓均权化,是指过去实施中央集权制的国家在逐步加强民主化,给地方以更多的权限;而过去实行地方分权制的国家则逐步加强中央的权限,涉及全国利益的教育事业由中央统一管理,从而逐步走向权力的合理分配,调整中央和地方的积极性。① 在学前教育领域,学前教育行政体制的均权化趋势表现为:一些中央集权制国家的学前教育行政体制经历了地方分权的过程,而另一些国家则改变地方自治的传统,中央政府开始辅助、介入甚至干预学前教育的发展。我国学者柳倩从以下两个方面对学前教育行政体制的均权化趋势及造成这一趋势的主要原因进行了探讨。②

1. 中央集权制的分权化

中央政府采取积极干预政策的国家主要是一些非联邦制政体国家,这些国家往往具有中央

① 王承绪、顾明远主编:《比较教育》(第四版),人民教育出版社 2012 年版,第 316 页。

② 柳倩:《中央干预—地方自治? 整合—分离? ——学前教育服务体系的比较研究和政策分析》,《幼儿教育》(教育科学版),2006 年第 11 期。

集权的政治传统,政府往往习惯于承担公共责任,有的将儿童时期视作人生重要阶段而比较关注,有的将学前保教服务视为社会福利。这使这些国家的学前教育事业表现为高入学率,其中中央政府的积极干预起了重要的作用。这一管理模式的优点是有利于提供更多入园机会,形成一个质量相对统一的服务体系。从瑞典、芬兰和法国的高入学率能够感受到这一点。

尽管如此,在过去的10年中,商业市场以及经济活动的非中央化影响到了这些国家,当前这些国家的学前教育服务体系在公共管理制度的定位上出现了分权的趋势。从积极方面讲,这种趋势似乎可以实现政策的整合:随着区域性增强、私有化现象的出现,中央政策很难有效协调教育、社会福利和健康部门之间的关系,地方分权则能使政策决定和基金决定更贴近被服务者的要求,地方政府可以集中各种基金,实现跨年龄、跨部门的整合。

当然,分权化也对各级政府(包括中央政府和地方政府)提出了挑战。中央政府面临的挑战是,如何在允许权力转换的同时维持自己的权威,对学前教育服务体系架构进行监督,以防止出现地区差异过大、质量参差不齐甚至四分五裂的现象。例如,挪威不同地区的入学率有很大的差别,这可能是由经济发展和地方政策不同所致。

对于地方政府来说,存在的挑战是如何在政策的制订和执行之间寻找平衡点。分权的过程既是权利扩大的过程,也是责任加大的过程。地方政府常常没有足够的弹性权限来应对全国性的提案,以满足地方需求。这使其无法顺利地发展适合本地区需求的幼教服务体系。在分权的过程中,地方政府也面临着地方资源支持问题:是走向私有化以缓减财政压力,还是建立民间社会和公共部门之间的密切联系?在这方面,荷兰取得了令人振奋的经验:在决策过程中,参与者不只是各级政府,还包括公司雇主、私立托幼机构经营者、教会、学校和一般民众等。丹麦采取了将学前教育服务推向"地方自治"与"税金支付"两相结合的方向,并且取得了积极的成果,民间组织在机构式保教中扮演重要角色,经费大部分由税金支付,小部分由民间支付,显示出民间社会和公共部门的密切配合,这跟许多国家简单的"私有化"做法是截然不同的。

事实上,分权不仅表现为公共管理权力从中央政府部分下移至地方政府,公共经费的减少、资源的多元化、消费者导向等现实也影响到保教系统的分权。作为一场双向运动,分权的确能使不同社会群体努力维护自己的利益,并且通过协调落实到资源的分配、保教服务体系的建构以及服务内容的选择等方面,但是这也可能引发各阶层的相互冲突,影响保教措施的一致性效果。因此,随着分权化决策行为的进一步多元化,学前教育服务体系架构中保教措施的一致性问题日益受到重视。事实上,管理部门目前所能控制的只是学前教育与保育活动的一部分,有些非正规的保教服务,管理部门或政府其他部门难以协调。

2. 地方分权制的集权化

与走向分权化的国家不同,那些中央政府原先并不过多介入的国家也开始转变态度。这些国家大多具有联邦制的自治传统,对于学前教育传统的认识是,这是"正常家庭的个人责任,国家只对无能力有需求的家庭给予帮助",例如美国、德国和澳大利亚。但近年来这些国家的政府逐渐认识到,虽然政府管理的地方化的确有利于适应地域的需要,但是,决策的地方化已造成学校或学区之间教育形势的千差万别。同时,由于政府只承担了有限的公共责任,有些地方学前教育服务体系所提供的入园机会十分有限。

这些国家政府对于学前教育态度的变化与重新定义是与对学前教育在终身教育中意义的认识紧密相连的。一方面,研究表明,幼年的经历对儿童以后的身心发展和学习能力有重要作用,人们认识到学前教育是面向终身学习的第一笔投资,是基于国家对人才竞争战略的考虑。另一方面,女性就业率的提高带来了高涨的入园需要与有限的入园机会之间的矛盾,参差不齐的学前教育服务质量很难保证孩子获得同质的保教机会,来自贫困家庭和少数民族家庭的孩子的利益无法确保。这些问题促使这些国家认识到,学前教育具有社会健康发展的"非暴力因素"的价值,它可成为满足每个家庭更加广泛的经济和社会需求的一项意义远大的政策援助。正是在这一社会背景下,这些国家纷纷改变了传统的政策定位,开始不同程度地进行国家介入和干预。

虽然目前美国州和联邦政府都尚未建立相应的管理机制,但是其教育管理正经历从15 000个学区的地方性控制向州和联邦政府控制的转变,州和联邦政府试图建立从幼儿园到大学的整合计划。州政府和幼儿园、州政府和地方学区的新型关系表现在:由州政府提供明确的教育目标、充足的教育资源,并负责评估教育进步情况。各学区有权根据各地情况和价值取向,采取不同的教育改革方案。目前,大多数州已开始建立标准,推行绩效责任制。

澳大利亚是个多民族国家,各族群对学前教育的看法不完全一致。有人认为儿童有自己的权利,也有人认为儿童应该与家庭相关。在近几十年里,人们的看法逐渐转向支持家庭工作,并认为儿童是脆弱的。现在,有人认为幼儿是逐渐减少的重要资源,需要投资保护。家长参与依然是澳大利亚保教工作的重要内容,新的幼儿园认证制度促使政府更重视幼儿教育机构在幼儿发展、学习和社会化中的作用。

二、学前教育机构的行政管理

(一) 学前教育机构行政管理的类型

由于各国学前教育行政体制、学前教育机构类型和对学前教育的看法不同,世界学前教育机构行政管理的形式也不一致。一般而言,可将学前教育机构行政管理的形式分为两种类型:一种是将保育和教育分开管理的分管型,另一种是将保育和教育统一管理的整合型。表3-2是一些国家学前教育机构行政管理的状况。

表3-2 部分经济合作与发展组织学前教育机构行政管理的状况[①]

国家	政策制订中心	管理部门(行政支持)	服务对象年龄	服务对象的条件
澳大利亚	州及地方政府	福利	3—6岁 0—3岁	在职父母
比利时	州政府	教育福利 (中心和FDC)	2.5—6岁 3岁以下	所有适龄儿童家庭 在职父母 有特殊需要儿童家庭 贫困儿童家庭

① [美]芭芭拉·鲍曼等主编:《渴望学习:教育我们的幼儿》,吴亦东等译,南京师范大学出版社2005年版,第19页。

续 表

国家	政策制订中心	管理部门(行政支持)	服务对象年龄	服务对象的条件
丹麦	国家及 地方政府	教育 福利	5—7 岁 6 个月—6 岁	所有适龄儿童家庭 父母均须工作的 儿童家庭
法国	国家(作为主体) 及地方政府	教育 卫生和福利	2—6 岁 3 个月—3 年	所有适龄儿童家庭 在职父母 有特殊需要的 儿童家庭
德国	国家	教育 卫生和福利	3—6 岁 3 岁以下	所有适龄儿童家庭 有特殊需要儿童家庭 贫困儿童家庭 父母均须工作的儿童家庭
意大利	国家及 地方政府	教育 卫生和福利	3—6 岁 3 岁以下	所有适龄儿童家庭 父母均须工作的儿童家庭
瑞典	国家及地方政府 (作为主体)	教育	0—6 岁	所有适龄儿童家庭 父母均须工作的儿童家庭 有特殊需要儿童家庭
英国	国家及地方政府	教育 福利	3—4 岁 0—4 岁	有特殊需要儿童家庭、 贫困儿童家庭

从表 3－2 可以看出,将保育和教育分开管理的国家,大多以儿童的年龄为依据。3 岁以上的儿童多数进入学前教育机构,这样的教育系统由教育部门负责管理;3 岁以下的儿童多数属于保育系统,尤其是针对婴儿或学步期儿童的机构,由健康或社会事务部门监管。

采用分管型管理学前教育机构的国家,也有一些不以儿童的年龄为依据,而主要以学前教育功能为依据进行行政管理。一些国家将托幼机构的教育视为社会福利,甚至将国家为家庭提供的托幼机构教育视为公民进入劳动力市场、服务于国家的回报和交换。例如,英国由教育就业部整合管辖英格兰的学前教育,将学前教育服务置于劳动、就业和教育等领域考虑;而北欧(以丹麦为代表)则只对就业的父母提供学前教育服务的资助。这些国家注重保育系统的学前教育机构,但也根据家庭的需求提供一些由教育部门主管的学前教育。

采用分管型行政管理形式的国家,各部门在教育目的和服务对象方面有重叠现象,但它们有各自的基金设置、政策目标和服务机制,以适应政策的制订和运行。例如,美国的学前教育机构由两种行政系统进行管理:日托中心,由社会福利部门管辖;部分保育学校由学校教育系统所设立,隶属于教育部门,部分保育学校隶属于社会福利系统,因州而异;幼儿园则隶属于教育部门。英国的学前教育机构由卫生福利部门和教育部门两种行政系统来管理。少数独立保育学校(不受政府和地方当局补助的保育学校)及学前游戏小组属于卫生福利部管辖;其他类型的保育学校属教育和科学部管辖;以前隶属于卫生福利部的托儿所,目前由卫生福利部及教育和科学部联合管理。日本的学前教育机构主要是幼儿园和保育所。幼儿园是根据学校教育法而设的幼儿教育机构，招收3岁至入学前的儿童，属文部科学省管辖；保育所是根据儿童福利法而设的儿童福利设施，招收出生后至入学前的儿童，属厚生劳动省管辖。

采用分管型的国家，可能产生以下问题：(1)由于不同学前教育机构分属不同的部门管理，所招收的儿童年龄有所差别，形成了既互相联系又有较大区别的学前教育机构行政管理形式，会造成托幼机构教育的不统一、不一致。这也是产生以下两个问题的主要原因之一。(2)学前教育是保育和教育二者的有机结合，保育系统和教育系统各执一方，造成了二者的脱节。教育系统主管的托幼机构教育是学校教育的前期准备，以教育为主要功能；健康或社会事务部门主管的托幼机构教育主要为家庭服务，具有补充、完善家庭保育的功能。因此，在教育系统的学前教育机构难免偏向教育而忽视保育；在保育系统的学前教育机构难免偏向保育而忽视教育。(3)保育系统的学前教育机构与教育系统的学前教育机构差异较大，可能产生不平衡的问题。例如：教育系统的托幼机构教育无法提供全天服务；而保育系统的学前教育机构可能在教师素质上比教育系统的差。

保育和教育整合管理的国家，则将学龄前的保育和教育置于一个部门管辖之下。这种管理形式有利于确定清晰的学前教育目的，并且制订出相关的政策及预算，以确保资源得到合理的使用。采取这种类型的国家有芬兰和瑞典等。

（二）学前教育机构行政管理的整合化

各国学前教育机构行政管理形式的形成，都有其各自的社会、政治、经济和传统的原因；而无论是保教分离的管理形式还是保教整合的管理形式，都有其各自的特点。20世纪90年代以来，从“人人拥有同质机会”的价值观和教育资源最优化的现实需要出发，一些分管型的国家开始改革学前教育机构的管理形式，出现了学前教育机构行政管理的整合化趋势。所谓整合化是指将学前教育机构进行统一或协调管理，以提高学前教育政策和目标的一致性，更好地为儿童、家长和社会服务。整合化并不意味着分管型向整合型的完全转换。有些国家只是对学前教育机构进行协调管理，并未进行统一；有些国家正处于从分管型管理向整合型管理的过渡期；还有的国家只是在中央政府或地方政府进行部分的整合管理。

在欧洲，芬兰、挪威和瑞典发展了1—6岁的混龄教育服务，儿童在进入小学前，在共同的学前教育机构中接受保育和教育。这些国家虽然都倾向于整合教育和保育，但是由于主管部门各不相同，管理形式也各有特色：芬兰将该国的幼儿教育和保育合称为“教保”，归社会福利系统的社会部主管；瑞典则由教育系统的教育科学部主管；而挪威尽管没有整合的管理部门，但其儿童与家庭事务部负责儿童福利以及在各相关部门之间的协调，并强调该阶段与基础教育的区别。

在亚洲，日本和我国台湾地区在进入21世纪后也开始考虑保育和教育的整合问题。日本的学前教育机构主要有两大类：一类是幼儿园机构系统，招收3—5岁儿童，主要注重儿童的教育，由文部科学省主管；另一类是保育所机构系统，招收0—5岁儿童，主要注重儿童的保育，由厚生劳动省主管。这种二元制的学前教育机构管理，给日本的学前教育带来了一些难以解决的问题。为此，日本政府于2004年提出设立幼保一体化的综合机构的主张，并从2006年10月开始在都道府县设立了综合幼儿园和保育所功能的第三种学前教育机构——认定儿童园(又称为“综合机构”)。到2007年8月,日本已设立100所综合机构;2012年4月1日,全日本已设立认定幼儿园911所。① 从日本政府目前的举措来看,设立认定儿童园还处在解决“幼保二元化”问题的尝试阶段,要真正实现保育和教育的整合还有漫长的路要走。此外,在管理体制上,认定儿童园是由文部科学省和厚生劳动省共同管辖的,这也是该制度的一个纠结之处,其管理体制能否以及如何实现统一化尚不明朗。②

我国台湾地区的学前教育机构主要由幼儿园与托儿所构成。幼儿园为实施学前教育的机构,招收4岁至入学前的儿童,属教育部门管理;托儿所为儿童福利机构,招收1个月至6岁的儿童,属社会福利部门管理。近年来,台湾教育当局与内政当局合作,各推代表组成“幼托整合推动委员会”进行研讨,于2003年完成“幼托整合政策”规划建议,将学前托幼制度调整如下:①家庭托育与托婴中心(0—2岁),由社会福利部门主管。②幼儿园与托儿所整合为“幼儿园”,办理2岁至入学前儿童的幼托工作,由社会福利部门主管,教育部门协办。③ 到2004年,这一规划已进入各区公听会阶段,待达成共识后交付立法与实施。总之,台湾地区幼托整合政策旨在整合保育和教育的功能,整合各种资源,为学前儿童提供同等的托幼品质。

在整合管理的国家中,又可以分为教育型整合和福利型整合两种类型。瑞典属于教育型整合,它将保育与教育部门置于教育部门的整合管理之下;而英国则属于福利型整合,它的管理基于劳动力—家庭—育儿的需要,由劳动技能部门承担整合管理责任。事实上,整合管理形式并不是实现幼儿教育和保育品质一致性的唯一方式,跨部门协调如果到位,也有助于保教品质的一致。丹麦就是通过建立跨部门儿童事务委员会,来整合十五个与儿童和家庭事务相关部门的工作的。

相对于中央学前教育机构的管理形式而言,整合管理可能更适合地方一级教育服务,它有利于与保教经费供给者保持良好的伙伴关系。例如,荷兰中央政府和市政机关正与一些私人非营利部门合作提供一些早期教育服务,尤其是那些在主流服务系统中很难接触到的服务。

我国学者柳倩认为,整合或协调保育和教育的过程会面临以下挑战:其一,如果教育保育分别由不同部门管理,那么,要提高学前教育机构的保育和教育的品质,就需要部门之间有良好协调。其二,市场导向会使幼儿保育和教育形式更趋多元化和复杂化,从而增加整合或协调的难度。其三,一些国家从分开管理转向整合管理的出发点往往建立在“参与学前教育,让其为儿童入小学作准备”的政策定位上,易出现将学前阶段视作“教育”阶段的倾向。以英国为例。近年来,英国试图将幼儿和家庭保教政策的制度和管理责任从健康部转移到教育就业部下属的两个单位,由这两个单位分担责任。虽然在政策上强调教保整合,但是两个单位的责任区隔使得政策仍然存在差异;另外,由于传统上认为0—2岁托幼机构不属于“教育”范畴,因此,在规划国家课程

---

① [日]文部科学省、厚生劳动省. 2012年4月1日为止日本认定儿童园的认定件数[EB/OL]. [2012-8-10]. http://www.youho.go.jp/press120425.html。

② 张德伟:《日本幼保一元化改革与“认定儿童园”制度的确立和实施》,《外国教育研究》,2012年第2期。

③ 洪福财:《台湾地区幼托整合政策现况与展望》,《早期教育》,2005年第3期。

时，也没有将0—2岁包含在内，从而错失将0—6岁幼儿保教课程整合起来的机会。此外，丹麦对于保教整合含义也有异议，认为整合只是行政上的合并，并没有真正使幼儿的生活经验达到整合，而且如果由某个部门整合管理保教工作，可能导致以大部分儿童为主，忽略弱势族群儿童的特殊需求的结果。①

综上所述，尽管学前教育机构的整合管理会出现一些问题，但从目前情况来看，学前教育机构行政管理的整合化是学前教育发展的主要趋势之一。

本章小结

本章主要阐述了世界学前教育的体制，包括世界学前教育机构的基本状况和世界学前教育行政管理的现状。这一章的重点是世界学前教育机构的类型和特征，难点是学前教育的行政管理。学习者既要注意从世界学前教育历史发展的视角来考察世界学前教育体制的发展进程，又要注意从全球发展和各国社会政治、经济、文化的视角来理解和把握世界学前教育体制的现状。此外，学习者还可结合中国学前教育体制的实际，谈谈自己对中国学前教育体制变革与发展的设想。

拓展性阅读

世界主要国家和地区学前教育性质的模式

从学前教育是否是公共产品的性质出发，结合学前教育是否免费或费用来源特点，世界主要国家和地区近年来的学前教育主要划分为以下三种模式。

(一) 公共产品性质与完全免费模式

这种模式的学前教育具有公共产品性质且完全免费。法国是这种模式的主要代表。法国学前教育早已同义务教育阶段的小学教育一样实行免费入学。早在19世纪后半叶，经法国国会通过并颁布的《1881年法》即明确规定了学前教育免费的原则："公立幼儿园和小学免征教育费"。法国的学前教育机构——幼儿学校完全依照初等教育的法规条款运行并和初等教育享受相同资源。在法国，学前教育机构属于公立学前教育系统。因此，法国学前教育具备了公共产品属性。正因为法国贯彻学前教育完全免费的政策，其义务教育前(6岁前)儿童的学前教育入学率很高且一直保持稳定。2006—2007年，法国2岁幼儿入学率达到23.4%，3—5岁幼儿入学率达到100%。可以说，学前教育免费政策、较高的学前教育质量和稳定的学前教育入学率是法国学前教育居于世界学前教育领先地位的重要保证。

(二) 准公共产品性质与不完全免费模式

这种模式的学前教育具有准公共产品性质，并实行一定形式的免费措施。属于该种模

① 柳倩：《中央干预—地方自治？整合—分离？——学前教育服务体系的比较研究和政策分析》，《幼儿教育》(教育科学版)，2006年第11期。

式的国家较多,如美国、英国和印度。该三国学前教育均具有准公共产品的属性,但学前教育免费的具体情况与做法不同,又可以进一步划分为以下两种类型:

1. 部分年龄段免费的类型

属于这种类型有美、英等国。美国将学前一年教育,即学前班教育视作基础教育的第一阶段,并对学前班的幼儿实行免费义务教育。学前班接收5岁儿童,旨在为儿童入学做好准备。美国各州也有一些实施学前教育的公共托幼机构,时间为1—2年不等,每周为幼儿提供2天或更多时间的免费教育。[①] 近年来,随着国家对学前教育投入力度的加大,美国学前教育的免费范围也逐渐扩大至国家投资的学前幼儿园(pre-kindergarten),即向下延伸至4岁幼儿。

英国通过多种渠道和方式实行学前教育免费制度。首先,幼儿学校或幼儿班(infant school/class)由于属于英国义务教育范畴而实行免费。其次,英国近年出台了多项促进学前教育普及与质量提高的全国性学前教育政策,其中就包括了"在全国推行3—4岁免费学前教育"的政策。以英格兰为例,每个3—4岁的幼儿都有权利获得每年38周、每周12.5小时的免费学前教育。从2010年起,这一学前教育免费的时间延长至每周15小时。正是由于学前教育相关免费制度的实施,尽管英国3—4岁学前教育并不属于义务教育范畴,但其3—4岁幼儿入园率已高达99%。再次,英国一些地区已开始将免费学前教育向3岁以下幼儿扩展,特别是在贫困地区向下延伸至2岁幼儿。

2. 弱势群体项目免费的类型

如前所述,"开端计划"和"早期开端计划"是美国政府启动的全国性大型学前教育项目,旨在帮助处境不利儿童在入学前接受必要的入学准备。这两个面向处境不利幼儿群体的补偿教育计划由联邦政府负责经费投入,符合项目准入资格的3—5岁幼儿接受免费教育。美国目前在全国50个州有2 637个"开端计划"和"早期开端计划"授权的服务机构,运作着18 145个"开端计划中心"或"早期开端计划中心"和49 039个相应班级。

英国"良好开端"以美国"开端计划"为蓝本,与美国"开端计划"性质类似,其经费投入也由政府负责。"良好开端"现已覆盖英国各地,符合标准的处境不利人群都已获得该项目的援助。该计划的主要组织机构是"良好开端中心"。2009年,英国已有"良好开端儿童中心"3 000多所,为约240万幼儿及其家庭提供服务。[②]

印度中央政府以大型学前教育项目为依托,大力推进面向弱势群体的免费综合发展型学前保教项目——儿童综合发展服务项目(Integrated Child Development Services,简称ICDS),参与该项目的儿童及其家庭可以免费获得印度政府提供的相关综合性服务,包括学前教育与保育、营养与健康、心理、生理及社会和谐发展等服务。截至2007年12月31日,

① 蔡迎旗著:《幼儿教育财政投入与政策》,教育科学出版社2007年版,第214页。

② 李敏谊、张晨晖:《从布莱尔到布朗——英格兰幼儿教育和保育政策的发展历程与新进展》,《外国教育研究》,2010年第9期。

印度全国已经批准了6 036个ICDS项目，正在运营的儿童综合发展中心的数量达973 767个，惠及幼儿7 616.9万，其中有6 296.4万为0—6岁的儿童，有1 320.5万的孕妇和哺乳期母亲。

（三）准公共产品性质与普遍缴费模式

这种模式的学前教育具有准公共产品性质，政府补助与家长交费相结合，但不直接实行学前教育免费。日本是这种模式的主要代表。日本学前教育是学制系统的起始阶段，但并不属于义务教育范畴。按照日本《学校教育法》第五条的规定，日本学校的教育经费遵循"设立者负担"的原则。[①] 其学前教育并没有实行全面或某个年龄段的免费措施，而是政府采取不同程度和形式的补贴政策。具体补贴措施如下：在幼儿园方面，国立幼儿园的经费由国家补贴，公立幼儿园由地方政府支持，私立幼儿园主要由学校法人负责，但也可获一定的补助金；保育所方面，公立的保育所由地方政府支持，私立保育所除监护人交的保教费用外，不足的部分二分之一由国家负担，四分之一由都道府县承担，四分之一由市町村承担。[②] 可见，在日本的幼儿园，家长缴纳一定费用，国家和行政当局负责一部分费用；而与幼儿园相比，保育所的收费比较便宜，国家和地方当局对保育所的补助也较多。但无论是幼儿园还是保育所，日本均没有实行类似英、美等国家学前一年或更长期限的学前教育免费政策。

综上所述，上述多数国家都将学前教育定位了准公共产品或公共产品，并提供不同程度的免费教育。其中，法国为全体幼儿提供了完全免费的学前教育，其学前教育具有较强的公共性。美国、英国和印度虽然同样将学前教育定位为准公共产品，但其提供免费学前教育的程度和具体做法各不相同。日本虽然未将学前教育纳入义务教育范畴，并征收学费，但政府同时也提供了大量的补助，为儿童享受学前教育提供了一定保障。虽然各国学前教育事业的公共性强弱不同，但推动学前教育向公共产品发展，并通过多种措施向幼儿提供免费学前教育的机会，已经成为大多数国家今后发展学前教育的重要方向。

（改编自：王承绪、顾明远主编：《比较教育》（第四版），人民教育出版社2012年版，第126—130页。）

参考文献

1. Chan, K. S. and Mellor, Elizabeth J. (2002). International developments in early childhood services. New York: P. Lang.

① [日]大豆生田启友三谷大纪编：《最新保育资料集2013》，日本密涅发书房2013年版，第27页。

② [日]野田亚悠子：幼保一体化争论的过程和制度设计的课题——基于儿童·育儿新体系的基本制度案纲要[EB/OL]. [2014-11-07]. http://www.sangiin.go.jp/japanese/annai/chousa/rippou_chousa/backnumber/2010pdf/20101201003.pdf.

2. [美]芭芭拉·鲍曼等主编:《渴望学习:教育我们的幼儿》,吴亦东等译,南京师范大学出版社 2005 年版。

3. 曹能秀:《近十年来日本幼儿教育改革政策:演进与特色》,《外国教育研究》,2013 年第 6 期。

4. 冯永刚:《托儿所—幼儿园联合体:深受家长欢迎的学前教育机构》,《教育导刊》,2007 年第 7 期。

5. [美]冈尼拉·达尔伯格等著:《超越早期教育保育质量——后现代视角》,朱家雄等译,华东师范大学出版社 2006 年版。

6. 简楚瑛著:《幼儿教育与保育的行政与政策(欧美澳篇)》,华东师范大学出版社 2005 年版。

7. [美]林秀锦著:《美国的早期保育与教育》,江苏教育出版社 2006 年版。

8. 柳倩:《中央干预—地方自治? 整合—分离? ——学前教育服务体系的比较研究和政策分析》,《幼儿教育》(教育科学版),2006 年第 11 期。

9. 张德伟:《日本幼保一元化改革与“认定儿童园”制度的确立和实施》,《外国教育研究》,2012 年第 2 期。

10. 张燕著:《幼儿园管理》,北京师范大学出版社 1997 年版。

问题与讨论

1. 简述世界学前教育机构在学制中的地位,并谈谈你的感想。
2. 结合实际,谈谈学前教育的功能。
3. 根据你的理解,谈谈某个国家学前教育机构的类型和特点。
4. 试比较两种不同类型的学前教育行政体制。
5. 谈谈你对学前教育行政体制均权化趋势的理解。
6. 简述世界学前教育机构行政管理的类型和发展趋势。

第四章

学前课程

■ 学习目标

1. 了解学前课程的基本理念；
2. 基本掌握各国的学前课程；
3. 基本掌握三种主要的学前课程模式。

学前课程是实现学前教育目的的手段，是帮助学前儿童获得有益的学习经验，促进其身心全面和谐发展的各种活动的总和。[①] 它的外延比较大，包括从出生前到入学前儿童的各种课程，如胎教课程、托儿所课程、幼儿园课程、学前班课程等。本章主要探讨世界学前课程的现状。其中，第一节探讨当代世界学前课程的基本理念，第二节考察在世界学前课程基本理念指导下的各国学前课程，第三节阐述一些当代世界著名的学前课程模式。

第一节　学前课程的基本理念

在知识经济时代和科学技术迅猛发展的今天，世界教育的基本理念正在发生深刻的变化。随着对教育民主化、国际理解教育、回归生活教育、教育的可持续发展、个性化教育、创新教育等理念的重视与强调，当代学前课程发展的基本理念呈现出许多新的特点和趋势。尽管各国学前课程的基本理念不尽相同，但大多强调全人发展的学前课程价值取向、科学与人文相结合的学前课程文化观、回归生活世界的学前课程生态观和民主化的课程政策观等，[②]形成了较具普遍性的当代学前课程基本理念。

一、全人发展的学前课程价值取向

课程价值取向是人们基于对课程总的看法和认识，在制订和选择课程方案以及实施课程计划时所表现出来的一种倾向性。[③] 学前课程价值取向对各国学前课程目标的确定、内容的选择、

① 冯晓霞主编：《幼儿园课程》，北京师范大学出版社 2001 年版，第 14 页。
② 靳玉乐、李森主编：《现代教育学》，四川教育出版社 2005 年版，第 169 页。
③ 刘志军：《课程价值取向的时代走向》，《教育理论与实践》，2004 年第 10 期。

具体活动的组织及开展、各种学前课程模式的确定等都有指导和影响作用。

在学前课程的发展史上,由于时代背景的不同,人们的政治立场、哲学倾向各异,出现了不同的学前课程价值追求。其中,较具有代表性的学前课程价值取向有两种:一种是强调个人发展的学前课程价值取向,另一种是适应社会生活的学前课程价值取向。这两种学前课程价值取向都曾经对学前课程的理论和实践产生过深刻的影响。20 世纪 90 年代以后,全球经济、科技、社会和文化的根本变化对学前教育产生了巨大的影响,世界各国掀起了新一轮学前课程改革的热潮。其中一个显著的特征就是以幼儿为本,着眼于幼儿的全人发展,要求所有的幼儿都得到全面的发展。这使学前课程目标发生了深刻的变革,表现出一些新的特点。首先,注重课程目标的完整性,强调幼儿的全面发展。一般认为,课程目标由四部分组成:其一,认知类,包括知识的基本概念、原理和规律以及理解和思维能力;其二,技能类,包括行为、习惯、运动与交际能力;其三,情感类,包括思想、观点和信念,如价值观、审美观等;其四,应用类,包括应用上述能力来解决社会和生活问题的能力。今天,世界各国都非常注重这四个方面的完整结合,力求达到认知与情感、知识与智力、主动精神与社会责任的和谐统一。其次,注重幼儿的个性发展。20 世纪 80 年代以后,世界上很多国家的学前课程突破了以往知识本位或智力本位的传统目标,突出了幼儿的个性发展。第三,强调培养幼儿良好的道德品质。"二战"以后,西方国家在经济高速发展的同时,出现了许多社会问题,青少年犯罪日益增多,学生欺侮、打架斗殴、逃学、离家出走、吸毒等不良行为急剧上升。20 世纪 80 年代以来,很多国家不仅加强了青少年的道德教育,而且开始重视学前期儿童的道德教育。

二、科学与人文相结合的学前课程文化观

科学主义是科学文化发挥到极致的表现,它的核心是"科学崇拜"和"工具理性"。"科学崇拜"把科学看作是全知全能的人类救世主,认为科学能解决所有的问题,甚至能检验精神、价值和自由;"工具理性",由技术和理性结合而成,是理性观念演变的最新结果,故又称为"技术理性"。科学主义的课程文化有以下的特点:在课程目标上,着眼于把学生培养成诸如工程师、科学家或技术工人之类的对社会生活直接有用的人,重视学生的智力发展;在课程内容上,重理轻文;在课程实施上,重视教师的权威、书本知识和严格的课堂教学。

人本主义是人文文化发挥到极致的表现,它反对社会的划一性和人的机器化,否认人的理性作用,否认科学技术的价值,认为只有人的非理性因素,诸如人的情感、意志等,才是人的存在、人的本质,而理性和科学不过是意志的工具。人本主义的课程文化有以下的特点:在课程目标上,注重人的自我实现,追求学生的个性发展;在课程内容和结构上,强调人文学科的重要性;在课程实施的方法上,提倡"以学生为中心"的非指导性教学,要求师生之间建立起真诚、理解、尊重和信任的人际关系。

20 世纪 80 年代末期以来,在教育领域里寻求科学主义与人本主义之间的平衡,已经成为学者和国际组织的一种集体行动。1989 年,联合国教科文组织召开了面向 21 世纪教育国际研讨会,提出了"学会关心"的教育思想,成为科学主义教育与人本主义教育走向融合的重要标志。会议强调要建立一种新的教育体系,这种教育体系应"从促进教育的统一性转变为促进教育的创造

性和革新建设;从促进竞争转变为促进合作;从民族狭隘的观点和忠诚转变为全球的观点和忠诚;从强调为私人利益而学习转变为强调为公众利益而学习”。① 这种教育体系既注重科学文化又强调人文文化,既强调学生的学术性和职业性技能又强调培养学生的事业心和开拓技能。显然,在这种教育体系中,课程文化的一个重要特征就是科学与人文的融合。

1996年,国际21世纪教育委员会向联合国教科文组织提交了《教育——财富蕴藏其中》的重要报告,指出:“教育应围绕四种基本学习加以安排;可以说,这四种学习将是每个人一生中的知识支柱:学会认知,即获取理解的手段;学会做事,以便能对自己所处的环境产生影响;学会共同生活,以便与他人一道参加人的所有活动,并在这些活动中进行合作;学会生存,这是前三种学习成果的主要表现形式。”因此,为了迎接21世纪的挑战,应该重申这样一个基本原则,即“教育应当促进每个人的全面发展,即身心、智力、敏感性、审美意识、个人责任感、精神价值等方面的发展。”②此外,该报告还多次提到伦理与文化、科学与技术、经济与社会等方面教育的重要性,表现出整合科学主义与人文主义的课程文化取向。

20世纪六七十年代,在科学主义的支配下,学前课程文化存在着一定的科技取向,表现出这样一些特点:在课程目标上,重视幼儿的智力发展;在课程内容上,重视语言、数学、科学等内容;在课程实施上,重视教师的权威和知识的传授。20世纪80年代以后,在人本主义的影响下,在联合国教科文组织面向21世纪教育国际研讨会精神和《教育——财富蕴藏其中:国际21世纪教育委员会报告》精神的指导下,学前课程文化也发生了巨大的变化。从20世纪80年代中期开始,学前课程文化已经开始逐步走向科学主义与人文主义的整合:在教育目标上,重视幼儿身体、社会、情感和认知方面的成长;在课程内容上,不仅重视读写、数学、科学等内容,也重视音乐、社会、艺术、手工和体育;在课程实施上,重视成人与儿童、儿童与儿童之间真诚、理解、尊重和信任的人际关系。

三、回归生活的学前课程生态观

回归生活世界,找回失落的主体意识,确立学前课程生态观,是当代学前课程发展的一个重要理念。学前课程生态观的确立,不仅是生态主义课程思潮及其实践合乎逻辑的发展,而且是人类寻找自身的生长家园、探求学前课程变革的必然结果。

生态主义是人类面对第二次世界大战以来产生的严重的生态危机和生存危机,在寻找危机的根源和寻求解决危机的策略时发展起来的一种思维方式。第二次世界大战以来,在生态主义的影响下,以卡普拉(Capra, F.)的课程思想、多尔(Doll, W. E.)的后现代主义课程思想以及多元文化教育的课程思想为主要代表的生态主义课程思潮逐渐形成。生态主义课程的共同点是以生态主义思想为指导,从不同角度和不同程度上对课程进行整体观和生态观的透视。许多生态主义课程的提倡者都认识到教育在克服当前的生态危机和生存危机中应当和能够扮演的角色,主

---

① 联合国教科文组织:《学会关心:21世纪教育——圆桌会议报告》,《教育研究》,1990年第7期。

② 联合国教科文组织总部中文科译:《教育——财富蕴藏其中:国际21世纪教育委员会报告》,教育科学出版社1996年版,第85页。

张将“生态脱盲”作为当前教育的中心问题,将生态的概念贯穿所有的课程和教育过程,从而使个人外在和内部的生态平衡都得到保护和发展。

生态主义课程思潮对当代学前课程的重要启示有以下几个方面:在学前课程价值取向上,真正确立系统整体观念、民主平等原则、尊重差异的思想以及动态发展观点,切实处理好人与自然、人与社会、人与人、人与自我的辩证关系;在学前课程目标上,致力于人的自然性、社会性和自主性的和谐发展,注重一致性和差异性、理性与非理性以及个体需要与社会需要的统一;在学前课程内容上,突破狭隘的科学世界的束缚,达到科学世界与生活世界的和谐统一,谋求科学主义和人文主义的整合;在课程实施上,注重教师和幼儿在平等基础上的对话与沟通,使幼儿在体验性、探索性的框架下进行自主、创新的学习,并在学习过程中建立起民主、平等和互动的新型师幼关系。① 这些启示,已成为当代学前课程生态观的基本思想内核。

当代学前课程生态观之所以强调回归生活世界,是因为生活世界对幼儿的成长具有重要的作用。对幼儿来说,生活世界是幼儿在生活的自然态度中所能直接感知的世界,是幼儿个人和群体生活于其中的现实而又具体的环境。只有感性的、生动的、丰富的生活世界,才能够满足人在理智、情感、意志等多方面发展的基本需要。生活世界为人成为人提供了全部共同的、基本的要素。② 既然生活世界对于人的生长和发展具有如此重要的意义,那么,作为培养人的教育,作为学前教育核心的学前课程,回归生活世界也就成为必然。当代学前课程生态观之所以强调回归生活世界,还因为在人类(特别是儿童)的生长家园中,生活世界被或多或少地剥离了。当今世界各国的许多学前课程和幼儿的生活有一定的距离:首先,学前课程目标注重知识和技能,忽略幼儿的生活经验和情感体验,与幼儿的生活世界相去甚远;其次,学前课程内容的选择与确定由成人决定,疏离了幼儿生活的文化,不能真正引起幼儿的兴趣;第三,学前课程实施中作为幼儿重要生活方式的游戏被异化为教学的手段,忽视了游戏的本体价值——愉悦和享乐;第四,学前课程评价注重课程目标的达成,忽视课程实施中幼儿是否丰富了生活经验,享受了生活乐趣,提升了精神世界。因此,为了寻找儿童已经失落的精神家园,克服科学世界带来的人的生长危机、教育危机,作为学前教育核心的学前课程必须重返生活世界。

回归生活世界的学前课程生态观从本质上说,就是强调自然、社会和人在学前课程体系中的有机统一,使自然、社会和人成为学前课程的基本来源。因此,自然即课程、生活即课程、自我即课程,成为当代学前课程生态观的基本命题。③ 自然即课程,是指学前课程应向自然开放,与自然融为一体,使幼儿有机会走向自然,并在感受、认识和探索自然的过程中,谋求人对自然的伦理精神、审美体验和求真意志的统一,进而成为自然的关爱者和有责任的环境保护者。生活即课程,是指学前课程直接面向社会,同生活融为一体,即使学前课程与幼儿生活及现实社会之间保持密切的联系,又使实践和生活成为幼儿个人发展的活的源头。自我即课程,是指学前课程应向自我开放,尊重每个幼儿的感受、体验和价值观,关注幼儿的个人知识,把幼儿看成是知识与文化的创

① 靳玉乐、李森主编:《现代教育学》,四川教育出版社 2005 年版,第 181 页。
② 项贤明著:《泛教育论——广义教育学的初步探索》,山西教育出版社 2000 年版,第 230 页。
③ 靳玉乐、李森主编:《现代教育学》,四川教育出版社 2005 年版,第 182 页。

造者，而不是知识与文化的被动接受者；幼儿的尊严、价值、自我意义、个性得到张扬，教师和幼儿都是真理的追求者和探索者，师幼之间不再是单向的“教—受”关系，而是“你—我”关系、对话关系。

总之，回归生活世界的学前课程生态观意味着学前课程向自然、生活、自我回归，意味着理性和人性完美结合，意味着科学、道德和艺术现实而具体地统一。

四、民主化的学前课程政策观

学前课程政策是指对学前课程编制的原则、策略、程序及方法等问题进行决断的一种行动，它是在国家学前教育总目的指导下制订的政策。[①] 学前课程政策关注的核心问题是学前课程权力的分配和再分配，不管是在地区间、民族间还是阶层间，学前课程政策实施的结果总是反映了各方人士、集团、社会力量对课程的要求。[②] 从学前课程政策发展的趋势来看，最大限度地反映各种利益集团的意志，保证学前课程政策制订的民主化与科学化，是世界各国的共同追求。

20 世纪 90 年代以来，在世界学前课程政策改革的实践中，各国一般都致力于在国家学前课程、地方学前课程和幼教机构的学前课程之间寻找适合本国情况的立足点。一方面，过去强调地方和学校分权的国家，现在开始注重确立国家学前课程标准或早期学习标准。美国是典型的地方分权制国家，全国没有统一的课程标准和要求，各个州都有自己独立的课程体系。到了 1989 年，这种局面开始被打破。1989 年，布什总统和 50 个州的州长召开了一个教育峰会，拟定了美国 2000 年的六大目标，其中第一个目标是“到 2000 年所有的美国儿童都要为进入学校学习作好准备”。同年，由全国数学教师协会(NCTM)主持制订的全国性的数学课程标准正式出版。

1991 年—1993 年，联邦教育部先后资助科学、历史、艺术、公民、地理、英语、外语等学科的全国性标准制订计划，提倡制订全国性课程标准。1994 年，克林顿签署的《2000 年目标：美国教育法》正式成为一项法案，标志着布什政府提出的全国性课程标准法律化。在美国，义务教育的起点是幼儿园，因此上述的全国性课程标准均包括了 5 岁开始的幼儿园课程标准。美国全国性课程标准的确立，表明 5—6 岁的学前课程标准得到了国家法律的保障。迄今为止，在 5 岁以下的学前阶段，美国尚未设立全国统一的学前课程标准，但已开始制订相关的早期学习标准。例如，2000 年，负责“开端计划”项目的部门修订了 1998 年制订的儿童学习表现标准，提出了《“开端计划”儿童发展结果框架》，将幼儿的学习内容划分为 8 个领域，并提出了每一领域的构成要素以及 3—5 岁幼儿在每一要素上应当表现出来的知识、技能、能力和行为。在它的影响下，截止到 2003 年，美国已有 27 个州制定了一个或多个发展领域或内容领域的早期学习标准。[③] 2003 年，全美幼儿教育协会和州政府教育厅早期教育专员协会共同发表了一份名为《早期学习标准：营造成功的条件》的文件，说明了早期学习标准的四个条件，以指导和规范早期学习标准的制定。[④]

---

① 虞永平等著：《学前课程的多视角透视》，江苏教育出版社 2006 年版，第 247 页。
② 靳玉乐、李森主编：《现代教育学》，四川教育出版社 2005 年版，第 185 页。
③ 刘焱：《早期学习标准化运动述评》，《比较教育研究》，2005 年第 5 期。
④ [美]林秀锦著：《美国的早期保育与教育》，江苏教育出版社 2006 年版，第 212 页。

另一方面,过去强调中央集权的国家,现在开始注重地方和学校课程的决策力。苏联是典型的中央集权的国家,苏联解体后,俄罗斯并没有沿用过去的教育模式。1992年7月批准通过的《俄罗斯教育法》对学前课程和中小学课程改革等作了详细的规定,规定了教育的自由化和多样化、教育管理的民主化与自主化等为国家教育政策的基本原则。同时,《俄罗斯教育法》还规定,政府应该把办学权交给教育机构,使教育机构具有法人身份,成为在一定责任义务之下自主办学的独立个体。这样,每一所学前教育机构都具有自主权,都可以根据本机构的情况制订相应的具体章程,选择本机构工作的具体目标。家长、企业、社区、社会团体也可以参加学前教育机构的管理,参与制订教育计划和选择具体内容,以此满足自己对学前教育机构的不同需求。[①]

我国一直比较重视中央对课程的统一决策,尽管曾经进行了课程多样化的改革尝试,但终究没有取得预期的效果。随着《面向21世纪教育振兴行动计划》中《跨世纪素质教育工程》的实施,我国新一轮基础教育课程改革正式启动。这次课程改革的一个重要目标就是,为保障和促进课程对不同地区、学校、学生的适应,实行有指导的逐步放权,建立国家、地方和学校的课程三级管理模式,并对国家、地方和学校的课程权力分别作了规定。上述三级课程体制开发出的课程,目前分别被教育部称为国家课程、地方课程和校本课程或园本课程。在学前教育领域,我国目前比较强调地方学前课程和园本课程的发展,主张学前教育机构要成为学前课程变革的主体,教师要成为学前课程的研究者和设计者,以保证学前课程决策的开放性、民主性和参与的广泛性。

第二节 各国的学前课程

课程是一个由多个要素构成的相互联系、循环往复的动态系统。不同的学者对于课程系统的构成要素提法不一。著名的课程研究者泰勒(Tyler, R. W.)在其《课程与教学的基本原理》中提出了四个有关课程的基本问题:①学校应该追求哪些目标?②要提供哪些经验才可达到目标?③如何有效地组织这些经验?④如何确知这些目标正被实现?[②] 这四个问题涉及课程系统的四个基本要素:课程目标、课程内容、课程实施和课程评价。下面我们来探讨当代学前课程基本理念指导下的各国学前课程目标、内容、实施和评价。

一、学前课程目标

学前课程目标是幼教工作者对学前儿童在一定学习期限内的学习效果的预期。它是学前教育目的的具体化。[③] 学前课程目标衔接了学前教育目的与学前课程,使学前教育的价值观在课程中得以体现。学前课程目标的确定,使课程内容的选择和组织、实施和评价等与之形成一个有机

① 王小英、蔡珂馨主编:《国内外幼儿教育改革动态与趋势》,东北师范大学出版社2004年版,第87页。

② 刘晓东、卢乐珍等著:《学前教育学》,江苏教育出版社2004年版,第395—396页。

③ 冯晓霞主编:《幼儿园课程》,北京师范大学出版社2001年版,第26页。

的整体。

20 世纪 60 年代，随着生产力的发展和科学技术的进步，世界各国对人的素质提出了更高的要求。心理学和教育学的研究成果表明，学前教育在人的一生发展中具有重要的作用。在这种背景下，各国政府开始重视学前教育，并把重点放在开发智力方面，忽视了儿童其他方面的发展。到 70 年代，为适应社会发展对高素质人才的需要，各国政府又提出了重视培养幼儿创造性的主张。

20 世纪 70 年代以来，在全人教育思潮、人本主义教育思潮、后现代主义教育思潮等改革思潮的影响下，世界教育目标开始发生了变化。联合国教科文组织在 1972 年发表的《学会生存——教育世界的今天和明天》中指出，人类心理的最大特点就是："人要排除令人苦恼的矛盾；他不能容忍过度的紧张；他努力追求理智上的融贯性；他所寻求的快乐不是机械地满足欲望，而是具体地实现他的潜能，以及他自己和他的命运是协调一致的想法，总之，把自己视为一个完善的人。"教育的目标就是要培养出这样的完人。① 1996 年，国际 21 世纪教育委员会在《教育——财富蕴藏其中：国际 21 世纪教育委员会报告》中指出："教育应当促进每个人的全面发展，包括身心、智力、敏感性、审美意识、个人责任感、精神价值等方面的发展。"②该报告还指出，教育应该以学会认知、学会做事、学会共同生活、学会生存为支柱，培养全面发展的人。

世界学前教育界从 20 世纪 80 年代初开始，就对六七十年代以"智力开发"代替学前教育的倾向进行了反思。1985 年在日本召开的日、欧、美峰会，批评了学前教育中将幼儿的发展等同于智力发展的错误倾向，呼吁学前教育应从"智育中心"转向促进幼儿富有个性的、全面的发展，特别是幼儿社会性和情感的发展。1999 年在瑞士召开的 21 世纪国际幼儿教育研讨会，商讨并制订了指导各国学前教育政策的《全球幼儿教育大纲》。这份融合了来自 28 个国家的 83 名学前教育工作者集体智慧的《全球幼儿教育大纲》指出："优秀的幼儿教育课程是针对儿童整个身心健康而设计的，必须考虑儿童的身体状况、认知水平、语言能力、创造能力、社会性与情感的发展状况等。"③

美国 1994 年出台了《2000 年目标：美国教育法》，并依法制订了从幼儿园到十二年级的各科课程标准。这些不同的学科标准有一个共同点，即要求从各学科的角度去促进人的发展。全美幼教协会 1996 年在被誉为"幼儿教育的圣经"的《适宜于 0—8 岁儿童发展的教育方案》中明确指出："一个高质量的早期教育机构应该能够提供一种促进儿童身体、社会、情感以及认知发展的安全的保育环境。""适宜的教育应该顾及到儿童所有领域的发展：身体的、情感的、社会的以及认知的。"④2005 年 4 月，全美幼教协会又在《幼儿教育方案标准和认定指标》的课程标准中指出："'课程'标准旨在发展儿童在审美、认知、情感、语言、体能和社会等方面的能力。"⑤这体现了促进儿童

① 联合国教科文组织国际教育发展委员会编著：《学会生存——教育世界的今天和明天》，教育科学出版社 1996 年版，第 193、195 页。

② 联合国教科文组织总部中文科译：《教育——财富蕴藏其中：国际 21 世纪教育委员会报告》，教育科学出版社 1996 年版，第 85 页。

③ 世界学前教育组织、国际儿童教育协会：《全球幼儿教育大纲——21 世纪国际幼儿教育研讨会文件（上）》，《幼儿教育》，2001 年第 3 期。

④ 冯晓霞主编：《幼儿教育》，吉林教育出版社 2000 年版，第 179 页。

⑤ 李琳等编译：《全美幼教协会最新〈幼儿教育方案标准和认定指标〉简介》，《学前教育》（幼教版），2006 年第 6 期。

全面发展的基本观点。

英国政府2000年颁布了面向3—5岁幼儿的《基础阶段课程指南》,提出了早期学习目标,以帮助幼教工作者规划适合幼儿的课程。《基础阶段课程指南》指出,英国幼儿园的课程目标是"为全体儿童提供能发展他们最大潜能的环境,培养儿童的语言能力、独立性及社会技能,发展儿童聆听、观察、讨论、实验的能力,为儿童提供广泛的、平衡的、连贯的和相关的课程,以促进每个儿童的发展"。[①] 2008年,英国儿童、学校和家庭部又颁布了《早期基础阶段法定框架》,提出0—5岁儿童的早期学习目标应包括以下六大领域:个人、社会和情感的发展;交流、语言和读写;问题解决、推理和计算;有关周围世界的知识和理解;身体发展;创造性的发展;并规定了每一领域的具体学习目标。[②] 2012年,由原来儿童、学校和家庭部改称的教育部颁布了新版的《早期基础阶段法定框架》,阐述了0—5岁儿童在"交流与语言"、"身体发展"、"个人、社会与情感发展"三个核心领域及"读写"、"数学"、"理解世界"、"艺术表现与设计"四个特定领域方面的学习目标。这些目标均强调"全面性",体现了英国政府对幼儿身心的全面发展的重视。

瑞典1998年正式颁布了全国统一的学前课程,指出国家学前课程的目的是为儿童创设一种平等、公平、高质量的学前教育环境,从而提高学前教育质量。在这一目的的指导下,瑞典强调学前课程要让儿童在体力、认知、社会性、情感等方面得到和谐发展,使其成为一个对社会有用的人。其具体目标是:(1)提高儿童的学习能力,增强儿童的社会性,丰富儿童的情感,促进儿童体力、语言和智力的发展;(2)增长儿童的知识,丰富儿童的经验,使儿童不仅能了解、热爱本民族的文化,还能尊重、接受外国的文化;(3)帮助儿童理解自己,学会认识周围环境,培养良好的自我意识,建立自信心;(4)全面细致地关心儿童,促进儿童身心健康成长;(5)培养儿童的民主精神和责任感,提高儿童的合作能力,帮助儿童形成乐于助人的品质,使他们将来能成为对社会有用的人。[③] 上述五个方面的学前课程目标反映了瑞典政府对学前儿童全面、和谐发展的高度重视。2010年,瑞典政府修订的《学前课程》在"学前教育目标和指南"部分指出,学前教育应努力确保每个儿童在以下各方面获得发展:自我认同感、游戏和学习能力、自主性和自信心、参与意识、对权利和义务的理解、身体健康、口头语言和书面语言、创新能力、空间概念、数学、社会、科学、技术、文化认同。[④] 可见,瑞典强调培养全面发展的儿童。

2011年8月,澳大利亚颁布了《欢乐时光,儿童乐园——澳大利亚幼儿保育框架》。该框架以提高幼儿的幸福感和促进幼儿发展为核心目的,全面指导学前教育机构的保育和教育工作。为了提升幼儿的幸福感,促进幼儿发展,《欢乐时光,儿童乐园——澳大利亚幼儿保育框架》提出了五大保育和教育目标:有强烈的自我认同感,与外部建立联系并有所贡献,拥有强烈的幸福感,成

---

① 陈时见、何茜主编:《幼儿园课程的国际比较》,西南师范大学出版社2011年版,第156页。

② 曹能秀:《近10年美、英、日三国幼儿教育课程改革的差异比较》,《学前教育研究》,2011年第9期。

③ 李继宏、刘俊华:《瑞典学前教育的目标、内容及方式——从终身学习的视角分析》,《幼儿教育》(教育科学版),2007年第8期。

④ 李召存著:《追寻课程政策背后的教育意义——基于学前课程纲要的国际比较研究》,华东师范大学出版社2012年版,第59页。

为自信的参与式学习者，成为成功的交流者。[①] 上述这些目标涉及到幼儿在健康、社会、语言、创造性、科学等领域的具体内容。

1996年，新西兰教育部颁布了第一个全国统一的学前教育课程体系大纲《Te Wha riki》，这是新西兰第一个具有国家法律文件性质的课程标准。规定了课程的总体目标：培养儿童成为有能力与自信的学习者和交流者；成长为思想、精神、身体都健康的公民；能用他们所学的知识为社会做贡献。2002年，新西兰政府出台《十年战略计划——未来之路》文件，指出应确保儿童成长为"有能力而又自信的学习者和交流者；思想、身体、精神都健全的公民；对社会有贡献的人。"[②]

1996年7月，日本中央教育审议会在《关于展望21世纪我国教育的应有状态(第一次咨询报告)》中指出："今后儿童所需要的，是无论社会怎样变化，都能够自己发现课题，自己学习、自己思考、主动地判断和行动，更好地解决问题的素质和能力；是能够自律，善于和他人协调，具有同情之心和感动之心等丰富的人性；是为了茁壮成长的健康和体力。以上这些素质和能力，我们把它们称作是在今后急剧变化的社会中的'生存能力'"。[③] 1998年改订的《幼儿园教育要领》遵照这一精神，提出幼儿园教育的目标是"通过幼儿园生活，培养生存能力的基础"，并提出了五项具体目标：(1)培养健康、安全的幸福生活所必需的基本生活习惯与生活态度，为培养健全的身心状态打好基础；(2)培养对人的爱心与信赖感，培养自主与协作精神以及道德性的萌芽；(3)培养对自然、周围事物的兴趣和关心，培养丰富的情感和思维能力的萌芽；(4)培养在日常生活中对语言的兴趣与关心，养成愉快的、愿意听与说的态度及对语言的感觉；(5)通过各种各样的生活体验，培养丰富的情感并增强创造力。[④] 2007年6月，日本政府新颁布的《学校教育法》第22条指出："作为义务教育及其今后教育基础的幼儿园的目的是，为幼儿提供保育和教育，创设适合幼儿健康成长的环境，促进幼儿的身心发展。"[⑤]在此基础上，《学校教育法》第23条提出了幼儿园教育的五项具体目标："培养健康、安全的幸福生活所必须的基本生活习惯，促进身体各种机能的协调发展；通过集体生活培养快乐地参加集体活动的态度，加深对家人和周围的人的信赖感，培养自主、自律与协作精神以及规范意识的萌芽；培养对周围的社会生活、生命和自然的兴趣、理解、态度和思考力；通过日常会话、图书、童话等喜好的活动，培养正确的语言表达能力和愿意理解他人语言的态度；通过音乐、身体表现和造型等喜好的活动，培养丰富的感受性和表现力的萌芽。"[⑥]总之，无论是1998年的《幼儿园教育要领》，还是2007年的《学校教育法》，均强调要培养幼儿在健康、人际关系、环境、语言和表现领域成为全面发展的儿童。

从1969年到2007年近40年间，韩国先后进行了六次幼儿园课程改革，并制定出较为完善的"国家幼儿园课程体系"。1998年，韩国政府的第六次幼儿园课程强调了幼儿全面发展的重要性，

---

① 钱愿秋、张竹香、杨琴：《〈欢乐时光，儿童乐园——澳大利亚幼儿保育框架〉简介》，《幼儿教育》(教育科学版)，2012年第5期。

② 李政云、匡冬平：《新西兰"政府主导"学前教育发展的举措及其启示》，《学前教育研究》，2013年第5期。

③ [日]中央教育审议会：《第一部：今后教育的应有状态》，载《关于展望21世纪的我国教育的应有状态(第一次咨询报告)》(1996年7月)http://www.mext.go.jp/b_menu/shingi/chuuou/toushin/960701b.htm，2003年4月8日下载。

④ [日]文部省编：《幼儿园教育要领解说》，日本福禄贝尔馆，1999年版，第192页。

⑤ [日]文部科学省：《幼儿园教育要领解说》，日本福禄贝尔馆2008年版，第252页。

⑥ [日]文部科学省：《幼儿园教育要领解说》，日本株式会社福禄贝尔馆2008年版，第252页。

其规定的五个方面的教育(健康生活、社会生活、表现生活、言语生活、探究生活)照顾到了幼儿各方面的发展需要。[①] 2007年,韩国对幼儿园课程进行了第七次改革,并于同年12月颁布了《幼儿园修订课程总论》(第2007-153号),这一课程改革方案于2009年3月1日在全国推行。本次课程改革的目标有以下几个方面:一是促进儿童心灵和身体的健康发展,掌握基本的生活习惯;二是培养儿童的团体生活意识,热爱祖国的传统文化;三是使儿童能以创造性的方式自由地表达自己的思想和情感;四是培养儿童正确使用语言的习惯和开发其语言沟通能力;五是使儿童怀有好奇心去探索周围的世界,并养成尊重自然的态度。[②] 2012年3月,韩国保健福利部联合教育科技部在全国学前教育机构推行统一的"Nuri课程",设置了运动健康、社会交往、自然探索、沟通交流和艺术鉴赏五大领域的课程目标。[③] 可见,韩国第七次学前课程改革和"Nuri课程"继续追求培养幼儿的全面发展。

印度尼西亚政府20世纪90年代制订的国民教育的目标包括"促进才能与技能的发展"、"培养道德性"、"培养人格"和"培养民族精神和爱国心"四个方面。作为国民教育基础的学前教育,其目标包括以下几个方面:一是培养能够适应社会生活的态度、知识、技能和创造力;二是培养适应小学的能力;三是培养自我发展的能力。[④]

我国教育部2001年制订的《幼儿园教育指导纲要(试行)》指出:"幼儿园应为幼儿提供健康、丰富的生活和活动环境,满足他们多方面发展的需要,使他们在快乐的童年生活中获得有益于身心发展的经验。"[⑤]2012年,我国教育部颁布的《3—6岁儿童学习与发展指南》确立了"以为幼儿后继学习和终身发展奠定良好素质基础为目标,以促进幼儿体、智、德、美各方面的协调发展为核心"的基本原则。[⑥] 香港地区2006年颁发的《学前教育课程指引》中指出,学前教育课程应以儿童的身体发展、认知和语言发展、情意和群性发展、美感发展为目标。[⑦]

纵观20世纪90年代以来各国学前教育的改革与发展的状况,培养"完整的人",重视幼儿身体、社会、情感和认知的全面发展,已经成为世界学前课程的共同目标。

二、学前课程内容

学前课程内容是教师根据课程目标的要求为儿童选择和设计的学习内容。[⑧] 全面发展的学前课程目标决定了学前教育内容的性质和构成。从性质上看,全面发展的学前课程应强调幼儿的整体发展,使幼儿成为完整的人,为幼儿的终身发展奠定基础;从构成上看,学前课程应该包括身体、社会、情感和认知等方面的内容,以促进幼儿的全面发展。幼儿的身体和心理,以及身心内部各因素之间是相互联系、相互制约的,儿童年龄越小其身心素质分化程度就越低,这就规定了

---

① [日]小田丰、森真理编著:《教育原理》,日本北大路书房,第92页。
② 苏贵民、谭菲:《韩国幼儿园课程改革的最新进展及发展特点》,《比较教育研究》,2012年第5期。
③ 常颖:《韩国学前教育改革新声:"Nuri项目"的提出与推进》,《教育导刊》(下半月),2013年第4期。
④ [日]服部美奈:《以宗教为基础的印度尼西亚的幼儿教育》,《教育和医学》,2003年第2期。
⑤ 中华人民共和国教育部制订:《幼儿园教育指导纲要(试行)》,北京师范大学出版社2001年版,第2页。
⑥ 李季湄、冯晓霞主编:《〈3—6岁儿童学习与发展指南〉解读》,人民教育出版社2013年版,第287页。
⑦ 李子建、尹弘飚:《香港学前教育的现状及其发展趋势》,《学前教育研究》,2007年第12期。
⑧ 刘晓东、卢乐珍等著:《学前教育学》,江苏教育出版社2004年版,第398页。

以幼儿身心发展为依据的学前课程应注意其内容的整体性。因此，很多国家都把学前课程内容分为几大领域，并强调各领域的互相渗透和综合发展。

2000年，美国负责"开端计划"项目的部门修订了1998年制订的儿童学习表现标准，提出了《"开端计划"儿童发展结果框架》，将幼儿的学习内容划分为语言发展、读写、数学、科学、创造性艺术、社会性情感发展、学习方式、身体健康和发展这八个领域。① 全美幼教协会2005年4月公布的《幼儿教育方案标准和认定指标》在课程标准中将课程分为"社会情感发展"、"语言发展"、"早期读写的发展"、"早期数学能力的发展"、"技术、科学探索和知识"、"理解自身、社区和世界"、"对艺术的创造性表达和欣赏"和"体能和技能发展"八个方面，反映了课程要促进儿童审美、认知、情感、语言、体能和社会等方面整体发展的观点。2010年，美国政府再次修订了《"开端计划"儿童发展与学习框架》，将幼儿的学习内容划分为"语言发展"、"读写"、"数学"、"科学"、"创造性艺术"、"社会性情感发展"、"学习方式"、"身体健康和发展"、"逻辑与推理"、"社会研究知识和技巧"和"英语语言发展"等十一个学习领域，②体现了培养目标的全面性。

英国政府在2000年颁布的《基础阶段课程指南》中，根据课程目标将3—5岁儿童的课程内容分为六个领域：(1)个人、社会和情绪的发展；(2)语言和识字；(3)算术；(4)对世界知识的了解；(5)身体发展；(6)创造力的发展。③《基础阶段课程指南》还列出了到基础阶段结束时，每个幼儿在各个领域必须掌握的关键技能。2008年，英国儿童、学校和家庭部颁布的《早期基础阶段法定框架》，将面向0—5岁儿童的学前课程内容划分为"个人、社会和情感的发展"；"交流、语言和读写"；"问题解决、推理和运算"；"认识和理解周围世界"；"身体发展"和"创造性发展"六个领域；2012年，英国教育部改订的《早期基础阶段法定框架》明确了0—5岁学前课程的七个领域——"交流与语言"，"身体发展"，"个人、社会与情感发展"三个核心领域及"读写"、"数学"、"理解世界"、"艺术表现与设计"四个特定领域。

1995年法国教育部出台了《幼儿学校大纲》，将幼儿学校的课程整合为五个活动领域。这些活动领域既包括幼儿教育的课程目标，又包含课程内容的领域，还规定了课程实施的基本方式，划分如下：(1)共同生活：幼儿教育课程的首要目标是教会幼儿如何共同生活，包括集体生活、交际与沟通等内容；(2)学习说话，构筑语言，倾听并考虑他人意见；(3)行动世界：探索身边的世界、学校、班级、社区、自然等，并进行活动；(4)发现世界：通过各种文化表征认识自然、环境、社会以及人类的过去和现在；(5)想象、感知和创造：充分发展幼儿的感受力、想象力、注意力、批评精神，培养表达的兴趣和选择的能力。④ 2002年，法国对《母育学校全国课程》进行修订，其中非常重要的一个变化是，启动幼儿母语学习能力的发展。2008年9月，法国对母育学校5岁幼儿的课程进行了改革，包括引导儿童接触书面语言、成为一名小学生、身体的运动和表达、对世界的探究、感

---

① 刘焱：《早期学习标准化运动述评》，《比较教育研究》，2005年第5期。

② U. S. Department of Health and Human Services, Administration for Children and Families, Office of Head Start. The Head Start Child Development And Early Learning Framework, 2010, p11.

③ 简楚瑛著：《幼儿教育与保育的行政与政策(欧美澳篇)》，华东师范大学出版社2005年版，第108—109页。

④ 王小英、蔡珂馨主编：《国内外幼儿教育改革动态与趋势》，东北师范大学出版社2004年版，第75—76页。

知想象和创造等一些课程内容领域。[①]

日本1998年颁布的《幼儿园教育要领》将幼儿教育内容分为健康、人际关系、环境、语言和表现五个领域,并规定了各领域的具体目标,指出:“这五个领域的目标是通过幼儿园的全部生活、通过幼儿各种各样的体验、通过各领域的相互渗透而达成的。教师要通过在周围的环境中开展的具体活动对幼儿进行综合的指导。”[②]2008年改订的《幼儿园教育要领》依然将幼儿教育内容分为健康、人际关系、环境、语言和表现五个领域,并详尽阐述了各领域的具体目标。

我国2001年颁布的《幼儿园教育指导纲要(试行)》将幼儿园的教育内容分为健康、语言、社会、科学、艺术五个领域,并针对各个领域提出了具体的目标、内容与要求的指导要点。《幼儿园教育指导纲要(试行)》还明确指出:“各领域的内容相互渗透,从不同的角度促进幼儿情感、态度、能力、知识、技能等方面的发展”;“注重综合性、趣味性、活动性。”[③]2012年教育部颁布的《3—6岁儿童学习与发展指南》从健康、语言、社会、科学、艺术五个领域描述幼儿的学习与发展,并指出实施《3—6岁儿童学习与发展指南》应关注幼儿学习与发展的整体性。[④]

三、学前课程实施

学前课程实施是对学前教育过程的组织,它包括学前课程方法、途径和组织形式。[⑤] 从当前世界各国学前课程实施的现状来看,教师的教育方法可分为直接指导和间接指导两种类型,多数学前教育机构及学前课程模式采用直接指导和间接指导相结合的教育方法。学前课程的途径有教学、游戏和生活三个方面,多数学前教育机构及学前课程模式强调三者的结合,但一般而言,每天用于结构性或集中性的教学活动时间较少,用于幼儿游戏和生活活动的时间较多。学前课程的组织方式有集体教育活动、分组教育活动和个别教育活动三种形式,多数学前教育机构和学前课程模式强调三者的结合,但一般较少采用集体教育活动的形式,较多采用分组教育活动和个别教育活动的形式。从宏观的视角来看,20世纪80年代以来,世界各国的学前课程实施呈现出以下两个特征。

(一) 注重儿童的主动学习

幼儿的主动学习是指幼儿通过与周围环境(包括人与物、观念和事件)的相互作用而建构新的理解外部和内部的活动过程。[⑥] 20世纪80年代以来,各国的幼教改革都提出促进幼儿主动学习、让幼儿成为主动的学习者的观点。

早在1991年,意大利颁布的《国家幼儿园教育活动指南》就明确指出,幼儿园的教育目标是通

① 李召存著:《追寻课程政策背后的教育意义——基于学前课程纲要的国际比较研究》,华东师范大学出版社2012年版,第18页。

② [日]文部省编:《幼儿园教育要领解说》,日本福禄贝尔馆1999年版,第194页。

③ 中华人民共和国教育部制订:《幼儿园教育指导纲要(试行)》,北京师范大学出版社2001年版,第2、9页。

④ 李季湄、冯晓霞主编:《〈3—6岁儿童学习与发展指南〉解读》,人民教育出版社2013年版,第287页。

⑤ 刘晓东、卢乐珍等著:《学前教育学》,江苏教育出版社2004年版,第400页。

⑥ 刘焱著:《儿童游戏通论》,北京师范大学出版社2004年版,第384页。

过幼儿与同伴、成人、环境和文化的相互作用，培养幼儿的自我认同感，发展幼儿的自主性和各项能力。[①] 可见，意大利政府注重幼儿的主动学习。

美国也倡导幼儿的主动学习。1996年，全美幼教协会公布的《适宜于0—8岁儿童发展的教育方案》指出："在幼儿园和小学，儿童对那些能获得具体的、真实经验的自主游戏活动的参与，是产生积极的、有意义的学习关键"，"幼儿是主动的学习者"，"幼儿的发展和学习是生物和环境相互作用的结果"，"幼儿有机会去实践刚获得的新技能，意味着幼儿正进行一项高于他们发展水平的挑战，这会更加促进幼儿的发展"。[②] 这充分肯定了幼儿在学习中的主动性。美国政府2000年颁布的《"开端计划"儿童发展结果框架》注重培养幼儿积极的学习态度，以促进幼儿的主动学习。该框架指出，幼儿应当"逐渐增强对倾听和讨论各类图书和诗歌的兴趣"；"对数以及通过计数解决问题和判断数量表现出越来越强的兴趣和意识"；"快乐地参与各种音乐活动，包括倾听、歌唱、手指游戏、音乐演出、竞赛"等。美国2010年颁布的《"开端计划"儿童发展与学习框架》注重培养幼儿积极的学习态度，指出应培养幼儿"对不同话题和活动的兴趣，学习的欲望，创造性和自主学习"。

1999年英国政府颁布的《早期学习目标》注重幼儿积极学习态度的形成。该目标指出，幼儿在基础阶段末期要"对学习感兴趣，积极主动地学习"；"喜欢倾听以及运用口头语言和书面语言，并能在游戏和学习过程中倾听和运用"等等。[③] 2000年，英国政府发布的《基础阶段课程指南》在六大领域的学习目标中都渗透了幼儿主动学习的观点。例如，在"个性、社会性和情感发展领域"，幼儿要"进行积极有效的学习"，"建立积极的人际关系"和"主动获取知识来理解他们自己的文化"；在"交流、语言和读写领域"，"给幼儿提供表达和倾听的机会，让他们在活动中提出自己的观点"；在"数学领域"，教师要"培养幼儿在数学学习方面形成积极的态度"；在"认识和理解周围世界领域"，"教师应该注重培养幼儿的兴趣，提供具有一定趣味性的资源"等等。[④] 2008年，英国政府颁发的《早期基础阶段法定框架》提出："儿童自出生就是有能力的学习者，能以广泛而不同的方式学习与发展。因此，所有从业者应该对他们所看护的儿童悉心照料，考虑他们的需要、兴趣及其发展阶段。"[⑤]2012年，英国政府改订的《早期基础阶段法定框架》指出："有效教学的三个特征是，'在游戏中探索，主动学习，批判性地思考和创造。'"[⑥]

澳大利亚的新南威尔士州2005年颁布的学前课程框架《关系性实践》明确提出，该课程框架所建构的儿童形象是有其优势、力量、权利、能力的个体，是有其复杂性和发展可能性的个体，是富有策略的(resourceful)个体。"儿童，不管有多么年幼，都是一个有着许多技能和能力的人，是

---

① 陈时见、何茜主编：《幼儿园课程的国际比较》，西南师范大学出版社2011年版，第225页。

② 王小英、蔡珂馨主编：《国内外幼儿教育改革动态与趋势》，东北师范大学出版社2004年版，第21页。

③ 刘焱：《早期学习标准化运动述评》，《比较教育研究》，2005年第5期。

④ 陈时见、何茜主编：《幼儿园课程的国际比较》，西南师范大学出版社2011年版，第157—161页。

⑤ *Department for Children, Schools and Families. Statutory Framework for the Early Years Foundation* [EB/OL]. (2008-5). [2013-2-25]. https://www.education.gov.uk/publications/eOrderingDownload/00267-2008BKT-EN.pdf.

⑥ Department for Education. Statutory Framework for the Early Years Foundation [EB/OL]. [2013-2-14]. http://media.education.gov.uk/assets/files/pdf/e/eyfs%20statutory%20framework%20march%202012.pdf.

一个有着思想和情感感受的人,对于他们自己的学习,他们是有能力的、积极主动的。他们和周围的其他人一起,来建构他们的经验和知识体系,以及对周围世界的理解。"①

1998年,日本的《幼儿园教育要领》特别强调培养幼儿主动性。在《幼儿园教育要领》的总则部分,文部省将"促进幼儿的主体性活动"作为幼儿教育的第一条基本思想提出,②肯定了幼儿主体性活动在幼儿教育中的重要性。这一基本观点分别体现在五个领域的目标和内容中。例如,文部省在人际关系领域,强调了"喜爱幼儿园生活,体味以自己的力量行动的充实感"和"主动与周围的人接触,对人有爱心和信赖感"的培养目标;提出了"自主思考,自主行动"和"自己能做的事自己做"以及"积极地与朋友接触,同时共同分享喜悦哀愁"等内容。③ 2008年日本文部科学省改订的《幼儿园教育要领》仍然十分重视培养幼儿的主动性。它不仅在"总则"部分继续强调"促进幼儿的主体性活动",而且在五个领域的目标和内容中也体现了这一基本思想。

我国2001年颁布的《基础教育课程改革纲要(试行)》指出,基础教育课程改革的具体目标是"改革课程过于偏重知识传授的倾向,强调形成积极主动的学习态度"和"倡导学生主动参与、乐于探究、勤于动手,培养学生搜集和处理信息的能力、获取新知识的能力、分析和解决问题的能力以及交流和合作的能力",④明确了基础教育改革的方向。同年颁布的《幼儿园教育指导纲要(试行)》也非常重视幼儿的兴趣、情感和态度,重视幼儿的探索性学习。健康、语言、社会、科学、艺术五个领域的目标表述较多地使用了"体验"、"感受"、"喜欢"、"乐意"等词汇;各领域都强调幼儿的主动探索,强调"幼儿每天有适当的自主选择和自由活动时间",强调通过"引发、支持幼儿与周围环境之间积极的相互作用"来学习知识、技能等。例如,在社会领域中,在目标中提到了"能主动地参与各项活动,有自信心"等;在内容与要求中提到了"为每个幼儿提供表现自己长处和获得成功的机会,增强其自尊心和自信心"和"提供自由活动的机会,支持幼儿自主地选择、计划活动,鼓励他们通过多方面的努力解决问题"等。2012年教育部颁发的《3—6岁儿童学习与发展指南》也提出了"幼儿在活动中表现出的积极态度和良好行为倾向是终身学习与发展所必需的宝贵品质","要帮助幼儿逐步养成积极主动等良好学习品质。"⑤

许多学前课程模式都倡导幼儿的主动学习,要求教师促进幼儿的主动学习。蒙台梭利课程模式主张儿童是不断发展着的完整个体,他们存在着与生俱来的内在潜力,是有生命力的、能动的、发展着的活生生的人;强调幼儿的主动学习和自我纠正,认为只有这样才能使儿童身心的内在潜能得到充分发挥;教师应该为儿童准备好环境,引导、鼓励他们选择操作材料;在儿童需要时给他们以帮助、指导、暗示和启发,而不是抑制或代替儿童的独立思考;调整课程速度,以配合儿童的需要;保持教室的纪律和秩序,制止不良行为;给儿童以自由活动的权利,让他们在活动中自然地受到纪律和道德方面的教育和训练。

---

① 李召存著:《追寻课程政策背后的教育意义——基于学前课程纲要的国际比较研究》,华东师范大学出版社2012年版,第117—118页。
② [日]文部省编:《幼儿园教育要领解说》,日本福禄贝尔馆1999年版,第191页。
③ [日]文部省编:《幼儿园教育要领解说》,日本福禄贝尔馆1999年版,第196—197页。
④ 中华人民共和国教育部制订:《幼儿园教育指导纲要(试行)》,北京师范大学出版社2001年版,第16—17页。
⑤ 李季湄、冯晓霞主编:《〈3—6岁儿童学习与发展指南〉解读》,人民教育出版社2013年版,第288页。

高瞻课程认为,“主动学习”是幼儿应当获得的关键经验,认同幼儿的主动学习是学前教育的基本原则。该方案将幼儿看作是主动的学习者,认为幼儿能从自己对活动的计划、实施和回忆中得到最好的学习。成人应在学习环境中创设有趣的区域,以便于幼儿计划和从事自己的活动,帮助他们思考。①

方案教学强调让儿童通过自身的经验认识外部世界,鼓励儿童提出问题、解决问题,并积极地与环境发生交互作用。就教的角度而言,方案教学特别强调教师要以符合人性的方式,鼓励儿童去与环境中的人、事、物发生有意义的互动;就学的观点来看,方案教学强调儿童要主动参与研究方案,主动地学习。②

最近20年来引起全球幼教界广泛关注的意大利瑞吉欧教育体系主张儿童是主动的学习者,他们认为,儿童对学习有着天然的兴趣;从出生的时刻起,儿童就在与现实世界的“交往”过程中积极地建构自己的认识和理解。儿童的学习并非成人教学的必然产物,相反,它更多要归因于儿童自身在成人所提供的环境中的所作所为。在儿童的学习中,教师既不是母亲,也不是一般意义上的同伴,而是儿童学习的支持者和引导者,是“以专业的眼光赋予学习者和学习有价值的人”。③

(二)注重各种方法和途径的综合

20世纪80年代以来,为了更好地发挥学前课程的综合作用,体现学前课程内容的综合性,促进幼儿身心的全面发展,世界各国和一些国际组织都从不同侧面提出了整合各种方法和途径的主张。

英国政府2000年颁布的《基础阶段课程指南》在肯定游戏对于幼儿学习和发展的重要性的基础上,提出了“精心设计的游戏”这个新的概念,认为“精心设计的游戏活动是儿童在基础阶段学习的主要方式,这种游戏中的学习带有愉悦性和挑战性”。此外,它还强调教师在幼儿的学习中起着关键的作用,指出教师应当运用各种教学策略和儿童发展的相关知识来设计高质量的教学活动,支持幼儿的学习。④

1997年,全美幼儿教育协会在阐述“发展适宜性”时指出,“幼儿发起的、教师支持的游戏是发展适宜性教育的基本构成因素”,“儿童的游戏和自我选择的活动在许多方面可以是一种有价值的经验。但是如果没有计划、变化、兴趣或成人的支持,游戏对于学习和发展的价值就会受到严重影响。”⑤2005年该协会颁布的《幼儿教育方案标准和认定指标》指出:“教师应有目的地使用多种指导方法,如从高结构到低结构、从成人指导向儿童主体变化的策略,提供优化的学习机会”;“创设丰富的学习环境”;“运用不同的教学方式实现学习目标”;“教师和家长通力合作,帮助儿童成功地融入早期教育的情境”;“联系并利用社区的城市、郊区、乡村等资源,帮助家庭参与社团组

① [美]贾玻尔·L·鲁普纳林、詹姆斯·E·约翰逊著:《学前教育课程》,黄瑾等译,华东师范大学出版社2005年版,第375页。

② 朱家雄著:《幼儿园课程》(第二版),华东师范大学出版社2011年版,第221页。

③ 冯晓霞主编:《幼儿园课程》,北京师范大学出版社2001年版,第193—194页。

④ 刘焱著:《儿童游戏通论》,北京师范大学出版社2004年版,第381—382页。

⑤ 刘焱著:《儿童游戏通论》,北京师范大学出版社2004年版,第381页。

织,倡导文化事业,丰富项目中家庭和儿童的经验。"[①]这些观点充分表明了全美幼儿教育协会对综合各种方法和途径的重视。

日本强调环境和游戏的重要作用,重视幼儿园与家庭和社区的合作。1998 年,文部科学省颁布的《幼儿园教育要领》在第一章"总则"部分开宗明义地指出:"为了达到学校教育法第 77 条规定的教育目的,根据幼儿期的特点,幼儿园教育应以通过环境进行教育作为幼儿教育的基本思想。为此,教师应和幼儿建立起充分的信赖关系,与幼儿共创良好的教育环境。""游戏作为幼儿自发的活动,是促进幼儿身心和谐发展的重要手段,要以游戏为中心对幼儿进行指导,以达到第二章所提出的目标。"在第三章"制订指导计划的注意事项"中,该要领指出:"幼儿园要充分注意与家庭的联系与合作。……幼儿园要积极利用社区内自然环境、人才、活动场地及公共设施,使幼儿获得丰富的生活体验。"[②]2008 年文部科学省改订的《幼儿园教育要领》仍然强调环境和游戏的作用,注重幼儿园与家庭、社区的合作。

我国 2001 年颁布的《幼儿园教育指导纲要(试行)》注重环境和游戏在幼儿教育中的作用,主张教师直接指导和间接指导的结合,强调各种幼儿教育途径的结合。该纲要指出:"环境是重要的教育资源,应通过环境的创设和利用,有效地促进幼儿的发展";"幼儿园教育应以游戏为基本活动";"寓教育于生活、游戏之中";"教师要将直接指导的活动和间接指导的活动相结合,保证幼儿每天有适当的自主选择和自由活动时间","幼儿园应与家庭、社区密切合作,综合利用各种教育资源,共同为幼儿的发展创造良好的条件"。[③] 2012 年,我国颁发的《3—6 岁儿童学习与发展指南》也指出:"幼儿的学习是以直接经验为基础,在游戏和日常生活中进行的。要珍视游戏和生活的独特价值,创设丰富的教育环境……"[④]

一些国际性组织也主张多种教学方法和途径的整合。1999 年,世界学前教育组织和国际儿童教育协会制订了《全球幼儿教育大纲》,强调了环境、教学方法、家庭和社区在幼儿教育中的作用,并提出了相关的要求。在"环境与活动空间"部分,该大纲指出:"应为不同种族、性别、民族或有特殊需要的儿童提供多样的学习环境";"安全的环境应使儿童有机会探索、玩耍、学习生活技能";"给有不同天赋和能力的儿童提供充裕的学习材料,以锻炼他们解决问题的能力,培养他们的思辨性思维,促进他们创造力的发展。"在"课程内容和教学方法"部分,大纲指出:"幼儿教育工作者必须和儿童建立起积极的教育教学关系;……幼儿教育工作者要掌握更多的教学方法,这样才能理解幼儿的学习策略,并帮助每个幼儿学习。"[⑤]在"幼儿的成长与家庭和社区的关系"中,该大纲要求幼儿教育工作者应该"与家庭进行交流";"应提供机会让家庭和社区代表观察幼儿园活动";"和家庭及社区代表合作制订课程计划、管理及评估等";"应提供机会让志愿者进入教室帮

---

① 李琳等编译:《全美幼教协会最新〈幼儿教育方案标准和认定指标〉简介》,《学前教育》(幼教版),2006 年第 6 期。

② [日]文部省编:《幼儿园教育要领解说》,日本福禄贝尔馆 1999 年版,第 191、205 页。

③ 中华人民共和国教育部制订:《幼儿园教育指导纲要(试行)》,北京师范大学出版社 2001 年版,第 1、9、10 页。

④ 李季湄、冯晓霞主编:《〈3—6 岁儿童学习与发展指南〉解读》,人民教育出版社 2013 年版,第 288 页。

⑤ 世界学前教育组织、国际儿童教育协会:《全球幼儿教育大纲——21 世纪国际幼儿教育研讨会文件(上)》,《幼儿教育》,2001 年第 3 期。

助开展教学工作。”①

此外，许多学前课程模式也主张教学和游戏相结合，间接指导和直接指导相结合，并强调利用家庭和社区的资源促进幼儿的发展。例如，20世纪初期创办的银行街课程模式，将皮亚杰认知发展理论和精神分析学派的发展理论整合起来，把游戏作为教育的基本途径，注重为幼儿创设安全、有教育意义、多变的游戏环境，支持和鼓励幼儿的游戏，引导幼儿在游戏中探索与认识周围世界，学会发现问题、解决问题，学会与人交往合作，调节和表现自己的情绪。

高瞻课程强调幼儿的主动学习，也主张教师的指导作用。教师通过选择适当的、适合儿童身心发展的学习材料，以及通过鼓励儿童采用积极的解决问题的方法来进行学习等方式，在儿童的活动中扮演着重要的角色。因此，高瞻课程既不同于直接教学，也有别于以儿童为中心的课程。此外，高瞻课程还注重游戏在幼儿教育中的作用。该课程要求将幼儿园活动室安排成能满足幼儿进行各种不同类型游戏的、以自选的活动区为结构特色的游戏环境。在高瞻课程中，教师是幼儿游戏环境的创设者，要积极引导、组织和参与幼儿的游戏，以促进幼儿的发展。

方案教学强调教师的间接指导和直接指导相结合。在方案活动中，教师应注重创设环境和条件，激发儿童的兴趣，提升儿童行为的动机，使儿童能积极投入到活动中去；关注儿童已有的经验，尊重儿童的选择，以此作为组织和实施教育活动的出发点，在与儿童互动的过程中不失时机地介入儿童的活动，并对儿童提出挑战；注重与儿童一起学会共同生活，相互交流，认同和欣赏他人的工作。此外，家长的参与和社区资源的充分利用，在方案教学中也占有重要的地位。

瑞吉欧教育体系的课程受社会建构主义理论的影响，提出了“集体学习”的观点。这里的“集体”，不仅仅指的是儿童，还包括成人，如家长、教师、他校的成员、社区的成员等等。成人和儿童在一个学习集体中尽管扮演不同的角色，但都致力于教与学的文化建设。教师要观察儿童，让儿童有独立探索的机会，感受探索带来的快乐；教师要做出判断，在需要时介入和参与儿童的活动。“集体学习”过程能够产生有益于解决儿童认知冲突的社会交往，这是儿童与物体发生交互作用时所不可能产生的。此外，瑞吉欧教育体系还注重家庭与幼儿园关系的建立以及社区的参与，以推进三者的共同发展。

四、学前课程评价

学前课程评价是指对学前课程进行考察与分析，以确定其价值和适宜性的过程。学前课程评价要解决的基本问题有：为什么要评价？评价什么？谁来评价？以什么为评价标准和怎样评价？② 下面我们就从上述几个基本问题探讨来20世纪80年代以来世界学前课程评价的现状。

学前课程评价主要有以下三个目的：一是了解学前课程的目标是否实现，在这个意义上，学前课程评价是学前课程系统运动的最终环节；二是了解学前课程本身是否合适，是否需要改进，

---

① 世界学前教育组织、国际儿童教育协会：《全球幼儿教育大纲——21世纪国际幼儿教育研讨会文件(下)》，《幼儿教育》，2001年第4期。

② 冯晓霞主编：《幼儿园课程》，北京师范大学出版社2001年版，第112—113页。

在这个意义上,学前课程评价是学前课程进一步持续发展的基础,是新一轮课程系统运动的开始;①三是对学前课程进行管理,包括选择、推广课程和学前课程的质量鉴定等,在这个意义上,学前课程评价具有鉴别功能,是制订课程政策的基础。目前,学前课程评价的后两个目的已受到世界各国的普遍重视。其原因主要有三点:其一,学前课程目标不是一成不变的,而是处在动态发展过程中的,当前学前课程目标的实现不代表今后的学前课程目标一定实现,更何况学前课程目标不是完美无缺的,即使实现了课程目标也不能充分证明课程的质量;其二,从长远看,后两个目的更能促进学前课程的发展和推广;其三,目前世界对学前教育重要性的认识,加强了各国对学前课程的重视和管理。

学前课程评价的内容包括学前课程方案评价,学前课程实施过程评价和学前课程效果评价。其中,对学前课程方案评价主要包括对学前课程方案理念、方案结构和活动计划的评价;对学前课程实施的评价主要包括对学前课程生活活动、教学活动、游戏活动的评价;对学前课程实施效果的评价主要包括对儿童发展、教师发展和家长发展的评价。以往世界各国比较注重对学前课程方案和儿童发展的评价。例如,在学前课程方案方面,一些学者曾开展长期的、大规模的课程模式评价研究,如大卫·韦克特等人于20世纪70年代至80年代初在密歇根州对三种主要课程模式——直接教学模式、开放教学模式和幼儿中心模式进行的评价研究;路易斯·米勒等人于20世纪70年代在肯塔基州对两个直接教学模式(贝雷特—英格曼直接教学模式和苏珊·格里直接教学模式)和两个非直接教学模式(蒙台梭利模式和传统模式)进行的评价研究;美国联邦政府为制订新时期幼儿教育的政策,耗费巨资资助幼儿教育课程方案的制定并对其实施效果进行的评价等。②

然而,以上两个方面的评价还不足以说明学前课程的总体情况,对儿童发展的评价不一定能说明学前课程对儿童发展的影响。在研究中,很难做到被试样本的随机抽样。而且,不同的课程往往有不同的目标,如用相同的标准去进行评价,就无法反映其本来的价值。另外,儿童的发展受到很多因素的影响,他们也会对环境和课程产生不同的反应和影响。研究表明,虽然在课程实施水平相同的情况下,不同课程在为儿童的入学做准备方面效果相似,但其对儿童的发展的影响还是会有差异。运用了与儿童发展相适宜的学前课程的托幼机构,儿童在学业技能和创造性方面的得分比运用其他课程的机构里的儿童更高,且焦虑的程度较低。目前,世界各国在以上两个方面评价的基础上,开始注重学前课程评价其他方面的内容。根据我国著名学者周欣的研究,发达国家近年来在学前课程的评价标准上有相当的共性:如检查是否具有明确的课程哲学思想和目标;课程的结构是否合理(包括一日生活的日程安排,个别、小组和集体活动形式的时间分配等。一般要求在这几种活动形式的安排上有一定的平衡,并做到动静交替);在课程的内容上和教育活动方面,要求包含各个领域的活动内容,如小肌肉和大肌肉动作、积木、角色游戏、美工、音乐、科学、数学活动及计算机的运用等等,要求以儿童自己的操作活动为主,儿童有选择不同的材料和活动的机会,并以促进儿童各方面的发展为宗旨;教师的课程计划不仅要根据儿童的发展水

---

① 刘晓东、卢乐珍等著:《学前教育学》,江苏教育出版社2004年版,第402页。

② 虞永平等著:《幼儿园课程评价》,江苏教育出版社2006年版,第30页。

平和情况来制订，还要根据儿童的发展作出灵活的调整。①

学前课程评价的主体为管理人员、教师、幼儿以及家长等。学前课程评价的主体是指参与学前课程评价的人员及组织等。以往对学前教育机构中的学前课程评价多由管理人员和教师承担，幼儿和家长均排除在评价主体之外。当前世界各国都强调学前课程评价主体的多元化，主张参与学前课程评价的主体不能局限于其中的部分参与者，应让不同的主体基于各自的特长，共同对学前课程进行评价。应允许不同的学前课程评价主体充分发表自己的意见，并把各自的评价见解展示出来，从而认识到各方见解的合理性及局限性，并在此基础上通过对话达到新的融合，形成新的学前课程评价意见，从而建构合理的学前课程评价体系。

学前课程的基本评价标准是幼儿的全面发展。学前课程评价标准是衡量学前课程目标、内容、实施状况及其效果的操作性尺度，而这种尺度首先是一种衡量学前课程价值取向的尺度。各国的社会政治、社会经济和文化传统不同，不存在世界统一的学前课程评价标准；而且，由于各地情况和管理体制不同，在国家内部也存在着不同的学前课程评价标准。尽管如此，从全人发展的学前课程价值取向出发，很多国家都选择了将幼儿的全面发展作为学前课程的基本评价标准，即评价一个学前课程以是否真正促进幼儿全面发展为基本目标和评价尺度。

学前课程评价的方法主要有观察法、谈话法、作品分析法、问卷调查法和档案评估法等。观察法按照观察的时空条件、目的和角度的不同，可以分为自然观察法（包括描述观察、抽样观察、行为检核等）和情景观察法。谈话法通过与幼儿面对面交谈收集评价信息，包括直接回答的谈话、选择答案的谈话、自由回答的谈话、自然谈话等。作品分析法是收集幼儿不同时期具有代表性的作品，并对其进行分析，以了解幼儿发展水平的方法。问卷调查法是由评价者根据评价目的，向被调查对象发放问卷调查表，广泛收集幼儿发展信息的一种评价方法。档案评估法是一种综合性的评价法，兼容了多种具体的评价方法，如观察记录法、谈话法和作品分析法等。此外，一些国家还采用临床谈话法（clinical interview）和维果茨基学派的评估模式（Assessment in the Vygotskian Mode）等方法来考察幼儿的发展状况。临床谈话法是由皮亚杰提出的，其目的是了解儿童潜在的思维特征，具有灵活性、反应灵敏性和开放性的特点。但由于这种方法耗时较长，要求较高，因此普通教师要慎重使用。维果茨基学派的评估模式是根据维果茨基理论提出的评估模式，其目的是了解儿童的“最近发展区”，为教师的教学提供依据，以促进儿童的发展。②

第三节　学前课程模式

伊文思（Evans，E. D.）认为，课程模式是教育计划中的基本哲学、行政与教育成分的概念性

① 周欣：《托幼机构教育质量的内涵及其对儿童发展的影响》，《学前教育研究》，2003 年第 7—8 期。

② ［美］芭芭拉·鲍曼等主编：《渴望学习：教育我们的幼儿》，吴亦东等译，南京师范大学出版社 2005 年版，第 179—183 页。

表征。它包含了内部一致性的理论前提、行政政策和教学秩序,以达到所预期的教育成果。[①] 根据伊文思的观点,每一种课程模式都应由两个部分组成,其一是课程模式的理论基础,主要是心理学、哲学、社会学和知识论方面的观点;其二是课程本身所包含的要素,即课程的目标、内容、方法和评价。

在学前课程理论和实践的发展过程中,世界学前教育界出现了发展成熟论模式、银行街课程模式、蒙台梭利教育方案、直接教学模式、高瞻课程、凯米-德芙里斯课程、方案教学、瑞吉欧教育体系课程、发展适宜性课程、多元智力课程、五指活动课程和学前知识系统化教学等著名的学前课程模式。限于篇幅,本书仅探讨以下三种学前课程模式。

一、蒙台梭利教育方案

第二章我们曾介绍过蒙台梭利的儿童观、教育理论和教育实践及其对学前教育的影响。在此,我们主要探讨蒙台梭利教育方案(又称为蒙台梭利课程模式、蒙台梭利教育法)的有关问题。

(一) 蒙台梭利教育方案的理论基础

蒙台梭利教育方案的理论基础主要是蒙台梭利的儿童观。在蒙台梭利看来,儿童具有内在的潜能、具有独特的"心理胚胎期"、具有吸引力的心理;儿童的心理发展具有敏感期和阶段性。这部分内容在第二章已有阐述,在此不再赘述。

(二) 蒙台梭利教育方案的要素

1. 目标

蒙台梭利教育方案的目标是帮助儿童形成健全的人格,并通过培养具有健全人格的儿童,建设理想的和平社会。蒙台梭利认为,每一个儿童都具备自我发展并形成健全人格的生命力,但这只是一种发展的可能性,儿童发展的状况要看他们"会吸收的大脑"吸收环境的情况。因此,为了使儿童得到良好的发展,教育者头脑中要有一个理想的儿童形象作为教育的目标。可见,蒙台梭利把教育者头脑中应该具有的关于儿童发展的理想形象——具有健全人格的儿童作为教育应该追求的目标。

经历了两次世界大战的蒙台梭利把建设理想的和平社会看作是教育的最终目标。在她看来,"和平"并不意味着仅仅依靠武力和政治来防止战争和解决纠纷,它是指通过教育培养新人类,并通过新人类创造理想的和平社会。

综上所述,蒙台梭利教育方案的目标可以归结为两个方面:其一是帮助儿童形成健全人格——创造新人类;其二是通过培养具有健全人格的儿童建设理想的和平社会——创建新社会。二者是相互依存、相辅相成的,需要经过长期的教育而逐渐形成。前者是直接目标,后者是最终目标。教育就是对这二者的长期的、持续不断的追求;教育的目标就是创造新人类和创建新社会二者完美的结合。

---

① 简楚瑛著:《学前教育课程模式》,华东师范大学出版社 2005 年版,第 1 页。

2. 内容

蒙台梭利教育方案的内容主要包括主题教育活动和区域教育活动两大方面。[①]

主题教育活动主要是指教师和幼儿一起在用红黄等色的标志线围成的圆圈中进行的团体教育活动。主题教育活动的内容丰富多彩，可以根据幼儿发展的情况、儿童周围环境变化的情况，特别是自然界和社会变化的情况，进行多种安排；主题教育活动的方式和手段多种多样，可以通过语言活动、身体活动来进行，也可以通过艺术创造或外出参观访问等多种活动来进行。

区域教育活动可以理解为分组教育活动——不同的区域自然地将幼儿的活动分成不同的活动小组；也可以理解为个别教育活动——每个幼儿都可以自由地选择活动区域及区域中的活动材料。需要指出的是，由于蒙台梭利强调应该让幼儿在“有准备的环境”中通过和环境相互作用得到发展，因此她的区域教育活动遵循一个重要的原则，即将所有区域教育活动的内容都“物化”为符合幼儿特点的活动对象，让幼儿在和环境的相互作用中获得心理的发展。

蒙台梭利的区域教育活动内容主要分为日常生活训练、感官教育、数学教育、语言教育、文化科学教育、历史地理教育和艺术表现几个方面。以上只是蒙台梭利室内教育活动的主要方面。事实上，蒙台梭利从不认为教育活动内容仅仅局限于室内，室外教育如大肌肉活动、幼儿园外的各种交往，以及在交往中学习和发展的活动等，都是蒙台梭利教育内容的重要组成部分。

3. 方法

蒙台梭利教育方案以“有准备的环境”为核心，由“有准备的环境”、作为“导师”的教师、作为教具的“工作材料”三个要素组成。[②]“有准备的环境”在第二章中已有阐述，在此主要介绍后两者。

蒙台梭利认为，教育不是教师自上而下地教授，而是教师协助儿童自下而上地自我发展。正是从这种教师观出发，蒙台梭利把儿童之家的教师称为“导”师，而不是“教”师。在蒙台梭利教育方案中，导师有三个主要任务：一是提供有准备的环境；二是引导儿童积极、主动地探究环境、操作环境、发现并解决环境中的问题，让儿童切实成为活动中的主体；三是在观察和了解儿童的基础上，正确评价儿童的活动，不断地为儿童提供能够激发儿童好奇心、求知欲、促进他们向更高水平发展的活动环境和材料，使导师的工作进入“提供环境——进行引导——调整环境——进行引导”的良性循环，从而促进儿童的可持续发展。

蒙台梭利将她创造的教具称为“工作材料”。这些工作材料不是教师教学的辅助材料，而是一种辅助儿童生长发展的媒介，是儿童自发工作的操作材料，具有充分的教育意义。蒙台梭利的教具大体可分为四类：生活训练教具、感官教具、学术性教具和文化艺术性教具。蒙台梭利在设计这些工作材料时一般遵循以下的原则：其一是困难度孤立原则，即一种工作材料只发展儿童某一个方面的一种具体能力，把儿童学习的重点或难点孤立起来，以确保儿童某一个方面的一种具体能力得到真正有效的发展；其二是自动控制错误原则，即每一种工作材料都可以自动提示儿童操作的正确与否，儿童按照工作材料本身的提示和指引就可以得到应有的学习和发展；其三是顺

---

① 史静寰、周采主编：《学前比较教育》，辽宁师范大学出版社 2002 年版，第 277 页。

② 同上书，第 278 页。

序操作原则,即每一种工作材料都有作为其准备的另一种工作材料,同时,每一种工作材料又是另一种工作材料的准备,儿童对工作材料的操作应该遵循从简单到复杂、从具体到抽象的原则;其四是内在奖惩原则,即每一种工作材料都应该能够满足儿童内在的发展需求,能够长时间地把儿童的注意力吸引在操作工作材料的活动中。

蒙台梭利把构成其教育方法的三个要素看作彼此间相互联系、相辅相成的整体。在这个整体中,"有准备的环境"是具有根本意义的,而其他两个要素既可以看作是蒙台梭利教育方案的构成要件,也可以看作是"有准备的环境"的重要成分或内容。

4. 评价

蒙台梭利教育方案不重视课程评价,也没有明确地对课程评价进行定义。这与蒙台梭利教育方案的操作过程有一定的关系。在蒙台梭利教育方案中,儿童的学习主要是通过对"有准备的环境"中教具的操作进行,而教具具有自我矫正的功能,儿童可以进行自我教育。教师的评价主要是为了鼓励和引导儿童的活动,并通过不断调整教育材料,促进儿童的良好发展。[①] 因此,蒙台梭利教育方案的评价是隐性的,是为发展服务的过程性评价。

(三)对蒙台梭利教育方案的评价

在世界学前课程模式中,蒙台梭利教育方案占有重要的地位。美国学者珍尼特·沃斯(Vos, Jeanette)和新西兰学者戈登·德莱顿(Dryden, Gordon)在《学习与革命》一书中,称赞蒙台梭利教育方案是"世界上最好的教育思想"和"世界上一流的学前教育"。[②] 美国著名幼儿教育家舍利·摩尔(Moore, Shirley)与萨利·基尔默(Kilmer, Sally)在《当代学前教育——一项学前教育计划》一书中明确指出:"当代讨论学前教育的文章,如果没有论及蒙台梭利体系,便不能算作完全。"凯丁·麦克尼克尔斯(McNichols, Chattin)在大量实验研究的基础上指出:"毋庸置疑,蒙台梭利模式像一块性能优越的磁铁,它以自己在成就测验中的优秀成绩吸引了众多的儿童进入。"[③]但是,由于时代的限制等原因,蒙台梭利教育方案也具有一定的局限性。例如,蒙台梭利教育方案强调孤立的感官训练,忽视儿童创造力的培养,过于强调读、写、算,忽视儿童的生活经验,偏重智力训练而忽视情感陶冶和社会化过程。

针对上述问题,蒙台梭利教育思想的新一代追随者对此进行了改进和发展,其主要表现在:一是扩展了课程内容,将原有的五大领域扩展为十大领域,分别为日常生活训练、感觉教育、语言教育、数学教育、文化教育、体能(大肌肉活动)、音乐教育、美术教育、戏剧(角色扮演)、社会教育(包括社会交往技能的练习);二是强调课程的实质,认为教师应该回应学习者,支持他们与环境的相互作用,不要过于拘泥于形式;三是关注儿童的现实生活和经验,将蒙台梭利教育方案与单元主题方案有机地结合起来,开展"蒙台梭利幼儿单元活动"。[④] 这些改革促进了蒙台梭利教育方

① 霍力岩等著:《多元智力理论与多元智力课程研究》,教育科学出版社 2003 年版,第 162 页。

② [美]珍妮特·沃斯、[新西兰]戈登·德莱顿著:《学习与革命》,顾瑞荣等译,上海三联书店 1998 年版,第 243、245 页。

③ 史静寰、周采主编:《学前比较教育》,辽宁师范大学出版社 2002 年版,第 296 页。

④ 冯晓霞主编:《幼儿园课程》,北京师范大学出版社 2001 年版,第 150 页。

案在当代的发展。

二、高瞻课程

高瞻课程(High Scope Preschool Curriculum)是由维卡特(Weikart, D. P.)和他的同事在1962年创建的方案,当时它是美国密歇根州海伊斯科普佩里学校学前教育科研项目的一部分。1963年,课程开发人员开始接触皮亚杰的理论,并开始根据皮亚杰的认知发展理论来设计课程,即后来的高瞻认知发展课程。20世纪70年代初,认知发展课程在根据一整套关键经验来组织学校课程方面取得了重要突破,这套关键经验主要来源于皮亚杰的发展理论和参与课程开发的学者们在10年的儿童教育实验中获得的经验。70年代以后,高瞻课程也被广泛运用于所有的经济背景和所有的能力水平的儿童,取得了巨大的成功。90年代以后,高瞻课程已经运用到世界许多国家,成为当代主要的学前课程模式之一。

(一) 高瞻课程的理论基础

高瞻课程主要以皮亚杰的儿童发展理论为基础。但在不同的发展阶段,高瞻课程的理论基础有所不同,基本观点也有所变化。

在第一阶段(1963—1971),高瞻课程的理论基础是皮亚杰儿童发展理论的“结构论”部分。在这一阶段,高瞻课程认为“教育体系应当去适应儿童的需要”,为此强调要为儿童提供“能有效促进儿童发展的教育”。

在第二阶段(1972—1979),高瞻课程的理论基础是皮亚杰儿童发展理论的“建构论”部分。在这一阶段,高瞻课程由强调皮亚杰的认知性工作转变到强调儿童是知识的建构者,强调儿童的主体性和主动性。

在第三阶段(1980—现在),高瞻课程的理论基础仍是皮亚杰儿童发展理论的“建构论”部分。在这一阶段,高瞻课程更强调学习过程中儿童的主体性和主动性,将“主动学习”从第二阶段的主要学习经验之一提升为整个课程发展的核心。

(二) 高瞻课程的要素

1. 目标

在第一阶段,高瞻课程的目标是有效地促进儿童认知能力的发展,为今后的学习成功奠定基础。在第二、三阶段,高瞻课程强调以儿童的主动学习为中心,促进儿童的认知、情感、社会性的协调发展,培养主动的学习者。主动学习不仅是一个教学策略,而且是目标本身。

2. 内容

高瞻课程的内容在不同的阶段有所不同。在第二阶段,高瞻课程的内容包括49条关键经验,共分为五类:主动学习、语言运用、经验和表征、发展逻辑推理、理解时间和空间。在第三阶段,高瞻课程的内容扩展为58条关键经验,共分为十类:社会关系与创造性、语言、创造性表现、音乐、运动、分类、顺序排列、数字、空间与时间。以创造性表现为例,共有六条关键经验:(1)通过感官认识物体;(2)模仿各种动作和声音;(3)把模型、照片、图片与真实的场景及事物联系起来;(4)假装与角色游戏;(5)用黏土、积木和其他材料造型;(6)涂色与绘画。

3. 方法

高瞻课程的方法可以从学习环境、一日活动和成人的角色三个方面来考察。

高瞻课程通过提供学习环境,使儿童能够积极地开展学习活动和建构知识。具体而言,所提供的学习环境要考虑三个方面:一是空间的组织。空间的设计要具有吸引力,软硬度、色彩、光线、舒适感等物理因素都应加以考虑。空间的规划要符合活动时段、午餐、午睡等不同时间的需要。二是学习中心区和活动区的划分。教师划分学习中心区与活动区要遵循以下原则:应考虑儿童的兴趣;增加儿童积极参加排练顺序、数字、时间关系、分类、空间关系与语言发展的机会;加强对必要的技能与概念学习和运用的机会。三是材料的提供。要能让儿童自由取用材料,便于儿童用完后能自动放回;材料的数量要充足并具有多样性;材料要能够和儿童的实际生活相结合;材料要便于儿童操作。

高瞻课程通过一日活动引导儿童的主动学习,并通过儿童的一日活动向教师提供了解儿童学习水平的机会。高瞻课程的一日活动分为以下几个时段:

第一,计划—工作—回顾时间。这是一日活动中最长的时段,其目的是根据儿童的兴趣发展儿童的能力。在计划阶段,儿童思考当天想做的事情,并与教师讨论,教师给予反馈,使儿童对当日的活动有清晰、具体的目标。在工作阶段,儿童根据计划开始独立工作或与他人合作,直到他完成既定目标或放弃计划为止。当儿童在工作时,成人要注意观察,并适当地给以协助和支持。工作时间一般为45—55分钟,之后儿童打扫工作场所,并将未完成的工作收到橱柜内,工具材料放回原处,进行下一阶段的活动。在回顾阶段,儿童聚集在一起讨论他们当天的活动。

第二,小组活动时间。在这个时段,成人带领5—10名儿童一起完成教师预先计划好的活动。活动内容、操作材料甚至同伴都是教师根据儿童的发展需要而精心安排的,以帮助儿童获得对其发展有益的关键经验。

第三,集体活动时间。这个时段是成人和全班儿童一起活动的时段,一般是一起唱歌、跳舞、讲故事、玩游戏、讲述生活经验等。这一时段的目的是让成人与儿童有共同活动、分享和体验的机会,为儿童提供参与群体生活的关键经验,培养他们的集体归属感。

第四,户外活动时间。每天为儿童提供1—2次户外活动的机会,每次30—40分钟,让儿童有时间做大肌肉的活动,有机会和同伴交往并发明新的游戏方式与规则。此外,还有两个过渡时段:一是活动与活动之间的转换时间;二是点心、午餐与休息时间。

在高瞻课程中,教师的作用是支持儿童的主动学习。具体来说,一是提供丰富的材料和活动,为儿童选择材料和活动创造条件;二是明确要求儿童运用某种方式决定计划和制订目标,并在完成任务的过程中找到解决问题的不同方法;三是通过提问、建议和环境设计,为儿童创造一定的活动场景,以帮助儿童获得思维、语言和社会性等方面的关键经验。由于高瞻课程强调家庭的参与、家庭和幼教机构的合作,因此,在教学时教室里除了教师外也常有家长或志愿者参加。这些成人和教师一样,也是儿童主动学习的支持者。

4. 评价

高瞻课程重视对儿童发展的评估,认为它是课程的起点。高瞻课程主要通过情景性评估来评价儿童发展，以了解、分析儿童的发展水平，并以此为依据指导下一步的工作。教师评估的具体工作有：观察儿童；记录引人注意的行为和表现；与儿童交谈。在每天的教师工作会上，教师要讨论观察的结果，分析记录中所蕴涵的信息。

高瞻课程在多年研究的基础上编制了评估儿童的工具。它可以评估儿童的主动性、社会交往能力、创造性表现、音乐与运动、语言与文字和数理逻辑六方面的内容。这样，教师可以更清楚地了解儿童的发展水平，更好地与家长沟通，更有针对性地进行个别教育，从而更好地促进儿童的发展。

(三) 对高瞻课程的评价

高瞻课程是当今世界上具有广泛影响的学前教育方案之一。我国学者冯晓霞认为，与同是皮亚杰式学前课程的凯米—德渥里斯(Kamii-Devries)课程相比，高瞻课程具有如下特点：①

一是以结构化了的“关键经验”作为建构课程的框架。关键经验是课程设计者希望幼儿在活动中获得的、对达成教育目标至关重要的学习经验，是通向目标的桥梁。高瞻课程将“促进幼儿认知能力的发展，培养主动的学习者”的目标转化为一系列必要的“关键经验”，以这些重要的学习经验为核心来组织课程，使得教师真正把注意力指向儿童，指向儿童的活动课程。

二是通过环境进行教育。高瞻课程从皮亚杰理论中“智慧起源于动作，是儿童与环境相互作用的产物”的思想出发，非常重视环境的创设布置和材料的提供。要求环境及其材料必须是吸引人的，能引发和支持儿童多种多样的探索活动。让儿童运用精心选择的材料开展活动，在活动中发展，尽管这不是高瞻课程的独创，但也是它的特色之一。

三是在强调幼儿主动学习的同时，突出教师的指导作用。在高瞻课程中，设计学习经验的责任由教师和儿童共同承担。在活动区更多进行的是儿童自发的活动，而小组活动时间则是由成人来组织活动，这就既保证了儿童的主动学习，又平衡了他们的学习经验，有利于促进儿童全面、均衡的发展。另一方面，即便是在儿童自发的兴趣区活动中，成人也可以借助于物化了课程目标的材料来平衡、调整课程，这就较好地处理了在教育过程中师生相互作用的关系。

四是重视语言在幼儿思维活动中的作用。在高瞻课程独特的一日活动安排中，“计划——工作——回顾”这几个环节充分发挥了语言对思维和行动的调节、控制、反思作用，促进了幼儿行动的目的性、计划性和元认知的发展。从这一点上，我们明显看到维果茨基的影子。

五是方案具有较强的操作性。课程的每个部分既有指导性，又有具体应对的策略，并列举了大量的实例。例如：在兴趣区的创设上，方案不仅指出了总的指导原则，而且就每个兴趣区可以发展的关键经验、可以安排在教室的位置、应投放的材料、摆放方法等提出了具体的要求与建议，同时对这些要求与建议的必要性或可能产生的效果作了详细的说明。

此外，和世界上其他一些学前课程模式相比，高瞻课程还有如下一些优点：首先，在众多的学前课程模式中，它是一种以高质量著称的、服务于学前儿童的、有系统、有组织的课程模式。其次，经过30多年的深入研究，它已日趋成熟。我们在第三章中谈到的佩里学前教育研究计划不仅

---

① 冯晓霞主编：《幼儿园课程》，北京师范大学出版社2001年版，第190页。

证明了学前教育的重要作用,而且也证明了高瞻课程的有效性。第三,它花费低廉,不要求使用特殊的材料,适合所有的经济背景的儿童;第四,它具有可操作性,便于教师掌握;最后,它拥有一个由高瞻基金会提供培训与支持的广泛的网络系统,可帮助世界各国的教育者学习和运用高瞻课程。正因为如此,高瞻课程已成为当今世界上具有广泛影响的学前教育方案之一,而且其影响力还在日益增强。

三、瑞吉欧教育体系的课程

瑞吉欧·艾米里亚是意大利北部的一个小城市,具有良好的城市公共生活的传统与艺术、人文的精神氛围。20世纪60年代以来,该市在洛瑞斯·马拉古兹(Malaguzzi, Loris)的倡导和领导下,建立了一个公共的儿童保教系统,形成了一个颇具特色的、富有开创性的学前教育体系——瑞吉欧·艾米里亚教育体系(以下简称"瑞吉欧教育体系")。它被视为欧洲教育改革的典范,并在1991年被美国《新闻周刊》评选为"全世界最好的教育系统之一"。在此,我们主要探讨瑞吉欧教育体系的课程(以下简称"瑞吉欧课程")。

(一) 瑞吉欧课程的理论基础

1. 进步主义教育

杜威从实用主义哲学出发,主张"教育即生活"、"教育即生长"和"教育即经验的改造",并提出了"做中学"的教学原则,指出应使用问题教学法让儿童在生活中去发现问题和解决问题。杜威认为,在课程设计和教材选择中,应以儿童的兴趣和自由为导向,但也不可忽略逻辑地组织经验的价值,应将学科的知识融入儿童的经验之中。在杜威进步主义教育思想的影响下,克伯屈提出了"设计教学法"(the Project Method),艾沙克斯开展了"英国幼儿学校"(British Infant School)教育实践。这些进步主义的教育思想和实践对瑞吉欧教育体系的儿童观、教育目的、教育价值观等产生了很大的影响。此外,瑞吉欧以方案活动为中心的课程设计思想与组织方式,也可以从"教育即生活"、"教育即生长"和"主动作业"的生活教育思想中找到渊源。

2. 建构主义理论

皮亚杰的建构主义理论对瑞吉欧课程产生了重要的影响。皮亚杰的发生认识论研究的是认识发生、发展的过程及认识的结果和心理起源的问题。从本质上说,皮亚杰的发生认识论是一种知识的建构理论,强调个体内在的机制——同化和顺应在认知发展中的作用。① 在皮亚杰心理学理论的影响下,瑞吉欧课程强调幼儿的主动学习,主张教育要以幼儿的年龄为依据,要促进幼儿对知识的自主建构,要发挥幼儿的创造性。

但是,马拉古兹等瑞吉欧的幼教工作者也发现了皮亚杰理论存在着一些问题,诸如低估成人提升幼儿认知发展的角色,认知、情感和道德发展被视为是分开、平行的发展,过于强调结构式阶段,对逻辑数学思考能力的过度重视和过度使用生物科学和物理学的研究模式等。为此,马拉古兹等人开始吸纳社会建构主义的观点,认为个体的认知建构只是学习和发展的复杂过程中的一

① 史静寰、周采主编:《学前比较教育》,辽宁师范大学出版社2002年版,第391页。

个组成部分，学习与社会文化环境存在着密切的关系。他们赞同维果茨基社会建构论中的许多观点，指出："维果茨基告诉我们，思维与语言是如何在形成想法，计划行动，然后去执行、控制、描述以及对行动进行讨论这些过程中共同起作用的。在教育上，这是一个宝贵的见解。""维果茨基的建议至今仍有价值，它使教师的广泛参与合理化。在瑞吉欧，维果茨基的方法与我们对待教与学这一两难问题的态度，以及个体获取知识的生态学方法是一致的。"①

总之，瑞吉欧课程吸收了进步主义教育思潮和建构主义理论，并将这些理论与瑞吉欧的学前教育实践结合起来，在实践中验证理论，提升自己的观点。例如，维果茨基认为游戏是揭示儿童最近发展区的最佳环境，但在瑞吉欧的幼教工作者看来，游戏固然是一种促进幼儿发展的途径，但比不上复杂而长期的、儿童和成人都投入其中的方案活动。又如，受当今社会建构主义理论的影响，瑞吉欧的幼教工作者提出了关于个体和集体学习关系问题。马拉古兹等人认为，未来的社会要求能把儿童培养成为"不同的个体"，而这些"不同的个体"应该懂得如何去聆听、尊重和承认他人的观点，包括与自己相反的观点，能与他人共同解决问题，能通过更为复杂的方式和途径去解释和理解世界；"集体学习"中的"集体"，不仅仅指的是儿童，还包括成人，如家长、教师、他校的成员、社区成员，等等，成人和儿童在一个学习集体中尽管扮演不同的角色，但都致力于一种教与学的文化建设。

（二）瑞吉欧课程的要素

1. 目标

瑞吉欧课程继承和发扬了很多杜威的实用主义思想，包括"教育无目的论"。基于教育即生长、即生活、即经验不断改组的认识，杜威提出，教育只是一种过程，除这一过程的自身发展之外，教育无目的。杜威强调教育无目的，是针对传统的灌输教育而言的，似乎有点矫枉过正。但事实上，他反对的是一般的终极目的，是社会的、政治的抽象目的，而并不反对可以帮助教育过程顺利进行的具体教育目的。他强调的是目的和过程的统一性，认为教育的目的体现在过程中，这也符合他对教育本质的认识。在他看来，教育目的是教育者在不同阶段根据不同的教育内容而制订的，教育的目的是发展的、可变的。

瑞吉欧课程体现了杜威的教育目的观。它在其具体的方案教学中，要求提前制订一般性的教育目标，但事实上这一计划只是提供一个弹性而又复杂的基本框架，是教师根据自己对儿童的了解以及前期的经验对可能出现的种种情况作出假设而形成的弹性目标，是对种种可能性的预测；它是弹性和开放的，由教师根据活动中幼儿的反应以及活动的进程来确定活动的发展方向和课程目标。一个目标达到之后，又会有新的目标产生，方案活动成了联系一个又一个目标的纽带。显然，这里的教育目的是变化的、发展的。②

尽管如此，瑞吉欧课程仍然有一定的课程目标和方向，即增加儿童创造和发现的可能性，促进孩子在认知、情感、象征性等多方面的发展，扩大孩子的交流渠道，掌握各种交流技巧和手段，

---

① 朱家雄著：《幼儿园课程》，华东师范大学出版 2003 年版，第 273 页。
② 霍力岩等著：《多元智力理论与多元智力课程研究》，教育科学出版社 2003 年版，第 156 页。

在认识到自己的独特性之余,也承认其他儿童的存在,认识到世界是多元化的。由此可见,瑞吉欧课程虽然提倡发展的、可变的教育目的,但却有笼统的课程目标和方向,可供教师参考和努力。

2. 内容

瑞吉欧课程没有明确规定的课程内容,课程内容来自周围的环境,来自儿童生活中感兴趣的事物、现象和问题,来自他们的各种活动。瑞吉欧课程的实践表明,并非经验的新颖或奇异决定幼儿的兴趣和学习的意义;恰恰相反,充分地揭示日常生活中的意义对幼儿更具有深刻的价值和趣味。① 广场上的狮子雕像、城市中的雨、雨中的城市、人群、孩子、跳远、百货商店……都是课程内容的来源。例如,虽然狮子雕像已经在广场上屹立了几个世纪,但幼儿仍对它具有浓厚的兴趣。他们从各个角度观察它,用相机拍摄它,用彩笔描绘它,用黏土雕塑它,用道具和动作扮演它……用不同的图像表达,用各种方式说明。幼儿描述所观察的事实,加入自己的想象,建构了对狮子雕像新的理解。

除了围绕自己感兴趣的事物和问题开展方案活动外,儿童尤其是幼儿还从事其他一些活动,如积木游戏、角色游戏、听故事、游戏表演、烹调、家务活动、颜料画、拼贴画和黏土手工等。

3. 方法

瑞吉欧课程的方法主要体现在空间设计、方案活动和教师的角色三个方面。

(1) 空间设计。瑞吉欧的幼教工作者认为"空间是教育取向的重要成分",因此注重幼教机构的空间设计。瑞吉欧幼教机构的空间设计有以下几个特点:

首先,将社会建构理论运用在空间设计中。瑞吉欧的幼教工作者以崭新的方式,将社会建构理论运用在幼教机构的空间设计中。他们认为,空间是一个可以支持社会互动、探索与学习的"容器";空间具有教育意义,能够对幼儿互动的经验以及建构式学习产生刺激。因此,他们精心设计幼教机构的整体结构,挑选各种材料以及吸引幼儿探索的事物,以确保每一个幼儿拥有幸福感和归属感,以激发人与人之间的交流以及人与物之间的互动。

为了加强瑞吉欧幼教机构与社区的联系,促进瑞吉欧的幼儿、教育工作者与家长、社区成员的互动,瑞吉欧的幼教工作者将幼教机构设在社区的中心地段,以便社区民众可以清楚地看见幼儿与教师们的生活;同时也便于幼儿到社区去探索,使社区成为幼教机构空间的延伸。

为了更好地促进人与人的交流以及人与物的互动,瑞吉欧幼教机构一般都设有"广场"和"艺术工作室"。"广场"取名于城市中的一个中心广场,是幼教机构中央的一个过道,连接机构内部各个不同的建筑。"广场"不仅仅是教室空间的延伸,而且还鼓励许多不同的意见和活动。"'广场'是一个信息川流不息的地方,不论是在幼儿或成人之间,在此处所进行的意见交流会变得更有品质,幼儿与成人愈经常地在此碰面,就有愈多的点子出现。我们可以这样说:'广场'是一个想法降临和出发的地方。"②

艺术工作室是允许儿童探索各种语言、各种表达方式的场所,也是教师研究儿童及其活动的

---

① 冯晓霞主编:《幼儿园课程》,北京师范大学出版社 2001 年版,第 195 页。

② [美]卡洛琳·爱德华兹、莱拉·甘第尼、乔治·福尔曼编著:《儿童的一百种语言》,罗雅芬等译,南京师范大学出版社 2006 年版,第 160 页。

场所。这里的气氛是自由而宽松的,艺术成为儿童建构思维和体验的媒介,成为教师自身专业发展的文化载体。艺术工作室可提供充分的复杂材料和工具,给儿童运用各种表征、在各种表征之间转换提供机会,让儿童发现自己擅长用哪种语言进行沟通。另外,教师还可借艺术工作室让家长知道学校所做的一切,以此来获得家长的支持和认可;对儿童进行深入调查,发现儿童的个体差异以及在选择表达方式上的性别差异;回顾和反思儿童的工作历程,为教师的记录提供机会,帮助教师修正自己观察和记录的方法。

其次,反映城市文化和校园文化。除了前述的"广场"体现出意大利城市交流与合作的文化外,瑞吉欧幼教机构的空间设计还在很多方面反映了意大利城市文化和幼教机构的校园文化。其主要表现有以下两个方面:首先,幼教机构重视空间的美感与协调设计。墙面的色彩、透过大窗户映照入室的阳光、栽种健康有氧的绿色植物等细节,都体现了空间美感与协调的设计理念;对环境外观以及井然有序的家庭生活气氛的留意,也表现出意大利文化社会互动的特点。其次,每个幼教机构都显示出各自的文化特色。从如何决定校舍的形式、设计、兴趣,到来源于每一位幼儿、每一个家庭的生活经验以及家长参与校务的方式,都显示出每个幼教机构的特殊风情。在瑞吉欧,除了有宾至如归的气氛之外,在这里度过三年时光的幼儿在幼教机构里留下了足迹,成为校园文化的一个部分。

再次,符合不同年龄幼儿的发展水平。瑞吉欧幼教机构设有婴幼儿中心和学前班,以适应不同年龄幼儿的发展水平。婴幼儿中心注重提供安全、舒适的环境,以满足婴幼儿对亲密关系和养育的需求。在一进门的地方,有舒适的藤椅让家长和婴幼儿能够悠闲自在地坐在那里,与他人见面或与教师谈话。铺着地毯的房间有许多枕头,婴幼儿在那里可以安全地爬行,或依偎在教师的怀里,与教师一起看图画书或聆听故事。婴幼儿中心还设有艺术工作室,以便婴幼儿利用水彩、彩色笔、面粉、黏土及更多材料进行探索活动。

和婴幼儿中心相比,学前班有更多的空间摆设许多无结构性的玩具,例如积木、乐高积木、玩具动物和回收的材料等。地毯铺设的范围面积也比较大,以便幼儿在地板上玩游戏。学前班还设有宽敞的"娃娃家",里面有许多小的陶器复制品和常用餐具,不同形状的罐子里装着意大利面和五颜六色的豆子。此外,学前班还设有艺术工作坊,可供幼儿操作和探索。

另外,具有教学与记录的功能。瑞吉欧幼教机构的空间具有教学与记录的功能。用马拉古兹的话来说,"我们学前学校的墙壁会说话,能够利用壁面的空间暂时或永久性地展示出幼儿及成人的生活。"①

瑞吉欧幼教机构在校园各处展示幼儿的作品。事实上,这是幼儿与教师共同创造校园文化的一种方式。教师们认真挑选和展示幼儿的作品,并在幼儿作品的旁边注有教师意见,再加上用来说明整个活动程序的相片,还有相关活动或项目的想法及不同阶段的说明。因此,瑞吉欧幼教机构中幼儿作品的展示除了设计良好及使空间更为吸引人之外,也提供特殊活动、教育性项目及相关内容的记录。

---

① [美]卡洛琳·爱德华兹、莱拉·甘第尼、乔治·福尔曼编著:《儿童的一百种语言》,罗雅芬等译,南京师范大学出版社2006年版,第171页。

(2) 方案活动。瑞吉欧课程主要是以方案活动的方式展开的。所谓方案活动,指的是这样一种课程组织形式:儿童在教师的支持、帮助和引导下,像研究人员一样,围绕某个大家感兴趣的生活中的"课题"进行研究、探讨,在共同的研究探讨中发现知识、理解意义、建构认识。方案活动主要采取小组活动的方式,有时也有个人或全班集体的活动。① 瑞吉欧的方案活动主要有以下几个特点:②

第一,创造性表现和表达是知识建构的基本要素。马拉古兹认为,只要成人能为儿童安排促进其创造性发展的环境,儿童就有可能运用多种符号系统表现和表达自己。在课程实施过程中,教师鼓励儿童运用各种符号系统,创造性地表现和表达自我。瑞吉欧学校为儿童提供大量的材料,如黏土、画纸、画笔等,让儿童以此作为媒介而自由表现和表达。每个学校都有一个美术活动室,并配有专职的美术教师,儿童以小组的形式,在美术活动室内进行方案活动。

第二,共同建构在方案活动中有重要的地位。瑞吉欧课程强调儿童学习和发展中社会交往的重要性,相信儿童在作用于材料的过程中会产生与他人交流自己想法的需要,并在与他人相互作用的过程中共同建构知识。方案活动多以小组方式进行,儿童可作自由选择。在方案活动中,教师重视儿童本身的发展水平和兴趣,以及儿童与他人的合作、分享、交流和协商。

马拉古兹相信,对于儿童而言,最好的学习发生在儿童之间以及在儿童的家庭中。瑞吉欧幼教机构有三个突出的特点:一是注重发展人际关系,让儿童不仅在自己与同龄儿童间和与成人间形成良好的人际关系,并且让儿童懂得建立这些人际关系的重要性。二是注重让儿童学会如何与人协作,通过方案活动,为儿童提供机会,去认识协作的益处;三是注重让儿童学会接纳和欣赏别人的思想和观点,使他们能从各种角度来审视世界,在与他人的协同工作中弥补自己知识和经验的不足,在检查和评价别人的工作中获益。总之,在瑞吉欧幼教机构中,相互尊重、与人分享的价值观被融入课程纲要和具体实施方案之中。

第三,记录既是学习的过程,又是学习的结果。瑞吉欧幼教机构教室的墙上贴满了记录儿童活动过程的各种材料,特别是他们参与长期方案活动的材料。教师运用文字、录像和照片等视觉记录材料,与儿童、家长一起重温活动过程,为教师和家长了解儿童创造机会,也为儿童共同建构知识提供条件。在瑞吉欧幼教机构中,教师在儿童活动的过程中听取和参与儿童的交谈,用录像和照片记录儿童的活动过程,来获取有关儿童所想、所知和所感的信息,从而更好地实施课程。

(3) 教师的角色。在瑞吉欧课程中,教师的工作包括以下几个方面:①促进幼儿在认知、社会、生理以及情感方面的学习;②班级经营;③环境的准备;④养育以及引导;⑤与重要的相关人员沟通(如家长、同事、行政人员、民众);⑥专业成长的追求;⑦积极投入政策实施以维护公立学前教育;⑧对每日教学进行系统性的研究以达成课程规划、教师发展以及专业化传播的目标。概括而言,在瑞吉欧课程中,教师是儿童的伙伴、园丁和向导。这主要体现在以下三个方面。③

---

① 冯晓霞主编:《幼儿园课程》,北京师范大学出版社 2001 年版,第 196 页。

② 朱家雄著:《幼儿园课程》(第二版),华东师范大学出版社 2011 年版,第 229—230 页。

③ [美]卡洛琳·爱德华兹、莱拉·甘第尼、乔治·福尔曼编著:《儿童的一百种语言》,罗雅芬等译,南京师范大学出版社 2006 年版,第 177—188 页。

第一，倾听幼儿。“倾听”的行为是瑞吉欧幼教机构教师角色的中心。“倾听”的意义代表着对幼儿全心全意的关注，同时，也包括录音和记录所观察到的事物，作为和幼儿与家长共同决定时的参考。瑞吉欧的教师是“时机的分配者”，是儿童学习活动的“资源提供者”，而不是法官。因此，教师必须与幼儿进行一种智慧上的对话，并与他们一起兴奋。虽然学习是一件严肃的事情，但教师应以一种游戏和尊重的精神对待儿童的学习，满腔热忱地“接住儿童扔给教师的球”。总之，教师的职责中心在于通过倾听和对话，去了解和理解幼儿，走进幼儿主动学习的世界。

第二，螺旋式学习与共同控制。瑞吉欧的教师认为，应该从整体、循环式的角度来看待教师角色，而非片断的或直线式的。这样一个循环系统在三个主角(教育工作者、儿童以及家长)的互助关系中以及从时间的角度里可以看出。教师所采取的行动并不一定依照顺序发生，或只发生一次，而是持续不断地重复进行，并重新审视。瑞吉欧的教师们采用一种较大的时间单位(星期、月份，或者用一整年)中的每日时间循环来评价幼儿的所作所为。这种非直线的螺旋式想法与进行步骤是瑞吉欧教师们的特质——不论他们是将理论与实践融合一体时，还是他们在描述儿童学习和发展的过程时，或者是在思考和设计教学时，他们都是这样做的。

在学习活动中，教师和儿童是共同建构者，共同控制着集体的学习行为。有时，教师从团体成员中每个人的想法出发，设计出集体的行动，以引导小组的幼儿学习。有时，教师记录儿童的活动过程，分析儿童的行为，并能在与儿童共同讨论、商议、合作和妥协的过程中寻求教育契机，推动有意义活动的进行。有时，当幼儿无法继续进行讨论时，教师及时介入，协助幼儿发现他们自己的想法或问题。总之，在教师与幼儿的互动过程中，教师承担着极为复杂、精细和多层面的任务，以促进幼儿的不断进步和发展。

第三，深入的互相讨论及自我检视。瑞吉欧幼教机构的教师将不同观点的冲突看作是所有成长的原动力，因此，教师们会力求将儿童想法上的冲突呈现出来，而非一味地压制。同样地，教师对不同的看法也会有接纳的心理准备，并期望能通过深入的讨论和自我检视获得进步。在教职员工会议上，教职员工不但要互相讨论和自我检视，以展示不同的想法，而且还要确定每个人都已经学到某些事情，每个人的想法都达到某种水平。此外，教职员工还彼此支持、互相鼓励，并提出具体的建议与忠告。教职员工在工作中接受不同意见的表现和获得共同理解的快乐，已经成为幼儿与家长互相讨论与自我检视的典范。

当然，瑞吉欧幼教机构的教师们并不认为他们的角色是容易扮演的，因为并没有现成的规定指导教师该怎么做。然而，他们对教师的角色是有信心而有安全感的。这是因为，他们认为自己是整个瑞吉欧教育体系的一分子，而瑞吉欧教育体系是建立在儿童的共同行动之上的。

4. 评价

瑞吉欧课程的评估不是根据既定的目标来进行，而是因方案而异，在方案发展的不同阶段来进行。在第一阶段——最初的构想和设计阶段，可以评估的设问有“它对于孩子的学习提供哪些可能性?”“它需要哪些资源?”“孩子关于工作的概念有多明确?”“这些计划对孩子的能力适合程度如何?”在第二阶段——方案的发展阶段，可以评估的设问有“工作如何进展?”“提出了哪些问题?”“孩子在工作中如何应用基本的理论技巧?”在第三阶段——结束阶段，可以评估的设问有“最后的成果如何反映出最初的计划?”“这些想象力与独创性的想法如何具体表现在作品中?”

“最后的成果如何反映孩子思考的成长?”总之,这种评估是在真实的情景下、在活动的过程中开展的,是动态的、形成性的,其目的是对儿童进行比较,着眼于儿童能够独立完成的事情以及在外界的帮助下、在不同情景下能够达到的水平。教师主要是依据所记录的丰富而详实的资料来进行评估,并提出适宜的课程,以支持每个儿童的学习和发展。可以说,记录提供了标准化测试所不能提供的信息,反映出了远远超出传统测试范围的内容,有利于更深入和广泛地理解儿童。[①]可见,瑞吉欧课程的评估是“为发展而评估”,即注重发现儿童正在发展的能力,并根据评估的结果而重新设计和安排课程。

(三)对瑞吉欧课程的评价

瑞吉欧教育体系中的以社区为本的管理方法、开放而充满教育机会的环境、合作性的学习和研究方式、师幼同为课程和学习的主体、对记录的重视以及对幼儿的多种学习和表达方式尤其是艺术形式的强调为它赢得了很高的声誉。1981 年,瑞吉欧教育体系在瑞典斯德哥尔摩市的现代博物馆举办了名为“当眼睛穿越围墙”的展览,介绍瑞吉欧前一学年的托幼工作成果。展览获得了巨大的成功。1987 年,该展览更名为“儿童的百种语言”,“成为美国、日本、澳洲和欧洲幼教界人士的主要参照对象”。1994 年,瑞吉欧儿童中心——保护合法儿童权利和潜力的国际中心成立,专门负责对外联络,瑞吉欧教育体系在世界的影响越来越大。我国学者霍力岩对瑞吉欧课程进行了以下三个方面的评价[②]:

1. 重视在儿童的活动中自然而然地生成课程

在瑞吉欧的学校,儿童参与深度的、长期性的调查,这体现了进步主义教育的主要特点。他们没有固定的课程计划,有的只是灵活的、深入而富有成效的方案活动。他们允许儿童自己作决定和选择,采取合作解决问题的学习方法(一般是与同伴合作或向教师咨询),并创造一种鼓励儿童追求自己兴趣、开展长期的调查活动的环境。这种课程是在具体的情境中逐步生成的,是教师根据活动中幼儿的反应以及活动的进程来确定活动发展方向的,可以说是教师和学生共同建构和协商的结果。在这种生成的课程中,儿童兴致盎然,内在的动机使他能够有足够的兴趣、坚持力和成就意识,在众多的可能性中做出选择,并坚持到自己的成功。

2. 让教师成为幼儿的合作研究者

瑞吉欧的教师与儿童是平等的,他们共同参与到活动中。教师认识到儿童是发展的主人,具有丰富的潜力,有很强的可塑性和学习成长的欲望,同时儿童之间存在着差异,这种差异可以在有利的或不利的环境下扩大或缩小。于是瑞吉欧的教师就成了一个观察者和记录者,重视去探听儿童、发现和认识儿童,允许儿童自主、自由地探索,同时亲自参与到活动中,给儿童以反馈、建议和支持,引导孩子拓展自己的想法。在这种有系统地观察、记录、说明和评价的过程中,教师成为儿童的合作研究者,“尊重儿童”和“发挥儿童的主体性”不再是抽象而空洞的概念,而成为促进幼儿发展的重要动力。

---

① 霍力岩等著:《多元智力理论与多元智力课程研究》,教育科学出版社 2003 年版,第 162—163 页。

② 史静寰、周采主编:《学前比较教育》,辽宁师范大学出版社 2002 年版,第 421—422 页。

3. 促进学校、社会和家庭的合作

家校联合似乎已经成为世界的一个共识，美国2000年六大教育目标之一就是促进家庭纳入学校，以形成教育的合力。瑞吉欧的管理是一种民主而开放的方式，社区参与管理机制的建立，能够适应文化和社会的变迁，也能够促进教育者、儿童、家庭和社区的互动和交流。事实上，在个体的成长中，家庭、社会和学校是同样重要的。因为儿童是社会的人。儿童的教育需要多方面合作，这样才足以产生教育的一致性和一贯性效应。而学校的本质就是一个交流和参与的环境，所以家长和社会的参与也是学校教育存在的一个前提。家庭作为儿童成长的第一个并且是重要的环境，对儿童的发展有着重要而独特的功能，家长积极参与到学校中来，能够让儿童获得一种安全感，成为他个人成长的动力。最重要的是，家庭和社会的参与意味着教育环境的扩大和教育资源的丰富，意味着儿童处处受教育，时时在学习，反映出终身学习的时代特色。

总之，与其他学前课程方案不同，瑞吉欧课程不是一种理论派别的附属物，而是吸收了多种理论之后的一种创造性的产物。它创造了自己独特的课程目标、内容和方法，并不断推陈出新，在一定程度上代表了当代学前课程发展的基本方向。

四、华德福学前课程

1919年，奥地利科学家、思想家和教育家鲁道夫·斯坦纳(Rudolf Steiner)在德国开办了第一所华德福学校；1926年，第一所华德福幼儿园也在德国创立。此后，华德福教育开始在世界各地传播。至2015年1月，世界上60个国家和地区已建立了1 200所华德福学校、2 000所华德福幼教机构。[①] 我国自2004年成都华德福学校创办第一所华德福幼儿园以来，越来越多的教育者开始实践华德福教育。目前，华德福教育已成为世界上最大的非宗教性教育运动，并得到了联合国教科文组织的充分肯定和推荐。1994年，联合国教科文组织第44届日内瓦教育大会展出了华德福教育。1996年，联合国教科文组织将华德福教育郑重推荐给全世界。我们在此主要探讨华德福学前课程。

(一) 华德福学前课程的理论基础

1. 人智学理论

人智学(anthroposophy)这个词，来源于希腊语：anthro表示“人”，sophia是“智慧”的意思。[②] 人智学的字面释义可以为“人类的智慧”，但是斯坦纳在1924年曾对人智学做出下列解释：“人智学不等于人的智慧，而是‘对人的本质的意识’。”[③]人智学研究人的智慧、人和宇宙万物之间的联系。通过研究人智学可以清楚地认识自己和人类精神的存在、物质世界和宇宙永恒的现象与真理。研究人智学的目的是培养一个完全开放的胸襟，既不盲从也不随意拒绝，当人的内心有所需

---

① Steiner Waldorf Schools Fellowship [EB/OL]. [2015－01－25]. http://www.Steinerwaldorf.org.

② [美]乔治·S·莫里森著,《学前教育——从蒙台梭利到瑞吉欧》(第十一版),祝莉丽、周佳、高波译:,中国人民大学出版社2014年版,第164页。

③ 张栩:《一种整体的视角:华德福整体课程思想研究》,天津师范大学2008年硕士学位论文,第17页。

求的时候,这种知识和智慧就会涌现,并可以用内心世界的需求来调节,直至获得精神世界的共鸣。斯坦纳认为,只有人智学可以帮助人们获取有关人类的知识,教育必须要以人智学为基础。① 因此,他一生致力于人智学的研究,为华德福教育奠定哲学基础。

斯坦纳指出,在人类的感官视野中,世界分为可见的物质世界与不可见的精神世界两部分。人的存在分为身体(body)、心灵(soul)和精神(spirit)三个层次。精神世界是不可见的,在精神世界中人以灵性的方式进化着;在物质世界中人以肉身的方式显现,肉体存在是灵性存在的一个延续;通过心灵的感受与体验,人在精神与物质世界穿梭。人通过自己的身体,感知物质世界,并参与到物质世界之中;通过自己的精神把握事物的本质,并参与到精神世界之中;通过自己的心灵建立精神与物质世界之间的交流与平衡,并建构属于自己的世界。人是身体、心灵和精神的统一体,但这三者并不天生处于和谐与合一的状态。身体是心灵和精神的容器和载体,儿童需要通过学习才能让精神、心灵与身体这三个部分和谐共处与合作。② 可见,在斯坦纳看来,人身体、心灵和精神的合一不是与生俱来的,需要后天的平衡与建构;儿童期在人自身心灵与精神世界的建构中起着重要的奠基作用。

2. 三元社会秩序理论

斯坦纳关于社会结构的思考主要体现在他的三元社会秩序理论中。该理论将社会生活划分成政治权利生活、经济生活和文化生活三大元素,并认为健康的社会秩序应该是一个三元社会秩序的有机组织,它包括政治权利、物质经济和精神文化三元素,各个领域有自己的使命。文化生活为经济生活和政治权利生活提供支持,经济生活为文化生活和政治权利生活提供经济基础,而政治权利生活又为经济生活和文化生活提供公平和正义。③ 在斯坦纳看来,上述这三种生活如能达到和谐状态,社会生活就是健康而积极的。

斯坦纳一生都致力于美好社会的建构,其最终的理想是使个人在文化生活领域中享有精神的自由,在法律政治权利生活领域中享有民主的平等,在经济生活领域中享有社会的互助。而且,他深刻地认识到,实现这一美好理想的途径只有靠教育。教育是改革社会的根本力量,健康的个体是健康社会的前提,只有通过教育,使每个个体得到良好的发展,最终才能改造整个社会。④

3. 七年发展周期理论

人智学的研究表明,人类本质包括物质身体(Physical Body)、生命体或以太体(Life Body or Etheric Body)、感知体或星芒体(Sentient or Astral Body)和自我意识体(I or Ego)四个部分。物质身体指的是人的物质存在,是人的肉体,可以随着元素的产生与分解,得到诞生和灭亡。生命体或以太体是指存在于植物、动物以及人体中的特殊的"力",这种"力"又被称作为生命力。生命力在动物、植物、人体中运作,产生生命现象。感知体或星芒体是人体的第三层组成部分,它是快

---

① [奥地利]鲁道夫·斯坦纳著:《童年的王国》,潘定凯译,深圳报业集团出版社 2014 年版,第 5 页。

② 王春燕主编:《幼儿园课程概论》(第二版),高等教育出版社 2014 年版,第 258 页。

③ 陈园园:《华德福学校教育的实践探索》,西南大学 2010 年硕士学位论文,第 19 页。

④ 何婷婷:《华德福幼儿教育课程观简析》,《教育与教学研究》,2012 年第 10 期。

乐、痛苦、冲动、激情等等的传达者，只在动物和人体中存在。自我意识体是人类特有的，植物和动物体内是没有的。自我意识体通过完成自我发展的特殊任务，从他自身向外去净化、升华人的其他方面的本质。它还能推动生命体或感知体发生变化，并且促使它们进入更高的层次。自我意识体可以不断地提高自我能力，这就是文明发展对人类的意义。在人智学看来，要对儿童进行正确的教育，必须研究人类本质的上述四个组成部分。

斯坦纳认为，人类本质的四个组成部分在人类不同年龄阶段呈现出不同的发展特征。他把儿童0—21岁的发展设定为不同的生长周期，每七年为一个周期。第一个周期是0—7岁，为幼年时期，换乳牙之前，是诞生物理性自我的阶段。在这个阶段，儿童的生命组织构成力主要用于健全和平衡身体，要促进儿童的物质身体的成长。儿童的生命组织构成力主要活跃在意志(will)的发展，意志存在于人的本能，儿童通过感官与身体的接触来探索这个世界。第二个周期是7—14岁，为童年时期，是诞生情感性自我的阶段，也是儿童想象力发展的阶段。在此阶段，儿童的生命组织构成力主要活跃在感觉(feeling)的发展，生命体的力量从建造身体的工作进入建造感知体的阶段。第三个周期是14—21岁，为青春期，是自我最终成形的阶段。在此阶段，人的生命组织构成力活跃在思考(thinking)的发展上，这里所指的思考不是简单的大脑活动，而是内心深处对生活的判断和自我意识的形成过程。① 综上所述，儿童在不同的生命周期有不同的特征，成人应为他们提供适合其发展需要的教育，使他们获得身体、心灵和精神全面、和谐的发展。

(二) 华德福学前课程的要素

1. 目标

斯坦纳认为，每个人最终应该拥有独立的思想和自由的精神，能找到自我的定位和人生方向；享受超越个人情感、血缘、地缘、政治、文化与宗教信仰的影响和限制的心灵的自由。因此，华德福教育的目标是让儿童成为自己，使他们最终达成具有超越物质、欲望和情感的，具有洞察与判断力，结合与生俱来的智慧和本质的自我。② 华德福教育，对应儿童每段人生发展期，都有着不同的任务与目标：经由学龄前(0—7岁)的“模仿”，培养自由与不侵犯他人权利的观念；经由小学(7—14岁)的“权威”，获得生命安全感与民主合作的能力；经由青少年时期(14—21岁)的非权威而良好的师生互动的学习方式，培养其对世界与人类的生活有更深入的兴趣与关怀。③

华德福学前课程的总体目标是滋养幼儿心灵，寻求幼儿身体、心灵和精神三个层次的全面发展。具体来说，华德福学前课程目标包括七个方面：运动和身体感觉；器官感觉；语言；想象力和创造力；社会能力；目的性和注意力；对正确与错误的感觉。④ 总之，华德福学前课程目标是使幼儿在自身成长节奏的基础上得到健康、健全的发展，为幼儿今后发展奠定基础，为进入学校学习做好准备。

---

① 陈园园：《华德福学校教育的实践探索》，西南大学2010年硕士学位论文，第20—21页。

② 黄晓星著：《华德福在中国：迈向个性的教育》，广东教育出版社2014年版，第30页。

③ 王春燕主编：《幼儿园课程概论》(第二版)，高等教育出版社2014年版，第261页。

④ 王雪梅：《华德福幼儿课程的研究》，华中师范大学2012年硕士学位论文，第26页。

2. 内容

根据华德福学前课程目标,华德福学前教育不提倡像小学低年级那样的“正规学习”,不教孩子读书、写字和算术,而是注重幼儿的健康成长,给予幼儿温暖和爱。因此,华德福学前课程内容主要以自由游戏、艺术活动、故事和节日庆典为主。

(1) 自由游戏。自由游戏是幼儿原初冲动的展现与满足,可以培养幼儿的想象力,也可以为幼儿提供自我表达和自我引导的机会,使之体会“我能做”的自信。华德福幼教机构的重要任务就是创造一个环境,尽可能地使幼儿进行健康的玩耍,这个环境包括周围的物质环境、教室的装饰和各种玩具;同时还包括了教师所控制的各种环境因素:活动的社会环境和社会交往。

在华德福幼教机构,一般每天至少会有两次户外、两次室内的自由创作游戏时间,幼儿可以自由地选择想要的玩具、想要建造的空间,进行独立或是团体的游戏,在这个过程中,教师并不介入,只让幼儿发挥自己的想象力与创造力,完全将主导权交给幼儿。教师提供各式各样的自然的低结构的玩具,为幼儿创设不同的游戏区角,加上不间断的手工制作穿插在活动中。① 由此可见,自由游戏是华德福学前课程的重要内容。

(2) 艺术活动。华德福教育的基本原则是将艺术元素融入所有的课程。艺术不被视为独立的活动,而是作为一种素养进入所有学习和教学活动中。儿童艺术情感的发展被视作人性化过程中一个重要方面。② 在华德福幼教机构,艺术活动的内容丰富多样。

布偶戏。布偶戏是华德福幼教机构特有的一种活动。它以桌子为舞台,铺上棉布或丝巾等天然的布料,再利用石头、贝壳、木头搭制成不同的场景,并将木偶悬挂于后方的木架上。开始前和完成后,教师会用一块较大的白色丝绸将整个桌面盖起来。等幼儿进入教室并安静后,教师会用五音琴作为开场,再将丝绸掀开,进入布偶戏。布偶戏主要配合节日庆典和教学工作,将故事用生动、立体的方式呈现出来。

湿水彩及蜡笔画。湿水彩是用水彩颜料在湿水彩纸上进行绘画的一种方式。它能够带给幼儿丰富的色彩体验。华德福教育的湿水彩和蜡笔画并不是让幼儿进行线条和图像的绘制,而是通过颜色在纸上进行色块的调制和渲染,让幼儿表达自身的感受。教师不询问幼儿画了什么、画的是什么,只让幼儿透过画纸与水的渲染,以及色彩所产生的重叠,产生调和心灵的作用。一般而言,在华德福学前教育机构,体验色彩的湿水彩画每周一次,蜡笔画则可根据实际情况在自由活动中进行。

手工。华德福幼教机构的手工主要包括蜂蜡造型、毛线编织、缝绒布玩具、编篮子、做木工等。其中,蜂蜡造型最具特色。蜂蜡是用蜂巢和蜡融合制造的。蜂蜡不同于陶土或泥土,它能够反复使用,不会沾手并且有天然的香气。开始时教师将捏制成小圆球的蜂蜡交给幼儿,幼儿会将它放在手心中做手指游戏,让原本稍硬的蜂蜡,透过手掌的热度变得柔软。在捏的过程中,每个人都是安静不说话的,教师不指导幼儿如何捏塑,只与幼儿们一起做,并将幼儿的作品收藏好。幼儿在进行蜂蜡捏塑创作的同时,也享受纯粹捏、揉、搓等纯动作的快乐,并发展其小肌肉。通常

① 王春燕主编:《幼儿园课程概论》(第二版),高等教育出版社 2014 年版,第 261 页。

② [英]琳·欧德菲尔德著:《自由地学习:华德福的幼儿园教育》,王黛西译,中国青年出版社 2015 年版,第 63 页。

每周开展蜂蜡造型活动一次，每次 30—40 分钟。

音乐。音乐活动在华德福幼教机构随处可见。在自由游戏、盥洗、户外活动、进餐等活动的开始和结束都是以温和的音乐或教师轻柔的歌声来告知幼儿，幼儿在教师带领下吟唱歌曲。此外，幼儿还学习吹奏五声音阶竖笛。五声音阶指只有或者包括五个音阶，尤其指所有音阶中的 do、re、mi、sol、ra 音。五声音阶竖笛特别适合 4—6 岁儿童。演奏时，与其说是吹奏，不如说是自由呼出，其音调充满了温暖、光明和柔和。

轮舞。轮舞又称"韵律游戏"或"歌剧"，有些华德福幼教机构称之为"晨圈"。轮舞是让幼儿围成圈，配合歌曲或语言，用身体表现诗的内容的一种活动形式，是华德福学前教育机构每天都要进行的活动。配合轮舞的歌谣包括四季的自然现象、童话及成人的活动，例如春天的歌、小鸟的舞、长满花草的大地、农民耕作的景象等都可以成为轮舞的主题。

(3) 故事。故事是语言的艺术，是精神的食粮。华德福幼教机构的故事既有寓言故事，也有童话故事，其中以童话故事为主。由教师讲述的故事丰富了幼儿的心灵，也培养了幼儿的想象力、注意力、语言能力和文学感受能力。

教师选择故事既考虑故事的意义和作用，也考虑幼儿的年龄。对 3—4 岁的幼儿，一般选择简单美好的故事；对 5—7 岁的幼儿，可以选择一些情节较复杂的故事。各个民族的传统童话，如《格林童话全集》被广泛地应用到华德福学前教育机构中。讲故事时，幼儿一般围成半圆形坐着听，有些幼教机构也允许幼儿躺着听，只要不妨碍其他幼儿听故事即可。

(4)节日庆典。华德福学前课程的设计一方面遵循幼儿发展的需要，另一方面依据自然的节奏。节日则是自然节奏的重要标志。一般来说，节日庆典会邀请幼儿家长来园和幼儿、教师一起举行庆典仪式，包括亲子轮舞、布偶戏以及准备各种节日食品等。不同国家和地区的华德福学前教育机构所庆祝的节日不尽相同。如德国华德福学前教育机构重视感恩节、圣诞节；中国华德福儿童之家关注端午、中秋、冬至等传统节日。

华德福幼教机构将每个人的生日看作是无法替代的个体诞生的起点，因此对每个幼儿和教师的生日也像对待四季的庆典一样。幼儿生日那天，教师会烤制蛋糕，讲生日故事，唱生日歌，并事先请家长写好卡片，上面记录了幼儿出生时的样子、家长为幼儿诞生时所作的准备等。教师生日时，其他教师会准备好鲜花、饼干，组织幼儿献花、唱歌，表达对教师的祝贺和感谢。总之，华德福幼教机构的生日会是隆重而神圣的，幼儿可以从中感受到生命的伟大与重要。

3. *方法*

华德福学前课程遵循如下基本原则：保护儿童享有健康童年的权利；保护儿童自然活跃的天性；通过模仿和榜样教学；利用节奏和重复，支持儿童的情感需求和学习体验；提供足够的时间、空间和合适的设备，支持儿童创造性的游戏；注意早期儿童感官体验的影响；应对儿童社会环境和时代的需要。[①] 根据上述原则，华德福学前课程的方法呈现出以下特色：

(1) 节奏活动。华德福幼教工作者认为，节奏是吸气和呼气之间的流动，人的生理和心理健

① [英]琳·欧德菲尔德著：《自由地学习：华德福的幼儿园教育》，王黛西译，中国青年出版社 2015 年版，第 64—65 页。

康依赖于呼气和吸气两极之间的相互平衡。① 每天、每周、每年有呼吸、松弛、有规律的节奏活动会给幼儿带来安全感,获得必要的、有界限的自由体验,并促使他们精力充沛,舒缓紧张情绪。因此,应根据呼吸节奏来进行课程设置。

首先,一日活动的节奏。在华德福幼教机构,幼儿每天的生活都非常有节奏。典型的一天可能是这样的:9:00—10:00,创造性游戏和每日活动(幼儿呼气);10:00—10:30,整理,晨圈时间(幼儿吸气);10:30—11:00,洗手、点心时间(幼儿吸气);11:00—12:00,户外游戏(幼儿呼气);12:00—12:30,准备讲故事或者布偶戏表演(幼儿吸气)。

其次,一周活动的节奏。每天的节奏活动会日复一日地延续,而每周的节奏活动也是有规律的。例如,周一,湿水彩;周二,蜡笔画;周三,蜂蜡模型;周四,制作面包或肥皂;周五,洒扫日。这样的规律和节奏能给幼儿一定的安全感。

再次,一年活动的节奏。一年的节奏活动主要通过季节的变换得到体现。民谣、歌曲、故事、家事活动、艺术活动、环境布置和户外活动都可以使幼儿感到季节的变化、时间的流逝。此外,年复一年的传统节日庆典,也可使幼儿感受自然的呼吸和节律,并逐渐产生对季节、自然和生命的好奇心和敬畏感。

在一日、一周、一年的节奏活动生活中,教师交替使用呼吸策略。一日节奏活动中呼吸收放交替自如;一周节奏活动中周一、周五多使用吸入,周二至周四多使用呼出;一年节奏活动中,夏秋多使用吸进,春冬多使用呼出。② 幼儿就这样在呼吸的节奏中,享受每天的生活,逐渐地成长。

(2) 环境布置。华德福幼教工作者注重帮助幼儿在自然环境中领悟生活的自然规律,建立与大自然的连结,学会倾听内心的声音,获得身心健康的成长。为此,华德福幼教机构一般建在生态自然、健康的环境中。室外空间宽敞,绿树成荫,有的还有树林、湿地等,为幼儿进行各种户外活动包括园艺和足球等提供充足的场地;室内几乎所有的家具、地板都是原木制作,玩具也多用纯天然的低结构材料做成,如采集的果实种子、木头、树叶、松果、贝壳、石头、棉布、纯羊毛、手染布、手工娃娃等,没有任何塑料用品。

华德福学前教育认为艺术化的环境可使幼儿在潜移默化中接受审美教育,因此着力打造艺术化的空间。幼儿走进活动室,就像走进舒适、温暖、愉悦的家:淡粉色的墙面,暖色系的丝绸窗帘,棕色的实木地板,墙边放着各色玩具和布料,靠近窗户的墙角放着四季桌,手工区摆放着教师和幼儿制作的华德福娃娃、编制的小篮子、原木积木等。教师和幼儿还把花园、庭院打扫得很整洁,并安排得很优美,使之成为激发幼儿艺术灵感的乐园。

(3) 教师角色。华德福幼教机构教师的工作主要是通过运动,帮助幼儿健全体魄;通过创造性游戏,建立幼儿内在的灵动性、想象力和喜悦;通过感官学习和生活,保护幼儿免受过多的信息刺激;通过讲演、运动、诗歌和歌曲等提高幼儿的语言能力,帮助他们表达情感和体验。教师的角色主要体现在以下几个方面:

首先是幼儿模仿的榜样。华德福教育认为,幼儿主要的学习方式是模仿。幼儿的模仿有三

---

① [英]琳·欧德菲尔德著:《自由地学习:华德福的幼儿园教育》,王黛西译,中国青年出版社 2015 年版,第 96—97 页。

② 王雪梅:《华德福幼儿课程的研究》,华中师范大学 2012 年硕士学位论文,第 42 页。

个层次，一是即时模仿，幼儿看见教师的行为后立即模仿；二是延迟模仿，幼儿看见教师的行为后并不立即模仿，而是在之后的游戏活动中表现出来；三是内在的模仿，幼儿吸收教师的态度、情绪和一贯的反应，是一种更加微妙的、强有力的模仿形式。[①] 为此，华德福幼教机构工作者时刻铭记自己作为教师的使命，努力成为幼儿的表率。教师不仅在教学活动中让幼儿通过模仿学习，而且在日常生活中通过言行举止影响和感染幼儿，以促进幼儿身心全面和谐地发展。

其次是营造良好的环境。教师重视建立一个安全、适宜、安静的环境，使幼儿免受电脑、电视和电子游戏等的不良影响，在模仿学习和自主游戏中快乐、健康地成长。此外，教师还注重为幼儿创设安全、信任、温暖的生活氛围，使幼儿在耳濡目染中感受外界环境，接受良好的教育。

再次是尊重和关爱幼儿。华德福幼教机构的教师了解幼儿的身心特征，尊重幼儿，不会强迫或代替幼儿做出决定。在幼儿之间产生矛盾时，教师的干预也较少，尽量让幼儿自己解决问题。教师十分关心和爱护幼儿，使幼儿感受到人间的温暖，学会与人相处，增强自信心。

最后是与家长的合作。华德福幼教机构的教师注重与家长的沟通与合作。家长帮助幼教机构整理花园、修葺校舍、制作蛋糕和面包、组织节日庆典等；与此同时，教师也为家长提供育儿咨询与指导。家园合作加强了教师和家长之间的情感联系，使家长更加了解华德福学前教育的理念和工作，更加配合幼教机构的各项工作。

4. 评价

华德福教育提倡培养身体、心灵和精神平衡发展的人，反对竞争，主张以个性化、动态化和多元化作为评价儿童的原则。华德福学前课程评价是在日常活动中进行的。教师对幼儿进行多方面的、细致的观察，并将幼儿日常表现的点点滴滴记录下来，如画的一幅画、朗诵的一首诗、堆的一座城堡、制作的一个手工作品等。每个月、每个学期末教师都会召开家长会，集中公布幼儿的作品及教师的观察笔记。在家长会中，教师与家长进行沟通，全方位地了解幼儿。教师对幼儿的作品不进行打分和排名，对幼儿的观察记录则尽可能地详尽。总之，在华德福幼教机构，重要的不是评价幼儿，而是和家长合作，共同促进幼儿身体、心灵和精神全面、和谐的发展。

（三）对华德福学前课程的评价

在科技发达、生活节奏快的现代社会，幼儿背负了太多的期望，社会对幼儿真正需求的漠视导致了幼儿童年的消逝。在这种背景下，注重幼儿的身体、心灵和精神的和谐发展，尊重他们的时间和空间，强调节律和安全感的华德福学前课程已成为当今世界重要的学前课程模式之一。

英国谢菲尔德大学教育学院的卡西·奈特布朗博士精辟地概括了华德福学前课程的特色："21世纪初期，很多孩子的童年是按照成人定义的模式生活。华德福教育有着对童年的独特解读，追求创造性的生活和学习体验，以培养幼儿意志力的发展。所有的活动、课程、态度、组织、实践和责任都围绕着这一核心思想而进行。滋养孩子，滋养孩子的情感和认知，滋养孩子的身、心、灵，从而创造一种既挑战又保护孩子及其童年的早期教育模式。"[②]美国学者乔治·S·莫里森指

---

① [英]琳·欧德菲尔德著：《自由地学习：华德福的幼儿园教育》，王黛西译，中国青年出版社2015年版，第90—91页。

② 同上书，第12—13页。

出,华德福教育旨在适应幼儿的身体、情感、精神和社交发展,为将来进入小学乃至今后的生活将要承担的责任和遇到的挑战做好充分的准备。他赞赏华德福学前教育"强调为儿童的全面发展提供教育,把艺术纳入课程体系,从容地进行教育教学,以及强调通过动手来进行学习,等等。"① 琳·欧德菲尔德,一位有20多年教龄的英国华德福幼教工作者,将斯坦纳与福禄贝尔、蒙台梭利并列为19世纪以来的世界教育巨匠,认为这三位教育巨匠都强调幼儿积极爱动的天性,积极探索儿童通过自发的独立行为实现自我认可和自我约束的途径。他们对于如何支持幼儿行动的诠释和理解不同,但是他们对童年的尊重是一致的。他们同样高度认可儿童的灵性,而且对于斯坦纳来说,这一点往往是幼儿教师看护和教育幼儿的出发点。欧德菲尔德指出:华德福学前教育经过百年历程后,不仅没有褪色,反而像导航明灯一样指引着我们的家长和教师,用其最热切的努力、最自信的方式引导幼儿迈向健康的发展之路。②

也有人对华德福学前课程模式提出了质疑。乔治·S·莫里森认为,与蒙台梭利方案一样,华德福学前课程似乎更适合于私立的、建立在一对一模式的教育机构中,因而并不能广泛地被公立幼教机构采用。③ 一些人还认为,学前期是儿童大脑发育的关键期,华德福幼教机构的教师没有对幼儿进行足够的指导,使之在关键期得到充分的发展。还有人认为,华德福学前课程过于尊重儿童、关注自由游戏、重视艺术教育,这样的课程超脱了现实、过于理想。尽管如此,不可否认华德福学前课程的独特性及其在世界学前课程模式中的重要地位。

上述内容简略地介绍了四种典型的、在当今世界的学前教育界颇为流行且极具影响力的学前课程模式。与一般教育方案不同,作为称得上学前课程模式的每一种学前课程方案,都具有一定的理论基础,都对其教育目标、教育内容、教育方法和教育评价等进行过理性的设计,都经过实践的检验和理论的提升。因此,学前课程模式既能为学前教育思想和观念转化为实践提供样板,又能为学前教育实践上升到学前教育理论提供一定的参考和借鉴。目前,在世界范围内,人们对各种学前课程模式的关注正在升温。这种关注能够帮助学前教育工作者从已有的各种课程模式中得到启发和提示,并根据儿童的需要和能力,为特定的教育对象设计高质量的课程,从而促进学前课程模式的理论研究和实践运用。

需要指出的是,我们不能简单地断定某种课程模式优于其他课程模式,因为各国政治、经济、文化的背景不同,各国成人与儿童的关系、民族性格特点和文化传统也难以进行孰优孰劣的比较。在实践中,某种课程模式的基本观点是否得以实施,也会由于教师和学前教育机构的差异而千差万别。因此,我们可以说某种课程模式在某些方面优于其他的课程模式,但不能说这种课程模式适合所有的国家、所有的学前教育机构,也不能保证运用这种课程模式就能取得良好的效果。正因为如此,运用任何一种学前课程模式时,"首先必须考察该课程模式是否与社会价值观相符合,而不是该课程模式本身是否合理";"还必须根据教育实践中的各方面因素和条件,对该

---

① [美]乔治·S·莫里森著:《学前教育——从蒙台梭利到瑞吉欧》(第十一版),祝莉丽、周佳、高波译,中国人民大学出版社2014年版,第165、167—168页。

② [英]琳·欧德菲尔德著:《自由地学习:华德福的幼儿园教育》,王黛西译,中国青年出版社2015年版,第20—21、22页。

③ [美]乔治·S·莫里森著:《学前教育——从蒙台梭利到瑞吉欧》(第十一版),祝莉丽、周佳、高波译,中国人民大学出版社2014年版,第168页。

课程模式进行调整甚至修正”。[①]

本章小结

本章主要阐述了当代世界学前课程的基本理念、各国学前课程的基本状况和一些世界著名的学前课程模式。这一章的重点是各国学前课程的基本状况。在学习过程中,学习者要注意以当代世界学前课程的基本理念为指导,了解和把握各国学前课程的基本状况和几个著名的学前课程模式。在此基础上,学习者还可结合当前我国学前课程的实际,谈谈自己对世界学前课程改革的看法。

拓展性阅读

英国的“早期学习目标”

(说明:英国教育部颁布的《早期基础阶段法定框架》由导言、第一部分“学习和发展的需要”、第二部分“评价”和第三部分“安全和福利的需要”构成。以下为英国教育部《早期基础阶段法定框架》(*Statutory Framework for the Early Years Foundation Stage*)(2012年3月)第一部分“学习和发展的需要”中有关“早期学习目标”的内容。)

The level of progress children should be expected to have attained by the end of the EYFS is defined by the early learning goals set out below.

The early learning goals

1. The prime areas

1.1 Communication and language

1.1.1 Listening and attention: children listen attentively in a range of situations. They listen to stories, accurately anticipating key events and respond to what they hear with relevant comments, questions or actions. They give their attention to what others say and respond appropriately, while engaged in another activity.

1.1.2 Understanding: children follow instructions involving several ideas or actions. They answer ‘how’ and ‘why’ questions about their experiences and in response to stories or events.

1.1.3 Speaking: children express themselves effectively, showing awareness of listeners' needs. They use past, present and future forms accurately when talking about events that have happened or are to happen in the future. They develop their own narratives and explanations by connecting ideas or events.

1.2 Physical development

1.2.1 Moving and handling: children show good control and co-ordination in large and

---

① 朱家雄著:《幼儿园课程》(第二版),华东师范大学出版社2011年版,第202页。

small movements. They move confidently in a range of ways, safely negotiating space. They handle equipment and tools effectively, including pencils for writing.

1.2.2 Health and self-care: children know the importance for good health of physical exercise, and a healthy diet, and talk about ways to keep healthy and safe. They manage their own basic hygiene and personal needs successfully, including dressing and going to the toilet independently.

1.3 Personal, social and emotional development

1.3.1 Self-confidence and self-awareness: children are confident to try new activities, and say why they like some activities more than others. They are confident to speak in a familiar group, will talk about their ideas, and will choose the resources they need for their chosen activities. They say when they do or don't need help.

1.3.2 Managing feelings and behaviour: children talk about how they and others show feelings, talk about their own and others' behaviour, and its consequences, and know that some behaviour is unacceptable. They work as part of a group or class, and understand and follow the rules. They adjust their behaviour to different situations, and take changes of routine in their stride.

1.3.3 Making relationships: children play co-operatively, taking turns with others. They take account of one another's ideas about how to organise their activity. They show sensitivity to others' needs and feelings, and form positive relationships with adults and other children.

2. The specific areas

2.1 Literacy

2.1.1 Reading: children read and understand simple sentences. They use phonic knowledge to decode regular words and read them aloud accurately. They also read some common irregular words. They demonstrate understanding when talking with others about what they have read.

2.1.2 Writing: children use their phonic knowledge to write words in ways which match their spoken sounds. They also write some irregular common words. They write simple sentences which can be read by themselves and others. Some words are spelt correctly and others are phonetically plausible.

2.2 Mathematics

2.2.1 Numbers: children count reliably with numbers from 1 to 20, place them in order and say which number is one more or one less than a given number. Using quantities and objects, they add and subtract two singledigit numbers and count on or back to find the answer. They solve problems, including doubling, halving and sharing.

2.2.2 Shape, space and measures: children use everyday language to talk about size, weight, capacity, position, distance, time and money to compare quantities and objects and to solve problems. They recognise, create and describe patterns. They explore characteristics of everyday objects and shapes and use mathematical language to describe them.

2.3 Understanding the world

2.3.1 People and communities: children talk about past and present events in their own lives and in the lives of family members. They know that other children don't always enjoy the same things, and are sensitive to this. They know about similarities and differences between themselves and others, and among families, communities and traditions.

2.3.2 The world: children know about similarities and differences in relation to places, objects, materials and living things. They talk about the features of their own immediate environment and how environments might vary from one another. They make observations of animals and plants and explain why some things occur, and talk about changes.

2.3.3 Technology: children recognise that a range of technology is used in places such as homes and schools. They select and use technology for particular purposes.

2.4 Expressive arts and design

2.4.1 Exploring and using media and materials: children sing songs, make music and dance, and experiment with ways of changing them. They safely use and explore a variety of materials, tools and techniques, experimenting with colour, design, texture, form and function.

2.4.2 Being imaginative: children use what they have learnt about media and materials in original ways, thinking about uses and purposes. They represent their own ideas, thoughts and feelings through design and technology, art, music, dance, role-play and stories.

（资料来源：http://media.education.gov.uk/assets/files/pdf/e/eyfs%20statutory%20framework%20march%202012.pdf.）

参考文献

1. 曹能秀:《日本当前幼儿教育课程改革述评》,《外国教育研究》,2011年第9期。
2. 冯晓霞主编:《幼儿园课程》,北京师范大学出版社2001年版。
3. 霍力岩等著:《多元智力理论与多元智力课程研究》,教育科学出版社2003年版。
4. [美]贾玻尔·L·鲁普纳林、詹姆斯·E·约翰逊著,黄瑾等译:《学前教育课程》,华东师范大学出版社2005年版。

5. 简楚瑛著:《学前教育课程模式》,华东师范大学出版社 2005 年版。

6. 靳玉乐、李森主编:《现代教育学》,四川教育出版社 2005 年版。

7. [美]卡洛琳·爱德华兹、莱拉·甘第尼、乔治·福尔曼编著,罗雅芬等译:《儿童的一百种语言》,南京师范大学出版社 2006 年版。

8. 刘晓东、卢乐珍等著:《学前教育学》,江苏教育出版社 2004 年版。

9. 王春燕主编:《幼儿园课程概论》,高等教育出版社 2014 年第二版。

10. 虞永平等著:《学前课程的多视角透视》,江苏教育出版社 2006 年版。

11. 虞永平等著:《幼儿园课程评价》,江苏教育出版社 2006 年版。

12. 虞永平著:《生活化的幼儿园课程》,高等教育出版社 2010 年版。

13. 虞永平著:《学前课程价值论》,江苏教育出版社 2002 年版。

14. 朱家雄著:《幼儿园课程》(第二版),华东师范大学出版社 2011 年版。

15. 朱家雄著:《幼儿园课程的理论与实践》,华东师范大学出版社 2010 年版。

问题与讨论

1. 简述当前世界学前课程的基本理念,并谈谈你对这些基本理念的理解。

2. 根据你所掌握的资料,谈谈某个国家学前课程的目标、内容、实施和评价的基本状况。

3. 根据你的理解,谈谈你对某一种课程模式的理论基础、课程的目标、内容、方法和评价的看法。

4. 试比较蒙台梭利教育方案、高瞻课程、瑞吉欧教育体系和华德福学前课程四种学前课程模式的异同。

第五章

学前教师教育

■ 学习目标

1. 了解幼儿教师的任用和在职进修的基本状况;
2. 基本掌握幼儿教师的种类、职前培养的机构和课程;
3. 基本掌握幼儿教师专业发展与学前教师教育改革的状况。

学前教师教育是指培养和提高学前教育师资的专业教育,包括幼儿教师的职前培养、任用和在职进修三个阶段。20 世纪 90 年代以来,学前教师教育的内涵逐渐丰富,外延不断扩展,已经发展成为职前培养和在职进修相统一,正规教育与非正规教育相结合,多层次、全方位的幼儿教师终身教育。本章主要探讨世界学前教师教育的现状。其中,第一节探讨当代全球幼儿教师职前培养的问题,第二节阐述当代世界幼儿教师的任用和在职进修状况,第三节考察国际幼儿教师专业发展和学前教师教育改革的现状。

第一节　幼儿教师的职前培养

一、学前教育师资的种类

学前教育师资的种类是指胜任幼儿教师职务的幼儿教师类别。幼儿教师有广义和狭义之分。广义的幼儿教师是指学前阶段的幼儿教师,包括各种学前教育机构的幼儿教师和保育员在内;狭义的幼儿教师是指与保育员相对的幼儿教师,有时特指幼儿园教师,有时指和保育员一起工作但主要担任教学工作的教师,其师资水平和社会地位一般高于保育员。本书所提及的幼儿教师,一般是指广义的幼儿教师;除了提及与保育员相对的情况。

(一) 不同种类的学前教育师资

各国学前教育的师资情况不同,一般分为幼儿教师、保育员和专门教师三种类型,其中前两种师资占多数,第三种占少数。

1. 幼儿教师

幼儿教师一般都是在教育部门主办的大学、学院中接受职前教育的。由于教师的资历不同,可以分为四类:一是高级教师,在大学或学院中修业至少4年,获得学前教育或儿童发展方面的学位,并获得了很好的教学经验,能有效地计划、组织和安排幼儿的课程活动、游戏和生活;二是普通教师,在大学或学院中修业2—4年,在实践中获得了一定的教学经验,能独立地组织和安排幼儿的一日活动、课程、游戏等;三是助理教师,在大学或师范学校学习至少2年,能在教师或专家的指导下完成课程活动;四是临时教师,在教师短缺的情况下,具有高中文化程度的人通过了地方教育部门组织的考试,达到了规定的标准,就可以成为临时的幼儿教师。前三种教师是正规的幼儿教师,他们所持有的证书一般终生有效,并适用于国内所有地区。①

2. 保育员

保育员一般有两种:一种在教育部门或非教育部门主办的学校或学院接受师资培养,毕业后在各种学前教育机构中负责照顾儿童身体、卫生保健和清洁工作;另一种则在非教育部门主办的学校或学院接受师资培养,毕业后在非教育部门主办的注重保育的学前教育机构担任教师,为区别于教育部门主办的学前教育机构教师,这些教师被称为保育员。

3. 专门教师

在大学或学院获得音乐、美术、计算机、体育等方面的学士或学士以上学位的人,可以在学前教育机构做一名专门教师。如音乐教师负责学前教育机构的音乐教育,包括组织幼儿的音乐活动,帮助教师组织晨练、音乐游戏和舞蹈等。

除上述三种类型外,还有一种学前教育的师资,称为特殊教师。特殊教师主要是为满足学前教育机构中特殊儿童的需要而设置的。例如,为了满足有运动、感官或其他残疾的儿童接受学前教育的需要,法国母育学校配备有特教师资。特教师资除了要接受一般教师的培训,并成为正式初等教师以后,还要再经过全国性或学区性的专门机构培训,并通过特教教师证书考试,实习一年,才能成为正式的特殊教育教师。特殊教师目前在学前教育机构中的数量很少,但随着学前融合教育的发展,其数量将会有所增加。

(二) 美国、日本和澳大利亚的学前教育师资种类

以上有关不同种类的学前教育师资的划分只是一般情况,实际上,各国的状况差异很大。下面介绍美国、日本和澳大利亚国家的一些情况。

1. 美国的学前教育师资种类

美国学前教育师资没有明确的幼儿教师和保育员之分,而是将幼儿教师分为若干种水平。

1984年,全美幼教协会(NAEYC)提出了划分幼儿教师等级的四级水准:一级水准,即助理幼儿教师:能在专家的直接指导管理下工作,要有高中或同等学力,并参与意在促进业务提高的活动;二级水准,准幼儿教师:能完成课程活动并能照顾一组幼儿,要有儿童发展(CDA)的证书或相等的证书;三级水准,幼儿教师:能对儿童进行教育和保育,要有幼儿教育或儿童发展的学士学位;四级水准,幼儿教育专家:能够管理、训练幼教工作人员,能够设计课程,尽可能地实施大纲,

① 冯晓霞主编:《幼儿教育》,吉林教育出版社2000年版,第125—126页。有改动。

至少要有幼儿教育或儿童发展的学士学位，同时要具备三年以上的经验，或具有硕士学位。①

1994年，全美幼教协会(NAEYC)修改了上述幼儿教师的等级标准，确定了儿童早期教育专业人员的种类如下：(1)儿童早期教育专业人员水平之一：受雇于早期儿童职业领域，在其中以职业人员的角色参加工作，所从事的工作受到测评监督或得到支持(例如，紧密联系人才供应协会或者网络，或参与受到监控的实习科目)，以及参加用来评估个人能力或获得学位的培训。(2)儿童早期教育专业人员水平之二：成功完成一年早期儿童证书课程班的学习或成功完成CDA(儿童发展协会)职业准备课程的学习；接受了系统的、全面的培训并且成功通过了CDA证书的直接评估。(3)儿童早期教育专业人员水平之三：在符合NAEYC方针的一项方案中，成功获得大专学历；或者在相关领域成功获得大专学历，并在儿童早期发育和教育方面开展30项专业研究，其中包括在儿童早期课程方面从事300小时的受到监控的教育实践；成功展示自身知识、成就并符合NAEYC方针的学士学位课程所要求的素质与性格。(4)儿童早期教育专业人员水平之四：在符合NAEYC方针的一项方案中，成功获得学士学位或者获得符合NAEYC/ATE认证规则的国家级证书；在另一个包含超过30种与儿童早期发育和教育有关的职业单元领域获得学士学位，同时包括300小时的受到监控指导的教学实践，这300小时教学实践面对小学生、婴儿、蹒跚学步的孩子、3到5岁的儿童中的两类，每一类各占150小时。(5)儿童早期教育专业人员水平之五：在符合NAEYC方针的一项方案中，成功获得硕士学位；成功展示自身知识、成就并符合NAEYC方针的硕士学位课程所要求的素质与性格。(6)儿童早期教育专业人员水平之六：在符合NAEYC方针的一项方案中，成功获得哲学博士或教育学博士学位；成功展示自身知识、成就并符合NAEYC方针的博士学位课程所要求的素质与性格。②

2. 日本的学前教育师资种类

如前所述，日本的学前教育机构主要有两种——幼儿园和保育所，主管部门分别为文部科学省和厚生劳动省。据此，日本的学前教育师资主要分为教师和保育士两种类型。幼儿园的教师称为教师，保育所的教师称为保育士。因此，在日本，保育士也是教师，只是为了区别于幼儿园的教师而称为保育士而已。

在日本，幼儿园教师分为四种类型：专修许可证(完成大学研究生院硕士学位课程者)、一种许可证(四年制大学毕业生)、二种许可证(短期大学毕业生)和临时许可证。目前，在日本的幼儿园教师中，多数是短期大学毕业生，即持有二种许可证的教师。

保育士有两种类型：一种由厚生劳动大臣指定的专门培养保育士的短期大学、大学或保育专门学校培养；另一种是通过各都道府县的"保育士考试"的高中毕业生，或非厚生劳动大臣指定的大学、短期大学毕业生。

3. 澳大利亚的学前教育师资种类

澳大利亚的学前教育师资主要有三种类型：幼儿教师、教养员和保育员。这三类教师社会地位不同，待遇也不一样。

---

① 冯晓霞主编：《幼儿教育》，吉林教育出版社2000年版，第126页。

② [美]乔治·S·莫里森著：《当今美国儿童早期教育》(第八版)，王全志等译，北京大学出版社2004年版，第5页。

幼儿教师主要毕业于州立师范学院、私立师范学院和大学,多在幼儿园中执教。幼儿教师待遇很好,工资和工作环境与小学、中学教师完全一样。这类幼儿教师占澳大利亚学前教育师资的大部分。

教养员主要毕业于技术和继续教育学院或高级学院,并获得资格证书或助教文凭,少数毕业于大学的教养员专业。他们多在保育机构执教,少数在幼儿园担任助教。教养员的社会地位和工资待遇较幼儿教师要差。

保育员主要拥有短期培训证书,多在联邦资助的儿童保育中心工作,主要负责照顾婴幼儿的身体、卫生保健和清洁工作。1986 年,澳大利亚《联邦儿童保育法》规定,3 岁以下儿童的班级必须有一名保育员。保育员的社会地位和工资待遇比幼儿教师、教养员都要差。

二、幼儿教师职前培养的机构

20 世纪 80 年代以来,随着幼儿教师学历层次和实际能力的不断提高,社会对幼儿教师的职前培养也提出了更高的要求。在这种背景下,一些发达国家改革了职前培养的办法,幼儿教师的职前培养机构由以往的中、高等师范院校为主发展到目前的以综合大学为主。但多数发展中国家仍未摆脱以中、高等师范院校为主培养幼儿教师的局面。目前,多数国家幼儿教师职前培养的机构已形成多层次、多样化的格局。

(一) 各种层次的幼儿教师职前培养机构

1. 课程培训机构

这是世界各国不同种类的学前教育协会或团体为了满足社会对幼儿教师的需要而设立的幼儿教师职前培养机构。在发达国家和一些发展中国家,这种课程培训机构是正规的幼儿教师职前培养机构的补充形式。在多数发展中国家,这种课程培训机构和正规的幼儿教师职前培养机构一起,担负着培养幼儿教师的重要任务。

例如,美国的专业认同评议会(Council of Professional Recognition)近年来设有"CDA 专业培训方案"(CDA Professional Preparation Programs,简称 CDAP3)。该方案是专为毫无托儿经验人员、无早期教育学分人员而设立的。该方案提供儿童发展课程,并安排无托儿经验人员在学前教育机构获得工作经验,取得必备的实际技能。在专业认同评议委员会登记入读 CDAP3 的学生,可在它的直接监督下完成训练后获得相关证书。又如,在印度,国家公共合作和儿童发展学会提供 3 个月的课程,培训一体化儿童发展服务部的幼儿教师;儿童福利会设有一个培训中心,培训儿童看护者等。

2. 职业中学和幼师学校

这是一些发展中国家和个别发达国家幼儿教师职前培养的主要机构。初中毕业的学生进入职业中学,学习 2—4 门学前教育课程,进行一定时间的幼儿园见习和实习,毕业后即可从事保教工作;幼师学校招收初中毕业生,学制一般为 3 年,有 1/4—1/3 的幼儿心理与教育的专业课程。

例如,20 世纪 90 年代以来,俄罗斯学前教师教育继承了苏联的两极教师教育体系(中等和高等),幼儿教师职前培养的主要机构之一仍然是中等师范学校,兼收初中和高中毕业生,培养年限一般为3年。又如,我国幼儿教师职前培养的主要机构之一为中等学前师范教育,包括幼儿师范学校、普通师范幼师班和职业高中幼师班等。

3. *初等学院*

这是世界大多数国家都具有的幼儿教师职前培养的机构。一般来说,各国的高中毕业生通过考试或申请进入初等学院,学制2—3年。

例如,在美国和加拿大,初等学院主要是社区学院,学制两年,培养招收为5岁以下儿童服务的日托中心教师。各社区学院可以使本社区没有机会到外地高等学校学习但有能力的高中毕业生在本社区接受专业教育。这些高中毕业生进入社区学院,在完成了基础课、专业课的学习并参加了教育实践后,可获副学士学位。他们毕业后或者在托幼机构做助理教师,有了一年的经验后,成为主教师;或者继续升入四年制大学。这类社区学院适应性强,收费较低,既可满足毕业生继续升学的要求,又可为地方教育部门培养幼儿教师,促进了地方学前教育事业的发展。①

又如,在法国,幼儿教师主要由师范学校培养。师范学校的招生名额,由省、学区、教育部三级根据两年后的需要和预算提供的可能来确定。为此,师范学校以按规定名额择优录取的竞争方式招生。凡持有2年或2年以上高等教育文凭者,均可报考。教育部每年公布一次考试大纲,原则上考试在各省进行,由师范学校校长组织监考。师范学校入学考试的内容很广泛,包括知识和能力的考查。一般要经过初试、复试和自选考试三道关口。初试以笔试的方式进行。考试的内容涉及法国文学和语言、数学、科学与技术。复试以口试、实践和操作的方式进行。内容包括谈话、体育、造型艺术和音乐与朗诵。自选考试,考生必须在报名时事先提出要求。内容是笔头翻译一篇用教育部规定范围内的外文或方言写成的短文。自选考试的成绩高于及格分数的部分,记入考生复试的总成绩。复试结束后,考试委员会按分数列出录取名单。学区长在审查了考生的成绩和健康状况以后,确定并公布名单。被录取者被任命为"学生一教师",一入学就成为国家公务员,并领取工资。②

4. *大学*

许多发达国家和一些发展中国家的大学中设有学前教育系(早期教育系或教育学院),招收本科生,也招收硕士和博士学位的研究生。可以说,大学为学前教育培养师资有三个层次:一是学士学位,主要是对学生进行基础教育,学习有关学前教育的课程,掌握理论知识并重视能力的培养;二是硕士学位,主要是培养学前教育的专业人才,要求学生广泛通晓本学科知识,并掌握本学科某一方面的专门知识,学制1—2年;三是博士学位,这是目前世界学前教育授予的最高学位,该学位重视专业知识的广度和深度,理论和实践相结合,学制3年或3年以上。

例如,在澳大利亚,除州立师范学院和私立师范学院外,高等教育学院和综合性大学是两类各具特色的幼儿园教师职前培养的机构。高等教育学院的幼教专业招收高中毕业生,通过三年学习后,即可获得教学证书,再经过至少一年的教育实践后,可继续进行第四年的学习,毕业后获得教育学学士学位。也有一些州的高等教育学院的学前教师教育课程是四年一贯制。综合性大

---

① 冯晓霞主编:《幼儿教育》,吉林教育出版社2000年版,第130页。

② 史静寰、周采主编:《学前比较教育》,辽宁师范大学出版社2002年版,第54页。

学则通过让学生攻读三年文理专业课程,再进行一年的学前教育专业培训,来培养幼儿园教师。部分综合性大学还为学前教育专业的学生开设了硕士学位课程。此外,高等教育学院和综合性大学还为非教育专业的本科生设立了一年的学前教育证书课程,使他们有机会选择幼儿园教师这一职业。

(二)美国、俄罗斯和日本的幼儿教师职前培养机构

1. 美国的幼儿教师职前培养机构

美国的幼儿教师职前培养机构主要有课程培训机构、初等学院、大学三种类型。具体说来,有如下几种培养机构:一是专业认同评议会,这是一个非营利的机构。该机构于1971年创立了儿童发展副教师(CDA)方案。此方案开创之初是专为提前开始学前班工作人员设计的一项无学分、与职务相连的证书项目。但是逐渐地转变成一个和两年制专科学校或学院衔接,代表一部分副学士学位学分的方案。也正因为日益与正规学校衔接并授予学分,提前开始学前班和其他托儿所的工作人员在取得儿童发展副教师证书后更容易转入二年制高等学校。① 二是两年制学院。社区学院(community college)、初级学院(junior college)和技术学院(technical college)都开办两年制的早期教育与儿童发展课程。这些两年制学院主要培养从事教育自出生到4岁幼儿的学前教育师资。三是四年制大学或学院。在美国,州立的四年制大学或学院主要培养从事教育5岁班幼儿园至小学三年级儿童的师资;而四年制的私立大学或学院则主要培养从事教育自出生到4岁幼儿的学前教育师资。

2. 俄罗斯的幼儿教师职前培养机构

20世纪90年代以来,俄罗斯的幼儿教师职前培养机构主要有两种类型:中等师范教育机构和高等师范教育机构。具体说来,培养机构有以下几种:一是中等师范学校和师范专科学校。这两种机构主要培养幼儿教师,学制为三年。其中,中等师范学校在培养幼儿教师数量方面占有优势。据不完全统计,俄罗斯现有313所中等师范学校设有幼师专业,每年向学前教育机构输送几万名中师毕业生。二是师范学院和师范大学。师范学院和师范大学的学前教育系培养幼儿教师、学前教育机构的领导者和中等师范学校教师。其中,四年制培养学前教育学士、五年制培养学前教育专家,六年制则培养学前教育硕士。

3. 日本的幼儿教师职前培养机构

日本的幼儿园教师和保育士的培养是由不同性质的部门完成的。幼儿园教师培养的任务由文部科学大臣认可的教育部门的大学或短期大学完成,而保育士则由厚生劳动大臣认可的大学、短期大学或保育专门学校培养。具体而言,日本学前教育的师资培养机构主要有以下两种:一是专门学校和短期大学。幼儿园教师的师资培养机构是培养教师的专门学校、短期大学的保育科或幼儿教育学科;保育士的培养机构是短期大学和保育专修学校。据统计,2007年初,在日本全国572所短期大学中,有300所以上的短期大学设有保育科或幼儿教育学科,可培养幼儿园教师;

① [美]林秀锦著:《美国的早期保育与教育》,江苏教育出版社2006年版,第152页。

另有 250 所以上厚生劳动大臣认可的短期大学可培养保育所的保育士。① 二是四年制大学。四年制大学包括三种类型：一是培养幼儿园教师的四年制大学，这些大学专门设有幼儿教育学科，硕士研究生或本科生毕业后可获取幼儿园教师专门许可证或一种许可证；二是培养保育士的四年制大学，这些大学设有幼儿教育学科，专门培养保育士，过去这种大学较少，近年来已有所增加；三是间接培养保育士的四年制大学，这些大学未设幼儿教育学科，学生学习其他专业，毕业后通过“保育士考试”获得保育资格证而成为保育士。

三、幼儿教师职前培养的课程

（一）不同种类的幼儿教师职前培养课程

世界各国幼儿教师职前培养的课程有所不同，但基本上由普通教育课程、学科专业课程和教育实践课程三个部分组成。

1. 普通教育课程

普通教育课程又称公共基础课程、通识课程等，是学前教师教育课程体系的重要组成部分。在教师教育课程体系中，普通教育课程处于基础学科的地位。其主要目的是：培养正确的人生观、世界观；培养人文精神和健全人格，塑造教师的气质特征；培养认识事物、观察并解决问题的能力；增强处理社会关系以及交流、协作的能力。在课程内容上，普通教育课程一般由人文科学、自然科学、社会科学和工具类课程构成。

发达国家大多注重学前教育专业学生的普通教育课程。例如，美国和丹麦的四年制早期教育专业的普通教育课程，内容涉及人文、历史、哲学、艺术、科学、社科、戏剧、政治等学科，占整个课程的三分之一。这样既保证了早期教育从业人员拥有丰富的知识和开阔的视野，也为学习者今后专业选择或在职进修打下坚实的基础。② 法国师范学校的普通教育课程包括法语、数学、科学与技术（其中计算机 70 课时）、历史、地理、公民教育、体育和艺术教育等课程。

2. 学科专业课程

学科专业课程包括教育专业课程和学前教育专业课程，具体为教育基本理论、教学法、教育的组织与管理等课程。

通过学科专业课程的学习，学生可以了解教育的一般性质，教育的历史与哲学，儿童的成长、发展与学习，教育教学方法，课程的理论与实践，教育组织与管理，掌握家庭教育与社区教育等专业知识；获得作为教师应有的技能，如安排一日生活的能力，与家长、儿童及同行交流的能力和技能，自我评价能力，批判性思维的能力，测量和观察儿童的能力等。学科专业课程具体的科目有：教育学、心理学、生理学、儿童心理学、早期儿童教育、营养学、卫生学、儿童观察法、科学教育法、数学教育、音乐教学法、体育教学法、儿童发展教学法、阅读教学法和管理班级的技能技巧等。③ 例如，法国 20 世纪 80 年代师范学校培养母育学校和小学教师的学科专业课程有教育哲学、教育

① [日]鹤田义男著：《亚洲诸国的幼儿教育者》，日本近代文艺社 2007 年版，第 21 页。
② 何敏：《中外学前教育师资培养的比较与思考》，《幼儿教育》（教育科学版），2007 年第 12 期。
③ 冯晓霞主编：《幼儿教育》，吉林教育出版社 2000 年版，第 142 页。

史、教育社会学、普通心理学、心理学、母语学校、残疾儿童的适应与一体化,以及外国或外籍儿童就学问题等等。

澳大利亚的学前教育专业课程目前大部分采用专题设课的形式,开设各种学前教育的理论和实践课程。以昆士兰技术大学的幼儿教育系为例,一学年内开设的学前教育专业必修课就多达70种,如幼儿教育导论、幼儿课程讨论、家庭和幼儿教育、幼儿教师和家庭、幼儿教学策略、幼儿的语言和认知发展、幼儿的发展和学习、幼儿的教学科学和文化、幼儿的音乐和运动、幼儿科学和健康教育、幼儿的角色和社会教育、幼儿的食物、幼儿的安全游戏和体育教学、角色游戏、绘画等。

总之,很多国家正努力通过合理有效的教育基础课程设置,使学生获得学前教育工作中所需要的各种知识,奠定广博而深厚的知识基础;通过设置合理有效的学前教育专业课,使未来的幼儿教师从生态学的角度来观察、认识、了解幼儿,制订合理有效的计划和方案,采用有效的方法对幼儿进行适宜的教育。

3. 教育实践课程

教育实践课程是幼儿教师职前培养课程中的重要组成部分。它主要指帮助未来的幼儿教师了解学前教育的实际,加深理解所学内容,将所学的有关儿童发展、保育、教育的理论及技能综合应用于实践的教育见习、教育实习活动。

各国在培养学前教育师资的过程中,非常重视学前教育理论与实践的结合。增加教育实践课,是20世纪80年代以来世界各国改革幼儿教师职前培养的重要内容。许多国家认为,教育实习为学生把课堂上所学的理论转换成教育实践提供了机会,是保证学生胜任幼儿教师工作的有效途径。世界各国的教育实习时间为2—6个月不等,但教育实践作为学前师资课程的一个组成部分,占有一定比重。例如:

英国对于学习学前教育专业的学生培训,注重提供更多的、即时的实践机会。为便于学生的见习、观摩,学校一般附设幼儿园,并与多所幼儿园建立联系,供学生随时参与幼儿的活动。这样,不仅可以发现幼儿的具体活动表现,而且可以从中总结出幼儿的身心特点,从而为今后的工作奠定基础。①

丹麦培训学院为了使学生把所学的幼教专业知识运用于实践,掌握教育幼儿的技能技巧,给一年级学生安排14周、二年级学生安排13周的教育实习时间;三年级时,学生除了听80学时的课程以外,其余时间皆用于参观访问、调查了解、评价研究学前教育机构及活动。

澳大利亚学生在3年的学习时间里,要到儿童保育中心、幼儿园、学前班以及小学低年级进行教育见习和实习,时间为19周。见习和实习安排在各个学期,为学生提供大量观察儿童、班级、幼儿园和小学的机会,使学生获得与个别儿童、小组儿童和全班儿童相互作用的技能,掌握教学的基本技能技巧。②

在挪威,学前教育专业的师范生实习期有20周,其中18周在幼儿园实习。此外,还要到小学一年级、二到四年级和校外活动中心实习。

---

① 徐晶晶:《国际视野下的学前教育》,《上海教育》,2006年第6期(B)。
② 李生兰著:《学前教育学》,华东师范大学出版社2006年版,第247页。

(二) 美国、德国和日本幼儿教师职前培养的课程

1. 美国幼儿教师职前培养的课程

美国幼儿教师职前培养的课程一般包括学位课程、CDA 国家证书课程和 CDA 职业预备课程三种。

(1) 学位课程。美国幼儿教师职前培养的学位课程有以下几种:一是大专学历课程。很多社区大学提供学前教育方面的培训,目的是使接受培训的人成为幼儿保育的助手、儿童保育的提供者以及助教。例如,位于麻省威里斯雷山区的麻省港湾社区学院提供两年的早期儿童教育专业方面的大专课程,主要包括儿童发展、早期儿童教育、儿童文学、儿童艺术与音乐、儿童保健与紧急护理等科目。

二是学士学位课程。学生在四年制大学或学院成功地完成通识教育和主修课程后,即可获得文学士或理学士学位;而主修的相关领域可能包括儿童发展、早期教育、学前教育、基础教育。教学实习是师资培训中很重要的一环。但是,教学实习主要在一至六年级的学生中进行。以加利福尼亚州为例,在四年制学院或大学开设的儿童发展、早期教育和师范教育的高年级课程,包括下列主要课程(课程按照从必修课至选修课的顺序排列):人类发展,语言与学习,认知发展,社会性、情感和个性发展,跨文化的儿童发展,人类发展和基础教育实际经验,家庭沟通,儿童发展实习课,发展经验、方法和课程,教育理论基础:学习与就学,语言与读写识字,小学数学科课程与教学法,小学社会学科课程与教学法,小学自然科课程与教学法,多元文化背景下的语言和读写识字能力的发展,教室管理和学生行为管教研究与讨论,初级计算机教学,高级计算机教学,应用计算机以增进语言和读写能力的发展,儿童发展专题研究,教学实习等课程。① 由于美国四年制大学或学院提供的课程主要是使从事儿童早期教育(从 5 岁班幼儿园到小学三年级)的工作人员能够获得教师资格证书,因此上述课程不仅包括学前课程,也包括小学课程。

三是硕士和博士学位课程。该课程与四年制大学的课程设置相似,但在内容的深度和广度上有更高的要求。以博士生为例,课程分三类:一是基础课程,通常包括教育心理学、教育哲学、教育史、逻辑学、比较教育、教育原理、普通哲学、人类学等,其中教育心理学、教育哲学和教育史尤其受到重视;二是专业课程,如幼儿教育模式、幼儿教育课程、幼儿心理发展、幼儿教育专题研究等;三是教育研究方法与技能课,常设的有统计学、研究方法、教育测量或测验、计算机语言等;四是跨学科课程,如数学、人种学、生态学等。②

(2) CDA 国家证书课程。美国 CDA 国家证书课程是一个国家级的教育项目,主要是为评估和提高在中心幼儿园、中心托儿所、家庭日间保育、家庭访问者环境下工作的学前教育工作者的技能,也为向有双语教学需求的儿童提供特殊服务。任何获得 CDA 证书的学习者必须年满 18 周岁、具有高中文化程度或者同等学力。为了获得 CDA 国家证书,选择直接评估的学习人员还必须满足以下能力要求:在过去五年中,具有 480 小时的儿童工作经验;120 小时的培训,包括 8 个 CDA 培训项目,皆不少于 10 小时,并学习以下课程:保健与安全、身体与智力发展、社会性与情感

---

① [美]林秀锦著:《美国的早期保育与教育》,江苏教育出版社 2006 年版,第 156—157 页。

② 冯晓霞主编:《幼儿教育》,吉林教育出版社 2000 年版,第 142 页。

的发展、与家庭的纽带关系、课程的设置与安排、职业化、观察并记录儿童的行为和儿童的成长与发育等。①

(3) CDA职业预备课程。为了获取CDA职业预备课程的文凭,学习者必须达到年龄与教育背景两方面的基本能力要求——年满18周岁、具有高中文化程度或者同等学力。此外,学习者还必须在从事相关研究的日子里和指导教师一起工作,其研究由实地调查、课程学习与最后鉴定三个阶段组成。

在实地调查期间,学习者需学习典型课程——“CDA儿童教育工作基本原理”,内容涉及六大能力领域,包括“建立并且保持一个安全、健康的学习环境”、“发展身体与智力能力”、“支持社会性与情感的发展,给予积极的指导”、“与家庭建立积极的、建设性的联系”、“保证课程项目的良性运行,并能实现预期目标”和“保持对职业化的承诺”。在专门从事课程学习的阶段,学习者要参加由社区大学以及其他中等教育以上的机构所提供的高级研讨会。这些研讨会有专门的指导员主持,是对“典型课程”的补充。第三个阶段是全面鉴定的时期,主要在学习者的工作环境或者实践领域中完成。

这三种类型的课程中,学位课程更重视理论课程和实践课程的结合,而CDA国家证书课程和CDA职业预备课程更重视实践课程。

2. 德国幼儿教师职前培养的课程

德国幼儿教师职前培养的课程主要有以下三种②:一是大学课程。这要求入学者为10年级毕业生或具有两年职业训练的同等学力者。学生接受为期4年被称作“社会专科教育”方面的专业训练,其中一年用于实践方面的培训。这类职前培养课程学术性很强,分为基础课、主干课和论文。毕业生大多数在较大的学前教育机构中担任领导工作。

二是技术学院课程。入学者为职业学校的毕业生或其他中等学校的毕业生。学生接受三年被称作“社会教育专科学校”的培训,其中一年用于实习。这类学院的培训课程分为两个阶段:第一阶段是专业理论培训。学生在进入学校的前两年,学习基础理论和学术性课程,包括大约15个科目。第三年进入第二个阶段,即由学院管理下的职业实践培养阶段,也称实习阶段。开设的课程有德语、社会研究、宗教教育、心理学、青年援助、教育、教学法、方法论、儿童和青少年文学、艺术、手工、音乐、韵律、游戏、运动等等。每周30课时,其中至少有24课时与职业有关。这类学院主要培养学前教育机构的教师。

三是培训学院课程。这类学院的入学要求是完成实科10年级学习或至少具有职业训练的同等学力者。培训时间1—3年,各州的具体情况不尽相同。最初,这类学院的目标仅仅是援助家庭。近年来,在家政和保育技能的基础上,添加了社会教育的培训。培训学院主要培养学前教育机构的助理员。

3. 日本幼儿教师职前培养的课程

在日本,由于幼儿园教师和保育士分属不同的部门管理,其职前培养的课程有所不同。日本

---

① [美]乔治·S·莫里森著:《当今美国儿童早期教育》,王全志等译,北京大学出版社2004年第八版,第9页。

② 史静寰、周采主编:《学前比较教育》,辽宁师范大学出版社2002年版,第72—74页。

幼儿园教师职前培养的课程，是由日本《教育职员许可法》及其施行规则决定的。《教育职员许可法》及其施行规则规定，幼儿教师职前培养的课程除了一般教育的课程外，还有“教科”和“教职”的课程。《教育职员许可法施行规则》对“教科”和“教职”的有关课程作了明确规定：“教科”的课程主要指专门的知识和技能的课程，包括国语、算术、音乐、美工、体育等科目；“教职”的课程主要指取得教师许可证的重点专业科目，包括教育原理、学前教育内容、教学法、教育咨询和教育实习等科目。

日本保育士职前培养的课程，是由日本《儿童福利法施行规则》规定的。日本保育士职前培养的课程包括以下四个领域：一是有关学前教育的本质、目的的科目，如学前教育原理等；二是有关学前教育对象的科目，如发展心理学等；三是有关学前教育内容与方法的科目，如学前教育内容等；四是有关基础技能、学前教育实习、综合讨论的科目，如钢琴等。[①] 其中，学前教育实习包括以下三种类型：学前教育实习Ⅰ（必修课，包括保育所 10 天的实习、保育所之外的其他儿童福利机构 10 天的实习、有关实习的事前和事后的指导等）；学前教育实习Ⅱ（选择必修课，保育所 10 天的实习）；学前教育实习Ⅲ（选择必修课，保育所之外的儿童机构或儿童福利机构 10 天的实习）。

第二节 幼儿教师的任用与在职进修

一、幼儿教师的任用

从幼儿教师的职前培养到幼儿教师的正式任用，其间经历一系列过程。尽管目前世界学前教育的师资还非常紧缺，很多国家仍然采取制订幼儿教师专业标准和建立幼儿教师资格证书制度等措施，来保证学前教育师资的质量，规范幼儿教师的任用过程。

（一）幼儿教师专业标准

为了提高学前教师教育的质量，保证幼儿教师的素质和水平，一些国家制订了幼儿教师专业标准。幼儿教师专业标准既可作为学前教育机构任用幼儿教师的标准，也可作为幼儿教师职前培养和在职进修的标准。它有助于明晰幼儿教师应具备的知识和能力，为幼儿教师的专业学习与发展提供有价值的参考。

在这方面，美国走在世界各国的前列。美国幼儿教师专业标准称为幼儿教师从业标准（又称“幼儿教师从业准备标准”、“学前教育专业从业准备标准”或“学前教师教育标准”），是由全美幼教协会（NAEYC）开发的。1980 年，全美幼教协会开始为培养幼儿职业从业人员的高等教育计划设计指南，先后公布了学士和硕士学位水平的候选人培养计划指南（1982 年）、高级硕士/博士学位和副学士学位候选人培养计划指南（1988 年）。此后，全美幼教协会于 1994 年对这套指南进行

---

① ［日］森上史朗、柏女灵峰编：《保育用语辞典》，日本密涅发书房 2004 年版，第 178—179 页。

了首次修订,1999 年又启动了新的修订工作。从 2001 年到 2003 年,全美幼教协会颁布了三套早期儿童教育专业从业准备标准,提出了早期儿童教育专业不同层次从业者的培养标准。2003 年,全美幼教协会对 1994 年发表的旧标准进行了修订,提出了 21 世纪的幼儿教师在知识和能力方面的标准;2004 年,全美幼教协会在 2003 年修订标准的基础上,提出了有异于 1994 年旧版标准的重点。

1. 知识和能力的核心标准

2003 年全美幼教协会提出的新标准,强调了 21 世纪的幼儿教师应该掌握和应用的知识与技能。其具体内容如下:(1)促进儿童发展与学习:了解幼儿,知道影响幼儿发展的因素,并能善用自身有关幼儿的知识去创造一个所有儿童均能健康发展的环境。(2)建立和家庭及社区的关系:了解儿童和家庭所住的社区,与家庭和社区建立相互尊重的关系,并鼓励家长和社区参与儿童的发展与学习。(3)观察、记录与测评:了解测评之目的,使用有效的测评策略,以促进儿童的发展和学习。(4)教学与学习:和学生及家人建立密切的关系;使用发展上有效益的教学与学习策略;具备基本学科内容的知识,并融合以上各项技能为儿童提供丰富的经验以促进其发展与学习。(5)成为一个专业人员:自我认同并肯定从事早期教育专业工作,遵守专业伦理和标准,持续地进修,注重反思和独立思考,并能就儿童、家庭和早期教育提出自己的主张。

2004 年,全美幼教协会考虑到多元化社会对学前教育的影响,在新版的早期教育师资标准中强调下列七个有异于 1994 年旧版标准的重点:(1)语言和文化多元性;(2)使特殊儿童融于普通园所;(3)学科知识;(4)儿童居住的社区;(5)测评儿童的学习与发展;(6)教学策略和促进儿童发展的途径;(7)和学习标准整合的学习经验。① 上述七个方面的标准是全美幼教协会在 2003 年修订的标准的基础上提出的,和 2003 年的五大核心标准相比,增加了文化多样性、融合教育和幼儿学习标准相一致等方面的内容。

2. 普通知识标准

从 2001 年到 2003 年,全美幼教协会颁布了三套早期儿童教育专业从业准备标准,即"初级许可证计划"(2001 年)、"高级计划"(2002 年)、"副学位计划"(2003 年),提出了早期儿童教育专业不同层次从业者的培养标准,其中包括早期儿童教育专业从业者在普通知识教育方面的准备标准。以"初级许可证计划"为例,学前教育从业者候选人应具备以下六大领域的普通知识:(1)语言和读写知识:应拥有广泛的、以研究为基础的语言和读写方面的知识、技能,以促进幼儿的语言发展;(2)艺术知识:应通过艺术知识的教育,为幼儿提供高质量、富有意义的艺术经验;(3)数学知识:应具有数学知识的准备。幼儿教师要将数学的知识内容领域(计算、代数、几何、测量、数据分析和概率等)和过程领域(问题解决、推理和证据、联系、交流、表达法等)联系起来,促进幼儿数学的教与学;(4)身体锻炼和体育知识:根据儿童的年龄和其他特征,积极促进幼儿的身体锻炼和体育。在促进幼儿身体发展时,应知道文化差异和性别预期;(5)科学知识:应根据幼儿的年龄和其他特点,为幼儿提供高质量、有意义的科学经验;(6)社会知识:应促进幼儿在地理、历史、经济、

① [美]林秀锦著:《美国的早期保育与教育》,江苏教育出版社 2006 年版,第 160 页。

社会关系等方面的经验。[1] 上述六大领域的普通知识标准涉及自然、社会和人文等多个领域，体现了美国社会对幼儿教师和其他相关从业人员知识广度的要求。

3. 道德行为标准

除核心专业标准、普通知识标准之外，全美幼教协会还制订了《道德行为准则》(2001)，对幼儿教师应对儿童、家长、同事、社区和社会所承担的道德责任进行了规定。其具体内容如下：(1)对幼儿的道德责任：幼儿期是生命过程中一个独特而有价值的重要阶段，教师的重要责任就是为幼儿提供安全的、健康的、有价值的教育环境。教师应当致力于儿童的发展——通过尊重个性差异，帮助他们学会共同生活和工作，以及培养他们的自尊来支持他们的发展。(2)对家庭的道德责任：在幼儿的发展中，家庭是非常重要的因素。因为家庭和幼儿教育工作者在幼儿的幸福上是有共同利益的，所以教师的主要责任就是以一种有利于幼儿发展的方式来形成家庭和学校之间的合作。(3)对同事的道德责任：在一种相互关心、合作的工作场所中，人的尊严受到了尊重，对职业的满意度也得到了提高，而且能形成积极的相互关系。在这一领域中，教师的主要责任就是建立和维持能支持有效的工作并能满足工作需要的环境和相互关系。(4)对社区和社会的道德责任：学前教育机构是在一个附近的、由家庭和别的幼儿社会事业机构所组成的社区内开展工作。教师对社区的责任是提供满足它需要的教育并与其他机构和专业人员进行合作。[2]

综上所述，全美幼教协会有关幼儿教师的专业标准、普通知识标准和道德行为标准既涵盖了学前教育专业候选人在知识、能力和伦理方面的要求，体现了全美幼教协会对幼儿教师全面发展的要求；又反映了新的学前教育理念，要求教师具有多元文化教育能力、融合教育能力，以及根据幼儿学习标准进行教学的能力等。

为进一步提高学前教师教育的质量，2008—2009年全美幼教协会重新修订了《早期儿童教育专业从业准备标准》(即《幼教从业人员师范毕业生标准》)。此次修订有三个要点：首先，新的标准将师范生应具备的专业能力标准与文化知识标准整合为一个有机的体系；其次，将原标准中“所有儿童”(all children)改为“每一位儿童”(each child或every child)，突出文化多元的背景下对每一位儿童独特性的关注，并将这一理念作为贯穿整个标准的一条主线；最后，将文化知识标准有机纳入新标准。该标准的主要内容包括以下几个方面：一是能够促进儿童的发展和学习；二是能够建立和家庭及社区的和谐关系；三是能够观察、记录和评价，以支持幼儿和家庭的发展；四是运用适宜、有效的方法在儿童和家庭之间建立联系；五是运用内容知识建构有意义的课程；六是成为专业人员。[3] 以上六个方面的要求，被称为美国学前教师教育的六项核心标准。

在2009年新修订并颁布的《早期儿童教育专业从业准备标准》的基础上，全美幼教协会制定了《初级和高级儿童早期教育专业认证标准》。该标准分为两个层次：初级和高级。初级标准针对副学士和学士层次的学前教师教育专业，高级标准则针对硕士和博士层次的学前教师培养。两套标准的结构相同，均是在《早期儿童教育专业从业准备标准》的基础上增加了第七条标准

---

① 朱宗顺：《美国幼儿教师教育的普通知识标准》，《学前教育研究》，2006年第9期。

② 张燕著：《幼儿教师专业发展》，北京师范大学出版社2006年版，第111—119页。

③ 苟顺明：《新世纪美国学前教师教育课程改革透视》，《外国教育研究》，2013年第7期。

(“实习见习标准”,但在具体内容上存在着层次差异。总体上说,这两套标准具有以下三方面特征:一是重视教师的多元文化教育能力;二是高度强调师范生的见习和实习;三是具有层次性。[①]至此,美国完成了新一轮的不同层次的幼儿教师专业标准的修订。

除美国以外,其他一些国家也制订了幼儿教师专业标准。例如,日本文部科学省在2002年6月发表的《提高幼儿园教师素质——为了自主学习的幼儿园教师》的报告中,提出了当前日本幼儿园教师的专业标准。其具体内容如下:一是理解幼儿、具有综合的指导幼儿的能力;二是制订和实施学前教育计划的能力;三是在发挥自己专业特长的同时,具有和其他人合作的协调能力;四是具有关照有特殊需要幼儿的能力;五是具有促进幼儿园与小学、幼儿园与保育所衔接的能力;六是建立和家长、社区联系的能力;七是园长等管理者具有一定的领导能力;八是对基本人权的理解力。[②] 又如,我国著名学者庞丽娟在教育部基础教育司组织编写的《〈幼儿园教育指导纲要(试行)〉解读》一书中,提出了幼儿教师的专业素质,其主要内容:一是对儿童和儿童发展的承诺;二是全面、正确地了解儿童发展的能力;三是有效地选择、组织教育内容的能力;四是创设发展支持性环境的能力;五是领导和组织能力;六是专业化学习的能力。[③]

总之,尽管各国的幼儿教师专业标准不尽相同,但其目的都是为了规范学前教师的任用过程,提高幼儿教师的素质,以保证学前教师教育的质量,促进学前教育的变革与发展。

(二) 幼儿教师资格证书制度

幼儿教师资格证书制度,又称为幼儿园或学前教师资格证制度,是当前世界上一些国家所推行的一项针对幼儿教师行业的职业准入制度。这一制度对于规范幼儿教师的任用标准和学前教师教育的发展,加强幼儿教师职业专业化,提高学前教育质量具有重要的意义。下面我们从两个方面探讨世界幼儿教师资格证书制度。

1. 幼儿教师资格证书制度的内容

幼儿教师资格证书制度包括三部分内容,即幼儿教师资格证书的管理制度、幼儿教师资格证书的鉴定制度和幼儿教师资格证书的发放制度。[④]

(1) 幼儿教师资格证书的管理制度。幼儿教师资格证书的管理制度是幼儿教师资格证书制度的重要组成部分。目前由于世界各国的学前教育机构种类繁多,分属不同的部门管理,因此各国关于幼儿教师资格证书的管理也呈现出纷繁复杂的局面。例如,目前美国对于不同学前教育机构的教师还没有一个统一或专门的管理系统和认证机制,幼儿教师常常被纳入中小学教师管理和认证的大系统之中。因而,其幼儿教师入职资格标准和认证方式也随着州和教育系统的差

---

① 荀顺明:《新世纪美国学前教师教育课程改革透视》,《外国教育研究》,2013年第7期。

② [日]儿童和保育综合研究所编:《最新保育资料集2007》,日本密涅发书房2007年版,第369—370页。

③ 庞丽娟:《新〈纲要〉与幼儿教师的专业素质》,选自教育部基础教育司组织编写:《〈幼儿园教育指导纲要(试行)〉解读》,江苏教育出版社2002年版,第168—175页。

④ 翁朱华、唐玉光:《我国教师资格证书制度评议》,选自袁振国主编:《中国教育政策评论(2001)》,教育科学出版社2001年版,第211—220页。

异而不同,没有一个统一的标准。[①] 又如,日本幼儿教师资格证书分别由文部科学省和厚生劳动省管理(文部科学省管理幼儿园教师资格证书,厚生劳动省管理保育士资格证书)。

(2) 幼儿教师资格证书的鉴定制度。幼儿教师资格证书的鉴定制度是幼儿教师资格证书制度的核心内容,主要包括以下几个方面的内容:

一是学历要求。学历要求是幼儿教师资格鉴定的一个重要方面。没有一定的学历程度,很难保证幼儿教师的素质。尽管当前世界幼儿教师的学历要求和能力水平参差不齐(隶属于教育系统管理的幼儿教师的学历要求和能力水平一般比隶属于保育系统管理的幼儿教师的学历要求和能力水平要高),而且很多幼儿教师还未达到大专或副学士水平,但从长远来看,幼儿教师的学历要求会越来越高,一般要求达到本科水平。例如,葡萄牙从 1999 年开始,要求合格的幼儿教师必须接受 4 年的高等教育;美国国家研究院在《渴望学习》一书中也提出美国幼儿教师应达到本科水平。

二是幼儿教师资格的考核。幼儿教师资格证书制度一般以严格的考试为基础。考核对象主要包括三类:一类是师范专业毕业的入职者;一类是非师范专业毕业的入职者;还有一类是没有学历的入职者。考核内容主要包括教师身体、道德、学力、知识、能力、情感等方面素质。例如,美国幼儿园教师除完成必修的专业课程和实践学习外,还必须参加名为 Praxis 的考试。这种考试由三部分组成:基本技能、教学基本原理、早期教育,其中基本技能又分为阅读、数学和写作。又如,在日本,高中毕业生或非厚生劳动大臣指定的大学、短期大学毕业生想成为保育士必须通过各都道府县的"保育士考试"。

三是幼儿教师试用制度。目前,世界一些发达国家已经开始对教育 5 岁及 5 岁以上儿童的幼儿教师实行试用制度。例如,英国保育学校与保育班的幼儿教师在完成师范学院或教育学院的学前教育系提供的 3 年的"教育证书"课程后,以试用或实习资格从事教学,一年实习完毕且成绩合格者,才被官方认可为合格教师。

(3) 幼儿教师资格证书的发放制度。幼儿教师资格证书的发放制度也是幼儿教师资格证书制度的一项重要内容。幼儿教师资格证书发放制度最齐备的是美国和日本。美国的幼儿教师资格证书按级别可分为学位证书(大专、学士、硕士)、CDA 国家证书和 CDA 职业预备证书;按有效期可分为临时证书、短期教师证书和长期教师证书。日本的幼儿园教师资格证书按级别可分为专修许可证、一种许可证和二种许可证;按有效期可分为普通资格证和临时资格证,普通资格证终身有效、通用全国,临时资格证书只在本都道府县中使用,有效期 3 年。

以上是幼儿教师资格证书制度的主要内容。从当前世界学前教育的现状来看,还有较多国家尚未建立起完善的幼儿教师资格证书制度。

2. 美国、英国和日本的幼儿教师资格证书制度

(1) 美国的幼儿教师资格证书制度。美国教育体制分权制的管理方式导致了各州的幼儿教师资格证书体系呈现出多样性的特点。1991 年,全美幼教协会(NAEYC)和师范教育协会(Association for Teacher Educators)联合发表声明,催促各州制订一套统一的、从出生到八岁的、

① 成丽媛等:《美国幼儿教师资格及其认证方式简介》,《学前教育研究》,2007 年第 12 期。

独特的早期教育教师执照或证书。然而,到目前为止,仅有少数州制订了这种早期教育教师证书。一份1999年的报告显示,美国有26个不同的早期教育教师执照名称和12种不同的以儿童年龄为依据的认证组合模式。只有半数的州设有独立的早期教育教师证书,有16个州未设立早期教育教师证书或只在小学教师证书上添加相关说明。虽然教育界很早就把早期教育定义为从出生至8岁的早期儿童教育,但只有16个州以此定义"早期",有3个州将5岁至8岁或9岁定义为早期,另有10个州颁发自5岁班幼儿园至6或8年级的教师执照或证书。①

综合各州的情况,美国有关幼儿教师资格证书主要包括学位证书(大专、学士、硕士),CDA国家证书和CDA职业预备证书。这三种不同层次的资格证书代表了三种不同的专业化程度,适应了不同层次、不同领域早期教育工作者的要求。第一种层次是学位证书。获得大专证书的人可成为幼儿保育的助手、儿童保育的提供者或助教;获得学士学位证书的人可获得儿童早期教育资格证书,成为从事儿童早期教育工作的人;获得硕士学位的人可获得在硕士水平上的儿童早期教育资格证书,成为课程负责人、负责人助理或把从事早期儿童教学工作当成职业追求的人。第二种层次是CDA国家证书。它是美国专业认同评议会为致力于儿童早期教育工作的专业人士提供的资格证。获得这一资格证有两种途径:一种是学习CDA职业预备课程,学习者将被允许在中等教育以上的机构中工作;另一种是直接评估,这是为那些已经具有与儿童早期教育培训相关的儿童保育工作经验的学习者而设计的。第三种层次是CDA职业预备证书。学习者必须参加实地调查、课程学习和最后鉴定三个阶段的学习,并经过"儿童早期职业认知委员会"的资格认证。②

由于幼儿教师短缺,美国5岁以下学前教育机构的幼儿教师资格证书制度并不健全。根据一份2004年的报道,仅有27个州规定学前幼儿园教师需拥有学士学位;17个州规定学前幼儿园教师需至少拥有副学士学位或取得儿童发展副教师(CDA)证书。在全国,只有50%的中心式3—4岁班幼儿园的主教师(lead teacher)拥有学士学位。尽管如此,近年来美国政府和研究机构正在极力倡导和推行改革措施,以完善美国的幼儿教师资格认证制度。例如,美国国家研究院在2000年出版的《渴望学习:教育我们的幼儿》一书中提出,所有早期教育教师应拥有学士学位并受过相关的专业培训;美国国会在2003年重新授权续办提前开始学前班时,明确规定到2010年,50%的教师需有学士学位,助教则需有儿童发展副教师(CDA)证书。③ 这些举措反映了美国政府试图提高学前教育师资的入职要求,从而提高早期教育从业人员的社会地位和专业化水平的决心。

(2) 英国幼儿教师资格证书制度。在英国,凡年满18周岁并获得GCSE文凭(普通中学毕业证书)的青年人,想当教师,要进入继续教育学院(相当于大学预科班)接受两年制的学习,获得"A-level"文凭,然后凭这两种文凭申请大学。申请成功与否取决于这两种文凭的考试成绩及面试成绩。如申请成功,经过任何学科的三年学位学习,再加一年或两年的教育学研究生资格证书学习就可成为一名合格的教师。这是最常见、最普遍的一种途径。此外,社会上已就业人士或将

---

① [美]林秀锦著:《美国的早期保育与教育》,江苏教育出版社2006年版,第158页。
② [美]乔治·S·莫里森著,王全志等译:《当今美国儿童早期教育》,北京大学出版社2004年第八版,第8—11页。
③ [美]林秀锦著:《美国的早期保育与教育》,江苏教育出版社2006年版,第158页。

要就业的成人，只要愿意从事教师职业，还可通过以下两种途径成为一名合格的教师：一是大学本科四年师范教育的学习与教育实践；二是参加教师证书学习班学习，学制为三年。①

英国幼儿教师资格证书的种类多种多样，主要有以下几种：①NNEB（Nursery Nurse Examination Board），即0—8岁儿童健康和教育的两年课程毕业证书，许多教师持有的证书属于此类；②PLA（Pre-School Learning Alliance），相当于DPP（Diploma in Pre-School Practice），即2—5岁儿童发展和教育的一年课程证书；③CERT ED.（Certificate in Education），即初等教育的三年课程证书；④CCE（Certificate in Child Care and Education），相当于NVQ（National Vocational Qualifications）level 2（初级），即0—8岁儿童保育和教育的一年学院课程证书；(5)DCE（Diploma in Child Card and Education）level 3（中级），即0—8岁儿童保育和教育的两年学业课程毕业证书。

除上述资格证书之外，英国还有的保教工作者具有MCW（Maternal and Child Welfare）证书（即0—5岁儿童健康和发展的一年课程证书）、CQSW（Certificate of Qualifications and Social Work）证书（社会工作的两年课程证书），少数教师拥有BAHons（早期教育课程360学分）证书，个别高级教师持有B-Ed(360学分)教育学士学位证书，个别园长持有M. A. 硕士学位证书。②

英国幼儿教师的资格考核评估采用理论与实践相结合的方式，深受教师们的欢迎。例如，对于未取得教师资格证书的教师，国家职业资格证书组织（NVQ）除了为他们提供理论学习进修的机会外，还制订了一套实践评估考核标准。当教师经过一段时间的进修、实践后，认为自己已达到教师资格，则可以随时向所在区的NVQ组织提出考核申请。

英国的幼儿教师只有持各种资格证才能上岗工作，资格证书制度对提高幼儿教师的素质、保障英国幼儿教育的质量起了积极的作用。

(3) 日本幼儿教师资格证书制度。日本幼儿园教师和保育士不仅有着不同的教师资格证书制度，而且名称不同。幼儿园教师的资格证书称为许可证，保育士的资格证称为资格证。

其一，幼儿园教师资格证书制度。1949年9月，日本政府颁布了《教育职员许可法》，形成了新的幼儿园教师资格证书制度。《教育职员许可法》对幼儿园教师资格证的问题作了如下规定：①园长、教师等必须持有各自相应的资格证书；②资格证书设一级、二级等级别，对具有高学历和高资格者授予高资格证书，目的是不断提高师资水平；③幼儿园教师必须在大学学习一般教育、"教科"和"教职"的课程，具有开阔的视野和丰富的专业知识；④只要在大学修完规定的学分，无论是国立、公立或私立的幼儿园教师都可以取得幼儿园教师资格证书。③

此后，幼儿园教师资格证书制度历经1953年、1989年、1998年和2002年的4次修订，形成了如下的基本规定：①不论国立、公立、私立幼儿园，教师必须持有各自相应的资格证书；②幼儿园教师的资格证书有普通资格证书和临时资格证书。普通资格证书分专修许可证、一种许可证和二种许可证，在所有的都道府县终身有效；临时资格证书是当雇用不到普通资格证书所有者时，补充性地授予，只在所授予的都道府县内有效，有效期原则上为3年；③资格证书的授权者是都道

① 海存福：《我所看到的英国幼儿教育》，《学前教育研究》，2003年第11期。

② 李生兰：《英国学前教育的特点及启示》，《外国教育研究》，2004年第11期。

③ 陈永明主编：《当代日本师范教育》，山西教育出版社1997年版，第89页。

府县的教育委员会。幼儿园教师的培养,有直接培养和间接培养两种方式。直接培养方式即直接进入大学,修完《教育职员许可法》规定的学分后取得资格证书;间接培养方式则是一边在职,一边通过讲座、函授教育等来取得学分;同时,按工作年数也可以取得上一级的资格证书。

具体而言,幼儿园教师要获得专修许可证,必须达到研究生院毕业程度,获得硕士学位;获得一种许可证,必须达到四年制大学本科毕业程度,获得学士学位;获得二种许可证,必须达到两年短期大学毕业程度。与此同时,日本政府鼓励幼儿园教师通过在职进修获得更高级别的教师资格证,而教师资格证水平的提高是与教师的进修和工作年限紧密相连的。如,获得二种许可证的幼儿园教师需要至少从事教育活动五年,并且通过进修获得规定的最低学分数——45个学分,才可以取得一种许可证;获得一种许可证的教师则应具有至少三年教龄,同时获得最少15个学分才可以取得专修许可证。为了鼓励幼儿园教师获取高等级资格证书,《教育职员许可法》还规定,可以根据幼儿园教师的在职年限递减其学分数。

其二,保育士资格证书制度。要获得日本保育士资格证书,有以下两种途径:一种是从厚生劳动大臣指定的专门培养保育士的短期大学、大学或保育专门学校毕业;另一种是高中毕业或非厚生劳动大臣指定的大学、短期大学毕业且通过各都道府县的"保育士考试"。在日本,保育士考试每年举行一次,考试内容包括以下八个科目:儿童福利、学前教育原理和教育原理、儿童心理学和精神卫生、社会福利、保健卫生学和生理学、看护学和实习、营养学和实习、学前教育实习。凡通过考试者均授予保育士资格。

从以上三个国家幼儿教师资格证书制度的情况来看,尽管情况各异,但都注重通过教师资格证书制度来促进幼儿教师的专业化,提高幼儿教师的专业化水平。目前,世界上还有一些国家尚未建立起幼儿教师资格证书制度。从长远来看,建立和完善幼儿教师资格证书制度是学前教师教育发展的必然选择,也是世界学前教育改革的重要趋势。

二、幼儿教师的在职进修

在职进修不仅能促进未接受职前培养的幼儿教师利用在职进修方式获得幼儿教师资格,而且能促进接受过职前培养的幼儿教师获得更高的幼儿教师资格,提高其专业化水平。

(一) 在职进修的相关政策

20世纪80年代以来,世界各国纷纷制订政策措施,促进幼儿教师的在职进修。

1. 在职进修的经费投入

一些国家重视幼儿教师的在职进修,在中央或地方给予一定的经费支持。例如,为强化提前开始学前班并促进幼儿的入学准备,美国小布什总统的早期教育项目中包括提供培训5万名"开端计划"学前班教师有关早期读写识字方面的经费。2001年的"不让一个孩子落后"(No Child Left Behind)法案,虽然关注于中小学教育,但也提供了特别资助5岁以下幼儿教师在职进修的项目。又如,针对托幼机构相当多从业人员专业化发展水平低的状况,英国政府致力于建立一个连续完整的培训系统并将增加拨款来支持培训。1998年11月,英国成立了国家早期教育培训组织(The Early Years National Training Organization, NTO)。NTO与资格、课程认证部门

(Qualification & Curriculum Authority, QCA)合作,面向学前教育(0—8岁)领域中的所有从业人员(而不仅仅是教师)提供培训,并且把全国所有能够提供学前教育培训的机构组织在一起,形成一个全国性的合作网络。① 再如,新加坡政府为鼓励幼儿园为教师提供培训,大量补贴培训经费。如大专课程的培训经费为7 000新元,政府就提供5 000新元,其余2 000新元则由教师所在的幼儿园提供,大大提高了幼儿园送教师培训的积极性和教师参加培训的可能性。澳大利亚联邦政府、省政府及各地政府均补助幼儿教师的在职进修教育,并提供资源,以促进幼儿教师的专业化水平。

2. 在职进修制度化

世界上许多国家都规定,幼儿教师必须参加各种形式在职进修,包括脱产和非脱产进修。幼儿教师不仅把在职进修当作应尽的义务来承担,也把它作为自己的权利来享受。例如,法国教育部规定,每个初等教育教师(包括幼儿教师)任教五年起到退休前五年止,有权带工资享受累计为一年(36周)的在职教育,以补充知识,提高教育教学能力,进一步了解学校的社会和经济环境。继续教育分为长期(4—12个月)、中期(1—2个月)和短期(1个月以内)三种。② 英国政府则规定,刚进入幼儿园的新教师,在上岗第一年每周必须有半天的在职培训。朝鲜幼儿教师的在职教育是国家和地方共同负责的,各道、市、区都设立了"教师课程讲习所",教师每三年就有3—6个月脱产轮训的机会,学习国家教育科学院和中央教育所制订的教材和科研成果。

3. 在职进修的鼓励措施

很多国家对参加在职进修的教师给予特别的关照,以促进幼儿教师的在职进修。其具体举措有:获准参加脱产进修和半脱产进修的幼儿教师可带全薪参加学习;提供幼儿教师在职进修的各种信息和资料;在职进修尽量安排在非教学时间内进行,如有冲突尽量给予协调等。例如,英国的学前教育机构常年提供资金,鼓励幼儿教师参加理论学习,以取得国家职业资格证书;鼓励教师参加大学的短期学前教育培训班,或参加国内外各种学前教育会议。

一些国家的在职进修与晋级、加薪相结合,激发了幼儿教师参加在职进修的积极性。教育经验不足的新教师,通过在职进修提高学前教育水平后可望得到较快晋级;教育经验丰富的骨干教师,通过进修获得高级学位或证书后可望晋级或担任更高职务。晋级意味着加薪,加薪又激发进修。此外,在一些国家的工资制度中,还专门设有鼓励幼儿教师参加在职进修的津贴,以激发幼儿教师参加在职进修的积极性。

例如,美国政府注重对幼儿教师的在职进修给予奖励。政府奖励幼儿教师接受在职进修的全国性措施有两个:一个是联邦劳工部(U. S. Department of Labor)的学徒方案(Apprenticeship Program),另一个是教学方案(Teacher Education and Compensation Helps, TEACH)。学前教育机构的助教可报名参加劳工部的学徒方案,一边在合格教师监督下工作,一边在社区学院修课,所修得的学分可用于申请CDA或副学士的部分要求,也可因取得学分而申请加薪。教学方案是一个为任职于学前教育机构的人员提供奖学金的方案。它为幼儿教师支付在社区学院进修的费

① 刘焱:《英国学前教育的现行国家政策与改革》,《比较教育研究》,2003年第9期。
② 史静寰、周采主编:《学前比较教育》,辽宁师范大学出版社2002年版,第55—56页。

用,而进修教师任职的园所则必须支持幼儿教师的在职进修。园所支持的方式包括允许进修时离开工作岗位、一定的财政资助和同意在保教人员完成进修课程后给予加薪和其他奖励。参加教学方案的幼儿教师自行选择修课目标,奖学金可用于选修初级课程或教师与园长进修研究生的课程。这两项全国性奖励措施的资金来自政府与民间机构,包括各级政府、私人基金会和学前教育机构。除了上述两项以外,美国的地方政府或各地社区还有一些小型的奖励措施。以加利福尼亚州为例,加利福尼亚州社区学院协会(California Community College Consortium)设有小额津贴补助幼儿教师在社区学院进修的书籍费用和首次申请儿童中心教师许可证的费用。参加各专业组织的年度大会也是幼儿教师在职进修的一种途径,但报名费、旅费和住宿费用并非是多数幼儿教师所能负担的。为鼓励幼儿教师的在职进修,一般说来,学前教育机构会支付有关人员参加会议的费用;多数专业组织也会提供少数小额的奖学金,以补助幼儿教师出席年度大会的费用。①

(二) 在职进修的机构、课程与形式

1. 在职进修的机构

各国幼儿教师在职进修的机构非常广泛,包括课程培训机构、初等学院和大学等。为了保证幼儿教师在职进修的质量,并将在职进修和职前培养的学前教育机构加以区分,很多国家对实施幼儿教师在职进修的机构进行认定或许可。

世界各国的一些教师专业团体设立一些课程培训机构,提供一些长期或短期培训课程,以满足各国不断增长的对各种类型幼儿教师的需要。例如,美国的专业认同评议会设有一项全国性的以实际能力表现为本位的儿童发展副教师(Child Development Associate,简称 CDA)方案,主要为"开端计划"学前班和一些托儿所的幼儿教师提供培训课程。目前,美国已有超过 10 万名幼儿教师通过 CDA 方案的学习取得儿童发展副教师证书。又如,南非的博得(Border)早期学习中心为不熟练的幼儿教师提供以下三种训练课程:(1)一年的教育-保育课程,教育对象为幼儿园的工作者,每周通过演讲和讨论的形式授课;(2)普雷斯特(PREST)教师培训课程,教育对象为幼儿园员工,安排 2 周的课程,并参观幼儿园;(3)婴儿保育培训课程,教育对象为照顾从出生到 2 岁幼儿的保育人员,演讲和讨论一周进行一次。②

很多国家的初等学院也设置幼儿教师在职进修长期或短期的培训课程。其课程既有旨在提高学历的学位课程,也有旨在满足各种特殊需要的证书课程,还有各种形式的短期培训课程。例如,南非的技术学院为儿童保育工作者提供保育方面的课程。学生入学必须有 9 年的教学生涯(即 7 级标准),3 年之后达到 10 级标准。技术学院还通过远程教育向学生提供服务。

多数国家综合性大学的教育学院或教育系和专门培养师资的高等教育学院或师范大学,一般办有幼儿教师在职进修专业,或开设内容广泛、程度不同的幼儿教师在职进修课程。在大学,面向幼儿教师的在职进修课程主要有两大类:学位课程与各种证书课程。这两种不同的在职进

---

① [美]林秀锦著:《美国的早期保育与教育》,江苏教育出版社 2006 年版,第 175 页。

② 史静寰、周采主编:《学前比较教育》,辽宁师范大学出版社 2002 年版,第 260 页。

修课程可以满足幼儿教师在职进修的不同需要。

2. 在职进修的课程和形式

一些国家或地区幼儿教师在职进修的课程和职前培养的课程大致相同，主要包括普通教育课程、学科专业课程和教育实践课程三个方面，其目的在于提高幼儿教师整体素质，促进幼儿教师的专业化水平，提升学前教育的质量。例如，为回应香港人民提升幼儿教师素质的要求，香港地区教统局在2006年初委托香港浸会大学继续教育学院、香港中文大学教育学院、香港专业教育学院李惠利分校开设三年制的在职"幼稚园教育证书"课程。该课程包括如下内容：2学分科目——中国语文、英国语文、数学、基础普通话；3学分科目——幼儿发展：观察与评量；幼儿教学：理论与实践、教育研究法导论、行政与管理；特殊教育导论：照顾学习差异、幼儿教育专题探讨；幼儿发展：辅导与支援、幼儿教育课程理论与发展及设计原理、幼儿文学与读写发展、幼儿教育与资讯科技、亲子教育；4学分科目——实习报告；5学分科目——幼儿发展：情境研究、幼儿教育专业化、幼儿学习体验；另外有不少于8周的实习。2007年，香港中文大学教育学院又开办全新的兼读制学前教育学士和硕士课程，为香港等地的幼儿园园长、教师及其他学前教育工作者的在职进修提供一个新的选择。学前教育学士学位课程设计的指导思想是全面提升学员的学前教育专业及人文修养和教学基本能力，其设置包括专业课程、语文课程、通识及进阶课程三个部分。学前教育硕士课程重在培养学员的组织、领导和管理幼儿园教育的能力，从事学前教育研究的能力，以及整合不同领域知识的能力，其设置包括专业课程、研究方法课程和相关教育学科的选修课程。[①] 由此可见，香港地区在职进修的课程与职前培养的课程类似，旨在提高幼儿教师的素质，促进幼儿教师的专业化水平。

多数国家的幼儿教师在职进修课程与职前培养的课程不同，更注重实用性。许多国家在幼儿教师在职进修课程中注重理论联系实际，使广大幼儿教师进修后能学以致用；根据幼儿教师对进修课程的不同需求，既提供学历性继续教育，也提供学术性继续教育，还提供满足较低层次幼儿教师学习和发展需要的继续教育。例如，美国幼儿教师的在职进修课程既注重已经获得学士学位的幼儿教师继续学习、获得硕士或博士学位的学历性继续教育，也注重辅导仅获得CDA学位证书的幼儿教师通过学习获得学士学位证书，还注重对"开端计划"学前班教师等进行在职培训，以提高他们的专业水平，提高"开端计划"学前班的质量。

和幼儿教师职前培养的教育形式相比，幼儿教师在职进修的形式灵活多样：从学习时间划分，一般分为短期、中期、长期；从内容上划分，可分为系统学习、专题研讨等；从途径上划分，可分为脱产、半脱产、不脱产等；从进修的系统性来划分，还可分为正规(在专门的教师教育机构中进行)和非正规等类型。例如，我国存在五种主要的幼儿教师进修方式：一是"课程本位"模式，即以高校为主，以幼儿教师进修高一级学位为目的的进修方式；二是"教师本位"模式，即以大学、教师培训中心、民间非营利教师委员会、协会为主的进修方式；三是"学校本位"模式，即由教师任职学前教育机构自主制订进修计划、自主组织进修活动的进修方式；四是不同机构相互合作的协作式进修模式；五是网络进修模式。

---

① 李子建、尹弘飚：《香港学前教育的现状及其发展趋势》，《学前教育研究》，2007年第12期。

第三节 幼儿教师专业发展与学前教师教育

幼儿教师专业发展是指幼儿教师不断成长、不断接受知识、提高专业能力的过程。它包含幼儿教师在整个学前教育教学生涯过程中提升其工作能力的所有活动。在这一过程中,幼儿教师通过不断的学习、反思和探究来拓宽其专业内涵、提高专业水平,从而达到专业成熟的境界。幼儿教师专业发展强调幼儿教师的终身学习和终身成长,是职前培养、新任教师培养和在职培训直至结束教职为止的整个过程。[①] 目前,世界各国都注重促进幼儿教师的专业发展,一方面是为了提高幼儿教师的素质,促进学前教育职业的专业化进程,以提高学前教育的质量;另一方面是为了关注幼儿教师的成长过程,以促进幼儿教师自身的发展,提高幼儿教师生存与发展的质量。

一、幼儿教师专业发展的背景和历程

(一) 幼儿教师专业发展的背景

幼儿教师的职业历史悠久,但是幼儿教师专业发展趋势却是最近几十年的事情。它是现代学前教育发展的必然要求。一般而言,世界范围内的幼儿教师专业发展主要受以下几方面因素的影响。[②]

1. 科学技术和社会的迅猛发展

随着社会的发展,知识经济和信息化时代的到来,人类已经步入多元化社会。经济、政治和文化的发展对人提出了比以往任何时候都高的要求。学前教育要为培养高素质、国际化的人才奠定基础。只有高素质的幼儿教师才能培养全面发展的幼儿,为幼儿一生的发展打好基础,为培养高素质的人才服务。对高素质幼儿教师的需求必然导致学前教师教育进行相应的变革。在经济全球化、学习终身化的时代,世界各国的学前教师教育政策日益走向开放,幼儿教师培养的层次也逐步上升。在这种背景下,大学参与到学前教师教育的过程中来,建构开放、灵活的学前教师教育体系是时代的要求,也是现代化发展的要求,这就为幼儿教师专业化的提出、为幼儿教师专业发展的提出奠定了基础。

2. 教育学、心理学的发展

进入20世纪以后,科学技术的迅速发展促进了自然科学的研究,学前教育学、学前心理学、学前教学法等学科知识的研究成果也越来越丰富。基于对现代学前教育学科规律的认识,社会上对幼儿教师行业的认识也发生了很大的变化。人们逐渐意识到,幼儿教师是一个专门化的职业,它要求专门的人才来任职,并不是具备一定的文化水平就能执教。

幼儿教师不仅是知识的传递者,而且是道德的引导者、思想的启迪者。教师对幼儿、对学前

---

① 卢乃桂、钟亚妮:《国际视野中的教师专业发展》,《比较教育研究》,2006年第2期。

② 祝怀新编著:《封闭与开放:教师教育政策研究》,浙江教育出版社2007年版,第120—121页。

教育教学过程的本质和规律都要有一定的认识和研究，只有学习系统的学科知识，掌握学前教育教学的规律和幼儿的身心发展阶段特征，才能不断提高学前教育质量，为培养高质量人才奠定基础。当代幼儿教师职业不仅是一种行业、一个职业、一种谋生的手段和技能，更是一种专业，具有与医生、工程师、律师这些职业一样的专业性、不可替代。它要求从业者具有较高的专业知识、技能和修养。一定的学前教育教学研究能力是幼儿教师专业化水平得以持续发展的保证，要通过科研促使幼儿教师主动、自觉地学习学前教育理论，形成科学的态度和勇于探索的精神，练就收集、筛选和运用信息的能力，不断更新和吸收知识。因此，教育学和心理学知识就成了幼儿教师专业化和专业发展的理论基础。

3. 终身教育的发展

当前，人类已经进入终身学习时代。幼儿教师作为一种特殊的专业群体，更需要持续不断地充实自己，才能跟上时代的步伐，为培养高素质的人才奠定基础。

高质量的幼儿教师不仅是有知识、有学问的人，而且是有道德、有理想、有专业追求的人；不仅是高起点的人，是终身学习、不断自我更新的人，而且还要具备一定的职业道德和敬业精神。这么高的职业要求只有通过持续不断的学习才能达到，要在实践中学习，向别的幼儿教师学习，也要向幼儿学习。总之，幼儿教师在整个学前教育教学生涯中，要不断进行专业训练，逐步提高自身的从教素质，使自己成为一名合格的学前教育工作者，并始终带着一种持续化的专业学习的理念和精神。

（二）幼儿教师专业发展的历程

从教师专业化概念首次提出到现在，世界幼儿教师的专业发展大致经历以下三个阶段。

1. 20世纪六七十年代：教师专业化的提出

20世纪五六十年代，世界各国面临着教师极为短缺的情况，研究如何采取应急的教师培养措施是当时关注的焦点。这一时期发展中国家的人们期望更高的生活水平和普遍的初等教育，而发达国家的人们在初等教育获得满足的同时，则期望学前、中等和高等教育得到迅速发展。与此同时，由于出生率的上升，导致学前人口急剧增加。这一时期，由于忙于应付教师“量”的急需，对于教师“质”的问题有所忽略。

然而，这一状况到20世纪60年代中期以后发生了变化。各国的师范教育面临着几个方面的压力，被迫提高教师的质量：一是世界各国均出现出生率下降的情况，对教师的需求量也相应地降低；二是因为经济上的困难，政府需要大幅度削减公共支出，并往往将教师培养机构作为减少开支的对象；三是学校教育没有达到公众所预期的质量，公众对教育质量的不满引发了对教师教育的批评。在上述背景下，1966年，联合国教科文组织和国际劳工组织的《关于教师地位的建议书》(*Concerning the Status of Teachers*)（以下简称《建议书》）首次以官方文件形式对教师专业化进行了明确说明，提出：“应把教育工作视为专门的职业，这种职业要求教师经过严格、持续的学习，获得并保持专门的知识和特别的技能。”[①]这就是国际社会最早的关于教师职业专业化的阐

---

① 祝怀新编著：《封闭与开放：教师教育政策研究》，浙江教育出版社2007年版，第122页。

述,它标志着人类社会对教师地位的重新认识,为20世纪80年代兴起的教师专业发展的潮流奠定了政策基础。

《建议书》提出,各级各类学校的教师,包括中学和小学教师,公立和私立学校教师,学术教育、技术教育、职业教育和艺术教育机构的教师,都要不断地通过专业化提高自身的职业地位。《建议书》共分为13个小节,对当时的许多问题设定了国际统一的标准,包括教师的专业发展、社会地位、职业道德。具体来说,这些问题包括:教师的职前培训和入职后的持续专业化发展,教师的招聘、提高和晋升,教师的任职期限,教师的兼职活动,教师拥有提高自身专业化水平的自由和权利,教师的监督和评估等。《建议书》虽然没有直接提及幼儿教师的专业化问题,但极大地推动了一些国家教师教育新理念的产生和新制度的建立,从一定程度上促进了幼儿教师专业化的发展。

2. 20世纪80年代:幼儿教师专业发展受到关注

进入20世纪80年代以后,由于科学技术飞速发展,国际经济竞争激烈,各国普遍重视人才培养,新一轮教育改革浪潮掀起了。各国逐渐意识到师资质量是教育改革成败的关键,而提高教师专业地位的有效途径是不断改善教师的专业教育,促进教师的专业发展。

1980年,《世界教育年鉴》以"教师专业发展"为主题,表明了对教师问题的极大关注。1986年,美国卡内基工作小组、霍姆斯小组相继发表了《国家为培养21世纪的教师做准备》和《明日的教师》两份重要报告,同时提出了以教师的专业发展作为教师教育的改革方向,努力提高教师的专业化水平。在《国家为培养21世纪的教师做准备》这份报告中,卡内基工作小组明确提出:教师职业必须专业化,教师不仅仅是一种大众化的职业,更重要的是一种专业。[①] 教师必须专业化,也只有专业化的教师才能够适应教育发展的要求。报告倡导大幅度改善教师的待遇,建议教师的培养从本科阶段过渡到研究生阶段。这两份报告不仅对美国教师教育的发展产生了深远的影响,也对世界教师教育的改革产生了重大影响。在这一时期,教师专业发展成为世界教师教育改革的潮流。

在上述背景下,一些发达国家开始关注幼儿教师专业发展问题。在美国,自20世纪80年代以来,规定在职幼儿教师参加专业发展活动以吸取新知识、学习新技能成为新的发展趋势。此外,专业发展也是学前教育机构立案和幼儿教师换领新证书时必须出示的证明。多数的州都规定立案园所的幼儿教师(包括五岁班幼儿园教师、儿童发展副教师等)每年必须参加一定时间的专业发展活动。在多数情况下,学前教育机构都支持幼儿教师参加专业发展活动。例如,在幼儿教师参加专业发展活动时,能获得和平时工作一样的报酬;若是这类活动安排在工作时间之外,幼儿教师可以领到适当的补贴。挪威于1980年制订了第一个针对学前教师教育的框架工作计划,开始重视幼儿教师的专业成长问题。

3. 20世纪90年代至今:幼儿教师专业发展成为世界性潮流

进入20世纪90年代,世界范围内的教师专业发展更为深入,已经涉及教师专业化问题的实质。这主要表现在以下三个方面:首先,从1989年到1992年,经济合作与发展组织(OECD)陆续

---

① 国家教委发展与政策研究中心编:《发达国家教育改革的动向和趋势(第2集)》,人民教育出版社1987年版,第321页。

发表了一系列有关教师及教师专业化改革的研究报告，如《教师培训》、《学校质量》、《今日之教师》、《教师质量》等，都提到了教师专业发展的问题。其次，1996年，联合国教科文组织在日内瓦召开了第45届国际教育大会。该大会的主题为"加强在变化着的世界中教师的作用之教育"，强调教师在社会变革中的作用，并建议从以下四个方面予以实施：通过给予教师更多的自主权和责任，提高教师的专业地位；在教师的专业实践中运用新的信息和通信技术；通过鉴定个人素质和在职培训提高其专业性；保证教师参与教育变革以及与社会各界保持合作关系。[①] 第三，日内瓦劳工统计专业技能组织通过的《国际标准职业分类》，把各级各类教师列入专家、技术人员和有关工作者这一大类。这从长远的战略角度确立了教师专业化的必要性，对世界各国的教师专业发展产生了重要的影响。

上述世界范围内的教师专业发展的深入化，逐渐影响到学前领域。一些研究也表明，幼儿教师的专业发展与早期教育方案的质量密切相关，而早期教育方案的质量则预示着儿童发展的结果。因此，如果要使学前儿童获得更大的发展，那么让幼儿教师得到持续、高质量的发展是必要的。在这种背景下，很多国家都注重把提高幼儿教师素质、促进幼儿教师的专业发展作为发展学前教育的主要策略。许多发达国家和一些发展中国家都注重制订政策，延长幼儿教师职前培养的年限，完善幼儿教师的在职进修制度，促进学前教师教育的一体化；制订和完善幼儿教师的资格证书制度，提高幼儿教师的学历；提高幼儿教师在社会上的地位和待遇，以稳定幼儿教师师资队伍。一些经济落后的发展中国家，也认识到幼儿教师是提高学前教育质量的重要因素，认为应给予幼儿教师尽可能好的待遇，应为各类幼儿教师制订不同的质量标准。总之，在这一时期，幼儿教师的专业发展逐渐成为各国关注的焦点，成为当代世界学前教育改革的中心议题之一，成为全球学前教育发展的重要趋势。

二、幼儿教师专业发展的阶段论及影响因素

幼儿教师的专业成熟是一个长期发展的过程，需要经历一系列的发展阶段。对幼儿教师专业发展阶段的研究，有助于为幼儿教师指明个人的专业发展道路，为学前教师教育提供一定的参考。

（一）幼儿教师专业发展的阶段论

有关一般教师专业发展阶段的研究可以归纳为五类："关注"阶段论、职业生命周期阶段论、心理发展阶段论、教师社会化发展阶段论和综合阶段论。[②] 这些理论也适用于幼儿教师专业发展阶段。这里，我们专门阐述幼儿教师专业发展阶段的理论。

1. 丽莲·凯茨的幼儿教师专业发展阶段论

1985年，美国幼儿教育家丽莲·凯茨（Katz, Lilian G.）提出了从入职求生到巩固强化、求新提升直至走向成熟的幼儿教师专业发展阶段论。她分析了每个阶段幼儿教师的具体表现，并提

① 教育部师范教育司组织编写：《教师专业化的理论与实践》，人民教育出版社2003年版，第23页。

② 同上书，第68—71页。

出针对各阶段的培训或辅导要点。具体阶段划分如下:[①]

(1) 入职求生期。幼儿教师刚刚进入教学岗位,就要和一群年幼而又精力充沛的幼儿度过半天或一天时光。尽管他们与幼儿一起相处会感到很快活,但是要对这些幼儿负责,就不是一件轻松的事情了。新手教师从受人呵护的学生到独立工作的教师,跨度很大,况且以往有关学前教育的知识大多来自书本,现在面对的是真实的教育情景和活生生的幼儿,产生困惑和焦虑是很自然的。重要的是,新教师要勇于面对现实,积极调整自我,有意识地从各方面锻炼自己,包括向有经验的教师学习。针对这一阶段新教师面临的问题和需要,园所教学管理者或有经验的老教师应对新教师随时予以现场帮助、辅导和督促,提供具体的工作程序及方法上的指导。此外,精神上的鼓励支持也很重要。要了解新教师的工作状况及情绪心理,有微小的进步及时予以肯定,遇到问题、挫折不要责备,而应加以安慰,帮助他们克服困难,适应教师角色。

(2) 巩固期。教师有了最初一两年的就业经历,已经基本克服了“新鲜人”的惶恐心理和无助感,这时就可以整理过去的教学经验和心得,认识自己接下来面临的问题,规划需要进一步学习的教学技能了。在这个阶段,教师对幼儿的行为特征及能力有了初步的了解,但还需要辨别幼儿特殊的行为或问题行为,探索解决办法和教育对策。这一时期,园所教学管理者和有经验的老教师可以实地观察教师的教学工作或与幼儿相处的情况,当场提出建议,也可以帮助教师分析教学中的问题和幼儿的行为问题,共同探求解决的办法。教学管理者可以通过询问、探讨与说明,协助教师体验自己的经验,正视问题,并寻求解决问题的对策。在辅导中,管理者要注意运用适当的方式引发教师去思考问题,例如,“说说这孩子在这个星期内所发生的事情,我们来看看,问题出在哪里?”“到现在为止,你试用了哪些方法?”“你用这种办法时,孩子反应如何?”“孩子出现这样的反应,说明了什么问题?”教师也可以与本班教师或其他教师交流看法,听取他人的建议,互谈心得体会,了解别人相同情境下的经验、教训,这样一来可以减轻自己的挫折感,同时也能有所借鉴并得到启示,促进自己的专业发展。

(3) 更新期。教师从事教育教学三五年后,基本胜任教育常规工作,有了一定的综合组织教育活动的能力。这个阶段的教师往往不满足于目前状况,愿意尝试新的教学方法,收集研究新的教材教具,调整、更新、丰富教学内容。教师会积极探索学前教育的新趋势、新观念,进一步提高和充实自己各方面的能力。如果说第二阶段对教师的专业辅导要强调现场的个别化的方式,那么针对这个阶段教师在专业上积极进取不断更新的需求,园内与园际的教师群体的教研活动可以发挥较好的作用。教师在教研组中,学习专业知识,听专业讲座,观摩其他同事或其他园所的教学状况,相互研讨,作为改进和充实自己教学的参考。教师通过与园所其他教师的接触,同行间的交流、讨论、相互切磋,理论和实践能力都能有所提高。教研组的研讨氛围会感染、激励教师的学习动机,同时也能增强他们对教师职业价值的认同和群体凝聚力,实现共同成长。

(4) 成熟期。教师通过前面几个阶段的发展,逐渐走向成熟。当然,教师步入成熟阶段的时间不一,所谓“成熟”也是相对的概念。工作四年、五年或更多时间后,教师能够逐步地肯定自己的能力和角色,教育的自信心和自我效能感不断增强,会以身为幼儿教师感到荣耀。同时,教师

---

① 张燕著:《幼儿教师专业发展》,北京师范大学出版社 2006 年版,第 54—59 页。

对教育的见解也日益深刻，能够探索较深层次的问题。一些教师会结合自己的实践思考一些问题，如教育与发展的关系究竟是怎样的，教育决策如何科学化，教师与幼儿的关系其实质如何，如何协调与家长、社区的关系以提高幼教质量，什么是高质量的幼儿教育等。教师可以广泛地阅读相关资料，参加座谈会、演讲会，或是到大学研究所进修。随着教育能力的提高，教师的事业心、使命感不断增强，将能够领悟教师工作的专业精神。

总而言之，凯茨的幼儿教师专业发展论不仅清晰地呈现了各个阶段幼儿教师的心理特点及其面临的教育教学方面的问题，而且还指出了管理者和经验教师辅导的基本要点。她的理论为幼儿教师的专业发展指明了方向，为学前教师教育部门和学前教育机构如何促进幼儿教师的专业发展提供了一定的参考意见。

2. 高滨裕子关于幼儿教师专业发展的研究

日本著名学者高滨裕子在10年的调查研究和观察研究的基础上，就幼儿教师专业发展的一些问题进行了探讨。①

(1) 问题解决和经验的关系。高滨裕子认为，幼儿教师在幼儿教育中，把什么当作问题、如何看待问题、如何解决问题等与其经验有很大的关系。首先，幼儿教师所关心的问题和经验有关。她根据参加工作的年限将幼儿教师分成三组。第一组是刚刚参加工作2—4年的教师；第二组是参加工作5—10年的教师，第三组是参加工作11年以上的教师。她的研究表明，第一组教师由于经验不足，关心的问题主要是如何适应幼儿园的工作、班级的组织和管理、幼儿的发展状况和对幼儿的理解等方面的问题；第二组教师有了一定的经验，关心的是对内向幼儿的理解、幼儿个体和集体的关系和幼儿的家庭环境等方面的问题；第三组教师有了丰富的经验，关心的问题是幼儿之间的差异、班级的发展和教师自身发展的局限性等方面的问题。教师所关心的问题的变化，直接影响到教师解决问题的行动。

其次，教师解决问题的行为也和经验有关。这是因为教师的经验不同造成知识量和知识结构的不同，从而导致运用知识的方法和手段也不同。具体而言，工作年限不同，经验不同，解决问题的行为也有所不同：①在解决问题的线索方面。第一组教师只能根据幼儿与教师的对话、根据幼儿在教师面前的行为表现为线索解决问题；第二组教师除了体察第一组的线索，还能观察幼儿之间的对话和行为，并以此为线索解决问题；第三组教师不仅能以幼儿的语言和行为为线索解决问题，而且能够根据经验，根据幼儿一贯的表现为线索解决问题。②在解决问题的方法运用方面。第一组教师采用试探的方法处理问题，如果试探不成功，只有放弃；第二组教师采用试探和推论相结合的方法，试探失败以后，教师能够根据经验，推出其他可能的方法；第三组教师则能够直接根据推论处理问题，如遇失败，则能立即采用其他方法，直到解决问题。③在解决问题的介入手段方面，第一组教师只会采用一同游戏的手段，在一同游戏的过程中发现问题、解决问题；第二组教师有时采用一起游戏的手段，有时无需一同游戏，就能发现问题并解决问题；第三组教师能够直接发现问题并解决问题。④在对幼儿发展变化的认识方面，第一组教师认识不到或不清楚幼儿的发展变化，第二组教师和第三组教师则对幼儿的发展变化有所认识。⑤在评价自己解

---

① 曹能秀：《和幼儿一起成长——高滨裕子教授关于幼儿园教师成长的观点》，《幼儿教育》(教师版)，2005年第5期。

决幼儿问题的对策方面,第一组教师无法作出评价,或作出否定的评价;第二组教师有肯定部分对策的,也有肯定全部对策的;第三组教师则对自己采取的对策持肯定的态度。

(2) 幼儿教师解决问题的过程。高滨裕子的研究表明,幼儿教师针对不同幼儿存在的问题进行的对策可分为五个阶段:第一阶段为问题的定式化,即如何看待问题,给问题定性,直接影响到教师解决问题的策略。给问题定式化可以从幼儿自身的问题、同伴关系、和教师的关系、和母亲的关系四个方面来看。新手看问题的视点是单方面的,有经验的教师看问题的视点则是多方面的。第二阶段为解决问题的途径。在确定了问题的性质以后,要确定解决问题的途径和方法。此时教师不仅要考虑从何处着手能尽快解决问题,也要考虑从何处着手更能为幼儿所接受。有时还要考虑从何处着手能更好地处理好各种复杂的关系。第三阶段为解决问题的契机。在确定了解决问题的途径之后,是否能抓住解决问题的契机就成为关键。有经验的教师不仅能够最大限度地利用契机,还能在契机尚未到来以前,使幼儿获得一定的经验和体验,奠定解决问题的基础。第四阶段为问题的解决。抓住解决问题的契机不等于解决了问题,教师采取的措施有时不一定有效。有经验的教师在首选对策失效时,能够根据幼儿的反应,采取其他措施。第五阶段为对问题变化的认识。教师对自己所采取的措施好坏与否的判断,不仅要看当时是否有效,而且要看问题的变化,要看幼儿是否朝进步的方向发展。以上五个阶段不是封闭的,而是不断循环的过程。教师根据幼儿的发展,不断设立新的目标,不断解决问题。

(3) 长期发展和短期发展的关系。高滨裕子从两个视角来探讨教师的成长:一个是长期发展,主要是以教师工作的年限为变量,指幼儿教师从新手到中坚教师再到熟练教师的过程;另一个是短期发展,是从教师和幼儿共同发展的视角来看教师的成长,指教师新接手某个班级后 1—2 年的过程。

高滨裕子的观察研究表明,从长期发展的角度来看,随着工作年限的增长,幼儿教师的知识在不断地增长,并通过知识的构造化达到成熟化的程度;从短期发展的角度来看,随着时间的增长,幼儿的发展和教师之间有明显的共同促进和共同发展的关系,表明幼儿发展和教师成熟之间互相影响和互相制约的关系。高滨裕子认为,长期发展和短期发展之间有着密切的联系。在此基础上,她提出了幼儿教师的成长模式:第一阶段,教师发现某个幼儿存在的问题;第二阶段,教师在仔细观察的基础上,有意识地接触这个幼儿,开始和这个幼儿发生相互作用——教师开始对幼儿施加影响,并观察幼儿的变化,然后再根据幼儿的变化考虑新的对策;第三阶段,教师将已实施的对策进行修正,提出新的解决问题的方案;第四阶段,将这种新的方案运用在其他幼儿身上。就这样,新的方案不断产生,教师也在不断成长。当然,如果旧的方案不加改变,教师的成长也就此停止。

高滨裕子关于幼儿教师专业发展的理论是在实证研究的基础上得出的,具有较强的说服力。她的研究为我们了解幼儿教师专业发展的一般过程、深入探讨幼儿教师专业发展的某些微观问题奠定了基础。

(二) 影响幼儿教师专业发展的因素

影响教师专业发展的因素十分复杂,包括教师自身的专业知识能力、个人和专业经历、情感和心理因素等个人因素。此外,学校等环境因素也会对其产生影响。格伦迪(Grundy, S.)和鲁宾逊(Robinson, J.)的研究表明,教师专业发展有两个推动力:一是来自系统的推动力,包括学校和社会等因素的影响;二是个体自身的推动力,受到教师生涯发展阶段和生活经验的影响。

凯尔克特曼(Kelchtermans, G.)认为,虽然教师专业发展是一个高度个体化的学习过程,但它不是在真空中发生的,而是个体教师与情境交互作用的结果。这种情境可以从空间和时间两个维度来考虑。教师专业发展的空间情境是指教师工作于其中的社会、组织和文化环境。教师工作情境由不同层面构成。例如,教师与同事、家长、校长等人员形成多重社会交往;学校中特有的文化,包括规范、价值、习惯与传统等,学校政治与组织架构等等;同僚关系与协作是学校发展、成功实施革新以及教师发展的重要决定因素;冲突也是社群的中心。因此,工作情境对教师发展的影响不能视为单一线性的因果性影响,而是一个充满阐释与意义的相互交往的过程,通过意义建构的过程进行调控。教师专业发展的时间情境则由教师个人生活经历和教学生涯构成。教师在某一时段的学习有其先前的经历,也有对未来的期望。过去、当下和未来构成了教师的工作时间。不少学者通过叙事——传记的方法对教师经验进行记述,对教师专业生活和教师生涯阶段进行了大量研究。这些研究展现的不只是一系列事件的时间线索,而且是有意义的叙事建构;通过反思,教师将其体验建构为有意义的故事,同时也不断地建立和再建立教师身份以及教学理论。①

日本学者高滨裕子的研究表明,影响幼儿教师专业发展的因素有以下三个方面:一是经验。她认为,一般来说,幼儿教师的工作年限越长,经验越丰富,就越成熟。例如,要具备一定的指导幼儿的知识,一般需要5年左右的时间和经验。二是知识的构造化。知识量的增加只是必要条件,不是充分条件。更重要的是教师要有将知识构造化的能力。她的研究表明,即使一些具有11年以上经验的教师,对那些不爱说话、不表现自己的幼儿也经常束手无策,不知该采取何种对策。高滨裕子认为,知识的构造化不仅需要经验,而且需要将各种丰富的知识联系起来,根据儿童的现状,提出解决问题的构想,并能在首选对策失败后,灵活运用其他对策。三是幼儿教师能否向同行和研究者学习。高滨裕子的研究表明,刚刚参加工作2—4年的教师很需要同行和研究者的指导,因为在这一阶段的教师还缺乏对自身客观认识的能力。通过观摩同行的教学,让同行和研究者对自己的教学提出意见,都是提高这一阶段教师教学水平和能力的途径。参加工作5年以上的幼儿教师的成长则和多种因素有关。例如,参加工作11年以上的幼儿教师的成长受到自身的工作经验、研究中得到的指导、工作调动的经验、自身养育孩子的经验等因素的影响。②

综上所述,影响幼儿教师专业发展的因素有以下两个方面:一是个人因素,包括个人和专业经历(如经验等)、教师自身的专业知识能力(知识的构造化能力等)、主观努力程度(是否主动向同行和专家学习等)、情感和心理因素等;二是学前教育机构和社会等环境因素,如特定情境(时间情境和空间情境等)。

---

① 卢乃桂、钟亚妮:《国际视野中的教师专业发展》,《比较教育研究》,2006年第2期。

② [日]高滨裕子著:《幼儿教师成长的过程——从教师和幼儿关系的视点看教师长期和短期的发展》,日本风间书房2001年版,第241—242、246页。

三、走向专业发展的学前教师教育改革

学前教师教育为幼儿教师职业的专业化奠定了一定的基础，而新时代对幼儿教师专业发展的要求又为学前教师教育的改革与发展指明了方向。20 世纪 90 年代以来，很多国家纷纷制订政策，改革学前教师教育，以促进幼儿教师的专业发展。

(一) 学前教师教育一体化

学前教师教育一体化包含两层含义：一是职前培养、入职教育、在职进修的一体化，即学历教育与非学历教育一体化；二是教学研究与教学实践的一体化，即初等学院、大学和学前教育机构的伙伴关系。一体化的学前教师教育把职前培养、入职教育和在职进修连接成一个整体，为幼儿教师提高专业素质、促进其专业发展提供了条件。[①] 目前，世界有关学前教师教育一体化的举措主要有以下几个方面：

一是在延长幼儿教师职前培养学习年限的同时，大力推广幼儿教师的在职进修。例如，韩国 20 世纪 90 年代的学前教师教育改革延长了幼儿教师的职前培养年限，在原来的 2 年的学习时间的基础上增加了 1—2 年，延长的时间主要用来进行现场参观、实验学习、体验生活以及科学研究等活动；缩短幼儿教师的在职培训周期，将教师的轮训机会由过去的 5 年才有一次，改为现在的 3 年一次；延长幼儿教师的在职培训时间，把过去的半年培训期增加至现在的一年培训期。

二是学前教师教育的职前培养和在职进修的联系更加密切。很多国家增加了可以提供幼儿教师在职进修的学前教师教育机构，使多数学前教师教育机构可同时提供幼儿教师的职前培养和在职进修教育。20 世纪 90 年代以来，幼儿教师的职前培养和在职进修同时出现了“以学前教育机构为基地”的模式。学前教师教育正在出现整合的趋势，而其结合点正是学前教育机构这个“基地”。例如，美国采用专业发展学校和驻校模式的方式。专业发展学校主张师资培训机构与幼儿园建立密切联系，以促使幼儿园教师的职前培养和在职进修等都能在实际教育环境中进行。专业发展学校一方面可以成为培养优质师资的平台，另一方面也是教师在职进修的渠道，还可以促使大学开展教育研究，从而达到互惠双赢的目的。目前，美国已建立了 1 000 多所专业发展学校，至少涉及 38 个州。[②] 在联邦政府的支持下，美国一些教师教育机构开始推进驻校模式。其主要做法是：师范生在被录取进入教师教育机构时，既同时作为师资紧缺学校的教师，又作为师范生，并领取薪金；师范生白天在幼儿园当实习教师，晚上和假期到教师教育机构上课，获得相应的学位。这类教师培养方式在课程设计上要经过专门的论证和评估，要求理论学习和实践经验有机整合，并为实习教师提供实习和学业的细致指导。英国设立了 EYPS 培训机构。2006 年 11 月，英国儿童工作者发展委员会颁布了针对 0—5 岁幼儿教师的 EYPS 指南，列出了 EYPS 的 6 项标准：专业知识和理解；有效的实践；与儿童的关系；与家庭其他照顾者的沟通与合作；团队精神

---

① 教育部师范教育司组织编写：《教师专业化的理论与实践》，人民教育出版社 2003 年版，第 74 页。

② 秦金亮：《高质量幼儿园教师驻园培养模式探索——简论中国幼儿园教师教育的第三条道路》，《比较教育研究》，2013 年第 3 期。

和协作以及专业发展。① 2011 年，英国政府对 2006 年颁布的 EYPS 进行了修订，规定新 EYPS 于 2012—2015 年实施。新标准分别规范了进入 EYPS 职前和职后培训的路径。进入 EYPS 职前培训的路径分别为准本科生准入路径、本科生从业者路径、准研究生准入路径和研究生从业者路径，其培训时间分别为 24 个月、12 个月和 6 个月。进入 EYPS 在职培训的路径分别为已获得学士学位的从业者路径（招收经过一段时间学习可达到 EYPS 标准的在职幼儿教师）和未获得学士学位的从业者路径（招收已获得早教基础证书的在职幼儿教师），两者均采取非全日制的学习方式。② 日本创立了“教职研究生院”的机构。2006 年 7 月，中央教育审议会在《今后教员养成和资格证制度的理想状态》的咨询报告中，提出了创设“教职研究生院”的主张。“教职研究生院”除了培养具有较强实践能力和更高素质的研究生之外，还注重以现职幼儿教师为对象，培养既具有丰富的理论知识又具有很强的实践能力的幼儿园领导。③ 我国浙江师范大学杭州幼儿师范学院充分运用教育部“农村学校教育硕士师资培养计划”（简称“农村硕师计划”）、国家学前教育综合改革专业、国家教育体制改革试点专业等的优惠政策，与急需引进高水平乡镇中心幼儿园骨干教师、业务园长的县（区、市）开展深度合作，联合培养农村硕师（即按“农村硕师计划”招收的硕士学位研究生）。农村硕师驻园培养模式的教育目标是促使农村硕师由熟手型教师向专家型教师转变，形成教师领导力和课程领导力。④

此外，美、英等国对教授 5 岁以上的幼儿教师采用试用期制度。这些国家不仅注重职前培养和在职进修之间的联系，而且注重职前培养、试用期培训和在职进修三个阶段的联系。

三是建立开放的学前教师教育体系。一体化的学前教师教育要求打破单一的幼儿教师职前培养体系，吸收非幼儿教师系统的力量，形成多样化的幼儿教师职前培养体系。20 世纪 80 年代以来，美国、英国、法国、澳大利亚、日本等发达国家大多把幼儿教师职前培养的任务交给了各类大学的教育、初等教育、儿童发展、早期教育、家政及家庭教育等系科。这种培养模式有以下两个特点：一是具有开放性，各类办学机构能办出特色、公平竞争，也可以根据自己的实力合理定位：社区学院、短期大学（专科）和普通大学（本科）主要以培养合格的师资为主，而实力较强的大学则偏向于培养更高层次的师资（如硕士、博士研究生），可谓各有所长，层次分明；二是采用多系科培养学前教育师资的方式，以满足学前教育机构多样化的人才需求。⑤ 此外，美国、英国等发达国家大学体系的开放性又在一定程度上保证了愿意从事幼儿教师职业的人能随时参与职前培养，获得相应的入职能力与资格。

---

① Children's Workforce Development Council. Guidance to the Standards for the award of Early Years Professional Status (November 2006)［EB/OL］.［2012 - 9 - 21］. http://www.ioe.mmu.ac.uk/.../Candidates%20Handbook%20-%20Guide%20to%20the%20Validation%20Process.pdf.

② Teaching Agency. Graduate leaders in Early Years: Applying for EYPS［EB/OL］.［2013 - 9 - 07］. http://www.education.gov.uk/childrenandyoungpeople/earlylearningandchildcare/delivery/h00201345/graduate-leaders/eyps/applying.

③ 中央教育审议会. 今后教员养成和资格证制度的理想状态（报告）［2012 - 11 - 12］.［EB/OL］. http://www.mext.go.jp/b_menu/shingi/chukyo/chukyo0/toushin/06071910.htm.

④ 秦金亮：《高质量幼儿园教师驻园培养模式探索——简论中国幼儿园教师教育的第三条道路》，《比较教育研究》，2013 年第 3 期。

⑤ 何敏：《中外学前教育师资培养的比较与思考》，《幼儿教育》（教育科学版），2007 年第 12 期。

(二) 以学前教育机构为本的学前教师教育

以学前教育机构为本的学前教师教育关注学前教育机构和幼儿教师群体的发展。幼儿教师的专业发展是与学前教育机构及其幼儿教师群体的发展分不开的。幼儿教师从教的学前教育机构,是幼儿教师专业发展最重要的环境和外部条件。近年来的研究表明,学前教育机构的发展与幼儿教师的专业发展是统一的:一方面,学前教育机构的发展需要以幼儿教师的专业发展为基础,幼儿教师的专业发展是学前教育机构发展的关键;另一方面,幼儿教师的专业发展要以学前教育机构为支撑和依托,学前教育机构的文化、同事关系和协作等是影响幼儿教师个体专业发展的重要因素。

在上述背景下,20 世纪 90 年代以来,尽管以社区学院和大学为本的学前教师教育仍然是各国学前教师教育的主要模式,但很多国家已经认识到学前教育机构在幼儿教师专业发展中的作用,开始提倡以学前教育机构为中心的园本培训。园本培训是以学前教育机构为培训基地,在上级培训机构的参与和指导下,由学前教育机构负责人和全体幼儿教师共同参与,充分利用学前教育机构内外培训资源,直接服务于学前教育机构、服务于幼儿教师、服务于学前教育的培训活动。[①] 园本培训以应用为目的,以提高幼儿教师素质为目标,培训内容适用于学前教育机构的实际,并且以幼儿教师的实际工作状况来评价培训的结果。它能提高幼儿教师的教育理论水平和教学实践技能,提高幼儿教师解决实际问题的能力,促进学前教育机构的变革与发展,因而成为现在比较流行的一种学前教师教育模式。目前,各国采用园本培训的主要经验如下:

其一,挖掘园本培训的内涵,拓宽园本培训的途径。园本培训有两种含义,一种是指以培训地点为依据,完全在学前教育机构内进行的幼儿教师在职培训活动;另一种是以培训内容为依据,即以促进幼儿教师专业发展、改善学前教育机构和学前教育实践为中心的培训活动。[②] 如果只局限于第一种含义,那么园本培训就局限于学前教育机构本身,变成相对封闭的培训模式。目前世界各国的园本培训多采用后一种,因为完全由学前教育机构开展园本培训是比较困难的,而且后者内涵更深厚,外延更广泛。例如,如果以前者来定义园本培训,那么园本培训就仅限于在职进修;如果以后者来定义园本培训,那么园本培训就不仅是在职进修活动,也包含幼儿教师职前培养中以学前教育机构为本的培训活动。事实上,目前一些国家为了加强幼儿教师职前培养的实践性,加强了学生在学前教育机构的见习和实习活动,这又是另一种形式的园本培训。又如,日本幼儿园教师的在职进修分为园内进修和园外进修两种。这主要是根据场所来划分的。如果以第一种含义来看,那么只有园内进修才属于园本培训模式;如果以第二种含义为标准,那么不仅园内进修可算作园本培训模式,园外进修的某些形式,如和其他幼儿园教师共同研究、参观其他幼儿园等,也可拓展为园本培训模式。

其二,构建学习型组织,促进园本培训的顺利开展。园本培训强调以学前教育机构为本的群体合作研究。它常常体现为一种集体协作,依靠集体的力量来从事研究活动,从而形成一种研究的氛围,一种研究的文化,一种研究的合作方式,建立起群体合作的学习型组织。学习型组织是

---

① 祝怀新编著:《封闭与开放:教师教育政策研究》,浙江教育出版社 2007 年版,第 94 页。
② 同上书,第 93 页。

指能够充分发挥组织中每个成员的创造潜力，努力形成一种学习氛围，将学习与工作融合，建设一个具有内在的持续发展动力的集体。以学前教育机构为单位构建学习型组织，就是要建立一个积极向上的幼儿教师集体（包括在学前教育机构见习和实习的学生），发挥集体的力量和智慧，促进集体、个人和学前教育机构的发展。当前世界各国学前教育机构构建学习型组织的主要方法有以下几种：一是建立幼儿教师组织的共同园景，形成良好的组织文化；二是通过信息交换、深度会谈和讨论等方式优化组织资源，营造研究氛围；三是提供学习与研究的课题，供全体幼儿教师共同研究。意大利瑞吉欧教育体系的每一个学前教育机构都是一个学习型组织，都注重为幼儿教师创造良好的集体学习的条件，建立良好的人际关系和相互信任、共同理解的组织氛围，促进幼儿教师集体、个人和学前教育机构的发展。

其三，根据实际需要，采取多种形式的园本培训。园本培训的目标直接指向幼儿教师和学前教育机构的具体要求，从学前教育机构和幼儿教师的实际问题出发，通过培训解决学前教育机构和幼儿教师的实际问题，促进学前教育机构自身的发展，提高幼儿教师的教育教学和学前教育科研能力，促进他们的专业发展。它能够根据实际条件灵活地安排活动时间和活动内容，并能针对学前教育机构自身的特点和幼儿教师的特点加以安排，使接受培训的幼儿教师都能学有所得，而不再使幼儿教师的在职进修流于形式。目前，世界各国园本培训的方式方法主要有以下几种：一是课题研究，以课题研究带动学前教育机构和幼儿教师群体的发展；二是请专家、学者到学前教育机构指导研究，作科研报告；三是由经验丰富的教师和新任教师结成对子，对新教师进行传、帮、带的教育；四是组织幼儿教师互相听课、评课；五是开学前教育研讨会、经验交流会等。

（三）以发展为导向的学前教师教育

以发展为导向的学前教师教育关注个体幼儿教师的能力发展与学习需求。幼儿教师专业发展是时代的要求，离不开各国对学前教师教育的政策、法规，离不开幼儿教师的职前培养和在职进修制度，离不开学前教育机构和教师群体的支持，也离不开幼儿教师自身的努力。传统的学前教师教育模式是外控的，强调新知识的学习和教育技能的训练，其结果往往较为消极；理想的幼儿教师专业发展模式是内控的，强调幼儿教师自我意识的觉醒，即幼儿教师自身对职业的认识、感受，激发其内在驱动力，并努力在学前教育工作实践中追求专业发展。20 世纪 90 年代以来，各国在提倡园本培训、强调学前教育机构发展和幼儿教师群体发展重要性的同时，也主张培养反思型幼儿教师、重视以幼儿教师个体发展为导向的学前教师教育。

反思型教师教育思潮是 20 世纪 80 年代从美国、英国等西方国家兴起的。他们从杜威 1933 年出版的《我们怎样思维》的著作中找到理论源头，并从认知心理学、批判理论、后现代主义等思想流派里吸收丰富的营养，逐渐发展为新的教师教育思潮。① 其思潮主张教师在成长过程中应该培养起反思意识，不断反思自己的教育教学理念与行为，不断自我调整、自我建构，从而获得持续不断的专业发展；主张教师既是学者，又是研究者，一方面要具有教育所必需的知识及技能，另一方面还要具有对教育目的、教育行为的社会与个人后果、教育的伦理背景以及教育方法、课程原

① 教育部师范教育司主编：《教师专业化的理论与实践》，人民教育出版社 2003 年版，第 342 页。

理等更广泛教育问题的探究和处理能力。因此,培养反思型教师是一个长期复杂的过程,需要职前培养和在职进修机构的共同配合,需要贯穿教师专业发展的全过程。目前,这种培养范式正逐渐成为国际学前教师教育的主流。各国培养反思型幼儿教师的举措,主要有以下两个方面:

一是创设培养反思型幼儿教师的环境。研究表明,压制性、非民主、不重视共同学习与研究的环境使人缺乏反思精神;相反,重视合作学习与研究的环境则能显著增强人的反思意识。因此,在职前培养阶段,许多国家的社区大学和大学提倡通识教育,加深理论知识的学习,加强学前教育实践,创造充满批判、反省和研究的文化氛围;在在职进修阶段,许多在职进修机构和学前教育机构创造一定的环境,让幼儿教师与理论工作者及其他教师开展合作研究,其研究主要指向实际的学前教育活动情景。例如,日本文部科学省在2002年6月发表的《提高幼儿园教师素质——为了自主学习的幼儿园教师》的报告中提出:在职前培养阶段,要注意培养学生的实践能力,要充实教育环境;在在职进修阶段,要为幼儿教师提供自主进修的环境,充实幼儿教师的园内进修和园外进修。①

二是以实践为中介,培养反思型研究者。很多国家都要求幼儿教师不仅是学前教育活动的践行者、学前教育计划的执行者和学前教育方案的实施者,而且是其自身教育实践的研究者、反思者。幼儿教师对学前教育实践的反思性研究主要体现在三个层次上:第一层次是反思学前教育过程中各种方法与技术的有效性;第二层次主要针对学前教育实践中的问题,把教育理论运用于学前教育实践,以便作出更科学、更适宜的决策;第三层次主要针对学前教育中的师生关系、人际交往等方面,反省学前教育实践中的价值、伦理和道德等问题。② 在此基础上,作为反思型研究者的幼儿教师,还可根据自身所持有的标准衡量整个学前教育及其所处的环境,提出批判性的意见,并对教育生活对幼儿的价值进行反思。幼儿教师作为反思型研究者,是以实践为中介的。如果离开学前教育实践,也就失去了研究和反思的对象,就不可能成为反思型研究者。因此,许多国家在幼儿教师的职前培养和职后进修阶段,都注重以学前教育实践为中介,培养学生或幼儿教师的反思能力和研究能力,使其成为反思型研究者。

例如,美国国家研究院早期教育委员会在2001年发表的《渴望学习:教育我们的幼儿》研究报告中指出:"要培训和鼓励教师反思自身实践和学生对课堂活动的反应并相应地修改和制订教学计划";"职前培训阶段中一个关键的组成部分应该是亲自参与他人指导的教学或实习,这样,教师可以从指导教师那里不间断地得到指导和反馈信息"。③ 可见,美国国家研究院倡导在职前培养和职后进修阶段要培养幼儿教师的实践能力和反思实践的能力。

又如,2005年1月,日本中央教育审议会在向文部科学大臣提交的咨询报告《关于适合环境变化的今后的幼儿教育的应有状态——为了幼儿的最佳利益》中指出:在职前培养阶段,学员应在学习一般教育科目的同时,注重获得幼儿园的实践经验;在职后阶段,要加强幼儿园教师与小

---

① [日]儿童和保育综合研究所编:《最新保育资料集2007》,日本密涅发书房2007年版,第371、373、375页。

② 庞丽娟主编:《教师与儿童发展》,北京师范大学出版社2003年版,第57页。

③ [美]芭芭拉·鲍曼等主编:《渴望学习:教育我们的幼儿》,吴亦东等译,南京师范大学出版社2005年版,第223、225页。

学教师及其他学校教师之间的人事交流与研讨活动。① 由此可见，日本政府注重培养幼儿教师的实践能力，并促进幼儿园教师的各种研究活动。

再如，我国浙江师范大学杭州幼儿师范学院近年来提出了构建“全实践”理念下的实践整合课程体系，主张将幼儿教师专业发展全程中所有实践环节作为一个整体来系统定位、统筹安排。实践整合课程下的实践环节主要包括职前培养中的通识课、专业基础课、专业主干课、选修课的技能操作，各学期安排的见习实习，短学期的社会实践，毕业前综合实习及毕业论文等所有培养幼儿教师动作技能和智慧技能的课程教学环节，以及在职进修中的教学实践、教研实践和管理实践。这种“全实践”的课程理念在职前重视的是实践统整境遇下的实践洞察与顿悟，在职后重视的是实践中的反思和反思中的知识重组重构，二者的共性在于实践是学习立体内化、重构知识的前提、中介和归宿。

“全实践”理念下的实践整合课程具有“实践共同体的支撑与引领”、“实践环节在时间上的延伸和贯通”、“实践方式在空间上的拓展”、“实践内容在实施中的整合与提升”、“实践理念在课程中的全息渗透”、“实践平台在课程体系中的统整效应”和“实践教学的合目的性特征”等特点，力图达到以下的结果效应：第一反思型幼儿教师的培养是一个过程，一个幼儿教师的职前、职后都需要不断地经历“实践——反思——再实践——再反思”的过程，而且这种实践与反思是一体的，这种思行合一是表现一个幼儿教师生命意义的本真状态；第二实践整合课程的教育价值核心是使幼儿教师成为富有主体精神和个性特色行为能力的人；第三实践整合课程在课程文化层面力图把准学前教师教育时代精神的脉搏。② 总之，这种以“实践”为学前教师教育课程的中心，探索了培养反思型幼儿教师的实践整合课程体系，是我国师范院校改革学前教师教育、培养反思型幼儿教师的有益尝试，为国际学前教师教育的改革提供了一定的参考和借鉴。

综上所述，学前教师教育一体化把职前培养、入职教育和在职进修连成一体，为幼儿教师专业发展提供了条件；以学前教育机构为本的学前教师教育关注学前教育机构和幼儿教师群体，通过园本培训等方式，促进了幼儿教师群体的专业发展；以发展为导向的幼儿教师教育关注个体幼儿教师的能力发展与学习需求，通过创设环境和培养反思型研究者等途径，促进了幼儿教师个体的专业发展。以上三方面的幼儿教师教育改革相辅相成，共同促进了世界幼儿教师的专业发展。

本章小结

本章主要阐述了世界学前教师教育的现状，包括幼儿教师的职前培养、任用与在职进修三个阶段、幼儿教师专业发展及学前教师教育改革的基本状况。这一章的重点是幼儿教师的种类、职前培养的机构和课程，以及幼儿教师专业发展与学前教师教育改革的状况。在学习过程中，学习者要注意了解和掌握幼儿教师的职前培养、任用与在职进修三个阶段的联系与区别，掌握在幼儿教师专业发展的视角下学前教师教育改革的基本动态。此外，学习者还可结合中国学前教师教

① [日]儿童和保育综合研究所编：《最新保育资料集 2007》，日本密涅发书房 2007 年版，第 343 页。
② 秦金亮：《以“全实践”理念引领幼儿教师的专业成长》，《教师教育研究》，2005 年第 5 期。

育的实际,谈谈自己对中国学前教师教育改革的设想。

拓展性阅读

国际学前教师教育改革中有关幼儿教师发展的新理念

一、重视幼儿教师的自主发展

重视幼儿教师的专业自主发展和自我更新业已成为许多国家学前教育改革的共识。

自主性是教师发展的本质,它意味着教师对自己的专业发展负责。幼儿教师自主发展不仅包含传统含义——教师依其专业知识和技能从事教学工作,自由选择不受他人干扰控制,而且包括专业自主——教师能够独立于外在的压力订立适合自己的专业发展目标、计划,选择自己需要的学习内容,有意愿和能力将所订目标和计划付诸实施。在此过程中,教师表现出较为强烈的自主意识,并明确意识到自己是自身专业成长的主人。幼儿教师不是专业发展的"被动接受器",而是个人自愿、自觉的行动。它需要教师积极主动地参与,并尝试使用不同的方法。幼儿教师是自身发展的积极、主动的建构者。

可见,"自主","自我更新","自觉"已成为当前幼儿教师发展的关键词。它具体表现为专业发展的自主意识与能力,即教师能自觉地对自己的专业发展负责,自觉地对过去、现在的状态进行反思,对未来的发展水平、发展方向做出规划,并能自主自为地遵循自己专业发展的目标、计划、途径,并付诸实施,成为专业发展的主人。

二、关注幼儿教师的工作现场

工作现场是教师成长最适合的场所。幼儿教师的学习根植于每日的教学活动中,其教育能力与实践智慧往往能从教学现场中逐渐产生。因此,现场经验在近年被视为教师教育中最为核心的组成部分,特别是对于职前教师的专业学习起着重要的作用。

研究发现,现场主要由三部分构成,一是行动情境,二是社会—专业化情境,三是监控情境。行动情境指幼儿教师面临真实的课题教学中的实际情境,这种复杂的课堂教学现场需要教师做出具体的行动。在真实的行动情境中,幼儿各种真实的学习反馈情况可以作为教师的"参照对象",促进教师的反思并提高教学实践水平。在社会—专业化情境中,职前教师通过参与教学以及教学共同体中的指导教师、同伴的交流,逐渐认识到如何做好教师。因此,社会—专业化情境包括多个情境,例如,实习幼儿园的文化情境会影响到职前教师的发展,同伴情境会带来职前教师之间的分享与支持性的学习环境,并减少职前教师的孤立感。监控情境也是真实教学情境中的重要方面。当教师在整个现场经验过程中投入到行动情境、社会—专业化情境中时,他们就与同事发生了重要的联系。对职前教师来说,英、美、加拿大等国的经验是,不同的实习幼儿园都会配备有经验的指导教师,指导教师还要参加相应的培训活动,以更好地发挥其对职前教师的积极影响。

三、提升幼儿教师的实践智慧

实践智慧是一种与个人生活密切相关的渗透情感、判断与行动的智慧。它不能像几何、数学、物理一样被传授，不是按照逻辑的形式过程来展现。它强调事物与情境的特殊性。它关注各自具有明显特征与区别的情形，以便人们能判断决定以何种方式如何行动。

近年来，许多国外学者指出，必须重视并突出教育实践在幼儿教师发展中的重要的地位，特别是它在教师自主反思与实践智慧形成中的作用，这是传统的幼儿教师培训所难以实现的。重视实践智慧的新教师发展观非常关注幼儿教师教育机智的形成，将幼儿教师发展视为在实践中不断形成智慧的过程。正如艾森纳(Eisner)所说，"教师教育必须转变，从知识论的培养观转向实践智慧的培养观。"可见，教师教育不应只关注知识与技能，它更需要关注教师在工作现场中不断形成教学的智慧，"真正核心的是教师的实践本身，通过实践形成的是一种问题解决的智慧，它是与每个具体情境相连的，它必须考虑到在实践中的各种复杂性，它依赖于随时生成的各种判断与决定，它根据各种不确定因素而发生改变，它关注各种特别事件，它随时会在过程中因需要而改变其原定目标"。[①]

四、注重幼儿教师的人文关怀

新的教师发展观，不仅重视幼儿教师知识与技能的掌握、教学智慧与实践机智的形成，而且关注其良好的人文关怀精神。这一新的主张受到了关系教育学的影响。关系教育学是近年来国外兴起的一种女性主义教育思潮，它对于幼儿教师的发展有着独特的见解与主张。这一新的视角带来了幼儿教师发展的新理念。

在1994年出版的《教学越界：教育作为自由的实践》一书中，女性主义教育学者贝尔·霍克斯(Bell Hooks)系统建构了"关系教育学"这一崭新话语的教育理论体系。在短短数年中关系教育学已成为当今西方教育学界令人瞩目的思想与主张，它与近年涌现的批判教育理论、女性主义教育学等汇合成了一股巨大的后现代教育思潮。霍克斯认为传统课堂教学最大的弊端是对师生之间情感沟通、互动交往的忽视。以往在师生交往中教师更多关注知识的传递与接受，而缺乏与儿童的情感交流，无论教师还是儿童均把教与学视为乏味的、缺乏兴趣的、毫无激情的活动过程。对此，霍克斯认为必须建立一种"激进"的教育学，它所关注的不应是知识与技能，而是教师与儿童之间的关系——真诚的情感互动。关系教育学对推动良好师生关系的形成，提升教师的专业成长有着重要作用。

(改编自姜勇、严婧、徐利智编著：《国际学前教师教育政策研究》，华东师范大学出版社2012年版，第1—5页。)

① E·W· Eisner. From episteme to phronesis to artistry in the study and improvement of teaching. Teaching and Teacher Education, 2002, 18, pp. 375 - 385.

参考文献

1. 曹能秀:《和幼儿一起成长——高滨裕子教授关于幼儿园教师成长的观点》,《幼儿教育》(教师版),2005 年第 5 期。

2. [日]儿童和保育综合研究所编:《最新保育资料集 2007》,日本密涅发书房 2007 年版。

3. 何敏:《中外学前教育师资培养的比较与思考》,《幼儿教育》(教育科学版),2007 年第 12 期。

4. [日]鹤田义男著:《亚洲诸国的幼儿教育者》,日本近代文艺社 2007 年版。

5. 教育部师范教育司主编:《教师专业化的理论与实践》,人民教育出版社 2003 年版。

6. [美]林秀锦著:《美国的早期保育与教育》,江苏教育出版社 2006 年版。

7. 卢乃桂、钟亚妮:《国际视野中的教师专业发展》,《比较教育研究》,2006 年第 2 期。

8. 庞丽娟主编:《教师与儿童发展》,北京师范大学出版社 2003 年版。

9. 秦金亮:《以"全实践"理念引领幼儿教师的专业成长》,《教师教育研究》,2005 年第 5 期。

10. 叶澜等著:《教师角色与教师发展新探》,教育科学出版社 2001 年版。

11. 张燕著:《幼儿教师专业发展》,北京师范大学出版社 2006 年版。

12. 朱宗顺:《美国幼儿教师教育标准及启示》,《教师教育研究》,2006 年第 7 期。

13. 祝怀新编著:《封闭与开放:教师教育政策研究》,浙江教育出版社 2007 年版。

问题与讨论

1. 举例说明世界幼儿教师的种类、职前培养的机构与课程的基本状况,并谈谈你的感想。
2. 浅谈美国建立幼儿教师专业标准和幼儿教师资格证制度的基本经验及启示。
3. 举例说明世界幼儿教师在职进修的相关政策和基本状况。
4. 谈谈你对幼儿教师专业发展的阶段论及影响因素的理解。
5. 试述走向幼儿教师专业发展的学前教师教育改革,并谈谈你的感想。

第六章

总 结 与 展 望

■ 学习目标

1. 基本掌握世界学前教育的基本经验；
2. 了解世界学前教育存在的问题；
3. 基本掌握世界学前教育的发展趋势。

本书的第一章阐述了学前比较教育的一些基本理论问题，第二章从纵向对世界学前教育的发展历程进行了考察，第三、四、五章从横向对世界学前教育体制、学前课程和学前教师教育的现状进行了探讨。本章从宏观的角度，对世界学前教育的基本经验、存在的问题和发展趋势进行考察，以期提供一幅相对完整的世界学前教育变革和发展的画面，并从中发现和把握学前教育变革与发展的一些共同规律。其中，第一节和第二节在总结第二至第四章内容的基础上，探讨全球学前教育的基本经验和存在的问题；第三节考察国际学前教育的发展趋势。

第一节　学前教育的基本经验

综观全球学前教育的发展历程和学前教育体制、学前课程和学前教师教育的现状，可以发现，世界学前教育的基本经验主要有：政府对学前教育的重视、多种类多功能的学前教育机构、多模式整合化的学前课程、多层次多形式的学前教师教育等。本节主要从以下三个方面探讨世界学前教育的基本经验。

一、多种类多功能的学前教育机构

（一）多种类的学前教育机构

从1816年欧文创办“幼儿学校”以来，世界各国的学前教育机构随着社会的发展变化，逐渐发展起来。到21世纪初，受社会制度、文化传统、国民需要等多种因素的影响，世界各国已形成了多种类型的学前教育机构。本书的第三章第二节主要从微观的层面具体考察了英国、法国、德国、俄罗斯、美国和日本的学前教育机构类型，以反映世界学前教育机构的多样性；本节主要依据不同的分类标准,从宏观的视角探讨多种类型的学前教育机构。①

1. 行政管理体系划分法:四种模式的学前教育机构

美国著名教育家南希·罗宾逊(Robinson, Nancy)经过研究,将世界学前教育机构分成以下四种模式:

一是盎格鲁—萨克森模式(anglo-saxon model)。在采取这种模式的国家中,幼儿从出生至入小学前的照顾和教育,由两种或两种以上的平行机构来承担。一种机构强调保育的功能,归健康和社会福利部门管辖;另一种机构强调教育的功能,归教育部门管辖。采用这两种模式的国家主要有美国、加拿大、以色列等国。以美国为例,国内的学前教育机构分属两个行政领导系统,同时服务于2—5岁的幼儿。属于社会福利系统的学前教育机构是日托中心,属于教育系统的学前教育机构是保育学校,另有专门招收5—6岁幼儿的入小学准备机构——幼儿园。再以英国为例,英国的学前教育机构有属于健康和社会福利部门管辖的学前游戏小组和托儿所,有属于教育部门管辖的幼儿学校和保育班。两种机构在招收幼儿的年龄上没有什么不同,只不过前者更强调保育功能,后者更强调教育功能。

二是拉丁—欧洲模式(latin-european model)。在采用这种模式的国家中,学前教育机构根据幼儿年龄的不同分为两个层次。一般来说,3岁以前的学前教育机构由健康和社会福利部门负责,3岁起至入小学前的幼儿教育归教育部门负责。采用这种模式的国家主要有日本、法国、比利时、意大利和瑞士等国家。以日本为例,其学前教育机构主要有两种:其一是保育所,其二是幼儿园。保育所主要招收3岁以前的幼儿,以照顾和保育为主,属厚生劳动省管辖;幼儿园主要招收3岁以后至入小学前的幼儿,以教育为主要目的,属文部科学省管辖。

三是斯堪的那维亚模式(scandinavian model)。在采用这种模式的国家中,幼儿自出生至入小学前的保育和教育均在一个专门的机构中进行,由一个专门的部门负责,这个部门通常是健康和社会福利部门。采用这种模式的国家主要有德国、荷兰、瑞典、挪威等国。以德国为例,其学前教育机构为幼儿园,主要招收2—5岁的幼儿,集保育和教育两种功能为一体,属社会福利部门管辖。

四是社会主义模式(socialist model)。这种模式与拉丁—欧洲模式类似,根据幼儿年龄将幼儿教育分为两个阶段,由两个不同的部门管辖。但与拉丁—欧洲模式不同的是,此模式为中央集权的行政体系,从政策、大纲到日常的生活环节,皆有中央下达的行政规定,地方上以执行中央的政策、大纲为主。采用这种模式的国家主要有中国、波兰、匈牙利等国。应该特别指出的是,近年来,采用这种模式的国家越来越多地注意到了调动地方的积极性,已经在较多的考虑地方特点。

南希·罗宾逊对学前教育机构的分类法主要考虑了各国学前教育机构行政管理体系以及服务体系的差异,是较为著名的学前教育机构分类法。

2. 财政来源划分法:三种类型的学前教育机构

依据财政来源的不同,世界各国学前教育机构可以分为以下三种类型:

一是公立机构。这是指由国家或地方政府提供经费的非营利性的公立学前教育机构。世界上各国都或多或少地有这样的学前教育机构。如美国相当一部分日托中心和几乎所有的幼儿园

① 吴文侃、杨汉清主编:《比较教育学》,人民教育出版社1999年版,第368—371页。

属于公立;英国的保育学校和保育班属于公立;我国的幼儿园大部分属于公立。

二是私立机构。这是指那些符合国家颁布的办学标准,经费独立、自行管理的私立学前教育机构。美国的保育学校如蒙台梭利学校等就属于这类机构——根据国家的办学标准开办学校,依靠家长交纳的学费进行运转,一般来说,各国此类机构都属于高收费、高质量的学前教育机构。

三是"半官半民"机构。这是指由民间的个人或团体兴办,接受政府财政资助及监督的学前教育机构。例如,日本的保育所和幼儿园原来基本上属于私立,自从1964年日本振兴幼儿园教育的第一次计划开始,政府加大了促进幼儿园教育机构数量增加、质量提高的步伐,通过奖励、补助等一系列行之有效的财政手段干预幼儿教育的发展。到1991年第三次振兴幼儿园教育计划开始时,日本已有70%以上的私立幼儿园接受政府的资助,同时也受到政府的干预和制约,成为"半官半民"的机构。

上述三种类型的机构基本上反映了由不同财政来源决定的三种机构类型。前两种机构代表了不同经费来源机构的基本类型,后一种机构则反映了前两种机构的融合,体现了国家对学前教育机构的支持和监督。

3. 幼儿和家长需求适应划分法:多种类型的学前教育机构

从适应幼儿生理、心理不同特点出发,世界各国有不同类型的学前教育机构。除了为一般幼儿开设的保育所、幼儿园、学前班以外,世界学前教育机构中还出现了专门进行贫穷儿童补偿教育的机构(如美国的"开端计划"中心),专门为超常儿童设立的"天才幼儿学校"(如美国的哥伦比亚大学师范学院),专门为弱智或聋哑幼儿开设的"特殊幼儿园"(如德国),专门照顾、治疗和教育残疾幼儿的"残疾幼儿中心"(如加拿大)等。

从适应家长需求的角度看,世界各国也有不同类型的学前教育机构。例如,根据幼儿在园时间的长短,世界上很多国家的学前教育机构可以分为寄宿制、全日制、半日制、临时制等类型。又如,很多国家都设立了适应贫困地区的非正规学前教育机构,如"流动幼儿园"、"大篷车幼儿园"和"巡回辅导站"等。

综上所述,受社会政治、经济、文化等因素的影响,世界各国学前教育机构类型众多、彼此相异,呈现出各不相同的景色。

(二) 多功能的学前教育机构

本书的第三章第一节从回顾学前教育发展的视角考察了学前教育的功能,指出学前教育从最初重视保育到保育和教育的并重,发展到注重促进社会公平和发展,并将具有文明社会论坛的功能;本节主要综合第二、三、四、五章的内容,从不同的侧面,探讨当代学前教育机构的多功能性。

1. 保育、教育和补偿的功能

从促进幼儿发展的侧面来看,学前教育机构具有保育、教育和补偿的功能。学前教育机构不仅强调对学前儿童进行照管和养护,以解除家长的后顾之忧,具有保育的功能;而且还注重促进幼儿身体、认知、语言、社会、情感等方面的和谐发展,具有教育的功能;此外也注重为身体和智力残疾儿童提供保育和教育,具有补偿的功能。

2. 促进幼儿教师专业发展的功能

从促进幼儿教师发展的侧面来看,学前教育机构具有促进幼儿教师专业发展的功能。学前教育机构既是幼儿成长的摇篮,又是幼儿教师专业发展的基地。学前教育机构的文化、同事关系和协作等是影响幼儿教师个体专业发展的重要因素。一个好的学前教育机构具有为幼儿教师的专业发展提供良好的组织氛围、研究场所和学习型组织的功能。

3. 促进家长和社区发展的功能

从促进家长和社区发展的侧面来看,学前教育机构具有促进家长和社区发展的功能。学前教育机构在为家长提供对幼儿的保育、教育和补偿功能的同时,也鼓励家长直接或间接参与幼教机构的教育,同心协力培养幼儿;帮助家长树立正确的教育观念,强化其"不仅是养育者,也是教育者"的意识,改善家长的教育行为、教育方法、优化家庭环境。因此,学前教育机构在一定程度上也丰富了家长的育儿知识,提高了家长的教育能力,具有促进家长发展的功能。

学前教育机构在利用社区资源,发挥学前教育作用的同时,也运用办板报、报刊、讲座、儿童教育电视节目等形式,宣传学前教育的重要性;以学前教育机构为阵地,在社区内建立保护和支持幼儿和家庭的网络,满足社区提出的各种育儿服务;为社区的精神文明服务,创造促进幼儿发展的良好环境。因此,学前教育机构在一定程度上为社区的建设和发展贡献了力量,具有促进社区发展的功能。

4. 促进社会公平、发展的功能,发挥文明社会论坛的作用

从促进社会发展的侧面来看,学前教育机构具有促进社会公平、发展的功能,能够发挥文明社会论坛的作用。学前教育机构通过对幼儿实施保育和教育,能够促进社会的公平和发展。佩里学前教育研究计划等学前教育长期研究效果表明,接受过幼教机构教育的人学业成绩高,就业率与经济收入高,家庭关系和睦,吸毒率低;很多研究还表明,即使存在贫困、性格、民族、社会等级或宗教信仰的差异,托幼机构的教育仍然可以改善儿童的不利处境。因此,学前教育机构能在一定程度上促进儿童的生存、幸福和发展,预防犯罪,促进社会的公平、进步和发展。

学前教育机构还可以作为文明社会的"论坛",向所有幼儿及家庭开放,成为父母、政府官员及他人与教师、儿童一起就某个主题进行对话的场所,促进了人与人之间的交流。因此,学前教育机构具有保持社会凝聚力的文化象征意义,能够促进社会的文明与发展。瑞吉欧学前教育机构就是其中一个典型的例子。

二、多模式整合化的学前课程

(一)多模式的学前课程

由于学前课程模式赖以存在和运行的环境不同,再加上各种学前课程模式理论基础和基本观点不同,世界各国存在着多种不同的学前课程模式。本书第四章第三节介绍了三种著名的学前课程模式,它们在理论基础、课程目标、内容、方法和评价方面的差异从一定程度上反映了世界学前课程模式的多样性。事实上,世界学前课程模式的多样性还不止于此。霍力岩对世界众多的学前课程模式进行分析归纳后,发现这些学前课程模式基本上分属三个理论流派或是三种理

论流派不同程度的融合与渗透。现将这三种理论流派及其典型的学前课程模式分述如下:①

1. 浪漫主义派和发展成熟论模式

浪漫主义派(romanticism)的主要代表人物是卢梭,亦有人将弗洛伊德和格塞尔(Gesell, A.)归于这一派别。这一派别的主要观点是:在对幼儿进行教育时,必须遵循自然的要求,顺应人的自然本性,使幼儿有充分自由活动的可能与条件,把幼儿培养成自由的人。这一派别在发展心理学上是属于发展成熟论的,认为先天的成熟和后天的学习是决定幼儿心理发展的两个基本因素,幼儿的发展来源于自然的成熟,不成熟就无从产生学习,学习只是对成熟起一种促进作用。

根据浪漫主义派的主要理论,以格塞尔的发展成熟论和弗洛伊德的精神分析理论为基础,美国的纳斯(Nurss, Joanne R.)和霍奇斯(Hodges, Walter L.)提出了一种在世界上颇具影响的学前课程模式——发展成熟论模式(developmental maturity model)。其教育目的、教育内容和教育方法分别如下:(1)教育目的:发展幼儿的自信心、创造性、敏感性和实效性。(2)教育内容:自由游戏和社会规范的初步理解。特别强调游戏,认为自由游戏是幼儿发展的主要途径;同时,在教育内容中也注意到像以遵守交通规则、掌握社会规范等为主题的活动。(3)教育方法:提供环境让幼儿自由游戏。特别强调教师的任务只是提供一个良好的环境,然后让幼儿在这个良好的环境中自由游戏——他们可以自由选择活动、自己设计活动、自由开展活动,不受任何约束。

发展成熟论模式是一种由幼儿发起活动、教师回答活动的模式。在这一模式中,教师对幼儿提出的要求和愿望作出回答,鼓励幼儿积极主动地进行自由游戏。这一模式具有以下主要特点:(1)注重幼儿的整体发展,认为幼儿的整体发展是最重要的,它依赖于幼儿身体、认知和社会性发展几个方面的相互作用,反对只考虑幼儿发展的某一方面而不考虑其他方面和各个方面的协调发展。(2)强调成熟是学习的必要前提,强调幼儿身心发展的一定成熟程度是学习的必要准备,认为没有生理上的成熟,学习就无从谈起。要求教师根据幼儿身心发展的现有水平来设计幼儿的学习内容,所提供的活动内容和材料必须是幼儿可以接受的,不应强行塑造幼儿的发展。(3)要求尊重每一幼儿的自由,这一模式要求教师设计适当的教育内容,选择和设计适当的活动材料,为幼儿提供无压力、无忧虑的心理氛围,允许每个孩子按自己的兴趣选择,按自己的速度前进,保证每一幼儿充分发展自己的特长、个性。

2. 文化传递派和行为环境论模式

文化传递派(cultural transmission)源于西方教育的古典学术传统,其主要代表人物是赫尔巴特(Johan Herbart)。这一派别的主要观点是:幼儿教育的主要目的是传授前人积累下来的知识经验,教师的职责就是将精选的、系统的知识、经验在课堂上直接传授给幼儿,幼儿的任务就是学习并掌握教师传授的语言知识、数学知识和社会公认的价值观念。这一派别在发展心理学上是属于环境决定论的,认为对幼儿的发展来说,环境起决定作用,离开了环境的影响和教育的强化,幼儿的发展就无从谈起。

根据文化传递派的主要理论,以环境决定论为基础,美国的贝雷特(Bereiter)和恩格尔曼(Engleman)提出了另一种颇具影响的学前课程模式——行为环境论模式(behavioral environment

---

① 吴文侃、杨汉清主编:《比较教育学》,人民教育出版社 1999 年版,第 372—376 页。

model),又称直接教学模式。其教育目的、教育内容、教育方法分别如下:(1)教育目的:促进幼儿知识的掌握,提高幼儿的学习技能。(2)教育内容:语言教学和知识传授。特别重视语言的教学,认为语言是幼儿发展特别是思维发展的基础。同时,教育内容注意向幼儿传授一些社会和自然知识。(3)教育方法:教师按照教学大纲进行直接教学。主要要求教师按照事先制订的教学大纲和课本进行直接教学,主张借助于强化让幼儿进行反复练习,直至幼儿完全掌握。这种模式要求幼儿每天上2—3节课,在课堂上接受教师的教育。

行为环境论模式是一种由教师发起活动、幼儿回答活动的模式。在这一模式中,教师首先在课堂上进行直接的传授和正确的示范,然后要求幼儿模仿并反复练习,从而达到让幼儿掌握知识的目的。这一模式主要具有以下两个特点:(1)注重幼儿的语言训练和知识学习,认为幼儿的语言发展是思维发展的基础,知识学习是能力发展的基础,因此在教学中特别注重语言方面的训练和基本知识的掌握。(2)强调教育教学是幼儿发展的关键,强调只有教师系统的、直接的知识传授才是有效促进幼儿发展的手段。因此,教师应该按照大纲认真备课和组织班级教学,并利用强化等手段帮助幼儿反复练习。

3. 进步主义派和认知相互作用论模式

进步主义派(progressivism)源于杜威。这一派别在批判文化传递派教育思想的基础上提出了他们的主要观点:教学不应以教师为中心,而应该以儿童为中心;教育应该把儿童从教科书和重视机械学习的死记硬背中解放出来,让他们"做中学";教育不应孤立于现实之外,而是应该在现实的社会生活中根据幼儿的个人需要进行。世界上相当多的学者认为,在幼儿发展观上,杜威和皮亚杰都是摒弃极端的发展成熟论和环境决定论的,他们都认为幼儿的发展既不是生理成熟的结果,也不是直接教学的结果,而是由于内外因的相互作用而不断发生结构上质变的过程。他们虽强调内外因的相互作用,但也强调发展,虽然强调发展与环境有关,但也认为环境不起决定性作用,他们主张幼儿"做中学"或"在发现中学习",自己进行实验探索,以期自己去发现事物之间的相互关系和事物发展变化的简单规律。

根据进步主义派的基本理论,以皮亚杰的认知发展相互作用论为基础,出现了一个在世界上影响巨大的学前课程模式——认知相互作用论模式(cognitive interaction model)。其教育目的、教育内容和教育方法如下:(1)教育目的:发展幼儿的思维能力,强调幼儿的自我指导和自我纪律。(2)教育内容:数的概念、时间、空间概念和事物之间的因果关系。强调认知方面的发展,重视幼儿数理知识、时空概念和因果关系的理解与掌握。(3)教育方法:"做中学"或"发现学习"。主要要求教师首先提供认知活动所需的环境和材料,然后让幼儿以小组方式或个人方式进行操作活动,并在操作活动中发现问题、解决问题,最后达到思维的进步。

认知发展相互作用论模式是一种教师与幼儿一起设计活动、开展活动的模式。在这一模式中,教师为幼儿提供可供探索、丰富、刺激、轻松、愉快的环境,帮助幼儿在主动探索与成人和伙伴的相互交往过程中组织自己的思维过程,从而达到促进幼儿认知能力发展的目的。这一模式具有以下两个特点:(1)强调幼儿的发展是在活动中获得的,强调幼儿的发展是生理成熟和环境教育因素相互作用的结果,主张幼儿的发展是在幼儿与外力相互作用的活动中获得的。(2)注重幼儿发展中的关键经验,重视促进幼儿发展的一些关键经验,即发展幼儿智力不可缺少的一些因素或方面。这些关键经验一般包括利用感官直接探索、制订计划、分析评价、语言能力、象征能力、分类能力、数学概念、时间关系和空间关系等。

上述三种理论流派及其典型的课程模式在世界学前教育发展的历程中经历了此消彼长、相互补充进而不断融合的历史过程。20 世纪 60 年代以前，浪漫主义派和发展成熟论模式在世界各国占有重要地位。20 世纪 60 年代初开始，随着美国、苏联两个超级大国争霸的加剧，各国都普遍重视提早开发幼儿的智力潜能，文化传递派和行为环境论模式逐渐压倒浪漫主义派和发展成熟论模式从而占上风。20 世纪七八十年代以来，人们开始认识到片面追求幼儿智力潜能的开发对于幼儿的全面发展是有害的，于是开始强调幼儿身体、认知和社会性的全面发展，同时人们开始认识到单纯在课堂上接受教师直接灌输是不符合幼儿身心发展特点的，于是开始强调让幼儿在操作活动中学习。在这种形势下，进步主义派和认知发展相互作用论模式逐渐显露出它的优势。

当前，世界各国又出现了许多学前课程模式。尽管这些学前课程模式名称各异，但大多属于上述某个理论流派或是三种理论流派不同程度的融合与渗透，大多是上述三种典型的学前课程模式的变式。例如，发展适宜性课程属于浪漫主义派，是发展成熟论模式在新时代的发展；美国目前倡导学前教育为小学作准备的课程方案源于文化传递派，是行为环境论模式的变式；目前全球广为流传的方案教学和瑞吉欧教育体系的课程都来源于进步主义派，是在认知发展相互作用论模式基础上的进步与发展。总之，世界各国的学前课程模式产生于一定的社会经济、政治和文化背景，来源于某种或多种理论流派，呈现出不同的特点和优势，并逐步走向对话、开放与整合，反映出学前课程模式的差异性和多元性。

（二）整合化的学前课程

整合也称综合，是把不同类型、不同性质的事物组合在一起，使它们成为一个整体。因此，整合是整体形成的环节和过程。整合的核心是联系的建立。有机联系是联系的最高层次，有机联系的建立是良好的、系统的整体形成的关键。[①] 这里所说的“整合化的学前课程”，主要是指学前课程的整合性。本书的第四章从不同的侧面涉及了世界学前课程的整合性问题；本节则从宏观的视角，综合探讨整合化的世界学前课程的具体表现。

1. 学前课程基本理念的整合性

学前课程基本理念的整合性，是指世界学前课程基本理念中所体现的整合性。学前课程的基本理念是学前课程目标、内容、方法、途径和手段的先导，只有学前课程的基本理念体现出整合性，才能使学前课程的其他方面体现出整合的特性。

本书的第四章第一节探讨了学前课程的基本理念，反映了世界学前课程基本理念的整合性。其中，全人发展的学前课程价值取向体现了学前课程要注重幼儿全面发展的基本观点，强调促进幼儿认知和情感、知识与智力、主动精神与社会责任的和谐发展；科学与人文相结合的学前课程文化观，反映了学前课程要注重整合科学主义和人文主义的基本理念，强调促进幼儿身体、社会、

---

① 虞永平：《幼儿教育整体观》，选自教育部基础教育司组织编写：《〈幼儿园教育指导纲要（试行）〉解读》，江苏教育出版社 2002 年版，第 55—63 页。

情感和认知方面的全面发展,重视成人与儿童、儿童与儿童之间真诚、理解、尊重和信任的人际关系;回归生活的学前课程生态观反映了学前课程要回归生活世界的基本思想,强调人的自然性、社会性和自主性的和谐发展,注重一致性和差异性的统一、理性与非理性的统一和个体需要与社会需要的统一;民主化的学前课程政策观体现了学前课程民主化与科学化相统一的基本观点,强调国家学前课程、地方学前课程和幼教机构学前课程的和谐统一。

2. 学前课程目标和内容的整合性

(1) 学前课程目标的整合性

学前课程目标的整合性,是指世界学前课程目标中所体现的整合性。学前课程目标是学前课程所要达到的最终结果。学前课程目标的整合性,来源于世界学前课程基本理念的整合性,直接影响着学前课程内容的整合性,同时也影响着学前课程方法和途径的整合性。

本书的第四章第二节探讨了学前课程目标,反映了世界学前课程目标的整合性。世界学前教育界从20世纪80年代初开始,就对20世纪60和70年代以“智力开发”代替学前教育的倾向进行了反思,呼吁学前教育从“智育中心”转向促进幼儿富有个性的全面的发展。此后,一些国际组织和世界各国纷纷制订政策,强调培养“完整儿童”,促进幼儿身体、社会、情感和认知的全面发展。例如,1999年在瑞士召开的21世纪国际幼儿教育研讨会制订的《全球幼儿教育大纲》指出,优秀的学前课程是针对儿童整个身心健康而设计的,必须考虑儿童的身体状况、认知水平、语言能力、创造能力、社会性与情感的发展状况等;全美幼教协会2000年在《幼儿教育方案标准和认定指标》中将课程目标规定为审美、认知、情感、语言、体能和社会六个方面,体现了促进幼儿全面发展的基本观点;韩国政府2007年的第七次幼儿园课程强调了幼儿全面发展的重要性,其规定的五个方面的教育(健康、社会、表现、语言、探究)照顾到幼儿各方面的发展需要。总之,世界各国的学前课程目标体现了促进幼儿身心和谐发展的基本理念,反映了学前课程目标的全面性和综合性。

(2) 学前课程内容的整合性

学前课程内容的整合性,是指世界学前课程内容中所体现的整合性。学前课程内容的整合性源于学前课程目标的整合性,是学前课程整合性的主要表现。

本书的第四章第二节考察了世界学前课程内容,反映了世界学前课程内容的整合性。根据幼儿全面发展的学前课程目标,许多国家和一些课程模式把学前课程内容划分为几大领域,并强调各领域的互相联系和综合发展。例如,日本2008年的《幼儿园教育要领》将幼儿教育内容分为“健康”、“人际关系”、“环境”、“语言”和“表现”五个领域,并指出这五个领域是通过幼儿园的全部生活、通过幼儿各种各样的体验、通过各领域的相互渗透而达成的。我国2001年颁布的《幼儿园教育指导纲要(试行)》将幼儿园的教育内容分为健康、语言、社会、科学、艺术五个领域,并明确提出了“各领域的内容相互渗透,从不同的角度促进幼儿情感、态度、能力、知识、技能等方面的发展”的观点。一些学前课程模式也主张将学前教育内容分为几个领域或部分,并强调各领域的互相渗透和综合发展。例如,方案教学按活动目的将方案活动分为建构活动、调查活动和戏剧扮演活动三类,融合了语言、数学、科学、音乐、美术等方面的学习;高瞻课程1995年将课程内容分为创造性的象征、语言和文学、社会关系、运动、音乐、分类、序列、数、空间和时间十大类,实现课程内容的各类活动是以各个“兴趣区”或“活动区”为中介展开的。

3. 学前课程方法和途径的整合性

学前课程方法和途径的整合性，是指世界学前课程方法和途径中所体现的整合性。学前课程方法和途径的整合性源于学前课程目标和内容的整合性，是学前课程整合性的具体表现。

本书在第四章第二节探讨了世界学前课程的方法和途径，反映了世界学前课程方法和途径的整合性。20 世纪 80 年代以来，为了更好地发挥学前课程的综合作用，体现学前课程目标和内容的整合性，世界各国都从不同侧面提出了整合各种方法和途径的主张。例如，英国政府 2000 年颁布的《基础阶段课程指南》提出了“精心设计的游戏”的概念，开始强调教师在幼儿学习中的作用；全美幼教协会 2005 年颁布的《幼儿教育方案标准和认定指标》提出了“教师有目的地使用多种指导方法”、“创设丰富的学习环境”、“运用不同的教学方式实现学习目标”、“教师和家长通力合作”和“联系并利用社区的城市、郊区、乡村等资源”等主张；我国 2001 年颁布的《幼儿园教育指导纲要(试行)》注重环境和游戏在幼儿教育中的作用，主张教师的直接指导和间接指导相结合，强调幼儿教育各种途径的结合。此外，银行街课程模式、高瞻课程、方案教学、瑞吉欧教育体系课程等学前课程模式在肯定幼儿学习主动性的基础上，也主张教学和游戏相结合，间接指导和直接指导相结合，并强调利用家庭和社区的资源促进幼儿的发展。总之，整合学前课程的方法和途径，以促进幼儿身心的全面发展，已经成为世界学前教育界的共识。

三、多层次多形式的学前教师教育

(一) 多层次的学前教师教育

多层次的学前教师教育主要是指学前教师教育机构的多层次性。本书的第五章第一节考察了世界幼儿教师职前培养的机构，第二节又阐述了国际幼儿教师在职进修的机构，反映了幼儿教师职前培养与在职进修机构的多层次性；本节主要综合上述内容，探讨多层次的学前教师教育。目前，世界各国学前教师教育机构主要有以下几种层次：

1. 高中或高中以下层次

这包括两种不同类型的学前教师教育机构。一种是课程培训机构，这是世界各国不同种类的学前教育协会或团体为满足社会对幼儿教师的需要而设立的幼儿教师职前培养和在职进修的机构。在发达国家和一些发展中国家，这种课程培训机构是正规的学前教师教育机构的补充形式；在多数发展中国家，这种课程培训机构和正规的学前教师教育机构一起，担负着幼儿教师的职前培养和在职进修的重要任务。另一种是职业中学和幼师学校，这是一些发展中国家和个别发达国家幼儿教师职前培养的主要机构。初中毕业的学生进入职业中学，学习 2—4 门学前教育课程，进行一定时间的幼儿园见习和实习，毕业后即可从事学前教育工作；幼师学校招收初中毕业生，学制一般为 3 年，有 1/4—1/3 的幼儿心理与教育的专业课程。

2. 专科层次

专科层次的学前教师教育机构主要是初等学院。这是世界大多数国家提供幼儿教师职前培养和在职进修的主要机构。这些机构主要为高中毕业生提供学前教育课程及学前教育机构见习和实习的机会，学制一般为 2—3 年，毕业后能从事学前教育工作；此外，这些机构还设置幼儿教师在职进修的长期或短期的培训课程,其课程既有旨在提高学历的学位课程,也有旨在满足各种特殊需要的证书课程,还有各种形式的短期培训课程,以提高幼儿教师的教育质量,促进其专业发展。

3. 本科层次

本科层次的学前教师教育机构主要是大学。这是世界大多数国家提供幼儿教师职前培养和在职进修的较高层次的机构。许多国家的大学中设有学前教育系(早期教育系或教育学院),招收本科生,提供4年的学前教育学士课程,培养较高层次的幼儿教师;与此同时,为需要提高学历和获得各种证书的幼儿教师提供学士学位课程和证书课程。

4. 研究生层次

研究生层次的学前教师教育机构主要是大学。这是世界大多数国家为幼儿教师提供职前培养和在职进修的高层次机构。许多国家的大学中设有学前教育系(早期教育系或教育学院),招收硕士研究生和博士研究生,提供学前教育的硕士课程(1—3年)和博士课程(3年以上),培养高层次的幼儿教师及其学前教育机构的管理者;与此同时,为需要提高学历的幼儿教师提供硕士和博士学位课程。

在当前世界学前教育师资短缺、师资水平和教师教育层次较低的情况下,尽管上述四种学前教师教育机构处于不同的层次,但都是幼儿教师职前培养和在职进修不可缺少的机构。四种学前教师教育机构相辅相成,为幼儿教师的职前培养和在职进修提供长期或短期的课程,培养各种层次、不同种类的幼儿教师。

(二) 多形式的学前教师教育

多形式的学前教师教育主要是指学前教师教育形式的多样性。目前,世界各国有多种不同形式的学前教师教育。例如,从学习时间划分,可分为短期、中期、长期的学前教师教育;从内容上划分,可分为系统学习、专题研讨的学前教师教育等;从途径上划分,可分为脱产、半脱产、不脱产的学前教师教育等;从学习的系统性来划分,还可分为正规的学前教师教育和非正规的学前教师教育等。本书的第五章涉及到学前教育形式多样性的问题;本节主要以学习的系统性为分类标准,探讨多种形式的学前教师教育。

1. 正规的学前教师教育

正规的学前教师教育是指在正规的学前教师教育机构中进行的学前教师教育。它又可以分为两种形式:一种是正规的幼儿教师职前培养教育,另一种是正规的幼儿教师在职进修教育。

正规的幼儿教师职前培养教育是指学生在职业中学、幼师学校、初等学院或大学等正规的学前教师教育机构接受的学前教师教育。这些正规的学前教师教育机构均得到中央或地方政府的认可,有较好的设备和师资条件,能为学生提供通识课程、专业课和教育实践课程,满足社会对学前教育师资的基本要求。

正规的幼儿教师在职进修教育是指幼儿教师在正规的课程培训机构、初等学院或大学等接受的学前教师教育。这些正规的学前教师教育机构均得到中央或地方政府的认可,有较好的设备和师资条件,能为幼儿教师提供所需要的各类课程,满足幼儿教师在职进修的基本要求。其中，正规的课程培训机构是指那些得到中央和地方政府认可的、设备和师资条件较好的课程培训机构。如美国的专业认同评议会就设有正规的课程培训机构，能为幼儿教师提供全国性的儿童发展副教师(CDA)课程培训方案，进行能力评估并颁发证书。

2. 非正规的学前教师教育

非正规的学前教师教育是指在非正规的学前教师教育机构中进行的学前教师教育。它可以分为两种形式：一种是非正规的幼儿教师职前培养教育，另一种是非正规的幼儿教师在职进修教育。

非正规的幼儿教师职前培养教育是指学生在课程培训机构等非正规的学前教师教育机构接受的学前教师教育。这些非正规的学前教师教育机构不一定得到中央或地方政府的认可，设备和师资条件较差，培养时间较短，能为学生提供一些学前教育课程，在一定程度上满足社会对学前教育师资的基本要求。

非正规的幼儿教师在职进修教育是指幼儿教师在非正规的课程培训机构或学前教育机构接受的学前教师教育。这里所说的非正规的课程培训机构是指不一定得到中央或地方政府的认可，设备和师资条件较差，进修时间较短，能为幼儿教师提供一些学前教育课程，满足幼儿教师在职进修的一些要求的课程培训机构。例如，英国的一些学前游戏小组协会组织的游戏小组指导者在职培训，培训时间 4 周，每周 2 小时，课程内容包括学前游戏小组的组织和创造、儿童发展、音乐、艺术、语言和实际工作等。幼儿教师在学前教育机构所接受的学前教师教育是指以幼儿教师在从教的学前教育机构所进行的园本教师教育。例如，日本幼儿园教师在从教的幼儿园内开展的“园内进修”就是一种典型的园本教师教育。园本教师教育具有正规幼儿教师进修教育所不能取代的重要作用。这是因为，园本教师教育以实践为本，能够培养幼儿教师实践能力和反思能力，促进幼儿教师的专业发展。

综上所述，无论正规的还是非正规的学前教师教育，都是学前教师教育不可缺少的形式。两者相辅相成，共同促进幼儿教师的职前培养教育和在职进修教育，促进幼儿教师的专业发展，提高学前教师教育的质量。可以预见，随着社会的发展、学前教育的进步，幼儿教师职前培养的形式会越来越规范，幼儿教师在职进修的学前教师教育机构的层次会越来越高，园本教师教育的形式也会越来越受重视。

第二节 学前教育存在的问题

尽管世界学前教育取得了许多成就，积累了很多经验，但仍然存在一些问题。总体来说，主要有发展不均衡问题、国际化与本土化问题、教育的质量问题、师资问题等等。在此，我们考察以下三个方面的问题及其原因。

一、学前教育发展不均衡的问题

长期以来,世界学前教育的发展呈现出不均衡的状态。这主要表现在两个方面:一方面,一些国家或地区学前教育发展比较迅速,而另一些国家或地区学前教育发展比较缓慢;另一方面,在同一国家或地区,存在地区差异、城乡差异和不同类型学前教育机构的差异等现象。

(一)学前教育发展不均衡的表现

世界各国学前教育发展不均衡主要表现在以下几个方面:

1. 学前教育普及率的差异显著

当前世界各国用来表示学前教育普及率的指标主要有幼儿毛入学率、幼儿入学率、幼儿入园率等。幼儿毛入学率,又称为学前教育毛入学率,是指在各国不同年龄大小,在各种学前教育机构中注册学生(幼儿)总数在正规年龄组人口中所占的百分比(尤其是3—5岁)。幼儿入学率,又称为学前教育入学率,是指在各国学前教育机构中注册学生(幼儿)总数在正规年龄组人口中所占的百分比(尤其是3—5岁)。幼儿入园率,又称为学前教育入园率,是指在各国幼儿园中注册幼儿总数在正规年龄组人口中所占的百分比(尤其是3—5岁)。大多数国际组织采用幼儿毛入学率来表示学前教育的普及率,但不少国家尚未采用这一国际通用的指标,而是用幼儿入学率或幼儿入园率来取代。有的国家虽然用"幼儿入园率"或"幼儿入学率"这一称谓,但表示的是"幼儿毛入学率"的意思。

联合国教科文组织采用"学前教育毛入学率"(幼儿毛入学率)来说明世界学前教育普及率的状况。根据这一组织出版的《全民教育全球监测报告(2007)》,1975年至2004年,全球学前教育毛入学率增加了一倍以上,从17%增至37%。在发达国家和转型国家中,这一比例在1970年约为40%,到2004年增至73%。但在发展中国家,不论过去还是现在,学前教育覆盖率都很低:1975年,平均每10名儿童中,有1名接受了学前教育;到2004年,覆盖率增长到每3名儿童中有1名(32%)。① 可见,发达国家、转型国家和发展中国家学前教育的普及率差异很大。2010年,世界幼儿毛入园率已从1999年的32%增加到48%。其中,低收入国家从1999年的11%增加到15%,中低收入国家从1999年的22%增加到45%,中高收入国家从1999年的43%增加到62%,高收入国家从1999年的72%增加到82%。② 从中可以看出,低收入国家、中低收入国家、中高收入国家和高收入国家幼儿毛入园率的差异还比较大。

《全民教育全球监测报告》(2007)指出:从20世纪70年代起,学前教育发展趋势出现了明显的地区差异。拉丁美洲和加勒比地区的学前教育发展最快,现在已有四分之三的国家学前教育毛入学率达到75%以上。而在撒哈拉以南的非洲,尽管自20世纪70年代以来学前教育一直稳步发展,但半数国家的毛入学率低于10%。在阿拉伯国家,学前教育覆盖率从20世纪80年代起

---

① 联合国教科文组织编:《全民教育全球监测报告(2007)》(中文摘要),联合国教育、科学及文化组织2006年版,第27页。

② UNESCO. The EFA Global Monitoring Report2012: Youth and Skills. [EB/OL]. [2015 - 03 - 30]. http://www.unesco.org/new/en/education/themes/leading-the-international-agenda/efareport/reports/2012-skills.

就处于近乎停滞的状态。在亚洲地区,毛入学率已有显著增长。目前南亚和西亚大多数国家有三分之一到半数的儿童接受了学前教育。与此同时,同一地区不同国家之间也存在着巨大的差异。例如,撒哈拉以南的非洲地区学前教育平均毛入学率只有10%,而毛里求斯和塞舌尔却接近100%;在亚洲,柬埔寨的学前教育毛入学率不到10%,而韩国、马来西亚和泰国基本上已普及学前教育。在北美和西欧,所有国家的学前教育毛入学率都在60%以上;其中有半数国家的这一比率已达到100%。[①]《全民教育全球监测报告》(2013/2014)指出,1999—2011年,全世界学前教育毛入学率从33%提高到50%,而撒哈拉以南非洲只达到18%。预计到2015年,141个国家中,只有68个国家的学前教育毛入学率能超过80%。[②] 这些数字表明,目前世界的地区之间、各地区的不同国家之间学前教育的普及率差异很大。

此外,在国家内部也存在着学前教育普及率的差异。例如,菲律宾2000年全国0—6岁幼儿的平均入学率为4.8%,但各地区差异较大。幼儿入学率较高的地区有:首都地区(幼儿入学率为7.4%),Ⅰ类地区(幼儿入学率为7.0%),Ⅲ类地区(幼儿入学率为6.5%),Ⅳ类地区(幼儿入学率为6.3%)等;幼儿入学率较低的地区有:Ⅱ类地区(幼儿入学率为1.4%),Ⅷ类地区(幼儿入学率为1.4%)等。[③] 又如,我国2012年学前三年毛入园率广东省达95%,陕西省为89.5%,山东省为76.2%,黑龙江省为69.46%,河南省为66.6%,海南省为62.8%,青海省为59.48%,云南省为48.95%。[④] 可见,我国不同省份的幼儿入园率存在着较大的差异。

2. 学前教育经费投入的差异明显

在学前教育经费投入方面,经济发展较好的国家或地区和经济发展较差的国家或地区差距较大。一般来说,经济发展较好的国家或地区在学前教育经费方面的投入较多,而经济发展较差的国家或地区在学前教育经费方面的投入则较少。

例如,欧美的经济发展水平较高,其生均学前教育经费支出也较高;我国是发展中国家,经济发展较为落后,加上幼儿人数众多,生均学前教育经费支出处于较低水平,落后于世界大多数国家,相当于国际经合组织统计的各国平均水平的5.3%;欧洲19个国家平均水平的5.2%。见表6-1。

表6-1 2003年生均幼儿教育经费支出的国际比较[⑤]

国家	金额(美元)	国家	金额(美元)
奥地利	6 205	瑞 士	3 558
比利时	4 663	英 国	7 153

① 联合国教科文组织编:《全民教育全球监测报告》(2013/2014),教育科学出版社2014年版,第45页。
② 联合国教科文组织编:《全民教育全球监测报告(2007)》(中文摘要),联合国教育、科学及文化组织2006年版,第28页。
③ [日]池田充裕、山田千明编著:《亚洲的学前教育——幼儿教育的制度·课程·实践》,日本明石书店2006年版,第213页。
④ 《中国教育年鉴》编辑部编:《中国教育年鉴(2013)》,人民教育出版社2014年版,第615、714、560、464、580、647、741、689页。
⑤ 蔡迎旗著:《幼儿教育财政投入与政策》,教育科学出版社2007年版,第97页。

续 表

国家	金额(美元)	国家	金额(美元)
捷克共和国	2 660	美　国	7 755
丹　麦	4 824	巴　西	926
芬　兰	4 069	智利	2 470
法　国	4 744	以色列	3 718
德　国	4 865	挪　威	3 895
匈牙利	3 985	波　兰	3 269
冰　岛	6 781	斯洛伐克共和国	2 641
意大利	6 116	西班牙	4 151
日　本	3 766	瑞　典	4 091
韩　国	2 628		
墨西哥	2 069	OECD 平均	4 508
荷　兰	5 497	欧洲 19 国平均	4 589
新西兰	4 325	中　国	238

很多国家内部学前教育经费投入的差异也较为明显。我国学者蔡迎旗博士研究了 1998—2004 年我国省际间学前教育财政投入的绝对差异和相对差异,结果如下:(1)从 1998 到 2004 年,我国学前教育财政投入水平的省际绝对差距正在逐年扩大。各省的生均预算内外、财政性和非财政性经费水平离中程度都日益严重,且都大于生均民间学前教育经费的差距,这说明政府财政投入学前教育的公平水平低于学前教育民间经费的公平水平,政府的财政预算内、外学前教育经费投入非但没有维持和促进我国学前教育的公平,反而扩大了学前教育的省际差距;(2)1998—2004 年间,我国学前教育财政投入的省际相对差异呈现如下趋势:①省际间学前教育总投入的相对差距在这 7 年之中几乎没有改善;②我国学前教育财政性经费的省际公平状况没有明显好转,但政府的财政预算内投入对学前教育公平的维持程度略高于财政预算外学前教育经费;③我国学前教育省际之间、地区之间的鸿沟将会逐年扩大,学前教育资源配置的公平状况恶化的风险正逐年提高。[①] 由此可见,1998—2004 年我国省际间学前教育财政投入的绝对差异和相对差异都较大,而且这种差异在近年内没有好转的趋势。

3. 幼儿教师资格和待遇的差异显著

总体来说,在世界范围内,幼儿教师的资格和待遇比大学、中学教师低,略低于小学教师或与小学教师相当。这种状况与多数国家的学前教育还不属于义务教育的范畴有关;与幼儿教师的一般教育程度较低有关;与幼儿教师多为女性有关;也与学前教育的专业化程度不高有关。在此,主要探讨世界学前教育领域中幼儿教师资格和待遇的差异。

① 蔡迎旗著:《幼儿教育财政投入与政策》,教育科学出版社 2007 年版,第 112—114 页。

在幼儿教师的资格和待遇方面，发展中国家和发达国家的差异较为显著。一般来说，发展中国家对幼儿教师的资格要求较低，幼儿教师的待遇也较低。不少人认为，幼儿教师不需要具备正式的或较高的资格，因此幼儿教师的待遇也较低。与此相反，多数发达国家对幼儿教师的资格要求较高，要求幼儿教师必须受过高等教育或专门培训，幼儿教师的待遇较高。

然而，在发展中国家和发达国家的内部，幼儿教师资格和待遇的差异也较为显著。在发展中国家内部，幼儿教师资格和待遇的差异主要表现为城乡差异与发达地区和不发达地区的差异。一般来说，在城市或发达地区，对幼儿教师资格的要求较高，幼儿教师的待遇也较高；在乡村或不发达地区，对幼儿教师的资格要求较低，幼儿教师的待遇也较低。例如，在中国，城市和农村的幼儿教师资格和待遇的差异较为显著。城市学前教育机构的幼儿教师除少数为师范大学本科毕业生外，多数是幼儿师范毕业生，工作后又通过函授、自考等形式进一步深造，获得大专和本科文凭；一般有固定的工资和奖金，生活比较稳定，有一定的保障。农村学前教育机构的幼儿教师除少数是幼儿师范毕业生外，多数是高中毕业生甚至初中毕业生、小学毕业生，或是小学中教学水平和能力较差的被淘汰下来的教师，这些教师很少有机会参加幼儿教师培训；工资较低，没有或很少有奖金，有的甚至还不能享受小学民办教师的待遇。

在发达国家内部，幼儿教师资格和待遇的差异主要表现为不同种类幼儿教师的资格差异。首先，多数发达国家将幼儿的保育和教育分开，对从事保育的幼儿教师的资格要求较低，这部分幼儿教师的待遇也较低；对从事教育的幼儿教师的资格要求较高，这部分幼儿教师的待遇也较高。其次，多数发达国家将5岁（或4岁、6岁）以上的学前教育划归义务教育的范畴，从事这部分学前教育的幼儿教师的资格要求较高，从事5岁（或4岁、6岁）以下的幼儿教师资格要求较低。例如，在美国，从事5岁幼儿教育的教师和小学教师一样，必须拥有学士学位和教师证书；而从事5岁以下幼儿教育的教师或只取得儿童发展副教师证书，或只取得二年制专科毕业的副学士学位，少数幼儿教师甚至只有高中毕业程度。

（二）学前教育发展不均衡的原因

1. 各国的经济发展水平不同

经济因素是造成世界范围内国家或地区之间学前教育发展不均衡的主要原因。例如，从世界幼儿毛入学率来看，2004年，发达国家和转型国家高达73%，发展中国家则只有32%。这一状况与发达国家和转型国家的经济实力高于发展中国家有很大的关系。再如，在日本、法国等一些发达国家和地区，学前教育的普及率已相当高，幼儿入学率已达到90%以上；但在撒哈拉以南的非洲贫困地区，许多国家幼儿的毛入学率不到10%。

经济因素也是国家或地区内部学前教育发展不均衡的主要原因。以我国为例。总体而言，北京、上海等大城市和沿海地区的学前教育发展迅速；西部、中部的省市和自治区的学前教育发展较为缓慢。这主要受经济因素的影响。而且，在我国的西部、中部和自治区，或者在某个省、市、自治区的内部，受经济发展的影响，学前教育发展也有一定的差异。例如，2011年，云南省经济发展水平较高的昆明市,学前三年毛入园率达到 90.18%[①];而经济发展水平较低的昭通市,学前三年毛入园率只有 40.21%[②]。

2. 各国的文化传统不同

文化传统是造成世界学前教育发展不均衡的一个重要因素,也是造成国家或区域内学前教育发展不均衡的一个重要因素。例如,欧美各国经济发展水平普遍较高,但受文化传统的影响,学前教育发展并不均衡。

首先,欧美 3 岁以下的学前教育发展不均衡。丹麦有送 3 岁以下幼儿到学前教育机构接受保育与教育的传统,因此,丹麦 3 岁以前的学前教育发展比较迅速。约 50% 的 3 岁以下幼儿进入 3 岁以下的学前教育机构,还有一些进入混合 3 岁以下和 3 岁以上的学前教育机构。此外,法国和比利时也有注重学前公共教育的传统,这两个国家的学前教育发展比较快。在法国和比利时,一些 2 岁(法国)和 1 岁半到 3 岁(比利时)的幼儿入幼儿园;但大部分幼儿还是在托儿所,3 岁以上再进幼儿园。而在欧美的其他国家(如德国、西班牙、希腊、爱尔兰、意大利、卢森堡、荷兰、葡萄牙、英国、俄罗斯、美国等),大多主张 3 岁以下幼儿以私人方式被照看,其中以(外)祖母照看的情况最多;其次是寄放在有资格的家庭中或在幼儿家中雇保姆照看,如在西班牙、意大利和希腊。因此,在这些国家,3 岁以下幼儿的学前教育发展缓慢,仅有 2% 到 6% 的 3 岁以下幼儿进入公共学前教育机构。

其次,欧美 3 岁以上的学前教育发展不均衡。法国、丹麦、比利时和意大利有重视学前公共教育的传统,学前教育发展较快。在法国,从 1990 年开始,几乎所有 3 到 5 岁幼儿都上幼儿学校(3 岁幼儿的入园率是 99%,4—5 岁幼儿的入园率是 100%)。在丹麦、比利时和意大利,80% 以上的 3 岁幼儿会在幼儿园、托儿所等学前教育机构度过 2—3 年的时间。荷兰、德国、希腊和意大利也有送 3 岁和 3 岁以上幼儿进入学前教育机构的传统,3 岁幼儿的入园率达 60% 左右。与这些国家相比,由于美国家庭有在家照管幼儿的传统,美国 5 岁以下幼儿的入园率较低,入其他学前教育机构的比率也较低。据统计,美国 5 岁以下在家照管的幼儿达 65%。其中,亲属照看的幼儿为 40%、父母照看的幼儿为 21%,在幼儿家中雇人照看的幼儿为 4%。此外的 35% 的 5 岁幼儿才进入公共托儿所和私人托儿所接受保育和教育。[③]

3. 政府对学前教育的重视程度不同

政府对学前教育的重视程度也是影响世界学前教育均衡发展的一个重要因素。世界学前教育发展的历史和现状表明,重视学前教育的国家学前教育发展较快,超出同等经济发展水平的国家。

第二次世界大战结束以来,世界学前教育发展速度最快、规模最大的国家就是日本和法国,这与日本和法国政府重视学前教育有很大的关系。以日本为例。日本政府自 20 世纪 60 年代以来,四次制订学前教育振兴计划。其中第一、二、三次是幼儿园教育振兴计划,第四次为学前教育

① 昆明市人民政府编:《昆明年鉴 2012》,云南人民出版社 2012 年版,第 418 页。
② 昭通市年鉴编辑委员会编:《昭通年鉴 2011》,德宏民族出版社 2012 年版,第 290 页。
③ 和建花:《部分发达国家幼儿照看和教育体制及其新政策概述》,《学前教育研究》,2007 年第 7—8 期。

振兴计划。在第四次学前教育振兴计划中，日本文部科学省提出了2001—2006年发展日本学前教育主要内容：(1)充实幼儿园的教育活动和教育环境；(2)加强幼儿园对家庭育儿的支援；(3)促进幼儿园与小学的衔接；(4)促进幼儿园与保育所的联系。① 此后，日本中央教育审议会于2004年12月发布了《关于幼儿教育、保育一体化的综合机构》的咨询报告，于2005年1月发表了《关于适合环境变化的今后的幼儿教育的应有状态——为了幼儿的最佳利益》的咨询报告，提出了21世纪初日本学前教育改革的主要内容：(1)扩大学前教育机构的教育作用；(2)提高家庭和社区的教育能力；(3)利用各种力量，促进学前教育的发展；(4)设立"幼保一体化"的综合机构；(5)加强幼小衔接。② 总之，在日本政府的大力推动下，日本的学前教育发展很快。2005年，日本5岁幼儿入学率达到96.2%。与此同时，日本学前教育的质量也有了很大的提高，注重幼儿园与保育所的联系，加强学前教育机构与小学的衔接，并综合各种资源，促进幼儿的发展，提高家长和社区的教育能力。

又如，近三十年来，以色列的学前教育发展很快，这与以色列政府重视学前教育有很大的关系。首先，以色列政府十分重视对学前教育的经费投入。20世纪80年代以来，以色列学前教育的教育经费总体水平居世界前列。2004年，以色列教育部的总预算投资为247亿谢克尔，其中学前教育投资为近20亿谢克尔，占总预算的8.4%。在学前教育经费的分担上，中央政府和地方政府是最主要的投资者，其学前教育投入占整个学前教育投入的绝大部分。以2000年为例，当年全社会学前教育投资总额为37.94亿谢克尔，其中中央政府投入占31.1%，地方政府投入占46.2%，政府非营利机构投入占10.9%。这三项都可归入政府投入，总计占学前教育经费投入的88.2%。私人非营利组织投入占5.4%，其他投入占6.4%。其次，政府重视发展学前公共教育。早在1949年，以色列制订的《义务教育法》就规定，幼儿园的最后一年为免费的义务教育。近30年来，以色列努力将整个幼儿园阶段的教育都办成免费教育。在教育部的投资经费中，用于幼儿园最后一年的免费义务教育的经费占教育部学前教育投入总经费的1.5%，而用于非免费义务教育的学前教育经费占教育部学前教育投入总经费的3.8%。在农村地区和新建的移民点，中央政府出资兴建幼儿园，甚至为3—4岁的幼儿免费提供学前公共教育。以色列的学前公共教育包括托儿所(日托中心)和幼儿园两个阶段。大部分幼儿上由中央和地方政府举办的幼儿园，一小部分上私立的幼儿园。第三，重视幼儿教师的社会地位和待遇，以激发幼儿教师的积极性。在以色列，公立幼儿园教师和教辅人员是教育部的雇员，其工资由教育部直接发放；市立托儿所的教师由地方政府雇用，并由其负责工资和福利待遇；私立幼儿园、托儿所教师的工资由举办者承担。由于有《工资保护法》(1958年)、《病假工资法》(1963年)、《最低工资法》(1987年)等法律的保护，再加上教师工会对教师权利的维护，幼儿教师的工资待遇得到了切实的保障。在以色列政府的大力支持下，以色列的学前教育发展很快。从2002—2003学年学前教育的普及率来看，以色列全国2岁幼儿的入学率为22.7%，3岁幼儿的入学率为91%，4岁幼儿的入学率为91%，5岁幼儿的

---

① [日]文部科学省教育课程科·幼儿教育科编：《幼儿园教育年鉴——平成16年度版》，日本东洋馆出版社2004年版，第19—21页。

② 曹能秀、冯钊：《当前日本幼儿教育改革的新动向》，《幼儿教育》(教育科学版)，2006年第2期。

入学率为99.9%。①

二、学前教育的质量问题

提高幼儿的生存质量、学习质量和生活质量是世界幼儿教育工作者共同的追求。二战结束以来,世界各国在学前教育领域推进教育民主化浪潮的同时,为提高学前教育的质量作出了不懈的努力。然而,目前世界各国还存在着一些学前教育的质量问题,需要幼儿教育工作者长期而持续的努力。

(一) 学前教育质量问题的表现

目前,世界有关学前教育质量的问题主要从学前教育机构教育质量和学前教育方案质量两个维度来考察。然而,由于两个维度之间存在着一定的联系,因此无论从哪个维度入手,都必然涉及另一个维度。一方面,在探讨学前教育机构的教育质量时,难免要涉及到学前教育机构中实施的学前教育方案质量;另一方面,由于学前教育方案多在一定的学前教育机构中实施,因此,在探讨学前教育方案的质量时,也必然涉及到学前教育机构的教育质量问题。在此,为了探讨学前教育质量问题的方便,本书主要从学前教育机构教育质量这一视角,探讨全球学前教育的质量问题。

尽管世界各国对学前教育机构教育质量评定的内容和具体规定不可避免地受到本国文化和经济发展等因素的影响,但在其内涵和对学前教育机构质量评定标准的主要价值观方面却有着相当程度的共性。目前,世界学前教育机构的教育质量一般都是从两个方面来评定的:一方面是结构性质量,它包括一些可具体规范和控制的变量,如教师/儿童比率、班级人数、师资条件以及总体上的物质环境和实施等;另一方面是过程性质量,它是与儿童的生活和学习经验有更直接联系的变量,如儿童—教师互动、学习环境、课程、健康和安全、家长参与等。② 本书从结构性质量和过程性质量中选取以下几个方面来考察世界学前教育的质量问题。

1. 教师/儿童比率较低,班级人数较多

一般认为,教师/儿童比率及班级人数是保证学前教育机构教育质量的两个重要指标,这两个因素是同时被认定的,因为它们会影响学前教育质量中的其他诸如健康、安全和教育过程的问题。教师/儿童比率高和班级人数少对幼儿发展的益处很多。例如,班级越小,幼儿感染疾病的可能性越小;在特定的时间内,幼儿教师所关注的幼儿越少,它对个别儿童关注的可能性就越大,也就更可能提供个性化的教育。

一些发达国家的教师/儿童比率较高,班级人数较少。如美国一般要求学前教育机构的班级人数和师生比如下:2岁幼儿的班级人数为8—12,师生比相应为1∶4—1∶6;3岁幼儿班级人数为14—20,师生比为1∶7—1∶10;4—5岁幼儿的班级人数为16—20,师生比相应为1∶8—1∶10。又如,英国0—3岁幼儿的师生比为1∶4(公立)、1∶8(私立),3—6岁幼儿的师生比为1∶8

---

① 邱兴:《以色列学前教育投资研究》,《世界教育信息》,2005年第12期。

② 周欣:《托幼机构教育质量的内涵及其对儿童发展的影响》,《学前教育研究》,2003年第7—8期。

(游戏团体)、1∶13(保育班);芬兰0—3岁幼儿的师生比为1∶4,3—6岁幼儿的师生比为1∶7;瑞典0—6岁幼儿的师生比为1∶6。① 但在一些发达国家,也存在着某些学前教育机构教师/儿童比率较高的现象。例如,在美国,虽然联邦政府规定2岁幼儿的师生比应为1∶4—1∶6,但各州的规定各不相同,从1∶3至1∶12不等。

总体来说,世界上许多国家教师/儿童的比率较低,班级人数较多。例如,1997—2005年,我国幼儿园的教师/儿童比率分别为1997年的1∶28.48,1998年的1∶27.45,1999年的1∶26.66,2000年的1∶26.20,2001年的1∶37.02,2002年的1∶35.64,2003年的1∶32.70,2004年的1∶31.8和2005年的1∶30.20。② 其中,2001—2005年我国幼儿园的教师/儿童比率低于1997—2000年,已突破1∶30。又如,日本学前教育机构3岁以上的教师/儿童比率也较低。根据文部科学省2006年修订的《幼儿园设置标准》,日本幼儿园的教师/儿童比率最低可达1∶35;根据厚生劳动省2006年修订的《儿童福利设施最低标准》,日本保育所3岁儿童的教师/儿童比率最低可达1∶20,4—5岁儿童的教师/儿童比率最低可达1∶30。③

需要指出的是,有的国家受文化传统的影响,教师/儿童的比率较低,班级人数较多,但并不影响其学前教育的质量。例如,根据美国著名人类学家托宾(Tobin, Joseph)的考察,尽管日本的保育所和幼儿园的师生比接近1∶30,法国幼儿园的师生比大约为1∶25,但并不影响日本或法国学前教育的质量。④

2. 重视语言和认知课程内容的倾向

在学前课程方面,尽管世界多数国家已经确立了全人发展的学前教育目标,提倡艺术、认知、情感、语言、身体与社会性各领域全面而综合的发展,但受种种因素的影响,一些国家出现了重视语言和认知课程内容的倾向。

例如,日本著名学者一见真理子在2002—2004年对东亚地区早期教育进行了实地调查,在2005年以东亚地区主要的五个城市(东京、首尔、北京、上海、台北)进行问卷调查。在此基础上得出研究结果如下:(1)中国的第一次"早期教育热"的产生是在80年代,独生子女政策使父母毫不吝啬对孩子进行教育投资,而且那个时代的年轻家长们因为经历了10年教育的空白,对孩子有着非常高的期望。第二次"早期教育热"是伴随着90年代中期开始导入市场经济以及幼儿教育经营体制的转变(民营化)而产生的,出现了10年以上的过热化。中国大城市的家长期望自己的孩子能够有高学历和成功的未来,就在智育方面(特别是早期外国语、古典文学、数学等方面)对孩子进行训练。学前教育机构为了得到生源,回报家长的期望,出现了增加早期学习时间的趋势。(2)韩国的早期教育过热化现象出现在1997年亚洲金融风暴之后,2000年左右亚洲金融危机中饱尝债务辛酸的家长们随着经济的恢复,开始对孩子的早期教育进行投资,为的是将来孩子们不

---

① 简楚瑛著:《幼儿教育与保育的行政与政策(欧美澳篇)》,华东师范大学出版社2005年版,第234—235页。

② 冯晓霞、蔡迎旗:《中国大陆幼儿园教师队伍的状况与成因分析》,选自朱家雄主编:《中国视野下的学前教育》,华东师范大学出版社2007年版,第285—299页。

③ [日]儿童和保育综合研究所编:《最新保育资料集2007》,日本密涅发书房2007年版,第38、86页。

④ [美]约瑟夫·托宾:《从民族志研究视角看学前教育的质量》,选自朱家雄主编:《国际视野下的学前教育》,华东师范大学出版社2007年版,第131—143页。

用品尝自己当年的艰辛。韩国掀起了早期英语教育的热潮,儿童在幼儿园放学后、周末都要被迫学习,身心健康受到一定的影响。(3)日本的第一次早期教育热潮,发生在70年代经济高速成长时期。当时,索尼会长井深大出版了《从幼儿园开始已经晚了》一书,提倡开发3岁以前儿童的能力。日本的第二次早期教育热潮,是随着80年代的石油危机一起开始的。在由于人口结构的改变导致大学入学竞争白热化的时期,家长为了能让孩子早日进入名校的附属小学、幼儿园,为早期的考试准备教育到处奔走着。同时,各种超早期教育方式的登场,许多成功的例子被大肆宣传。过度的早期教育引起很多儿童身心失衡、青春期发育不正常等诸多问题。这一早期教育热,随着教育学者和临床人员的警告,到90年代就被冷却了。① 可见,中国、韩国和日本20世纪70年代以来都出现了语言与认知课程内容的过热化倾向。

又如,美国、英国为了缩小入学准备差距、体现社会公平,也为了提高基础教育的质量,及早培养在全球经济下具有竞争力的公民,从20世纪末开始掀起早期学习标准化学习运动。2000年,美国政府提出了《"开端计划"儿童发展结果框架》,将幼儿的学习内容划分为8个领域,并提出了每一领域的构成要素以及3—5岁幼儿在每一要素上应当表现出来的知识、技能、能力和行为。在它的影响下,截止到2003年,美国已有27个州制订了一个或多个发展领域或内容领域的早期学习标准。英国政府于2000年颁布了面向3—5岁幼儿的《基础阶段课程指南》,提出并描述了在基础阶段幼儿在每个学习领域的早期学习目标、不同年龄儿童的发展过程和如何为幼儿设计、结构和提供适宜的活动等。无论是美国还是英国的早期学习标准,虽然都一如既往地重视幼儿的社会性情感、创造力及身体的发展,但是,从所强调的"核心领域"来看,它们都注重幼儿的早期读写、数学和科学学习,都把语言、数学和科学列为独立的学习领域,对学前儿童寄予了"雄心勃勃"的学业期望。例如,美国27个州所制订的早期学习标准都涵盖了语言和认知两个领域,而"创造性艺术"、"社会性艺术"、"社会性情感发展"、"学习方式"、"身体健康和发展"等其他学习领域,在有的州被纳入了早期学习标准之中,在有的州则没有被纳入其中。② 可见,尽管和东亚地区产生"早期教育热"的原因不同,美国、英国等发达国家近年来也出现了重视语言和认知等学习领域的倾向。

3. 儿童的学习环境有待改善

学习环境包括室内外空间的大小、状况、器具装备、空间的安排和利用,以及供儿童操作的物质材料、玩具等。学习环境对儿童、教师的行为,儿童的发展和师生互动的质量都有影响。

近年来,发达国家的儿科专家发现,有许多儿童的发展问题和疾病与环境中有害物质密切相关,如有害气体、金属和纤维微粒和射线。学前教育机构的许多材料都可能有潜在的不安全因素,如杀虫剂、清洁剂、画画用的颜料、人工制作的家具、各种房屋装修材料等。幼儿很容易铅中毒,如今在发达国家中儿童铅中毒的情况不在少数,这与房屋的装修材料特别是墙壁涂料有很密切的关系。我国也曾报道,幼儿铅中毒的情况亟须重视。一份对全国28个省市的调查显示,超过三分之一的儿童有铅中毒的迹象。相关的24项研究的结论是:(1)现阶段儿童铅中毒可能是影响

① [日]一见真理子:《通过比较考察东亚地区的"早期教育"看中国、韩国、日本的幼儿教育》,选自朱家雄主编:《国际视野下的学前教育》,华东师范大学出版社2007年版,第84—98页。

② 刘焱:《早期学习标准化运动述评》,《比较教育研究》,2005年第5期。

儿童健康的一个重要问题；(2)用国际通行的标准，我国大概有30%—40%左右的儿童血铅含量超标；(3)血铅过高确实影响中国儿童的生长发育。虽然目前我们对中国儿童铅中毒的具体原因还不清楚，但物质环境肯定是一个重要的因素。①

此外，许多发展中国家的学前教育机构学习环境较差，甚至很难满足幼儿基本的学习和生活要求。例如，在非洲和亚洲一些发展中国家的农村地区，活动室小且破旧，采光条件不好；桌椅残缺，有的还是从小学淘汰下来的桌椅，对幼儿来说太高，影响幼儿坐姿和视力；没有足够的图书、教具和学具；有的甚至采用流动幼儿园的形式来节省人员和经费。

除上述问题以外，还存在学前教育师资条件方面的问题。我们将在本节的第三个问题中进行探讨。

（二）导致学前教育质量问题的原因

1. 多数国家对学前教育的投入不足

第二次世界大战结束以来，世界学前教育有了长足的发展。1975年至2004年，全球学前教育毛入学率增加了一倍以上，从17%增至37%。而且，从1991年至2004年，有可比数据的81个国家中，4/5的国家学前教育覆盖率都有所增长。学前教育的扩大需要政府和社会投入更多的资金，然而，事实上，世界许多国家对学前教育的投入不足。

2004年，在79个有数据可查的国家中，有65个国家分配给学前教育的份额不到教育支出的10%，而65个国家中又有半数国家分配的份额不足5%。其他14个分配份额在10%以上的国家大部分都在欧洲。作为国民生产总值的一部分，中欧和东欧用于学前教育的公共支出比重最高为0.5%，北美和西欧为0.4%，拉丁美洲为0.2%。若将北美和西欧作为一整体，其用于学前教育计划的支出占到全部小学教育支出的26%，法国和德国的这一比例则升至约60%。在拉丁美洲和加勒比地区，用于学前教育的支出平均占小学教育支出的14%，而且各国差异巨大。② 由此可见，除西欧和北美之外，许多国家的政府对学前教育的投入不足。

除政府对学前教育的投入外，学前教育也不是国际组织援助的优先重点。联合国教科文组织对68个捐助方的调查表明，在17个援助教育的机构中，只有4个机构将学前教育视为其整个资助战略的一个组成部分，其他机构则将学前教育归入教育或健康战略部门。此外，低收入国家接受的学前教育资助似乎少于中等收入的国家。除澳大利亚、希腊和西班牙外，捐助方给予学前教育的资助还不到他们给予小学教育资助的10%，而且大部分不足2%。多数捐助方给予学前教育的资助不到教育资助总额的0.5%。

总之，由于多数国家的政府和社会力量对学前教育的投入较低，在一定程度上造成了教师/儿童比率较低、学习环境较差等问题，影响了学前教育的质量。

2. 政府、家长和市场等因素对学前课程的影响

政府对学前课程的影响主要反映在政府有关学前教育的政策方面。例如，20世纪90年代末

---

① 周欣：《托幼机构教育质量的内涵及其对儿童发展的影响》，《学前教育研究》，2003年第7—8期。

② 联合国教科文组织编：《全民教育全球监测报告(2007)》(中文摘要)，联合国教育、科学及文化组织2006年版，第27页。

期以来,美国政府大大增加了对学前教育投入,加强了美国政府对学前课程的影响力;美国、英国有关学前教育学习标准方面的政策是导致这两个国家重视语言和认知课程内容倾向的主要原因。又如,亚洲多数国家近年来采取的促进幼儿全面发展的政策导向,在一定程度上遏制了由家长和市场发起的早期教育热潮。

家长对学前课程方面的影响主要有以下两个方面:其一,通过对子女的影响,影响学前课程。例如,在中国、日本和韩国等东亚地区,家长对子女的高期望值和在早期教育方面的投资是导致20世纪70年代以来早期教育热潮的主要原因之一。其二,通过对学前教育机构的影响,影响学前课程。例如,20世纪90年代以来,一些中国大陆的家长对学前教育机构施加压力,导致学前教育机构为了得到生源,出现了增加早期学习时间的趋势。

市场对学前课程也产生了一定的影响。在中国大陆,随着20世纪80年代中期以来市场经济的发展,代表早期教育产业的学前教育机构的经营逐渐发展起来。一些民办幼儿园为了迎合市场的需要,增加了语言和认知课程方面的内容;与此同时,一些公立幼儿园为了赢得生源,也出现了重视语言和认知课程内容的倾向。在香港地区,尽管政府于2006年颁布了《学前教育课程指引》,但许多幼稚园难以抵御市场压力,仍然选择偏向知识为主的小学化课程。①

文化传统对学前课程的影响,一是表现在对教师和家长的儿童观和教育观上。自古以来,在中国和东亚周边地区就把科举竞争考试作为人才录用的标准。在这些地区,至今仍保留着亲人和教师勉励儿童勤奋学习,把学习成绩的优劣看作是儿童将来成功与否的传统观念。这些文化传统对20世纪70年代以来中国、韩国和日本的早期教育热潮有一定影响。二是表现在学前课程的内容上。近年来,在东亚地区掀起了学前读书教育。在中国和韩国,出现了以儒家经典为学习内容的早期读书教育;在日本,则以给幼儿读有趣的图画书和传说故事为学习主流,并没有掀起古典教育热潮。由此可见,同样在东亚地区,各国的文化传统有所差异,学前课程内容也不尽相同。

三、学前教育的师资问题

幼儿教师是世界学前教育变革与发展的基础,幼儿教师的质量直接影响着幼儿的发展,影响着学前教育的质量。20世纪80年代以来,世界各国都认识到幼儿教师在学前教育发展中的重要作用,开始重视幼儿教师的职前培养、任用和在职进修,关注幼儿教师的专业发展。尽管如此,学前教育领域的师资问题仍然是世界学前教育存在的主要问题之一。在此,我们主要从以下几个方面探讨学前教育师资的问题及原因。

(一)学前教育师资问题的表现

1. 幼儿教师的待遇和社会地位较低

除瑞典、丹麦等少数国家外,世界多数国家都存在着幼儿教师的待遇和社会地位比大学、中学教师低,略低于小学教师或与小学教师相当的状况。例如,挪威的幼儿教师的薪水低于小学教

---

① 陈莉莉、胡馨允、陈钳笙:《香港学前教育及其面临的挑战》,选自朱家雄主编:《中国视野下的学前教育》,华东师范大学出版社2007年版,第41—52页。

师及其他行业，且晋升机会少，工作时间长，社会地位也较低。一般而言，英国的幼儿教师薪资低，少福利，工作时间长，工作环境差，晋升机会少。荷兰的幼儿教师不被视为专业人员，社会地位也不高。虽然幼儿园老师的地位比幼儿保育中心及游戏团体的工作人员高，但与同在教育体系中的小学教师相比，还是屈于下位。捷克幼儿教师的薪资和社会地位相对其他行业较低，导致愿意加入学前教育行列的学生越来越少，现有的幼儿教师只有10%在30岁以下，师资将走向高龄化。① 新西兰幼儿教师的工资极低，1990年新西兰幼儿教师的工资为所有行业中最低。② 我国大陆城市幼儿园教师的薪酬在当地基本属中低层，工作时间长，工作压力大，任务繁重；多数农村幼儿园教师不在国家的教师编制之内，工资极低且没有保障，甚至无法享受国家规定的医疗、养老、工伤等基本社会保险。③ 在我国的香港地区，经过培训的幼儿园教师和注册保育员的工资水平落后于小学教师。④

在幼儿教师中，属于保育系统(社会福利系统)的幼儿教师的待遇和社会地位低于属于教育系统的幼儿教师。例如，葡萄牙的学前教育机构分为社会福利系统与教育系统，社会福利系统幼儿教师的薪资、工作时间、在职训练机会等待遇均不如教育系统的幼儿教师；在澳大利亚，相比其他学前教育机构的幼儿教师来说，全天日托中心的幼儿教师薪资较低，行政工作多，休假少，工作条件差。

待遇和社会地位较低，造成幼儿教师职业倦怠明显、流动性较大和幼儿教师短缺等问题。例如，繁重的工作和较低的回报使我国的一些幼儿教师职业幸福感差，职业倦怠明显。对北京不同类别幼儿园的400多位幼儿教师的调查表明，有“较明显倦怠倾向”的幼儿教师占被调查总数的59.5%。英国幼儿教师每年有高达30%的人事流动，一些学前教育机构的幼儿教师士气较低。美国符合各种学前教育机构从业人员资格的人数不足，且流动率高。澳大利亚幼儿教师的低薪资、工作条件差及有限的晋升渠道使得他们的工作流动率高，也很难招募到工作人员。为此，世界劳工组织(International Labour Organization, ILO)于2012年专门召开了幼儿园教师工作条件全球对话论坛，希望各成员国政府能确实改善幼儿园教师的社会地位和工作条件。

2. 幼儿教师的资历有待提高

一般而言，发达国家的大学、中小学教师都被要求至少获得学士学位，发展中国家的大学教师也被要求必须获得学士学位，对中小学教师则各国视情况而定。但是，无论在发达国家还是发展中国家，世界各国几乎都存在幼儿教师资历低于大学和中小学教师的现象。例如，2002年美国国家教育统计数据中心的数据表明，全美99%的中小学教师拥有学士或学士以上学位，其中52%中小学教师拥有硕士学位⑤；与此相比，幼儿教师只有少数获得博士、硕士学位，多数只获得学士、

---

① 简楚瑛著：《幼儿教育与保育的行政与政策(欧美澳篇)》，华东师范大学出版社2005年版，第19、117、141、160页。

② [日]鹤田义男著：《亚洲诸国的幼儿教育者》，日本近代文艺社2007年版，第57页。

③ 冯晓霞、蔡迎旗：《中国大陆幼儿园教师队伍的状况与成因分析》，选自朱家雄主编：《中国视野下的学前教育》，华东师范大学出版社2007年版，第285—299页。

④ 陈莉莉、胡馨允、陈钳笙：《香港学前教育及其面临的挑战》，选自朱家雄主编：《中国视野下的学前教育》，华东师范大学出版社2007年版，第41—52页。

⑤ 朱琼敏、洪明：《近年来美国中小学教师素质状况和改进举措》，《教师教育研究》，2006年第1期。

儿童发展副教师证书或二年制专科毕业的副学士学位,还有一些是高中毕业生。又如,挪威接受过学前教育专业训练的幼儿园教师只略超过 1/3,比例明显偏低;我国香港地区幼儿园教师的入职条件远远落后于中小学教师。

在发达国家,幼儿教师的资历差异较大,既有获得硕士甚至博士学位的幼儿教师,也有高中毕业生或初中毕业生甚至更低文化水平的幼儿教师。例如,在美国,既有获得学士、硕士、博士学位的幼儿教师,也有许多只取得儿童发展副教师证书,或只取得二年制专科毕业副学士学位的幼儿教师,甚至还有相当于高中毕业程度的幼儿教师;在日本的幼儿园和保育所,幼儿教师多为四年制大学毕业生和二年制短期大学毕业生,还有少数硕士毕业生和高中毕业生;在英国,合格教师需要接受 3 年制学位外加 1 年的进修教育课程(PGCE),或接受 4 年的高等教育,保育员和合格教师助理需接受 2 年训练,而居家保姆和游戏团体的工作人员只要接受 5—15 小时的训练甚至不需要接受训练。

在那些保育系统和教育系统相分离的国家中,在保育系统任教的幼儿教师的资历更低。例如,在芬兰,和学前公共教育系统的幼儿教师不同,家庭保育工作者的受训时间较短,资历较低;在荷兰,教育对象为 4 岁以下幼儿的教师属于保育系统,接受的专业训练较少,专业化水平较低;教育对象为 4 岁以上幼儿的教师属于教育系统,接受的专业训练较多,在专业程度及薪资待遇上接近小学教师;[①]在日本,相比幼儿园教师来说,教育对象为 3 岁以下的保育士(特别是非厚生劳动大臣认定的保育所中的保育士)资历较低。

此外,在很多国家,私立系统的幼儿教师比公立系统的幼儿教师资历低。例如,在美国,公立系统的幼儿教师资格要求最高,"开端计划"的幼儿教师次之,私立系统最低;在澳大利亚和英国,私立及自愿性学前教育机构的一些幼儿教师未受过专业训练;在中国,多数私立幼儿园教师的资格要求低于公立幼儿园教师。

(二) 导致学前教育师资问题的原因

1. 社会对学前教育的需求增加

20 世纪 80 年代以来,世界大多数国家对学前教育的需求有所增加。其原因主要有以下两个方面:第一,妇女加入就业市场的比例有所提高。例如,美国 20 世纪 60 年代家中有 6 岁以下幼儿的妇女只有 1/5 在工作,至 1996 年,这个比例增长了 3 倍。第二,进入 20 世纪 80 年代以后,许多研究证实学前教育对于幼儿未来的学习与成长具有正面效益,对促进社会的公平与发展也有重要作用。因此,各国都开始重视学前教育,一方面注重扩大学前教育的规模,另一方面注重提高学前教育的质量。

世界各国对学前教育需求的增加和学前教育规模的扩大导致了对幼儿教师需求量的增加。许多国家纷纷扩大学前教师教育规模,培养不同层次的幼儿教师,以适应社会对幼儿教师的需求。近三十年来,许多国家幼儿教师的数量都有了大幅度的增长。例如,二十多年来,我国学前教育的规模总体呈扩大趋势,与此相对应,幼儿园教师(包括园长)的数量也翻了一番,从 1980 年

① 简楚瑛著:《幼儿教育与保育的行政与政策(欧美澳篇)》,华东师范大学出版社 2005 年版,第 63、142 页。

的 41.1 万人增长到 2005 年的 83.61 万人。①

然而，在幼儿教师大幅度增加的同时，幼儿教师队伍的质量问题也日益凸显：首先，由于幼儿教师的短缺和学前教师教育机构的缺乏，一些未接受学前教师教育或只接受过很少的学前教师教育的人员进入幼儿教师队伍，造成幼儿教师队伍鱼龙混杂、专业水平参差不齐的现象，严重地影响了幼儿教师队伍的质量。与教育对象为 3—6 岁的幼儿教师相比，世界各国普遍存在着由于教育对象为 0—3 岁的幼儿教师短缺而造成的幼儿教师质量问题。其次，学前教师教育机构的大规模扩展，在一定程度上影响了学前教师教育机构的质量，造成幼儿教师质量的下降；学前教师教育机构招收规模的扩大，使得一些学前教师教育机构的生源质量有所下降，影响了幼儿教师的质量。总之，幼儿教师队伍的质量问题，不仅影响了幼儿教师的职业形象，也造成一些学前教育机构对幼儿教师采取低（资历）录取、低工资政策，同时也阻碍了幼儿教师的专业发展。

2. 政府对学前教育的投入不足

除美国、英国等少数国家 4—5 岁幼儿的教育属于义务教育范畴外，在世界大多数国家，6 岁以前的学前教育是义务教育的奠基阶段，不属于义务教育的范畴。因此，政府对学前教育的投入较少，家长需要缴纳一定的费用送幼儿去学前教育机构，学前教育机构又不断需要降低成本来维持运营，因此不能为高素质的幼儿教师提供合理的工资，导致幼儿教师待遇差，入职条件落后于中小学教师，无法为幼儿教师提供专业发展的环境和条件。

例如，据调查，1999—2004 年间，大多数经合组织②国家在幼儿服务上的投资增加不多，而韩国、墨西哥、英国、美国主要将投资用于扩大学前教育。除北欧一些国家和比利时、法国、匈牙利，几乎没有其他国家达到欧盟学前教育网所建议的投资水平，即将国家生产总值的 1%用于对幼儿服务的投资。实际上，经合组织中很多国家对幼儿的人均投资低于或相当于对小学生的投资，尽管照顾幼儿需要的人手比小学生的要多，而且幼儿每天在园的时间很长，达到 8—9 小时。在多数情况下，各国控制幼儿服务经费支出的方法有：低师生比（法国、爱尔兰、韩国、墨西哥的师生比为 1∶25），或者雇用不合格教师，支付低廉工资以降低成本。③ 可见，许多经合组织国家尽管经济发展水平较高，但也雇用低资历的幼儿教师，以降低学前教育的成本。

又如，在我国国家财政中，学前教育经费一直没有单独列编。在强调普及义务教育的同时，学前教育作为“非义务教育”往往被忽视。由于“普九”是硬任务，在国家和地方的教育资源短缺的情况下，越是强调义务教育，学前教育资源的结构性短缺就越严重。自 1998 年开始，我国预算内教育经费支出中，学前教育经费所占比例连年下降，1997 年尚占 1.49%，2000 年就已降到 1.40%。政府投入不足，而幼儿园尚未形成按成本收费的经费管理体制，所以除个别大城市外，

---

① 冯晓霞、蔡迎旗：《中国大陆幼儿园教师队伍的状况与成因分析》，选自朱家雄主编：《中国视野下的学前教育》，华东师范大学出版社 2007 年版，第 285—299 页。

② 经合组织（Organization for Economic Co-operation and Development）：经济合作与发展组织，简称经合组织（OECD），是一个从事经济和社会发展政策研究的政府间国际经济组织，目前由 34 个市场经济国家组成，总部设在巴黎，成员国包括美国、加拿大、英国及一些欧洲国家、澳大利亚、日本、韩国等。中国尚不是该组织的成员国。

③ ［爱尔兰］约翰·贝内特：《强势开端Ⅱ——国际经合组织幼儿教育政策最新总结报告》，选自朱家雄主编：《国际视野下的学前教育》，华东师范大学出版社 2007 年版，第 63—83 页。

全国大部分幼儿园收费偏低,维持生存已十分艰难,改善幼儿教师待遇更无从谈起。① 幼儿教师待遇差,社会地位低,又造成难以招收高资历幼儿教师的现状。由此可见,我国学前教育也面临经费不足,难以改善幼儿教师待遇和幼儿教师资历较低的困境。

3. 幼儿教师性别的女性化

幼儿教师性别的女性化,是幼儿师资问题的表现之一,也是造成幼儿教师待遇和地位低下的原因之一。

从1816年欧文创立世界上第一所幼儿学校以来,幼儿教师就多以女性为主。二战结束以后,这种状况略有改善,但仍然是世界幼儿教师队伍存在的重要问题之一。例如,当前美国的女性幼儿教师占全体幼儿教师的95%—97%,日本的女性幼儿教师(包括幼儿园教师和保育士)约占全体幼儿教师的90%左右;泰国各种学前教育机构女性幼儿教师占全体幼儿教师的比例不同,分别是公立幼儿园的占比例为100%、私立幼儿园的占比例为97%、小学学前班的占比例为85%、保育所的占比例为81%,平均所占比例为95%。②

幼儿教师性别的女性化是造成幼儿教师待遇和地位低下的原因之一。从历史的角度来看,人们一直认为照顾幼儿是女性在家庭里担任的传统角色,不能算是一种需要专业技能的职业;从目前的情况看,幼儿教师性别的女性化容易使人将学前教育与母爱联系起来,而母爱长久以来被视作理所当然的无偿天职。因此,外行人很难认定学前教育是一个特殊的专业领域,也就不可能给幼儿教师以较高的报酬和一定的社会地位。

第三节 学前教育的发展趋势

从1816年欧文创办"幼儿学校"开始到现在,世界学前公共教育走过了将近200年的历史。尽管还存在着一些问题,世界学前教育的前途还是光明的。回顾历史,考察现在,展望未来,可以发现,在全球化、多元文化和信息化的背景下,20世纪90年代以来的全球学前教育呈现出以下的发展动向:学前教育日益受到重视、学前教育的民主化趋势、一体化趋势、科学化趋势、国际化趋势、多元化趋势、信息化趋势日益明显。限于篇幅,我们仅从以下三个方面探讨世界学前教育的发展趋势。

一、学前教育日益受到重视

(一) 学前教育的重要性

20世纪90年代以来,随着科学的发展和社会的进步,世界各国进一步认识到学前教育的重

① 冯晓霞、蔡迎旗:《中国大陆幼儿园教师队伍的状况与成因分析》,选自朱家雄主编:《中国视野下的学前教育》,华东师范大学出版社2007年版,第285—299页。

② [日]鹤田义男著:《亚洲诸国的幼儿教育者》,日本近代文艺社2007年版,第255、172页。

要性。学前教育的重要性主要表现在以下几个方面。

1. 有利于儿童权利的保护和儿童福利待遇的提高

学前教育是学前儿童的一种权利，是《儿童权利公约》承认的一种权利，学前教育的实施有利于儿童权利的保护。学前教育还可以提高贫穷幼儿的福利待遇。在发展中国家，还有五分之二的儿童生活在极端贫困之中，每年还有 1 050 万 5 岁以下幼儿死于可预防的疾病；在发达国家，也有一些幼儿处于贫困之中。学前教育的实施可以有效地预防疾病，改善贫困幼儿的生活水平。

2. 有利于儿童一生的发展

脑科学、学前心理学和教育学等研究结果表明，学前期是人一生中发育最快的时期，也是人的身心各方面的奠基阶段。为幼儿提供良好的学前教育，能够有效地促进身心的健康发展，养成良好的性格和行为习惯，促进情绪和社会性发展，提高学习的愿望和能力，为他们后继的学习和终身的发展奠定基础。

3. 有利于社会的稳定、公平与发展

学前教育可为家长参加工作提供便利条件。良好的学前教育能够减轻家长的育儿负担，使他们能够安心工作，解除后顾之忧。学前教育还有利于社会的公平和发展。许多研究表明，学前教育能够使儿童站在同一起跑线上，能够弥补儿童先天的不利条件和不平等，促进社会公平；学前教育的投资能够产生很高的经济回报，能够提高国民素质，增进社会的安定和谐，促进社会的发展。

（二）各国重视学前教育的举措

基于上述对学前教育重要性的认识，20 世纪 90 年代以来，许多国家把学前教育作为国家优先发展的领域，采取种种举措以促进学前教育的发展。其主要策略有以下几个方面：

1. 通过立法明确学前教育的重要地位

20 世纪 90 年代以来，很多国家或者专门制订有关学前教育的法令，或者在相关法律中专列学前教育的有关条款，以明确学前教育在整个教育体系中的重要地位。

20 世纪 90 年代以来，美国联邦政府专门针对或涉及学前教育的法律及修订案接连出台，如《儿童保育与发展固定拨款法》、《全美儿童保护法》、《2000 年目标：美国教育法》，以及近几年制订的《儿童网络保护法》、《早期学习机会法》、《不让一个儿童落后法》和《入学准备法案》等。尤其是《2000 年目标：美国教育法》中的有关条款更是凸现了联邦政府对学前教育的重视。在其第一编“国家教育目标”中，位于该法确立的美国八大教育目标之首就是发展学前教育的目标。该编第 102 条第 1 款明确规定：“到 2000 年，要使所有美国儿童都能够作好入学学习的准备。”把发展学前教育、使所有学前儿童作好入学准备放到全美八大教育目标的首位并以联邦立法的形式加以规定，这在美国教育立法中尚属首次，足见美国联邦政府对学前教育的重视程度。① 美国联邦政府有关学前教育的立法不仅从国家的层面强调了学前教育的重要性，而且还为州政府制订有关

---

① 沙莉、庞丽娟、刘小蕊：《通过立法强化政府在学前教育事业发展中的职责——美国的经验及其对我国的启示》，《学前教育研究》，2007 年第 2 期。

学前教育的法令提供了样板,极大地促进了全美学前教育的发展。

进入21世纪以来,英国政府越来越重视本国学前教育事业的发展,通过制订和颁布许多相关的法律与政策报告,如《儿童法》(2004)、《儿童保育法》(2006)、《每个儿童都重要》绿皮书(2003)以及《儿童保育十年战略》(2004)等,[①]以确立学前教育在整个教育体系中的重要地位,加强和改善本国儿童的教育与保育质量,确保每个儿童潜能的发挥及其健康发展。

瑞典政府在1975年正式颁布《学前教育法》的基础上,于1995年颁布新的法律,明确规定每个市政府都有义务为儿童提供学前教育,不得拖延或者拒绝。而之前的法律仅要求市政府每年向国家提交学前教育发展计划报告。[②] 该法律的颁布规定了学前教育的义务性,大大促进了学前教育规模的扩展。在这一法律的推动下,1996年,瑞典把学前教育正式纳入正规教育体系,强调儿童的早期学习对终身学习的重要性。

日本政府于2006年12月正式公布施行的新《教育基本法》首次将学前教育纳入其中,反映了日本学前教育发展的新趋向。日本的《教育基本法》是根据《日本国宪法》中的相关教育条款,对教育的基本目标、原则进行规定,具有教育宪法的性质,是教育法规中的基本法。其他教育法规必须符合该法的原则和精神。旧《教育基本法》中没有关于学前教育的条款。学前教育的相关规定只在《学校教育法》中才能见到。新《教育基本法》第十一条专列了"幼儿期的教育"这一条款,明确规定:"鉴于幼儿教育对于培养人之一生人格形成的基础具有重要作用,国家以及地方公共团体,必须为幼儿的健康成长提供良好的环境以及适当的方法,以努力使之振兴。"[③]这就明确了学前教育在整个教育体系中的重要地位,为日本进一步发展学前教育奠定了基础。

我国政府也于近年开始酝酿起草《学前教育法》。《国家教育事业发展"十一五"规划纲要》提出了"适时启动……学前教育法的起草工作";2007年党的十七大报告又明确了"重视学前教育"的主张,加速了学前教育法酝酿和起草的过程。2010年,国务院下发的《国家中长期教育改革和发展规划纲要(2010—2020年)》(以下简称《教育规划纲要》)在第二十章第六十二节"完善教育法律法规"中提出要制定有关学前教育的法律;2015年,"积极推动《学前教育法》起草"被列入本年教育部的工作要点。可以预见,中国第一部专门关于学前教育的法律将在不远的将来面世。

2. 逐步增加对学前教育的投入

尽管总体而言,世界多数国家对学前教育的投入不足,但20世纪90年代以来,随着人们对学前教育重要性认识的不断加深,一些国家或地区已经开始增加对学前教育的投入。

例如,为了提高幼儿的学习欲望与能力,为入学作好准备,从而减少儿童义务教育阶段的学业失败,进而促进国民素质的提高,推动社会经济发展乃至提升综合国力,20世纪90年代以来,美国政府对学前教育的投入有大幅度的增加。首先,有关儿童保育的法案对学前教育的拨款有较大幅度的增加。1990年,美国国会通过了《儿童保育与发展固定拨款法》,规定1996—2002年

---

① 庞丽娟、刘小蕊:《英国学前教育管理体制改革政策及其立法》,《学前教育研究》,2008年第1期。

② 刘俊华、李继宏:《学习化社会背景下的瑞典教育改革——以学前教育和高等教育为蓝本》,《比较教育研究》,2008年第1期。

③ [日]儿童和保育综合研究所编:《最新保育资料集2007》,日本密涅发书房2007年版,第26页。

每个财政年度联邦政府应对儿童保育服务提供10亿美元的拨款。由于适应教育改革的需要，迫切需要对该法重新授权，因此，国会2005年提出了《儿童保育法》，拨款数额明显超过《儿童保育与发展固定拨款法》的规定。根据《儿童保育法》，联邦政府在2006年财政年度拨款23亿美元，是《儿童保育与发展固定拨款法》规定的2002年拨款数额的130%，此后每年增加2亿美元，2010年该项拨款额将达到31亿美元。其次，为了提高儿童早期发展的义务性项目、服务和活动的有效性，提高父母教育的有效性，促进年幼儿童的入学准备，美国于2000年颁布了《早期学习机会法》。该法批准健康与人类服务部管理该拨款的使用，在2001年、2002年、2003年财政年度的拨款分别为7.5亿美元、10亿美元和15亿美元，在2004年和2005年两个财政年度分别投入15亿美元的拨款。第三，美国于2005年提出《入学准备法案》。在2006年财政年度对该项目的拨款是68.99亿美元，并保证2007—2011年财政年度都有如上数额的拨款。第四，美国于2002年正式通过《不让一个儿童落后法》，规定2002年财政年度拨款9亿美元用于"阅读优先"项目，帮助各州和学区在幼儿园至三年级发展各种以科学研究为基础的阅读能力。综上所述，20世纪90年代以来，美国颁布了数量众多的学前教育法，对学前教育拨款的数目也不断增加。由于美国政府对学前教育的投入主要以法律的形式进行规范，有效地保证了资金的正确使用，促进了学前教育事业的发展。

为了解决英国社会及学前教育领域中存在的问题，1997年以来，英国政府对学前教育的投入总数超过85亿美元，积极推动学前教育改革。其具体表现有以下两个方面：第一，国家儿童照料战略的实施。1998年3月英国政府推出了"国家儿童照料战略"，主要目标是扩大就业，改善学前教育服务质量和为家庭提供更广泛的支持，主要内容包括扩大照料服务、提供基金、改善为从出生到3岁儿童提供的早期教育服务的质量等。在该战略精神的指导下，到2002年，英格兰地区3岁儿童中，有约66%的儿童享受到了免费的学前教育，仅此一项，政府在1999—2002年就增加了3亿9千万英镑的投入；①1998—2003年，政府对私立的学前教育机构和志愿者团体所办的学前教育机构投入4.7亿的资金支持；1999—2003年，来自国家彩票的1.7亿英镑基金为86.5万儿童提供了托管照料的经费。第二，"良好开端"项目的实施。英国于1998年开始实施"良好开端"项目，旨在尊重家庭文化背景的基础上，帮助家庭营造良好的家庭教育环境，强调贫困家庭的"教育自救"以实现贫穷的自我预防。该项目面向所有家庭的所有儿童。为家庭提供的服务主要包括：家访咨询、帮助家长理解和支持幼儿的游戏、分享儿童保育和教育的经验、提供初步的社区健康服务、为有特殊需要的儿童和家长提供支持。② 该项目在头3年中获得了5.4亿英镑的资金支持；2002—2003年度的预算达8亿英镑。综上所述，英国政府主要通过国家战略或项目的实施来增加学前教育的投入，促进学前教育的发展。

近年来，我国香港地区为促进学前教育的发展，也增加了对学前教育的投入。2006年10月，香港特区行政长官曾荫权发表题为《以民为本 务实进取：2006至2007年施政报告》的演说，明确提出把资助学前教育、提升幼儿园效能作为未来五年政府工作的重点。这是近年来政府在学

① 曾晓东：《政府早期教育与服务财政支出规模的知识基础》，《学前教育研究》，2008年第1期。
② 刘焱：《英国学前教育的现行国家政策与改革》，《比较教育研究》，2003年第9期。

前教育领域做出的力度最大、投入最多的政策动议。根据这份报告,香港政府将在未来五年内采取以下措施:一是改善幼儿园的硬件设施。在2006至2007学年拨款7 000万港元,让幼儿园购买图书、教具、电脑或其他教学资源;二是减轻家长的学费负担,并资助幼儿教师的专业发展。从2007年9月开始,政府将连续五年,每年以学券形式直接资助学前教育。半日制的非营利幼儿园只要收费不高于24 000港元(全日制则为48 000港元),就可按招生人数向政府兑换教育券。每张教育券的面额为13 000港元,其中不少于10 000港元用于幼儿的学费补贴,其余3 000港元用作资助幼儿教师的专业发展。此外,政府还将逐年增加资助额。预计5年后,每个幼儿每年的资助额将会增至16 000港元,并且全部用于减轻学费负担,而政府每年为推行此计划的投资额度将达到20亿港元。① 可以预见,在从2006学年开始的未来5年内,香港学前教育的投入将有大幅度的提高,学前教育的质量也会有一定程度的提升。

除上述国家和地区外,北欧国家、比利时、法国、匈牙利、以色列等国用于学前教育的投资超过了国民生产总值的1%,走在世界大多数国家的前列。其中,丹麦将国民生产总值的2%用于0—6岁的幼儿服务,瑞典投入1.7%的国民生产总值。此外,芬兰在6—7岁学前班儿童服务上增加了0.3%的国民生产总值。可以预计,随着社会的进步和发展,随着学前教育的重要性不断显现并为人们所认识,世界各国将逐渐增加对学前教育的投入。

3. 扩大学前教育规模与提高学前教育质量并重

20世纪90年代以来,世界多数国家不断扩大学前教育规模。根据《全民教育全球监测报告》(2007),从1991年至2004年,在有可比数据的81个国家中,五分之四的国家学前教育覆盖率都有所增长。1999年至2004年,发达国家的平均毛入学率有适度增长(增长率为4%),发展中国家也有相同的增长率,而转型国家的增长则更为明显(增长率为18%)。2004年学前教育毛入学率在30%以上的86个国家中,有66个国家的这一比率从1999年开始有所增长。巴西、古巴、厄瓜多尔、墨西哥和牙买加报告说它们已取得迅速进展(增长率超过10%);大多数转型国家的学前教育毛入学率也转降为升。而且,许多国家在至2010年或2015年的国家计划中设定了学前教育的发展指标。一些学前教育毛入学率相对较高的国家都准备把在2015年以前实现普及学前教育定为一项目标。例如,智利和墨西哥现在的学前教育毛入学率都在50%以上,已制定了上述计划;学前教育毛入学率低于40%的巴拉圭、哈萨克斯坦和印度也设定了同样目标。2005年以来,一些学前教育毛入学率相对较低的国家也准备至2010、2015或2020年大大提高学前教育毛入学率。例如,我国政府在《国家教育事业发展"十一五"规划纲要》中指出,要使我国学前儿童毛入学率从2005年的41.4%上升到2010年的55%。《国家中长期教育改革和发展规划纲要(2010—2020年)》提出,我国学前三年毛入园率要从2009年的50.9%上升到2015年达60.0%,2020年达70%。

《全民教育全球监测报告》(2013/2014)提出将学前教育毛入学率达到80%作为指示性目标,各国应该在2015年前达到这个目标。该报告指出,在有数据可查的141个国家中,1999年只有30个国家毛入学率在80%以上,11个国家接近目标。1999—2011年,实现目标的国家数

① 李子建、尹弘飚:《香港学前教育的现状及其发展趋势》,《学前教育研究》,2007年第12期。

量增加到52个，17个国家接近目标。展望2015年，68个国家有望实现目标，包括哥斯达黎加、立陶宛、南非，10个国家将接近目标。毛入学率低于30%的国家数量从1999年的53个减少到2011年的33个。20个脱离这一组的国家中，安哥拉和蒙古已经实现了目标，阿尔及利亚和赤道几内亚接近目标。报告还指出，在评估各国进展时，了解一些国家朝着实现目标的进步速度是十分重要的，即便这些国家尚未实现目标，也是如此。2011年有72个国家未及目标或者远未及目标，而其中50个国家自1999年以来取得了显著进展，毛入学率提高了至少33%。[①] 我国2015年幼儿毛入学率离80%还有较大差距，但近年来毛入学率的明显提高是有目共睹的。与此同时，很多国家的政府、专业团体和学者都关注学前教育质量的提升。其主要举措有以下三个方面：

第一，制定国家或地方的课程标准，以指导学前教育机构的教育和教学工作。在过去的十年中，许多国家为3岁以上的学前教育机构编制出版了各种课程标准，这些国家分别是英国(1999年、2000年、2002年和2006年)、苏格兰(1999年)、法国(2002年)、爱尔兰(2004年)、德国(2004—2005年)、墨西哥(2005年)、韩国(2006年)、日本(1998和2008年)、中国(2001年)。一些国家还开发了0—6岁学前课程，分别是丹麦(2004年)、英国(2006、2008和2012年)、芬兰(2003年)、挪威(1996年、2006年)和瑞典(1998和2010年)。[②] 这些课程可以指导教师的学前教育实践，促进教师与家长及社区的沟通，以促进学前教育质量的提高。

第二，制定学前教育机构质量标准，以规范学前教育机构，提高学前教育质量。例如，全美幼教协会在1984年颁布了高质量的学前教育机构认定体系之后，于1999—2005年对原有的认定体系进行了修改，并于2006年开始正式使用。新的认定体系对原有认定体系的内容进行了整合与归类，分成了儿童、教师员工、领导与行政、家庭与社区合作关系四个领域；并把儿童作为基本的关注点，提出了关系、课程、教学、儿童评价、健康、教师、行政管理、物质环境、家庭和社区十条标准。[③] 又如，1999—2003年，联邦德国第一次在跨州和跨组织的研究基础上研制有关日托机构质量的标准体系，该体系包括五个层次二十个领域，共有1 364个质量标准条目，涵盖了学前教育机构工作质量的方方面面，这些标准得到了最广泛的承认。[④]

第三，建立必要的管理制度，以保证学前教育质量。目前，一些西方国家已经建立学前教育中心政策机构，以更好地管理学前教育体系。例如，美国佐治亚州(2004年)、马萨诸塞州(2005年)和华盛顿州(2006年)已经分别建立了各种中心机构，统一管理学前教育机构；英国和北欧也建立了一些中心机构，统一管理和支持各种类型的学前教育机构，以适应社会发展的需求与挑战。这些举措对提高学前教育机构的质量，促进学前教育的发展起了很重要的作用。

---

① 联合国教科文组织编：《全民教育全球监测报告》(2013/2014)，教育科学出版社2014年版，第49—50页。

② [爱尔兰]约翰·贝内特：《强势开端Ⅱ——国际经合组织幼儿教育政策最新总结报告》，选自朱家雄主编：《国际视野下的学前教育》，华东师范大学出版社2007年版，第63—83页，有改动。

③ 周欣：《美国学前教育机构质量标准与认定体系的重建》，《早期教育》，2005年第12期。

④ 郭良菁：《德国研制〈儿童日托机构的教育质量：国家标准集〉的启示——兼论我国制订质量评价标准体系的若干问题》，《学前教育研究》，2004年第9期。

二、学前教育的一体化趋势

在努力实现学前教育的民主化和追求高质量学前教育的同时,20世纪90年代以来,世界各国开始在"大教育观"的指导下,将学前教育置于终身教育和全球化社会的背景下思考学前教育生存和发展问题。在这种背景下,"托幼一体化"、"幼小一体化"和"幼儿园、家庭和社会一体化"的趋势开始凸现,已经成为世界学前教育变革和发展的趋势之一。

(一)幼教机构和小学的衔接

1972年,联合国教科文组织在《学会生存——教育世界的今天和明天》的报告中强调了两个观念:终身教育和学习化社会,提出要以终身教育为指导,向学习化社会进军。到了20世纪70年代末,"终身学习"一词开始取代"终身教育",意味着将发展的主动权交给了人本身。从终身学习的观点来看,作为基础教育"基础"的学前教育应为每个幼儿奠定一生持续发展的基础。在终身学习的视野下看幼教机构和小学的衔接问题,就不能只考虑幼儿能否从幼教机构顺利过渡到小学,而且还要注意学前教育是否能促进幼儿的可持续发展,为他们奠定终身学习的基础。

1. 幼儿的入学准备

"入学准备"是指对幼儿在进入学校时应当达到的发展水平期望或能够适应新的学习环境和任务要求的身心发展水平与状态。[①] 近年来,在入学准备问题上,东西方学前教育采取了不同的发展措施。

高质量的托幼机构教育被看作是缩小入学准备差距、体现社会公平的有效策略,受到了美国政府的高度重视。2000年,负责"开端计划"项目的部门提出了美国第一份早期学习标准——《"开端计划"儿童发展结果框架》,将幼儿的学习内容划分为八个领域,并提出每一领域的构成要素以及3—5岁幼儿在每一要素上应当表现出来的知识、技能、能力和行为。到2003年,美国已有近27个州制定了一个或多个发展领域或内容领域的早期学习标准。[②] 2005年,全国州长协会发表了《入学准备州长指南》、《入学准备州长任务工作小组最终报告》和《国家入学准备指标》等文件,明确了入学准备的有关政策。[③] 在这些政策的指导下,美国各级政府采取了设立早期学习标准和普及学前班等措施,并拟通过"形成综合协调的入学准备系统和策略性计划"、"改善托幼服务质量的分层测量系统"、"促进教师专业化发展的综合性系统"和"入学准备绩效评估指标"等措施,进一步加强幼儿的入学准备。

和美国一样,英国、德国在入学准备工作上也注重设立早期学习标准,以提高学前教育的质量。1999年,英国资格与课程局颁布了《早期学习目标》,对在基础阶段末幼儿应达到的学习结果作了明确的规定。2000年,英国政府又发布《基础阶段课程指南》,把3—5岁确定为"基础阶段",提出并描述了在基础阶段幼儿在每个领域的"发展阶石"(即每个学习领域的早期学习目标)、"幼

---

① 刘焱:《入学准备在美国:不仅仅是入学准备》,《比较教育研究》,2006年第11期。
② 刘焱:《早期学习标准化运动述评》,《比较教育研究》,2005年第5期。
③ 刘焱:《入学准备在美国:不仅仅是入学准备》,《比较教育研究》,2006年第11期。

儿的实际表现”(即不同年龄儿童的发展过程)和“实践工作者的工作”(即如何为幼儿设计、结构和提供适宜的活动)等。[①] 2008 年和 2012 年,英国政府又分别出台或修订了《早期基础教育法定框架》,规定了 0—5 岁幼儿学习、发展和保育的统一标准。2003 年,德国政府提出要制定面向所有幼儿的国家教育标准,并把这种教育标准转化为指向于儿童的学习标准。

美、英、德等国早期学习标准的制定,意味着以往相对自由的学前教育逐渐被纳入以“标准”为导向的“大教育”的环境和体系。总的来说,西方国家或地区长期以来都很强调以儿童为中心的教育模式,重视儿童的自主学习以及想象力和创造性的发展。在社会对学前教育热切期待和重视的呼声中,在 20 世纪 80 年代以来以提高学校教育质量为宗旨的基础教育改革运动的影响下,在仍然强调儿童身心全面发展的同时,学前教育更关注基本知识的传授和发展儿童的基础能力,以提高学前教育的实效。

与此同时,联合国儿童基金会从保护儿童基本的学习权和发展权的目的出发,于 2002 年开始,启动了一个名为“遍及全球”的项目,希望通过帮助发展中国家制定明确的早期儿童学习和发展标准,促进其教育质量的提高,进而推动教育的“起点公平”。20 个发展中国家启动了本国早期学习标准的制订工作,有多个国家已经完成标准的制订并正积极筹划实施。其中,亚太地区国家占了较大比例。[②] 中国于 2005 年加入了这一项目,并在 2012 年颁布了《3—6 岁儿童学习与发展指南》,从健康、语言、社会、科学和艺术五个领域提出了 3—6 岁各年龄段儿童学习与发展目标和相应的教育建议。

上述发达国家和发展中国家,都期望通过制订早期学习标准等措施缩小入学准备差距,促进教育公平,提高教育质量。从目前状况来看,在将来一段时期内,入学准备仍会是各国幼儿教育的焦点问题之一。

2. “幼小一体化”工作

从终身学习的视角来看,幼小衔接不仅是幼儿入学准备的问题,也是教育机构之间相互衔接、形成一个统一体的问题。为此,许多国家把幼教机构和小学放在一起整体规划、统筹安排,以谋求二者的“一体化”。

美、英等国主要通过教育体制改革和机构调整等措施来加强“幼小一体化”。美国 1985 年开始把 5 岁儿童的教育纳入到学校教育体系中,目前正致力于把 4 岁幼儿的教育也纳入学校教育的计划。1996 年出台的美国国家科学教育标准,也把幼儿园至高中的科学课程一体化。其中,幼儿园与小学低年级被划为一个阶段来考虑。此外,2011 年,美国所有的州都已制定了早期学习标准,强调早期学习标准和 K—12(幼儿园—12 年级)课程标准的一体化,并把此工作看成是建立教育一体化系统工程的一个重要组成部分。加拿大多个省份的学前教育是为 3—5 岁儿童提供的,5—6 岁的儿童就被放入小学设置的学前班,“一些省份的学前教育与初小教育(一至三年级)的课

① 刘焱:《早期学习标准化运动述评》,《比较教育研究》,2005 年第 5 期。

② 周欣、周晶、高黎亚、张亚杰:《早期学习与发展标准的制定又一份国家指导文件的诞生》,《学前教育研究》,2008 年第 10 期。

程尽量相衔接,呈现出连续性与过渡性的特点。”[①]法国在20世纪90年代颁布的《教育法实施条例》中,将2—11岁的儿童分为三个阶段,每个阶段由三个年龄层构成:第一阶段称为“前学习阶段”,包括幼儿园的小班和中班;第二阶段称为“基础学习阶段”,包括幼儿园的大班和小学一、二年级;第三阶段称为“巩固学习阶段”,包括小学的最后三个年级。同样,英国的学前教育机构包括幼儿园、小学中的幼儿班以及预备班,招收5岁前的幼儿;而初等教育分为两个层次:幼儿学校招收5—7岁的儿童,小学招收7—11岁的儿童。瑞士通过让4—8岁的儿童(即幼儿园中大班的幼儿和小学一、二年级的学生)同在一所学校学习来解决幼小衔接问题。荷兰则把4—7岁儿童的教育合并为统一体制,取代幼儿园和小学分立的制度。

多数国家采用教师资格互换、幼教机构和小学共同合作等举措来加强幼小衔接,谋求二者的一体化。日本从1990年开始在全国小学低年级开设以儿童的游戏和自主地获得直接经验为主要学习方式的综合课程——生活课,以削减两个教育阶段的坡度。2001年,文部科学省颁布的《学前教育振兴计划》,提出了“促进幼儿园教师和小学教师资格证的通用”的主张。2005年,日本中央教育审议会发表了《关于适合环境变化的学前教育今后的应有状态——为了幼儿的最佳利益》的咨询报告,再次明确幼儿园和小学教师资格证通用的观点,并提出了“通过在幼教机构和小学互设非常勤教师,促进彼此的经验交流和人员交流”等主张。[②] 2010年11月,文部科学省设立的“幼小衔接调查研究协会”发布的《关于幼儿教育与小学教育顺利衔接》的报告指出,幼小衔接应该按照“教育的目的·目标”→“教育课程”→“教育活动”三个层次展开。在“教育的目的·目标”层次,要树立幼小教育有机衔接的整体观;在“教育课程”层次,要着重培养儿童的基础学习能力;在“教育活动”层次,要依据从幼儿向小学生过渡的儿童发展特点展开教育。[③] 此外,美国、澳大利亚、法国等也都采取幼儿教师和小学教师共同培养、资格互换等措施来促进“幼小一体化”。

上述措施加强了各国幼教机构和小学的衔接,在一定程度上解决了幼儿入小学的适应问题。随着终身学习理论和实践的进一步发展,学前教育作为基础教育奠基阶段的作用将日益显现,通过体制改革、机构调整、教师资格互换和幼小一贯制学校等措施加强幼小衔接,促进二者一体化的趋势也将日趋明显。

(二)幼教机构与家庭、社区的合作

联合国教科文组织在《学会生存——教育世界的今天和明天》一书中明确提出了未来教育发展的模式,强调要沟通教育机构与社会的联系:一方面,利用社会上各种因素来促进教育的发展;另一方面,把教育延伸和渗透到社会的各个方面,构成一个面向社会的多形式、多层次的更高形态上的大教育体系。20世纪90年代以来,随着学前教育理论和实践的发展,世界学前教育已逐步扩大到包括正规教育和非正规教育在内的各种组织形式,并注重机构教育与家庭、社区教育的和谐统一,使学前教育成为一项系统的开放工程。

---

① 和学新、杨静:《新世纪以来加拿大基础教育课程改革及其启示》,《当代教育与文化》,2013年第6期。

② [日]儿童和保育综合研究所编:《最新保育资料集2007》,日本密涅发书房2007年版,第343页。

③ 王小英、邓宏、曹书楷:《日本幼小衔接新举措》,《比较教育研究》,2013年第2期。

1. 幼教机构的服务意识

在充分利用家庭、社区资源为幼教机构服务的同时，世界各国的幼教机构也开始倡导和实践一种走向社会的、开放的、与社会融合的学前教育，提高为幼儿、家长和社会服务的意识。

首先，为0—6岁幼儿提供保教整合的服务。从概念上来看，近年来，“早期儿童保育”(Early Childhood Care)和“早期儿童教育”(Early Childhood Education)这两个具有不同含义而又相互关联的词汇，开始被“早期儿童保育和教育”(Early Childhood Care and Education)这一整合性词汇所替代。[①] 此外，另一个融合保育(Care)和教育(Education)的新词——“保教”(Educare)也开始孕育而生。从实践层面上看，20世纪90年代后期以来，一些国家开始改革学前教育的管理体制，以促进保教的整合。例如，为了改变长期以来幼儿园和保育所分离的状态，日本中央教育审议会于2004年发表了《关于学前教育、保育一体化的综合机构》的咨询报告，提出了设立“‘幼保一体化’的综合机构”的构想，这一设想拟在2006年付诸实施。[②] 2006年6月，日本政府颁布了《关于推进综合的学前儿童教育、保育服务的法律》，提出了设立认定儿童园，促进保教一体化的主张。[③] 又如，近年来，英国将幼儿和家庭教保政策的制订和管理责任从健康部转移到教育就业部下属的两个单位，由这两个单位分担责任；英国从2008年9月开始实施《儿童早期基础阶段》，建立起0—5岁儿童学习、发展和保育的统一的政府框架。[④] 芬兰、挪威和瑞典发展了1—6岁的混龄教育服务，使幼儿在入学前在共同的教育机构中接受保育和教育。[⑤]

其次，为家长提供更优质的服务。各国的幼教机构都重视和家长建立良好的家园联系，通过“家长开放日”，使用“家长手册”和“家长布告栏”，定期发放“幼儿园通讯”等方法使家长了解幼儿的在园表现。为了满足家长对幼教机构的需求，很多国家都采取了灵活多样的办园方式，如全日制、半日制、寄宿制、短时保育、夜间保育、临时保育和延长保育等。此外，幼教机构还和社区合作，通过多种途径向家长提供支持和帮助，如向家长发放幼教信息资料，召开家长培训班，组织家长与幼教专家交流，寻求政府对家庭教育的支持等。

第三，为社区提供力所能及的服务。很多国家的幼教机构在做好本职工作的同时，成为“社区儿童保育和教育中心”，将学前教育推广到社区每一个家庭。具体做法如下：一是开放幼教机构，根据社区居民的需要，对未进入幼教机构的幼儿提供短时保育、夜间保育及节假日保育等。二是提高社区居民的教育能力，向社区居民开展育儿咨询活动，开设有关讲座；在考虑幼儿最佳利益的基础上妥善解决社区居民育儿方面的实际问题。

上述举措适应了家长和社会对学前教育的要求，充分发挥了幼教机构的功能，推动了学前教育事业的发展。此外，从后现代的视角来看，幼教机构还被看作是文明社会中，儿童与成人共同

---

① 朱家雄著：《幼儿园课程(第2版)》，华东师范大学出版社2011年版，第241页。

② 曹能秀、冯钊：《当前日本学前教育改革的新动向》，《幼儿教育》(教育科学版)，2006年第2期。

③ [日]保育法令研究会监修：《保育小六法》，日本中央法规出版株式会社2006年版，第301—305页。

④ 霍力岩、齐政珂：《全面整合学前儿童服务体系——走向“保教一体化”的英国学前教育》，《比较教育研究》，2010年第5期。

⑤ 柳倩：《中央干预—地方自治？整合—分离？——学前教育服务体系的比较研究和政策分析》，《幼儿教育》(教育科学版)，2006年第11期。

参与社会的文化、政治、经济活动的"论坛",如同一个承担着文化象征意义的社区机构。意大利瑞吉欧幼教机构的社区式管理模式就是这种文明社会论坛的典范。把幼教机构作为文明社会论坛的理论和实践(理想和现实),提高了幼教机构的服务意识,扩展了幼教机构的功能,提升了学前教育的价值,是今后幼教机构发展的方向之一。

2. "四位一体"的幼教网络

学前教育要走向社会,不仅需要幼教机构、社区和家长的通力合作,也需要政府的支持。从政府来说,发展学前教育事业,及早培养在全球经济一体化过程中具有竞争实力的公民,也需要整合各方力量。早在20世纪60年代,美国就以"开端计划"开创了政府、社区、幼儿园和家庭"四位一体"的幼教网络先河,大大促进了学前教育的发展。20世纪90年代以来,随着学前教育的发展和社会发展对学前教育的需求,美国开始实施"早期开端计划",一些国家也开始重视建立"四位一体"的幼教网络。

美国于1995年开始实施的"早期开端计划"将"四位一体"幼教网络的受惠面扩展至0—3岁儿童。目前,美国在50个州有2 637个"早期开端计划"和"开端计划"授权的服务机构,运作着18 145个"早期开端计划中心"或"开端计划中心"和49 038个相应班级。截止到2005年,"早期开端计划"和"开端计划"惠及处境不利儿童达90.79万人。[①] 1997年8月,英国出台了世界上最早的以社区为基础的早期儿童整合性服务机构——"早期优质服务中心",主要以保育学校等传统的保教机构为基础,整合社区相关资源,以早期服务为纽带,向儿童及其家庭、社区居民提供服务,以积极应对不同社区背景的需要。作为一项国家改革计划,政府通过制定"早期优质服务中心"标准、审定申请机构、提供资助和专家支持以及运用评估等手段进行监督、协调和支持。在政府的支持和各地的推动下,到1999年12月,英国已经建立29个这样的机构,并在2001年2月提出"到2004年达到100个,逐步发展成为一个中心网络并向更加地区化方向推广"的目标。[②] 此外,第二章中提及的"良好开端"项目也是英国政府大力推行的以社区为中心,面向所有儿童、家庭和社区的幼教网络。2009年,英国已开设了"良好开端"计划的组织机构——"良好开端儿童中心"3 000多所,为约240万幼儿及其家庭提供整合的服务。[③]

澳大利亚和日本也重视构建"四位一体"的幼教网络。2000年,昆士兰州政府推出了一种以社区为基础的网络运行模式——"儿童保育和家庭支持轴心",利用社区资源中心、社区公共设施、学校或者重建的社区资源整合机构,向网络辐射并且发挥整合功能。轴心和各部门保持"组串"关系——轴心是"组",各服务部门是"串"。这种"组串"结构强调整合网络各部分之间在实现目标时的平行关系,体现了整合网络运行过程中的协调、管理作用。到2002年,昆士兰已成功建立了22个这样的轴心机构。早在1994年,日本厚生省就提出了建立"儿童养育网"的主张,目的是在社区内建立保护和养育儿童、支援家庭的网络,给处于各个发展阶段的儿童及家庭必要的、

---

① 霍力岩、沙莉、郑艳:《世界部分国家学前教育基本属性的比较研究》,《比较教育研究》,2011年第6期。

② 柳倩:《国外早期儿童整合性服务机构及其启示》,《学前教育》,2004年第7、8期。

③ 李敏谊、张晨晖:《从布莱尔到布朗——英格兰幼儿教育和保育政策的发展历程与新进展》,《外国教育研究》,2010年第9期。

适当的帮助。[①] 此后，日本各地积极实现这一设想，逐步形成了以幼教机构为主体的幼教网络。1998年，川崎市提出设立“学前教育中心”，拟建立一个包容100所公立保育所和87所私立幼儿园，集调查、研究、培训、咨询、信息等多种功能于一体的辐射全社区的早期服务网络。[②] 从某种意义上看，“学前教育中心”的提出，已经超出了日本1994年建立“儿童养育网”的构想，反映了日本社会对幼教网络的需求和政府对构建幼教网络的重视程度。

2003年，我国政府将“逐步建立以社区为基础的以示范性幼儿园为中心，灵活多样的学前教育形式相结合的学前教育服务网络，为0—6岁儿童和家长提供早期保育和教育服务”作为我国今后5年(2003—2007)学前教育改革的总目标之一，[③]标志着我国构建“四位一体”的幼教网络已处于起步阶段。

上述各国“四位一体”幼教网络的建立和运行，有效地整合了各方资源，体现了政府的统领和协调作用，发挥了社区和幼教机构的中心作用，有力地促进了学前教育事业的发展，推动了正规和非正规学前教育的发展。“四位一体”幼教网络反映了社会发展对学前教育的需求，也是世界学前教育改革的必然选择和发展趋势。

三、学前教育的多元化趋势

人类文明是由不同文化组成的，不同文化在发展的过程中互相碰撞、彼此吸收、共同发展，但同时每一种文化仍保持着自己独特的价值和魅力。正是由于这种独特性，才构成了绚丽多彩的人类文明。当今世界是一个多种民族共存和发展的社会，在现实生活中，多元文化现象无处不在，渗透到社会生活的各个方面。20世纪90年代以来，随着全球化进程的加速发展，世界学前教育的交流和借鉴愈加频繁，凸现了世界学前教育的多元化趋势。在此，我们主要从以下两个方面探讨全球学前教育的多元化趋势。

(一) 不同区域和国家学前教育实践的特色

在全球化经济发展的条件下，世界各国学前教育事业的发展出现了一些趋同的倾向，如学前教育重要性的价值观念、国家性学前教育课程的趋势、多元文化主义的走向、学前教育事业中政府角色的认识和政府有关学前教育法规的制定等。但是，在全球化对世界范围内的学前教育事业产生趋同影响的同时，不同区域和不同国家自身的文化及经济、社会、政治状况也在影响着各自的学前教育实践，使不同区域和不同国家的学前教育实践带有自身的特色。

1. 欧洲和北美洲学前教育实践的特色

在欧洲，文化传统对学前教育的影响很大。德国、瑞士和奥地利等有“日耳曼”文化背景的国家，强调“让儿童保持儿童的样子”，主张幼儿按照自己的节奏发展，通过游戏来学习。这些国家都缺乏全面的完善的日托系统，因为很多母亲不把孩子送到日托中心，而是在家照看孩子。与此

---

① 曹能秀：《21世纪的日本社会和幼儿教育——日本幼儿教育大趋势》，《学前教育研究》，1999年第3期。

② 柳倩：《国外早期儿童整合性服务机构及其启示》，《幼儿教育》，2004年第7、8期。

③ 教育部等：《关于学前教育改革与发展的指导意见》，《幼儿教育》，2003年第4期。

相反,在意大利、法国和西班牙等具有“拉丁”文化背景的国家,虽然也强调儿童的天性,但更注重文化和文明。例如,法国建立了完善的学前日托系统,以帮助有工作的家长减轻育儿负担,家长们也乐意将子女送到学前教育机构。英国综合了上述两种主张,既强调儿童的天性,也强调学前教育的重要性。

组织户外活动在欧洲的学前教育中有很长的历史。一个没有运动场地的欧洲幼儿园,是不可想象的。虽然有很多不同的方式,但户外幼儿园的方法仍然是实现这个目的的最根本的方法。近年来,在德国和瑞士等欧洲国家,出现了许多韦尔多幼儿园。韦尔多幼儿园意指树林中的幼儿园或户外幼儿园。韦尔多幼儿园的教育理念来自瑞典、挪威和参照丹麦模式建立的德国韦尔多幼儿园协会。在丹麦,在过去的20年中,大约建立了60个韦尔多幼儿园。韦尔多幼儿园注重户外活动,一般从早晨开始由两个老师带领15—18个3—5岁的幼儿到郊外,冬季活动3小时,夏季则活动4小时。另一种幼儿园称为整合型户外幼儿园,不同群组的幼儿组成一个“常规的”幼儿园,轮流去户外待上一两个月。此外,几年前开始的游戏场自然化运动也是一种组织户外活动的方法。自然化的运动场是人工建造的小乐园,装饰以小山和草地、水井和石块、灌木丛和沙坑。“自然”还表现在很多幼儿园和日托中心只选取天然的建筑材料和玩具。这些学前教育机构只允许幼儿玩“原始物品”,包括废纸、纸版、扣子、绳子、叶子、树枝、栗子、石头和贝壳等。①

北美洲区域十分辽阔,有着多种文化和种族群体。尽管存在着很大的差异,但无论是在现代化发达程度很高的美国本土,还是在寒冷的阿拉斯加和加拿大,都有许多学前教育机构。在北美洲的文化群体中,几乎所有的父母和社区都承认学前教育的重要性。在此基础上,各国政府有关学前教育的政策目标大致如下:坚持大众教育的路线,减少教育的不公平性,为所有的儿童提供高质量的课程。在北美地区,各国政府公认的学前教育政策的挑战有以下几个方面:一是在资金有限的前提下,尽可能多地提供幼儿服务;二是获得并维持政策制定者的支持;三是论证学前教育的有效性,研究学前教育对儿童、家庭和社区产生的效益。在学前教育实践方面,目前北美地区学前教育工作者关注的难点有以下四个方面:一是如何认定和保证学前教育的质量;二是如何对学前教育机构和课程进行评价;三是如何提供优质的学前教育;四是如何保证足够的受过培训的学前教师队伍。此外,他们还特别关注以下四个方面的问题:一是关注个别化教育;二是为特殊需要的儿童提供帮助;三是儿童心理健康问题;四是帮助不同文化和民族的儿童在互相容忍和接受的基础上,保持他们的文化特性。②

2. 大洋洲学前教育实践的特色

澳大利亚是一个传统的移民国家。二战结束以后,移民浪潮有增无减,移民来自欧洲、亚洲、南美以及非洲和太平洋岛屿。随着移民的增加,澳大利亚的学前教育发生了很大的变化——多元文化开始进入学前课程。例如,幼儿教师将有关国家的主题体现在各种手工艺制作和海报上,穿戴不同民族的服饰,阅读关于各国情况的图画书。这种“旅行者课程”能突出各种不同文化的特色,教师和幼儿能踏上与澳大利亚现实生活迥异的文化旅程。在澳大利亚,“融合”是一个词

---

① 尤拉·格罗布·门格斯:《文化与幼儿教育的欧洲视角:走向自然》,《学前教育研究》,2004年第7—8期。

② 利娅·亚当斯:《文化与幼儿教育的北美视角:关注优质与独特》,《学前教育研究》,2004年第7—8期。

汇、一种政策、一个理想状态。“融合”这个词汇延伸到学前教育领域，被解释为“为多元文化喝彩”，即为全体儿童创设一种归属感，让所有家庭、个体的多元的自我意识、经历、技能和兴趣都得到表达并获得发展的机会。澳大利亚的幼儿教师需要积极地引导幼儿关注自己生活中的多元特质，并体会如何在这种多元性中丰富自己的经验。教师将新颖的材料与幼儿熟悉的活动结合起来，例如引导幼儿用其他语言来演唱他们熟悉的歌曲，允许幼儿对已知事物与未知事物进行比较，观察其异同。教师呈现的事物不代表“哪个更好”或“哪个更糟”，而仅仅是有所不同。教师对不同文化表现出的积极行为和态度，会引导幼儿对种族偏见以及其他不公正形式采取抵制、反对的态度。澳大利亚的幼儿教师还被要求对移民子女或后裔与众不同的言行、服饰给予积极的肯定、支持与回应，以保护他们的自尊心和自信心；鼓励不同文化背景的幼儿互相了解和互相尊重，以加深对多元文化的认识和理解。

新西兰也是一个多元文化的国家。在新西兰的学前教育中，有专门为土著毛利人创办的学前教育机构——Ngakohangareo，它起到了向幼儿传承毛利文化与价值观的作用，尤其为支持毛利语言的保存与复兴作出了贡献。来自太平洋岛屿的移民，也将学前教育视为支持家庭保存语言和文化，使其富有生命力的方式。全国性的双语课程“Te Whaariki”对全体幼儿的文化身份确认提供了帮助。①

总之，在澳大利亚和新西兰，多元文化的传统极大地影响了学前教育的政策与实践，多元文化教育也成为学前公共教育中的一个重要组成部分。

3. 亚洲、非洲和拉丁美洲学前教育实践的特色

亚洲的学前教育深受文化因素的影响。首先，受文化传统的影响，在学前教育的内容方面，日本、马来西亚、泰国、中国等多数亚洲国家都注重培养幼儿的集体主义精神、爱国心和民族精神。其次，如前所述，自古以来，东亚地区就把考试作为人才录用的标准。在这种观念的影响下，日本、韩国、中国等国都出现了注重语言和认知课程内容的倾向。第三，在言语环境多元化的马来西亚、新加坡、菲律宾和中国台湾和香港地区，早期的英语学习非常盛行。在新加坡和菲律宾，长期以来存在着以英语为第二语言的传统，因此政府非常重视早期英语学习；马来西亚的学前教师教育机构中专门设置了幼儿英语教学法的课程；泰国的一些学前教师教育机构中也设置了同类课程。第四，马来西亚、新加坡等多民族、多言语环境的亚洲国家长期以来重视民族间的交流和国际理解教育，在学前教育中也多涉及这方面的内容。

在非洲，在城市和乡村、受过教育和未受过教育的人、有文化的人和没有文化的人、富人和穷人之间，照顾幼儿的喜好和要求有很大的分歧。例如，在非洲的多数城市中，通常有两种形式的学前教育机构：一种是需要花费高额费用的高标准、高规格的设施，这些只有富人才能享有；在较穷的地区也有不正规的学前教育机构，这些机构通常都过度拥挤，缺乏学习材料和工作人员。每个城市都要求此类机构进行注册，但并非每个机构都遵守这一要求。例如，1996 年尼日利亚大约注册了 12 000 个学前教育机构，但是更多的机构在既未注册也没被检查的情况下就开始运作了。尽管情况如此，在非洲各种人群和文化中仍存在一些没有被破坏的信仰和做法。比如，即使在今

---

① 琼·沃特斯：《文化与幼儿教育的澳大利亚视角：多元文化趋势》，《学前教育研究》，2004 年第 7—8 期。

天,很多人还是认为照料孩子是大家共同的责任,而不仅仅是核心家庭的事情。于是许多家庭外出工作的母亲把婴儿留给兄弟姐妹、祖父母或邻居看管。可以说,对儿童的不正规的照料不仅仅是贫穷造成的。这种现象在非洲根深蒂固,在纳米比亚、尼日利亚、乌干达等地这种情况十分严重。直到几年前,非洲的许多国家还没有意识到学前教育是公共事务。许多人认为,学前教育是在家庭和社区中完成的,教给儿童语言以及团体的社会行为就算达到目的了。近些年来,人们的认识正在逐步改变,开始认识到学前教育的重要性。在尼日利亚,政府的政策强调日托和学前教育的重要性,但是提供学前教育的主要是私立机构。在一些非洲国家中,学前教育机构组织幼儿学一些小学的知识,这也是基于社会和文化的实践要求;教师和儿童也在社区中参加文化庆典,通过画画、讲故事、唱歌、穿传统服装等描绘传统文化;许多乡村地区的玩具反映了本土文化。[①]总之,尽管全球化对非洲的学前教育产生了一定的影响,学前教育也日益受到重视,但非洲各种文化对学前教育的影响仍然是巨大的。

在拉丁美洲以及加勒比地区,学前教育对人类社会以及经济发展的重大意义已经被广泛认同,人们正在主动积极地促进学前教育的发展。近年来,拉美大多数国家 3 岁以上幼儿的入学率有大幅度的提高。例如,古巴 2001 年 0—5 岁幼儿的入学率达到 99.3%;乌拉圭 2001 年 4—5 岁幼儿的入学率达到 96%;秘鲁 2000 年 5 岁幼儿的入学率达到 87.6%;哥斯达黎加 2001 年 4—6 岁幼儿的入学率达到 82.8%;墨西哥 2000 年 3—5 岁幼儿的入学率为 77%;哥伦比亚 2002 年 5—6 岁幼儿的入学率达到 77%;委内瑞拉 2001 年 4—6 岁幼儿的入学率为 68.2%;阿根廷 2000 年 3—4 岁幼儿的入学率为 42%,5 岁幼儿的入学率为 58%;巴拉圭 1999 年 5 岁幼儿的入学率为 51.7%;萨尔瓦多 2000 年 4—6 岁幼儿的入学率为 49.5%;危地马拉 2000 年 5—6 岁幼儿的入学率为 37.4%;玻利维亚 2001 年 4—5 岁幼儿的入学率是 36.4%……然而,各国边远地区 3 岁以上幼儿的入学率还较低,3 岁以下幼儿的入学率还不到 20%。而且,由于这些地区普遍性的低生活质量与贫困,以及一些国家的内乱等因素,拉美地区的学前教育正遭受学前教育质量问题等方面的巨大挑战。目前,拉美各国政府关注的学前教育策略是:将幼儿发展视为国家发展进程中对政府和社会举措有影响的战略性因素;努力提升家庭与社区中人们的生活质量,以利于成人更好地养育幼儿;增加推动学前教育事业发展的社会福利基金。[②]

(二) 学前教育价值和质量标准的多元化

1. 学前教育价值和实践标准的多元化

在学前教育的实践中,是否存在着一种具有"普适性"的"科学的标准",或者被人们普遍接受的"共同的"教育价值观?20 世纪 80 年代后期以来,世界学前教育界就这一问题展开了广泛而持久的争论。[③]

---

① 埃伯勒·马杜埃维斯:《文化与幼儿教育的非洲视角:早期教育价值的确认》,《学前教育研究》,2004 年第 7—8 期。

② 萨·格拉谢拉·罗德里格斯·波弗达:《文化与幼儿教育的拉丁美洲视角:社会进步的战略举措》,《学前教育研究》,2004 年第 7—8 期。

③ 刘焱:《西方学前教育理论与实践的新进展》,《比较教育研究》,2002 年第 7 期。

1987年，全美幼儿教育协会(NAEYC)发表了关于“0到8岁儿童的发展适宜性教育”的指导性文件。这一文件的基本观点是：强调为婴幼儿设计的课程或教育方案应考虑婴幼儿身心发展的年龄特点和个体特点，并且以此为基础确定了关于高质量托幼机构教育的基本因素。这个文件在各年龄组都以“适宜的”(DAP)和“不适宜”(DIP)的方式来说明幼教工作者应当做什么和不应当做什么。倡导“发展适宜性教育”概念的人认为，该文件描述了具有多年幼儿教育经验的专业人员所承认的最好的教育，代表了“对早期教育方案中的发展适宜性概念的一致性的意见”。

该文件自发表以来，虽然产生了广泛的影响，但也引发了为数不少的批评与质疑。批评者认为，该文件主要是以忽视社会文化背景的影响、更多强调一般发展规律(例如发展的阶段性)“普遍性”和“普适性”的儿童发展理论作为“发展适宜性教育”概念的基础。批评者还认为，我们已经处在一个充满变化、注重差异与多样性、并包容多种观点的时代，但是关于“发展适宜性教育”的指导性文件却强调“一致性”，推崇共同的“深深植根于幼儿教育领域中的基本价值观”，试图用一种“普适性”的标准来规范幼儿教育的实践，用一种“唯一的”标准限制了幼儿教育实践发展的多样性，轻视社会文化因素对托幼机构教育或课程的影响。一些人要求以社会文化、历史和政治理论为基础来重新定义“发展适宜性教育”。

面对这种诘难，全美幼教协会在1997年的修订版文件中作出了反应。在1987年的文件中，儿童的家庭和社会文化背景只是作为影响儿童个体发展的一个因素，在讨论个体差异性的时候被提及。在1997年的修订版中，“对年龄、个体和文化等诸方面的适宜性给予了同等的关注”。同时，修订版也认为，“发展适宜性教育”的具体做法可以是多种多样的，而不仅仅只限一种。修订版超越了“不是一就是”(Either-or)这种把问题简单化的思维模式，主张采用“既要一又要”(Both/and Thinking)这种更具有辩证思维性质的方式，以避免或减少冲突。它承认在人类发展与学习中存在的复杂性和多样性，并且把“适宜的”和“不适宜的”教育实践看作一个连续体，中间可以有不同的变式，以更好地反映幼儿教育实践的复杂性。修订版虽然仍然保留了“适宜的”和“不适宜的”的写法和例子，但作者解释说，这只是为了引起教师的反思、争论和讨论，而不希望教师把它们作为唯一的“处方”。修订版以维果茨基的社会建构主义为理论基础，强调了与文化、家庭和环境相关的课程的重要性，强调了对话与合作的重要性，并赋予教师扩展幼儿学习的角色，提出了“学习者共同体”的概念，期望教师能够同时重视群体和个体的价值，以使个体与群体共同成长。这场由“发展适宜性教育”问题引发的关于“文化适宜性”的讨论，实际上是一场关于教育价值观和实践标准的普遍性与特殊性、一致性与差异性、唯一性与多样性的讨论。

近年来，随着全球化移民、少数民族与新移民争取自己权利的斗争以及经济全球化的发展趋势，在一些国家，一个尊重、包容和接纳族群、文化、语言与价值观等“多样性”的多元文化社会正在形成。增进不同文化与族群之间、人与人之间的尊重、谅解、宽容、友好的精神，提高社会和谐共处的能力，已成为当今人们追求的社会理想。这种新的价值追求反映在教育领域中，就是多元文化与反偏见教育的兴起。多元文化与反偏见教育建立在追求人类社会民主、平等发展的价值基础之上。它面向所有的儿童，不管其种族、文化背景、社会地位、性别、能力、身体状况，以发展一切儿童挑战歧视与偏见的能力为最终目标，并通过反偏见、反歧视的教育过程使每一个儿童的发展潜力得到尽可能的实现。多元文化社会的形成和多元文化与反偏见教育的兴起，使得人们用一种新的观点和尺度来重新审视过去被视之当然的、以“普遍性”和“一致性”为前提的儿童发展理论、教育的价值观以及相关的教育实践。

长期以来,强调儿童发展和教育实践标准与价值观的“普遍性”、“一致性”的观点在学前教育领域中占据主导地位。这种观点认为,在学前教育领域中,存在着一种被大多数专业工作者认同的教育价值观和关于“最好的教育”的实践标准,这种教育价值观和实践标准是可以超越社会文化背景的,因为它们反映了儿童发展的客观规律。这种观点的倡导者认为,在任何社会文化背景中,儿童的发展总是呈现出一定的、可以用“科学的方法”加以证实的客观规律,例如儿童的发展总是按明确划分的阶段和可预见的方向进行。儿童发展的这种客观规律是超越社会文化背景的(“Context-Free”)。因此,可以据此总结出关于儿童发展的“标准化常模”和教育实践标准。用这种“标准化常模”去评价儿童,儿童就可以被分为“能力强的”和“能力差的”,对能力不同的儿童应当进行不同的教育。在这种观点指导下进行的儿童发展研究,往往忽视了社会文化因素对儿童发展的影响,而且往往导致用白人/西方人的标准去衡量其他社会文化背景下儿童的发展,很多在经济和文化上处于“处境不利的”、“非主流文化的”的儿童因此被贴上了“能力不足”的标签。这正是60年代以后针对“处境不利”儿童进行的“补偿教育”中出现的问题。在“补偿教育”的实践中,一些专业人员往往把反映主流文化背景的教育价值观和实践标准强加给那些来自于不同种族和文化背景的父母,尤其是那些低社会经济阶层的父母,使他们以为只存在着一种“最理想的”或“最好的”教育儿童的模式,这种教育模式要好于他们自己传统的、从故乡带来的育儿模式。由于这种误导,使得这些父母往往在面对自己孩子的教育问题时产生“无能感”,使“补偿教育”最后可能演变为一种变相的“文化压制”。

多元文化社会的形成和多元文化与反偏见教育的兴起,以及社会建构主义的影响,使人们认识到任何学习都不是在白板上进行的,而是在社会文化的背景下通过个体的建构而发生的。只有在家庭、文化和社会背景中才能更好地理解儿童,语言和文化是儿童发展的关键因素。无视文化与语言多样性的教育实践,只强调“发展适宜性”而不重视“文化适宜性”的教育,不可能是真正的“发展适宜性的”教育。“发展适宜性”的教育,既要重视对“儿童发展”的“应答性”,同样也要注重对“社会文化”的“应答性”。任何教育都必须尊重和反映儿童的家庭、族群、语言和文化的尊严、价值和独特性。

我国著名学者刘焱认为,上述“文化适宜性”观点的提出,是对“发展适宜性”概念的补充、深化与超越。她认为,注重社会文化因素对于儿童发展和教育的影响、强调“特殊性”、“差异性”和“多样性”的观点,正在取代那种超越社会文化背景、强调“普遍性”和“普适性”的教育理念,成为影响今后西方学前教育理论与实践发展的一种主要的价值取向。

2. 学前教育质量标准的多元化

出于对学前教育质量问题的关注,20世纪80年代,在世界范围内展开了对学前教育质量的大规模研究,引发了有关质量问题的广泛探讨。有关学前教育质量的研究和探索,主要关注学前教育机构的各种特征与其所产生的各种结果之间的关系。具体地说,学前教育机构的各种特征,包括组织规模、机构水平、儿童活动、组织行为、儿童与教师的比例和儿童与成年人的互动等。所产生的各种结果常以儿童发展为衡量指标,也有的以儿童今后的学业成绩、社会性发展、经济实力等为衡量指标。这些研究和讨论,使很多人产生了这样的想法:质量指标以及根据指标而获得的结果都是具有普遍意义和客观性的,可以借助恰当的方法或通过精确的测量推导的。上述以"技术理性"为基础的对学前教育质量的思考和做法,从美国和一些西方国家传播到全世界,影响到很多国家的学前教育界。

20 世纪 90 年代以来,随着多元文化社会的形成和多元文化与反偏见教育的兴起,以及社会建构主义的影响,人们开始思考如下的问题:美国等西方国家的学前教育质量标准是否适用于全球学前教育?是否存在着全球普遍的学前教育质量标准?一些学者从不同的学术背景出发,开始质疑以"技术理性"为基础的学前教育质量标准思考和做法。早在 1996 年,伍德海(Woodhead)就指出:"我质疑任何唯一的质量观框架的全球风行,这样的框架不可避免地会造成世界早期教育质量理解的统一化和标准化。许多潜在的标准影响着质量,它们与有关目标和功能的理念相联系,这些理念又受到看待儿童的视角、文化模式、个人价值取向的影响。"①美国著名教育人类学家托宾在《从民族志研究视角看学前教育的质量》一文中指出:"在学前教育中,并没有一个全球通用的质量标准。一些来自美国和欧洲的质量标准,自称全球通用并在世界范围内得到了广泛的传播。但实际上,这些质量标准发源于特定的社会环境,反映了特殊的文化信仰,并不应将其强加给其他的社会环境和文化。人类学,特别是民族志的研究,已加入到这场关于质量标准的讨论之中。从这类研究的视角出发,当代学前教育质量话语中所存在的种族中心主义和地方主义遭到了批判性的质疑。"托宾的研究表明,学前教育中的文化传统应当受到尊重和重视(这并不是说它们不应该受到批判和发生改变),学前教育实践中的国家差异和文化差异应当受到尊重,而不应当被看作是某种缺陷。如若不然,则会表现出殖民主义、种族中心主义和学术地方主义的倾向。②

我国学者朱家雄认为,源于美国和一些西方国家的关于学前教育质量的想法和做法,对于我国的学前教育事业的发展既有积极的方面,也有消极的方面。从积极的方面说,借鉴美国等西方国家关于学前教育质量的想法和做法,能满足部分公民对高水准学前教育的需求,能提供便于操作的评估和监管系统,等等。从消极的方面说,借鉴美国等西方国家关于学前教育质量的想法和做法,有可能会使我们丢失自己的文化价值取向,有可能会使我们不顾国情、盲目追求高标准等。他指出:"盲目借鉴和运用源于西方国家的学前教育质量标准,会给我国学前教育事业带来诸多的问题。……学前教育的政策应该鼓励社会各种力量积极办学,以满足儿童公平受教育的权利,而不应该运用不切实际的质量标准去限制为无法入园的幼儿举办的教育机构的发展。在我国有些地方,特别是广大偏远的农村地区,学前教育资源还相当缺乏。如果对这样的学前教育机构还是运用师生比、儿童自主探索的发生频率、教师个别化教学的程度、教育机构环境与幼儿的互动性等这样的一些质量标准去评估,那么,这样的评估不仅非常无聊,而且十分有害。"③

① 朱家雄:《对学前教育质量的重新思考》,《教育导刊》,2006 年第 1 期。

② [美]约瑟夫·托宾:《从民族志研究视角看学前教育的质量》,选自朱家雄主编:《国际视野下的学前教育》,华东师范大学出版社 2007 年版,第 131—143 页。

③ 朱家雄:《对学前教育质量的重新思考》,《教育导刊》,2006 年第 1 期。

近些年来,西方一些国家对于学前教育质量问题的看法也发生了一些变化。很多人都认为,质量应融入社会文化背景,应被看作具有“建构”性的;学前教育质量概念在全球范围内是多种多样的,这是由于特定的研究个体以及不同的社会经济地位与文化差异所致。这些变化,主要体现在以下几个方面:首先,对过去由小部分专家主宰的质量评估提出异议,主张更多的专家和教师的广泛参与。这种变化涉及人们对质量定义过程重要性的认识,那就是,人们开始关注哪些因素与质量定义过程有关,以及这些因素彼此是如何起作用的。其次,认识到对学前教育质量的看法是主观性的,质量具有价值观基础的和动态性的概念;同时,认识到质量可以从多种视角和不同的理解方式来把握。第三,讨论质量问题需要考虑背景因素,依据时空环境,理解文化和其他因素的差异性。

总之,任何一种学前教育的质量标准都是特定社会、经济和文化背景下的产物,并不存在一种全球通用的学前教育质量标准。在全球化迅速发展的今天,在了解和学习其他国家学前教育质量标准的同时,我们应该从实际出发,探讨本国或本地区社会、经济、文化背景下的学前教育质量问题。

本章小结

本章在总结全书内容的基础上,探讨世界学前教育的基本经验、存在的问题及发展趋势。这一章的重点是世界学前教育的基本经验和发展趋势,难点是世界学前教育存在的问题。在学习过程中,学习者要注意在回顾前面各章内容的基础上,对世界学前教育的基本经验、存在问题和发展趋势进行总结和思考。此外,学习者还可结合中国学前教育的实际,谈谈自己对中国学前教育的基本经验、存在问题和发展趋势的看法。

拓展性阅读

国际学前教育发展的主要特点和趋势

一、高度重视学前教育的独特功能与综合价值

高度重视学前教育的独特功能与综合价值,通过各种法律法规明确学前教育的公共性、公益性和教育性,并通过各种实际举措保障与提升学前教育的地位,是国际学前教育事业发展的第一个特点。这一国际性趋势的形成首先源于众多国家对学前教育重要价值、独特功能、性质与地位的正确认识与充分肯定。目前,世界一些主要国家和地区均明确把学前教育作为社会公共事业或准公共事业,均意识到了学前教育对幼儿身心全面和谐发展,对教育事业全面、协调、可持续发展,以及对国家人力资源的开发与储备,对促进国民经济发展与社会稳定、进步和阻断贫困的代际传递发挥着不可替代的潜隐性、长效性功能。相对以往较为单纯地面向幼儿和幼儿家庭的学前教育事业,今天的学前教育事业正在向全方位、综合性、系统化的社会公共事业或社会公益事业转变。发展学前教育已经成为惠及全人类的重要战略决策。

二、政府通过承担实际职责引领学前教育发展

政府通过承担实际职责以有效手段引导和影响学前教育的健康发展，并使之服务于国计民生，是国际学前教育事业发展的第二个特点。政府承担发展学前教育事业的实际职责并不等于全部由政府直接举办学前教育机构，而是通过有所为、有所不为实现以有效手段对学前教育的引导和影响。有所为的范畴应该包括学前一年乃至两至三年的免费公立学前教育的供给，以财政直接补助公立学前教育机构，以及通过教育券、儿童和家庭补助等方式间接对学前儿童家庭和非公立学前教育机构的补助；有所为的范畴还应包括对学前教育全国质量标准的制定与督导，对幼儿园教师身份、待遇与地位的保障等。有所不为则是说，政府应该给予地方举办学前教育的自主权，应该允许和鼓励多种形式举办学前教育，但同时要制定各类学前教育机构的标准并进行质量监管。

三、明确主管部门并形成相关部门合作机制

明确学前教育主管部门的职责并加强学前教育主管部门对于学前教育工作的领导，促进学前教育各相关责任部门在学前教育工作中的通力合作，是国际学前教育事业发展的第三个特点。作为一项社会公共事业，学前教育涉及教育、卫生、福利、民政、财政和建设等诸多部门，仅凭单一部门一己之力无法涵盖学前教育事业的方方面面，加之学前儿童身心发展的特殊性以及学前教育机构的特殊性，因此必然要依靠教育、卫生、建设、民政、劳动保障、财政和价格主管等相关各级部门的明确分工与协调合作。由此，在加强主管部门领导的基础上，明确规定各相关部门的职责，形成主管部门牵头、各相关部门协作的学前教育管理模式，就成为越来越多国家的选择。

四、财政投入成为学前教育的主要经费来源

通过制定和颁布相应的法律法规保障和逐步增加国家对学前教育的财政投入，从而使得财政投入成为学前教育的主要经费来源，是国际学前教育事业发展的第四个特点。公共投入是公平、优质的学前教育的必要保障。政府财政投入目前是未来也仍将是各国发展学前教育事业的重要经费来源，是一个国家对学前教育事业重视程度的重要指标，是体现政府职责、贯彻国家意志的有力手段。需要指出的是，政府对学前教育事业的财政投入并不简单等于对公立学前教育机构的拨款和资助，它应该包括多种形式的对符合资质的私立学前教育机构的扶持，对大型学前教育项目直接进行财政投入，对弱势家庭的学前教育补助等，如以现金、实物、服务、代币券和减税退税等方式给学前儿童、学前儿童家庭、学前教育机构以资助和支持。

五、提高师资质量成为发展学前教育的关键环节

明确幼儿园教师的教师身份、提高幼儿园教师的工资待遇和社会地位，通过职前高质量的培养和在职可持续的培训不断提高幼儿园教师的质量，是国际学前教育事业发展的第五个特点。幼儿园教师是国家发展学前教育、特别是提高学前教育质量的关键，优质的幼儿师资队伍是一国学前教育事业健康发展以及保证和提升学前教育质量的必要条件和重要保

障。近年来,越来越多的国家将幼儿园教师队伍的建设作为其学前教育改革与发展的关键环节,包括保障幼儿园教师的工资和待遇,提高幼儿园教师的社会地位,规范幼儿园教师资格制度,以及为幼儿园教师提供更加有效的在职培训选择等等。

六、政府通过大型国家项目推进学前教育事业发展

举办大型的、长期的国家学前教育项目推进学前教育事业的进步,是国际学前教育事业发展的第六个特点。美国通过"开端计划"、英国通过"确保开端计划"、印度通过"儿童综合发展服务项目"等国家主导的大型学前教育项目,不仅让全国范围内不同地区、不同种族的广大人群参与并享受到了国家提供的免费学前教育服务,而且特别为处境不利儿童建立了公平的教育起点、提供了适宜的发展环境以及良好的入学准备,还为许多不能兼顾工作和家庭的家长解除了后顾之忧,更在一定程度上提高了社会的现实生产力并为未来储备了高质量的劳动力。

(改编自霍力岩等著:《美、英、日、印四国学前教育体制的比较研究》(下),北京师范大学出版社 2013 年版,第 665—670 页。)

参考文献

1. 蔡迎旗著:《幼儿教育财政投入与政策》,教育科学出版社 2007 年版。

2. [日]池田充裕、山田千明编著:《亚洲的学前教育——幼儿教育的制度・课程・实践》,日本明石书店 2006 年版。

3. 和建花:《部分发达国家幼儿照看和教育体制及其新政策概述》,《学前教育研究》,2007 年第 7—8 期。

4. 教育部基础教育司组织编写:《〈幼儿园教育指导纲要(试行)〉解读》,江苏教育出版社 2002 年版。

5. 联合国教科文组织编:《全民教育全球监测报告(2007)》(中文摘要),联合国教育、科学及文化组织 2006 年版。

6. 刘焱:《入学准备在美国:不仅仅是入学准备》,《比较教育研究》,2006 年第 11 期。

7. 刘焱:《西方学前教育理论与实践的新进展》,《比较教育研究》,2002 年第 7 期。

8. 刘焱:《早期学习标准化运动述评》,《比较教育研究》,2005 年第 5 期。

9. 柳倩:《国外早期儿童整合性服务机构及其启示》,《学前教育》,2004 年第 7、8 期。

10. 邱兴:《以色列学前教育投资研究》,《世界教育信息》,2005 年第 12 期。

11. [日]文部科学省教育课程课・幼儿教育课编:《幼儿园教育年鉴》,日本东洋馆出版社 2004 年版。

12. 吴文侃、杨汉清主编:《比较教育学》,人民教育出版社 1999 年版。

13. 周欣:《托幼机构教育质量的内涵及其对儿童发展的影响》,《学前教育研究》,2003年第7—8期。

14. 朱家雄主编:《国际视野下的学前教育》,华东师范大学出版社2007年版。

15. 朱家雄主编:《中国视野下的学前教育》,华东师范大学出版社2007年版。

问题与讨论

1. 简述世界学前教育的基本经验,并谈谈你的感想。
2. 试述世界学前教育发展不均衡问题的表现,并分析造成这一问题的主要原因。
3. 谈谈你对世界学前教育质量问题或学前教育师资问题的看法。
4. 举例说明世界各国重视学前教育的举措,并谈谈你的感想。
5. 试述世界学前教育一体化趋势的主要表现,并分析其原因。
6. 谈谈你对世界学前教育多元化趋势的理解。

第二版后记

《学前比较教育》自 2009 年出版以来，承蒙国内同行和读者的厚爱，一直被当作一些高等院校学前教育专业本科生和研究生的教材，同时也作为学前教育学的参考书被广泛阅读。该书至今已累计重印 7 次，印数达 23 800 册，并于 2011 年获得云南省第十四次哲学社会科学优秀成果三等奖。

如今距离《学前比较教育》出版已 6 年有余，6 年多来国际政治、经济、文化形势发生了诸多变化，世界各国学前教育改革和发展也呈现出许多新特点、新趋势。为反映这些变化，也应华东师范大学出版社的建议，我决定修订《学前比较教育》。本次修订在保持第一版三方面特色的同时，参考了大量的国内外文献，增加了第四章第三节华德福学前课程模式，更新了相关的内容和数据，以反映进入 21 世纪以来世界各国学前教育改革和发展的基本特点和发展趋势。此外，我还在本书每一章的结束部分增加了“拓展性阅读”栏目，以扩大广大读者的知识面，加深大家对学前比较教育的认识。

本次修订承蒙日本同朋大学宍户健夫教授、白梅学园大学无藤隆教授、帝塚山大学清水益治教授和云南师范大学王凌教授的指导、关心、支持与帮助，在此表示诚挚的谢意。特别感谢编辑蒋将老师的积极努力和辛勤劳动。此外，本书还引用和借鉴了许多国内外学者的研究成果，所引成果在书中均已注明，在此表示衷心感谢。

本书存在的疏漏与不当之处，还望各位师长、同行和读者予以校正，以便不断修订完善。

曹能秀
2015 年 2 月 12 日

第一版后记

本书是高等师范院校学前教育专业的专业课教材，适用于各师范院校学前教育专业本科生和专科生，也可供从事学前教育工作的职业人士和学前儿童的家长参考。

在本书编写过程中，本人认真研读了国内现有的学前比较教育教材，特别是霍力岩教授著的《学前比较教育学》(北京师范大学出版社，1995 年版)，李生兰教授著的《比较学前教育》(华东师范大学出版社，2000 年版)，史静寰教授、周采教授主编的《学前比较教育》(辽宁师范大学出版社，2002 年版)，尽量吸收前辈们教材中的优点。本书有以下几方面的特色：

一是结构体系较为完整。在阐述学前比较教育的概念、意义和方法并梳理全球学前教育发展历程的基础上，本书以学前教育体制、学前课程和学前教师教育三个重要问题为主，探讨世界学前教育发展的现状，并在最后一章对全书内容进行了总结，展望世界学前教育的发展趋势。本书由绪论开始，经由本书的主干部分——发展历程和发展现状(包括学前教育体制、学前课程和学前教师教育三方面)，至总结与展望结束，形成了一个较为完整的框架体系。

二是以问题比较研究为中心，探讨世界学前教育的过去、现在与未来。从比较的范围来看，可以把学前比较教育研究分为区域比较研究和问题比较研究。本书以问题比较研究为中心，在分阶段阐述全球学前教育发展概况的基础上，着重对世界学前教育体制、学前课程和学前教师教育的发展现状进行较为深入的探讨。此外，为了更好地呈现世界学前教育的发展历程和未来趋势，本书的第二章“学前教育的发展历程”以纵向比较研究为中心，探讨了全球学前教育各个发展阶段的特色和发展规律；第六章“总结与展望”以总体比较研究为中心，较为全面而综合地总结了世界学前教育的发展现状，考察了国际学前教育的发展趋势。

三是内容体现基础性与前沿性的统一。作为教材，本书力求介绍学前比较教育的基本概念、基本原理与方法，阐述世界学前教育的基本状况，为学生了解学前比较教育这门学科奠定基础；作为学前比较教育这门关注当代学前教育发展动态的学科，本书试图体现世界学前教育最新的发展与变化，反映学术领域最新的研究成果，探讨世界学前教育发展的新趋势，以促进世界学前教育的交流与合作，促进我国学前教育的变革与发展。

本书在撰写过程中，承蒙中山大学冯增俊教授、浙江大学祝怀新教授、云南师范大学王凌教授和茅锐副教授的指导、关心、支持与帮助，在此表示诚挚的谢意。与此同时，深深感谢日本白梅学园大学校长无藤隆教授、同朋大学宍户健夫教授、友人山田英介先生和台湾嘉义大学简美宜教授馈赠书籍和相关资料；特别感谢责任编辑曹利群老师认真、负责的工作态度，以及为本书付出的辛勤劳动。此外，本书还引用和借鉴了包括上述三本学前比较教育教材在内的大量国内外学者的研究成果，所引成果在书中均已注明，在此一并表示感谢。由于本人才疏学浅，书中错误疏漏之处在所难免,诚望学界同仁和读者朋友批评指正。

曹能秀

2008 年 8 月 27 日于昆明